INHALT

VORWORT

Hedwig von Schlesien, Herzogin und Heilige, darf man getrost als wahre Brückenbauerin bezeichnen. Bei seiner zweiten Pilgerfahrt durch Polen (1983) hob Papst Johannes Paul II. in einer in Breslau gehaltenen Predigt hervor: „In unserer Geschichte steht die heilige Hedwig wie eine Grenzgestalt, die zwei Nationen miteinander verbindet: die deutsche und die polnische Nation. Sie verbindet sie im Verlauf vieler Jahrhunderte einer Geschichte, die schwierig und schmerzhaft war. Die heilige Hedwig bleibt inmitten aller geschichtlichen Prüfungen schon sieben Jahrhunderte lang die Fürsprecherin einer wechselseitigen Verständigung und Versöhnung". Hinzuzufügen wäre, daß unsere schlesische Landesmutter besonders heute als Schutzpatronin der Versöhnung angesprochen werden darf.

In dem vorliegenden, inhaltlich sehr wichtigen Hedwig-Roman erfahren wir, welche bedeutungsvollen Leistungen diese Frau in Schlesien vollbracht hat.

Der Autorin geht es jedoch nicht nur um die Darstellung einer historischen Gestalt, sondern sie ist auch bemüht, die Spiritualität dieser Frau, bei all ihren Zweifeln und Niederlagen, so darzustellen, daß ihr Weg auch als Weg für eine moderne Frau gesehen werden könnte. Sie dachte auch Menschen von heute, die den Zugang zur christlichen Spiritualität verloren haben, anzusprechen, damit sie sagen: „Aha, das ist es! So geht es auch für mich". Kurzum: Wir haben es hier mit einem Versuch zu tun, Probleme mit der Strenge des Glaubens und dem direkten Gotteserlebnis darzustellen. Aber auch die Schwierigkeiten, an den guten Gott zu glauben in Anbetracht des Lebens, wie es ist, wie auch wir es kennen: Niedergang der Familie, der Tod naher Menschen, der Krieg. Und dennoch die Möglichkeit tiefer mystischer Erlebnisse.

Hervorzuheben ist dabei, daß die Autorin im wesentlichen der Lebensbeschreibung der Heiligen folgt – der 1353 erschienenen „Legenda maior de beata Hedwigi", die großen Einfluß auf die geistige Entwicklung Schlesiens nahm.

Der Verfasserin sowie dem Verlag sei für dieses wertvolle Buch herzlich gedankt.

+ Alfons Nossol, Erzbischof von Oppeln

DIE BURG

St. Hedwig, nun selig im Himmel,
entstammte hier auf Erden einer edlen Sippe
(Legenda maior de beata Hedwigi)

Der Vater war der Herr der Burg, und die Burg galt dem Kind für die Welt. Darüber Gott Vater mit seinen Engeln und die Gottesmutter mit dem Jesuskind. In der Burg herrschte reges Leben. Das Kind Hedwig, auch Haduiga oder Hadi genannt, hatte aschblondes, seidiges Haar und aufmerksame braune Augen. Es lächelte gern. Und auf Fragen des Vaters antwortete es bald resolut und gescheit. Der Vater legte oft seine Hand auf den Kopf seiner Tochter, und seine Stimme wurde weich und zärtlich, wenn er mit ihr sprach. Hedwig war das vierte Kind des Fürsten Bertold von Andechs und Meranien, doch seine erste Tochter. Er hatte sie besonders lieb. Bertold war ein großer Herr, hochgeschätzt vom allweil geliebten Kaiser Friedrich Barbarossa, an dessen Feldzügen er ruhmreich und nicht beutelos teilnahm. Er hatte im weiten Südosten des Reiches Besitz erworben. Nun war er Herr nicht nur der in Bayern gelegenen alten Besitztümer der Grafen von Andechs, sondern auch Lehnsherr von Istrien, dazu von Meranien, einem im dalmatinischen Küstengebiet liegenden Land, sowie einiger Ländereien in Kroatien. Daraufhin wurde der Graf von Andechs vom gnadenreichen Kaiser Barbarossa in den illustren Kreis der Reichsfürsten aufgenommen und durfte sich fortab Herzog von Andechs und Meranien nennen. Das war um das Jahr des Herrn 1180.

Hedwigs Mutter saß meistens in ihrer Kemenate. Hedwig erinnerte sich später an sie, wie sie im durchs Fenster einfallenden Sonnenlicht dasaß, wie in einer hellen Wolke, und auf einem in einen Rahmen gespannten Seidentuch bunte Blumen stickte. Sie rieb sich oft Rosenöl in die Hände und roch daran. Sie lächelte selten, und wenn, dann mit zusammengepreßten Lippen. Auch wenn sie sprach, öffnete sie den Mund nur wenig, denn sie hatte ihre Zähne nach den aufeinander folgenden Geburten verloren. Schön waren in ihrem hellhäutigen Gesicht die großen grauen Augen mit langen seidigen Wimpern. Der Mutter sprechende Augen, hörte Hedwig irgendwann ihren Vater sagen, der sich um die Gesundheit seiner um viele Jahre jüngeren Frau sorgte.

Bertold von Andechs war in zweiter Ehe mit Agnes von Groitsch, einer Wettinerin, verheiratet, der Tochter des tapferen Dedo, der im Meißener Land seine Burgen hatte und später auch in der Lausitz, wo

9

er unter den Slawen deutsche Bauern ansiedelte. Ein im Reich hochgeschätzter Mann.

Der Mutter weißer weicher Leib rundete sich unter ihren dunklen Gewändern. Er nahm zu und ab wie der Mond. Die Mutter war entweder schwanger und dann unwohl, oder sie saß mit einem neugeborenen Kind im Arm, das sie zärtlich betrachtete. Für das Mädchen Hedwig hatte sie kaum Zeit. Die Kleine verblieb unter der Obhut ihrer Amme.

Für ihre erste Tochter hatte die Herzogin von Andechs eine Amme aus der Meißener Gegend kommen lassen, woher sie stammte, ein blondzöpfiges junges Ding, eine Slawin, die sich Dobra nannte. Dobra bedeutet die Gute, sagte der Vater.

Guta, sagte Hedwig.

Dobra sprach dann und wann zu dem Kind in ihrer nuscheligen weichen Sprache, die wie das leise Trommeln sommerlicher Regentropfen auf den Blättern war, so daß später in Schlesien die Sprache der Einheimischen für Hedwig gar nicht fremd klang. Dobra nahm das Kind oft zärtlich in ihre Arme. Sie sang und summte es in den Schlaf. Mit drei Jahren kam Hedwig unter die Obhut eines Fräuleins, einer weiten Verwandten, das ihre Eltern verloren hatte. Diese, Jutta genannt, selbst noch ein Kind mit ihren dreizehn Jahren, nahm ihre erzieherischen Pflichten sehr ernst. Dobra aber durfte als Dienerin weiter bei ihrem herzoglichen Kind bleiben. Hedwig hatte ein lebendiges, ja, ein neugieriges Wesen. Sie hielt sich gern in der Halle auf, wo sich das Leben der Burg abspielte. Dazu hatte sie aber die besondere Erlaubnis ihres Vaters erbitten müssen, und diese galt nur für die Zeit, während er sich selbst in der Halle aufhielt. In der Halle war es kühl. Es zieht von unten, sagte Dobra, obwohl sie lederne Schuhe und gestrickte Strümpfe trug, wie das Kind. Denn den Bediensteten in Andechs ging es außergewöhnlich gut im Vergleich zu anderen einfachen Leuten, die barfuß herumliefen.

Der Boden der Halle war mit bunten glatten Steinen ausgelegt, die ein farbiges Muster bildeten: ein Mosaik. Die Tür und die seitlichen Fenster standen in den wärmeren Jahreszeiten weit offen. An der vorderen Wand waren hoch oben kleine bunte Glasfenster angebracht. Darunter das Wappen der Andechser, prächtig auf Seide gestickt, ein Löwe und ein Adler in dem einen Feld, im anderen schräge weiß-rote Streifen. Unter dem Wappen standen die Sessel der Eltern während eines feierlichen Empfanges auf einem Podest, zwei bequeme Holzsitze, mit Rücken- und Armlehnen, die mit rotem Samt und buntgestickten weichen Kissen ausgelegt waren. Unsere Thronsitze, sagte der Vater lächelnd. Ansonsten standen die Sessel neben dem Kamin. Außerdem gab es nur glatte hölzerne Bänke an den Wänden und einen festen Eichentisch, um den Bänke und Schemel standen. An diesem Tisch speiste die Familie, wenn sie unter sich war. Zu festlichen Mahlen wurden Tischplatten auf

Böcke gelegt, mit weißem Leinen bedeckt, die die ganze Länge der Halle einnahmen.

An den weißgetünchten Wänden hingen außerdem bunte Teppiche, die der Vater und der Großvater aus dem Heiligen Land mitgebracht hatten. Das Heilige Land heißt Palästina, erzählte der Vater, dort war das Grab des Herrn Jesu Christ, der für uns gestorben ist, er bekreuzigte sich, und das Kind tat das gleiche. Heiden haben das Heilige Grab im Heiligen Land in Besitz genommen, und die christlichen Ritter müssen es nun zurückerkämpfen, sagte der Vater. Sie nehmen das Kreuz auf sich und ziehen ins Heilige Land. Wer sind die Heiden, wollte das Kind wissen. Die Heiden, das sind böse Menschen, antwortete der Vater. Aber warum können böse Menschen so schöne Teppiche fertigen, wunderte sich das Kind. Es betrachtete gern die bunten Bilder auf den Teppichen, so sah es aus in der weiten Welt, hatte ihr der Vater gesagt. Auf einem der Teppiche war ein großes graues Tier zu sehen mit einem langen Rüssel und zwei riesigen Zähnen. Es war prächtig wie ein Turnierpferd aufgezäumt. Der Mensch, der darauf saß, war winzig klein, dunkelhäutig und ungewöhnlich gekleidet. Er hatte ein weißes Tuch um den Kopf gewunden. Das ist ein Elefant, erklärte der Vater, ein starkes aber sanftes Tier. Es lebt in Afrika.

Wo ist Afrika?

Hoho, weit weg, lachte der Vater.

Die Halle war lichtdurchflutet im Sommer, wenn alle Fenster und die große Tür offen standen, anders aber im Winter, wenn die Fenster mit Holzläden geschlossen blieben und die kleinen bunten Glasfenster nur spärliches Licht spendeten. Da wurde das Feuer im Kamin der Mittelpunkt des Lebens in der dämmerigen Halle, die nur zum Empfang von Gästen hell mit Kerzen und Fackeln erleuchtet wurde.

Viele Leute kamen zu ihrem Vater, manche von ihnen kannte das Kind, das still in einer Ecke saß. Neben ihr Dobra oder Jutta, das Fräulein. Der wichtigste unter ihnen war Willibald, der Burgvogt, Verwalter und Truchseß in einem, ein dicker freundlicher Mann, der aus und ein ging und auch sonst überall in der Burg zu finden war. Der Vater hörte ihn aufmerksam und respektvoll an, befragte ihn, dachte nach – und befahl. Denn der Vater hatte das Sagen. Das Kind war stolz auf den Vater. Willibald begrüßte das Kind immer vor dem Herrn, er wußte, daß der das gern duldete: Na, Fräuleinchen, sagte er mit tiefer Stimme, ausgeschlafen? Oder: Guten Morgen, schönes Wetter heute, Fräuleinchen. Hopp, hopp in die Sonne, in den Garten. Hadi strahlte, sie fühlte sich ernstgenommen. Anders die Ritter. Die beachteten das Kind kaum. Sie kamen laut in die Halle gestapft. Manchmal von Kopf bis Fuß in ihr eisernes Zeug gehüllt, das sie Rüstung nannten, über die sie bunte Röcke trugen, meistens aber nur in Lederhosen und Lederwämsen. Aber im-

11

mer mit einem Schwert an der Seite, das sie in die dafür neben der Tür angebrachten Halter steckten. Sie gingen auf den Vater zu, grüßten ihn laut, reichten ihm die Hände, und der Vater klopfte sie auf die Schultern. Die Ritter lachten dröhnend, und ihr Lachen hörte sich manchmal an wie das Bellen eines Kettenhundes.

Der Vater überragte sie alle. Ob er seinen Kopf mit den dunkelblonden Haaren, die er kinnlang trug, schüttelte, oder ob er seine dunklen Augen aufmerksam mal hier mal da hinwandte, ob er zuhörte oder sprach, er war der Fürst, der Herr über die anderen, das sah man. Der Vater war schön, fand das Kind Hedwig. Sie war stolz, wenn jemand zu ihr sagte: dem Vater wie aus dem Gesicht geschnitten. Und auch ihr Vater hörte dies sichtbar gern. Ob diese Ritter wohl Heiden sind? Denn sie sehen wie böse Menschen aus, fragte Hedwig. Nein, der Vater lachte, meine Ritter sind Christen. Und zudem liebe Freunde. Aber das Kind mochte die Ritter nicht, besonders wenn sie tote blutende Tiere auf den steinernen Boden der Halle warfen und damit prahlten, sie bei einer Jagd getötet zu haben.

Zweimal im Jahr, zur Weihnachtszeit und zu Ostern, kamen die Ritter mit ihren herausgeputzten Frauen in die Burg, und Vater und Mutter saßen auf ihren Thronsitzen. Willibald überreichte den Getreuen reiche Gaben. Der Fürst beschenkte seine Vasallen mit Kleidern und Pelzen, manchmal mit einer neuen Rüstung, und für besondere Verdienste erhielt dieser oder jener ein Pferd, das dann alle im Burghof bewunderten. Warum magst du die Ritter, fragte das Kind. Die Ritter schützen unsere Burg vor Feinden und sie kämpfen fürs ganze Land. Und auch für den Kaiser. Fürs ganze Reich, antwortete der Vater.

Wer ist der Feind? Vor wem muß die Burg geschützt werden? Was ist das Reich?

Das verstehst du noch nicht, mein Kind, sagte der Vater. Und warum tragen die Ritter Schwerter? fragte das Kind weiter.

Weil sie die Feinde töten müssen.

Töten ist böse, sagte das Kind. Warum töten die Ritter …

Und der Vater sagte: Du fragst zuviel, Fräulein Neugierig, geh zu deiner Mutter.

Das Kind erwiderte brav: Ja, Vater. Und verließ gehorsam die Halle. Die Mutter gab dem Mädchen einen kleinen Rahmen und ein Stück Seide und zeigte ihm, wie man Blumen stickt. Doch bald zog es Hedwig wieder in die Halle, weil es da mehr zu sehen gab.

In die Halle kamen auch andere Männer als die Ritter: die Mönche. Vor allem aus dem Dießener Kloster, das an dem anderen Ufer des Ammersees lag. Aus unserem Familienkloster, sagte der Vater, und begrüßte die Mönche ganz anders als seine ritterlichen Freunde. Ehrerbietig grüßte er sie, mit leiserer Stimme, in Gottes Namen hieß er sie willkommen. Hedwig mochte die Mönche, die bescheiden eintraten, in Gottes Namen grüßten, die sanft lächelten. Sie trugen schafsfarbene Kutten und Sandalen an den bloßen Füßen. Sie hatten saubere Hände und dufteten nach Heublumen.

Besonders Abt Degenhard hatte es dem Kind angetan. Vor diesem ehrwürdigen geistlichen Herrn verneigte sich auch Bertold von Andechs tief. Der Abt kam, um klugen Rat gebeten, um wichtige Schreiben aufzusetzen, die er auf eine Wachstafel schrieb und die nachher ein Schreiber sorgfältig mit einer Gänsefeder auf dünne Ziegenhaut, die die Mönche Pergament nannten, abschreiben mußte. Wenn des Schreibers Tinte Flecken auf dem Eichentisch hinterließ, schrubbten die Mägde sie nicht weg wie andere Flecken. Tintenflecke ehrten den Tisch. Denn Schreiben war eine Kunst. Schreiben konnten die Ritter nicht. Sogar der Vater konnte weder lesen noch schreiben, auch war ihm die lateinische Sprache unbekannt, in der alles Geschriebene gehalten war. Daher verehrte man die klugen Mönche.

Abt Degenhard hatte silberne Haare, einen langen silbernen Bart und rote Backen wie Winteräpfel. Er kam auf einem grauen Esel geritten, den er unten im Hof versorgen ließ. Oft lief ihm das Kind entgegen. Der Abt strich ihm über die Haare und sagte: Grüß Gott, kleines Fräulein. Er nahm es an die Hand, und das kleine Mädchen führte hüpfend den alten Mann über die Holzstiege in die Halle. Und wenn Abt Degenhard seine Obliegenheiten erledigt hatte, nahm er Hedwig wieder an die Hand und begab sich mit ihr in den Burggarten, wo er mit ihr Blumen und Pflanzen betrachtete und ihr deren Namen nannte. Oder sie gingen in die Kapelle. Dort sangen sie zusammen fromme Lieder. Das Kind hatte ein ungewöhnlich gutes Gedächtnis und eine helle sichere Stimme. Das freute den Abt, und er strich sich zufrieden über den Bart und meinte, sie werde wohl eine besonders fromme Nonne werden.

Als sie etwas größer war, durfte Hedwig neben dem Abt bei Tisch sitzen, sie bekam eine Wachstafel, auf der man die gemalten Zeichen wieder löschen konnte. Der Abt malte ihr ein Zeichen vor, und sie ritzte es mit einem Griffel so oft, bis sie sich gemerkt hatte, wie das Zeichen lautete.

Es gab aber noch andere Leute auf der Burg, Knechte und Mägde, die in der Küche oder im Stall arbeiteten. Merkwürdige Menschen, die vor Scheu gar nicht mit dem kleinen Burgfräulein reden wollten. Und die oft gar nicht gut rochen. Erst später wußte Hedwig: Die Ordnung der Burg, das war die Ordnung der Welt, in die sie hineingeboren war. Später brachte man es ihr bei: In dieser Welt mußte es die Krieger geben, die man lateinisch bellatores nannte, den Kriegerstand, der der wichtigste war, zu dem nicht nur Ritter, sondern auch deren Herren gehörten: Fürsten und Könige und ganz an der Spitze der Kaiser. Eine andere

Ordnung vertraten die Beter, die Oratores, die für das Gottzugewandte zuständig waren und für das ewige Leben. Zu dieser Ordnung gehörten die Mönche, die in Klöstern lebten, und geistliche Herren: Äbte und Bischöfe, an deren Spitze der Heilige Vater stand. Beide Ordnungen achteten auf das gegenseitige Gleichgewicht. Die arbeitenden Menschen dagegen wurden Laboratores genannt, von ihrer Arbeit lebten sie alle – Ritter und Mönche. Das gemeine Volk war zum dienen bestimmt. Die Ordnung der Welt sei von Gott gegeben, sagte man dem Kind. Bis die Fürstentochter die Ungerechtigkeit dieser Ordnung zu durchschauen lernte und sich dagegen auflehnte, verging viel Zeit.

Die Burg Andechs lag auf einem hohen Berg und war umgeben von einer starken Mauer, die aussah, als wäre sie von Riesen, nicht von Menschen errichtet worden. Doch nicht jeder wurde in die Burg eingelassen. Darüber, wer hinein und heraus durfte, entschieden Wächter in Türmen zu beiden Seiten des Tores. Im Zweifel der Burgvogt oder der Burgherr selbst. Ekbert, Hedwigs älterer Bruder, erzählte ihr, wie die Wachleute unerwünschte Fremde zwischen zwei Gittern im Torgewölbe festhielten wie wilde Tiere und sie befragten nach dem Woher und Wohin. Und wie, wer sich nicht erklären konnte, festgenommen und in das Verlies unter dem Turm geworfen wurde, wo, wer sich als Bösewicht erwies, leicht sein Leben verlieren konnte. Willkommene Gäste aber wurden mit Trompetenschall begrüßt, und ihnen wurde Geleit bis zum Herrn gewährt.

Hedwig kam selten durch das Tor, und das nur in der Kutsche der Eltern. Es schien ihr unheimlich, und es schauderte sie. Doch die Siedlung vor der Burg, die sie neugierig aus der Kutsche beäugte, betrachtete sie gern. Sie sah viele fröhliche Menschen, die beim Anblick der Kutsche stehenblieben und ehrfürchtig grüßten. In der Vorburg lebten vor allem Handwerker, sagte ihr Ekbert, die für die Burg arbeiteten: Gold- und Waffenschmiede, Schreiner und Schuhmacher, Schneider und Gerber, Schmiede und Töpfer. Aber auch Kaufleute wohnten da, und Bauern brachten an Markttagen ihre Produkte und durften sie verkaufen. Das Kind fühlte sich geborgen und geschützt in der Burg, unter den Menschen, die sich ihr alle freundlich zuneigten. Des Tages war das Leben laut in der Burg, doch abends wurde es still. Da hörte das Kind, das in seinem weißen Bett lag, durch das offene Fenster das Wasser des Burggrabens plätschern und manchmal die Frösche quaken. Das neugierige Kind stand an sonnigen Tagen oft an einer Scharte in der Mauer, durch die man das Tal unter der Burg sah. Auf der einen Seite dunkelte der Wald, auf der anderen sah man Berge. In der Mitte des Tales ein Dorf. Auf den Weiden braune Kühe im grünen Gras. Knarrende Ochsenkarren zogen des Weges. Bauern arbeiteten auf den Feldern. Im Dorf liefen Kinder und Hunde und Schweine durcheinander. Die Hütten waren weißgekalkt, mit Stroh gedeckt, und aus den Kaminen zog heller Rauch. Die Alten saßen auf der Bank vor der Tür. Es war still im Tal. Manchmal konnte das Kind den Flügelschlag der Tauben hören. Oder der vorbeiziehenden Dohlen. Von Zeit zu Zeit tönte die Glocke des kleinen weißen Kirchleins. Und die Wassermühle klapperte gleichmäßig am Rande des Dorfes, als bete sie unaufhörlich für die friedliche Stille des Tales. Manchmal fand sie Ekbert hier. Er zupfte seine kleine Schwester am Rock. Uhu, Schuhu! Hadi, du hockst wie eine Eule in diesem Gemäuer. Und herunterfallen könntest du auch. Wenn du dich zu sehr hinauslehnst … Dann bist du tot. Denn fliegen kannst du wohl nicht. Herunterfallen? Durch dieses kleine Loch … lachte Hedwig. Wie denn. Und fliegen … Fliegen wäre schön. Und sie sang: Wenn ich ein Vöglein war, und auch zwei Flügel hätt', flög ich davon. Nein, nein, lieber Ekbert, sagte sie ernsthaft, ich bleibe schon hier. Ich will gar nicht wegfliegen. Herunterfallen … Wo denkst du hin. Ich gebe acht. Und … fügte sie etwas zögernd hinzu, mich hüten die Engel, ich weiß es, ich bitte sie darum. Jeden Abend bete ich zu meinen Engeln. Die Engel … spottete Ekbert, jeder Mensch hat einen Schutzengel, einen, nicht zwei. Ich aber habe zwei, antwortete Hedwig fest. Ich spüre sie, hier neben mir, zu jeder Seite einen. Ekbert schüttelte den Kopf, sagte aber nichts mehr, seine kleine Schwester war für ihren Dickkopf bekannt. Hedwig setzte sich auf die Bank. Komm, sagte sie, ich zeige dir meine Schätze. Und sie schüttete aus einem Holzkästchen viele bunte Steinchen auf die Bank, die sie überall gesammelt hatte. Bunte Kieselsteine. Kieselsteine, sagte Ekbert verächtlich. Gesammelt … Eine Andechserin bekommt Steine geschenkt! Edelsteine! Funkelnde kostbare Edelsteine! Topase, Rubine, Smaragde, Amethyste. Verstehst du? Wenn ich groß bin, sagte er, werde ich eine Krone aus Gold haben. Dann schenke ich dir wunderschöne funkelnde Edelsteine. Für einen solchen Stein kann man Rüstung und Pferde für hundert Ritter kaufen. Aber meine Steine sind doch auch schön, erwiderte Hedwig. Sieh mal … Ekbert aber fuhr unbeirrt fort: Denn ich werde ein großer Herr sein, ein Bischof oder ein König, und ich werde eine goldene Krone tragen. Ein Bischof trägt eine Mitra, keine Krone, warf das Kind ein, Abt Degenhard hat's mir gesagt. Viele Pferde werde ich haben, fuhr Ekbert fort, prächtige, bunt gezäumte Pferde, Reitpferde, Streitrosse und Saumtiere. Und viele Leute werden mir gehorsam sein. Du aber, liebe Hadi, sagte er streng, du wirst die Frau eines Fürsten, vielleicht sogar eines Königs sein, oder die Äbtissin eines großen Klosters. Eine Andechserin … Ich wäre gerne eine Nonne, warf das Kind schnell ein. Buchstaben malen, finde ich schön. Bücher abschreiben … Das darfst du nicht, sagte Ekbert streng. Eine Andechserin darf nur Äbtissin oder Fürstin sein. Und eine Äbtissin hat keine Zeit, Bücher zu kopieren, denn sie muß im Kloster regieren, verstehst du, sie muß

Befehle erteilen, das Leben des Klosters überwachen, wie ein Fürst für seine Burg Verantwortung tragen. Merke dir, sagte Ekbert streng, eine Andechserin ist eine Herrin. Dazu ist sie geboren. Hedwig seufzte und lud Ekbert zum Kästchenhüpfen ein. So oder ähnlich waren ihre Gespräche. Doch bei Tisch standen die Kinder am unteren Ende. Kinder hatten beim Essen zu stehen und zu schweigen. Auch die Kleinen durften nicht plappern. Neben Hedwig stand Gertrud auf einem Schemel, neben ihr die Kinderfrau, weiter Agnes auf dem Schoß ihrer Amme. Nur die älteren Brüder Otto, Bertold und Heinrich durften neben den Eltern sitzen. Ordnung galt auch am herzoglichen Familientisch. Der Vater sprach stehend das Gebet vor der Mahlzeit, die Mutter wünschte allen Gottes Segen. Dann erst setzen sich die, die sich setzen durften. Eine Unterhaltung anzufangen, stand nur dem Vater zu.

Als Hedwig sechs Jahre geworden war, beschloß ihr Vater, nachdem er sich mit seinem Bruder Otto, Bischof von Bamberg, und Degenhard von Dießen beraten hatte, das Mädchen ins Kloster zu geben. Dort werde sie, wie es sich für eine Fürstentochter schicke, behütet aufwachsen, viel Nützliches lernen und sich in Demut dem Willen Gottes beugen lernen. Das werde das Beste sein für sie. Der Meinung waren alle drei ehrwürdigen Männer. Die Wahl war auf das Benediktinerinnenkloster in Kitzingen am Main gefallen, das zur Diözese Ottos von Andechs gehörte. Ob Hedwig später im Kloster bleiben oder eine standesgemäße Ehe eingehen werde, blieb dem Willen des Herrn vorbehalten. Amen. Die Mutter legte eine ihrer kühlen, nach Rosenöl duftenden Hände einen Augenblick lang auf den Kopf des Mädchens und dann gleich wieder beide Hände über den sich rundenden Bauch. Sie pries Hedwig das Klosterleben. Glücklich wirst du sein, Haduiga, Hadi, sagte sie. Unter den frommen Frauen wirst auch du eine fromme Frau werden. Klug und weise wirst du sein. Lesen und schreiben können, und so manches andere lernen. Man wird dich schätzen und achten. Hoffentlich bleibst du im Kloster, meine Tochter, das wünsche ich dir. Äbtissin eines großen Klosters zu sein … Das ist ein schönes Leben. Nur der Herrgott über dir. Nur Gott dein Herr … Sie seufzte, küßte ihre Tochter auf die Stirn und sagte: Es wird gut sein für dich. Gottes Wille geschehe, Amen. Sie ließ sich das Rosenöl reichen, denn sie bekam wieder Kopfschmerzen. Hedwig freute sich aufs Kloster, lesen und schreiben zu lernen war in ihrem Sinn. Viele dicke Bücher zu lesen mit vielen bunten Bildern und Geschichten dazu, das schien ihr wunderbar. Abt Degenhard hatte von Zeit zu Zeit ein Buch zum Ansehen mitgebracht. Für eines dieser Bücher könne man ein Dorf kaufen, sagte der Vater. Ehrfurchtsvoll trugen die Mönche die Bücher, legten sie achtsam auf den sauberen Tisch, der Abt strich behutsam mit seiner weißen, faltigen Hand über das dicke braune Leder, ehe er die silbernen Schnallen löste, die das Buch zusammenhielten. Ja, Bücher, das waren Kostbarkeiten. Und im Kloster gab es viele Bücher. Eine Schneiderin wurde in die Burg geholt. Ein dürres Weibchen aus der Vorburg, Kordula genannt, die eine Nonne gewesen war, aber aus dem Kloster verstoßen wurde, weil sie ein Kind geboren hatte. Das sagte Jutta, die immer alles wußte, leise zu Dobra, aber Hedwig hörte es. Sie wußte, sie konnte vieles erfahren, wenn sie den Älteren aufmerksam zuhörte, wenn die leise sprachen. Diese Kordula kann hervorragend nähen und sticken, fügte Jutta hinzu. Die Schneiderin, die ein bekümmertes Gesicht hatte, begann ihre Arbeit in der Kammer neben der Kemenate der Mutter, in der Hedwig mit ihren beiden Begleiterinnen schlief. Die Mutter war beim Abmessen und Zuschneiden dabei. Weiße leinerne Hemden. Zwei graue Leinenkleider. Zwei Kleider aus grauer Wolle. Dazu ein silberner Gürtel und zwei weiße Spitzenkragen für den Sonntag. Ein warmer Mantel mit Kapuze für die kalte Zeit. Und Schuhe. So kam auch der Schuster, um Maß für das Schuhwerk zu nehmen: Sandalen für den Sommer, Stiefel für den Winter. Eine Truhe mit Bettzeug wurde gepackt. Feinste Daunen. Feinstes Leinen, aber ohne Spitzen, es sollte nicht protzig sein. Es war noch grau am Morgen, als die Kutsche vorgefahren war. Und noch zwei Wagen. Zahlreiche Ritter in grauen Mänteln mit dem bunten Andechser Wappen. Der Hof war voller Reiter, Wagen und Pferde. Ein stattlicher Troß sollte die Herzogstochter ins Kloster begleiten. Der Herzog von Andechs und Meranien wollte seine Tochter selbst nach Kitzingen bringen und dann weiterreisen. Er hatte Wichtiges zu besprechen mit seinem Bruder, dem Bischof von Bamberg. Ekbert durfte mitreiten. Dobra kämmte dem Kind die Haare und weinte dabei. Wer wird dir dort helfen, mein Armes, seufzte sie. Das Frühstück – Haferbrei mit Milch – konnte Hedwig kaum schlucken. Dobra legte Äpfel und süße Brote in einen Korb. Für später. Der Morgen war kühl, und Dobra legte dem Mädchen den warmen Mantel über die Schultern. Auch sie durfte mitfahren, aber sie sollte mit dem Herrn und Ekbert zurück. Jutta dagegen blieb bei der Mutter, die bettlägerig war, schwach, wieder einer Geburt entgegensah und daher auch nicht von der hölzernen Galerie winken konnte, wie es sich das Kind wohl gewünscht hätte. Aber zum Nachdenken war nicht viel Zeit. Die alte Familienkutsche, ein viereckiger Holzkasten auf eisernen Rädern, schön bemalt, die Türen geschmückt mit dem vertrauten Andechser Wappen: Löwen und Adler. Vier Pferde vorgespannt. Doch unbequem. Drinnen eine Holzbank mit weichen Decken und Kissen. Dobra setzte sich neben das Mädchen auf die Bank. Der Vater sah von seinem Pferd herab in das kleine offene Fenster, ob alles in Ordnung sei. Er sagte etwas. Hedwig verstand ihn nicht, aber es klang beruhigend. Dann das Hehe, Heta des Kutschers, andere Rufe, die Kutsche zog an, Pferdetrappeln und das Rumpeln der Kutsche über das Pflaster

17

des Burghofes. Hinaus durchs finstere Tor, über die Brücke … die Vorburg hindurch … ins weite Land hinaus. Ein ansehnlicher Troß von Rittern und Dienern begleitete die Herrschaften. Für Hedwig war es der Abschied von der Kindheit, der Abschied von der Burg, in die sie später nur noch einmal für kurze Zeit zurückkehren sollte. Dann aber doch immer wieder in Gedanken und Träumen. Auch als sich die Burg längst in Feuer und Rauch aufgelöst hatte, blieb das Bild in ihr.

Ekbert durfte reiten. Hedwig beneidete ihn. Doch bald erwies er sich doch nicht stark genug, um mit den Rittern mitzuhalten. Irgendwann schickte ihn der Vater in die Kutsche. Um der Schwester Gesellschaft zu leisten, wie er sagte. Ab und zu nahm der Vater Hedwig vor sich aufs Pferd. Das machte ihr Spaß. Sie sah die ganze Welt an sich vorbeiziehen: Felder und Wälder, Dörfer und Städte. Überall blieben die Leute an den Wegesrändern stehen und betrachteten den prächtigen Zug. Wer einen Hut aufhatte, nahm ihn ab, um so den hohen Herrschaften Ehrerbietung zu zeigen. Die Menschen hoben die Hände und winkten. Hedwig winkte zurück. Manchmal lief ein bellender Hund dem Zug nach. Die Reise dauerte viele Tage. Sie fuhren zu einem Tor der Stadt hinein und zum anderen hinaus. Sie hielten in Städten, Klöstern und Burgen. Überall wurde der fürstliche Zug erwartet. Bewirtung und prachtvolle Ruhestätten waren sorgfältig vorbereitet worden. Herzog Bertold von Andechs durfte zufrieden sein mit seinen Leuten, die er vorausgeschickt hatte. Noch nie in ihrem Leben hatte Hedwig so viele Menschen auf einmal gesehen wie in Nürnberg. Das war eine große prächtige Stadt, mit vielen glänzenden Kirchtürmen und der kaiserlichen Burg auf der Höhe. Wie gern hätte sie sich hier unter die Leute gemischt, aber das durfte sie nicht. Weder hier noch irgendwo. Sie wurde bewacht und vorgezeigt. Überall neigten sich freundliche Gesichter über das kleine vornehme Fräulein, das in ein Kloster gebracht wurde.

Im Kloster

Lernte sie doch in ihrer Jugend im Kloster Kitzingen die
Heilige Schrift kennen; mit dem Studium dieser
brachte sie ihre Jugend nutzbringend zu
(Legenda maior de beata Hedwigi)

Vor den Reisenden lag ein liebliches Tal in der Mittagssonne und
mitten in der Senke stattliche Gebäude im Viereck. Der Vater stieg
ab, nahm Hedwig vom Pferd und sagte ehrerbietig und laut, so daß ihn
auch die Leute hören sollten: das Kloster Kitzingen. Hedwig blinzelte
in die Sonne. Das Kloster schien zu schweben in der flimmernden Luft.
Wie das heilige Jerusalem, dachte Hedwig, von dem ihr Degenhard erzählt hatte. Da fingen die Glocken mächtig zu läuten an. Die Reisenden
bekreuzigten sich. Als das Geläut verstummte, sagte der Vater: Das war
ein gutes Zeichen! Ein Engelsgruß! Auf! Auf! Alle auf! Sie schwangen
sich auf die Pferde und trabten los. Bald gelangten sie vor das Tor des
Klosters, das weit offenstand. Im Torbogen war es schattig und kühl.
Niemand hielt sie auf. Ein weiter, mit Steinen gepflasterter Vorhof öffnete sich vor ihnen. Ringsumher gemauerte Gebäude. Knechte traten
heran und grüßten im Namen Christi. Sie nahmen sich der Pferde
der Reisenden an. Hedwig sah, wie durch ein nächstes Tor, das wie
schwarze Seidenspitze aussah, aber aus Eisenstäben gebogen war, zwei
graugekleidete Frauen in weißen Kopftüchern angetrippelt kamen. Sie
verneigten sich mit gefalteten Händen, und die Ältere lud mit leise sin-
gender Stimme die hohen Gäste ins Innere des Klosters ein. Der Herzog
von Andechs nahm seine Tochter an die Hand und folgte den grauen
Klosterfrauen. Hinter dem Tor bot sich dem Mädchen ein ungewöhnlicher Anblick. Unzählige graugekleidete Frauen standen schweigend in
zwei langen Reihen zu beiden Seiten des Weges. Sie hatten alle die gleichen weißen Kopftücher umgebunden und lächelten freundlich. Auch
die Äbtissin, die ihnen entgegentrat, war ähnlich gekleidet, sie trug auf
der Brust ein goldenes Kreuz. Der Vater begrüßte sie höfisch als Ehrwürdige Mutter. Es war eine ältere rundliche Frau. In ihrem gelblichen
Gesicht hingen viele Falten weich wie Teigrollen herab. Doch über der
knolligen Nase sprühten zwei lebendige, graue Augen. Sie sagte etwas
zu dem Kind, strich ihm über das weiche Haar. Und schon fingen die
Nonnen wie Engel zu singen an. Hedwig gefiel der Gesang. Sie fand ihn
schöner als den Gesang der Mönche zu Dießen. Ähnlich wie Vogelge-

zwitscher und das Gefiedel der Spielmänner zusammen, die manchmal in den Andechser Hof kamen. Die Nonne, die mit Zeichen der Hand das Singen anführte, übertönte alle andern. Die singt wie der Erzengel Gabriel, dachte das Kind und bemerkte, daß die Frau einen dicken Hals hatte, der wie ein Berg aussah, auf dem eine Burg saß mit einem offenen Tor, aus dem die himmlischen Töne drangen. Hedwig verstand die Worte nicht. Die Frauen sangen in der Sprache der heiligen Bücher: Lateinisch. Das Kind hörte nur immer wieder: Laudamus! Laudamus! Der Vater folgte der Äbtissin durch das Spalier der Frauen. Er neigte viele Male den Kopf, als wollte er jede erkennen und jede einzelne begrüßen. Am Ende standen kleine Mädchen, die nicht größer waren als Hedwig. Welch ein Trost! Die Äbtissin begab sich mit ihrem hohen Gast zuerst zur Kirche. Die Klosterfrauen folgten. Das Gotteshaus füllte sich bald mit den grauen Gestalten und ihrem frommen Gesang. Ein Priester trat den Gästen entgegen, der sich nach der Begrüßung zum Altar begab. Kerzenlicht und Weihrauch. Gottesdienst wie in Dießen.

Danach begab man sich in einen großen weißgetünchten Raum mit hohen Fenstern, in dem zwei Reihen weißgedeckter Tische standen. An der vorderen Wand ein mächtiges Kreuz aus dunklem Holz, kunstvoll mit Silber verziert. Die Äbtissin begrüßte ihren hohen Gast, den Fürsten von Andechs und Meranien noch einmal. Nachdem sich beide noch einmal höfisch lächelnd gegenseitig verneigt und dann hingesetzt hatten, wurde das Essen hereingetragen. Hedwig durfte zwischen ihrem Vater und der Ehrwürdigen Mutter sitzen. Sitzen! Nicht stehen. Das tat ihr wohl. Sonst sprach niemand ein Wort bei Tisch. Das Schweigen beim Essen war im Kloster noch strenger als in der Burg. Kirschen mit weißem Brot wurden gereicht. Danach junge Bohnen in Milch. Danach Fische und Krebse und Aalpastete. Als Nachspeise Hirsebrei mit Mandelmilch und Zimt. Das Kind bekam Kirschsaft, der wie Vaters roter Wein aussah, den er aus einem herrlich geschliffenen Kelch trank. Als das Klappern der Schüsseln und Löffel ein wenig abgeklungen war, begann eine Nonne mit lauter Stimme zu lesen und zu erzählen. Fast hätte das Mädchen das Essen vergessen, so sehr gefiel ihm die Geschichte vom weisen König Salomon und der Königin Bethsabe.

Danach, im Arbeitsraum der Äbtissin, der schlicht eingerichtet war, überreichte Bertold von Andechs der Kitzinger Äbtissin eine Urkunde mit Schenkungen einiger zinspflichtiger Dörfer. Die Äbtissin bedankte sich erfreut im Namen ihres Klosters und versicherte dem großzügigen Gönner ihrer aller größten Dankbarkeit. Die Nonnen werden, versprach sie, solang das Kloster steht, für die Familie ihres Wohltäters, des Herzogs von Andechs und Meranien, beten. Gott vergelte ihm und seiner Familie die reichen Gaben. Der Herzog und die Äbtissin begannen ein Gespräch über Pächter und Zinsen, Weinberge und Rinder, fleißige oder säumige Bauern. Und Hedwig stand daneben und verstand nichts von all dem. Erst nach einer Weile bemerkte sie die Äbtissin und klingelte mit einem silbernen Glöckchen. Die Tür tat sich auf, und eine junge Nonne trat herein.

Die Äbtissin stellte sie als Petrissa vor, die Tochter des Grafen von Schweinfurt am Main, eine weitläufige Verwandte des Andechser Hauses, und begann ausführlich die verwandtschaftlichen Verbindungen zu erklären, der Herzog aber unterbrach sie freundlich lächelnd, er sei erfreut, eine so liebenswürdige Verwandte kennenzulernen, aber es gehe ja nicht um eine Vermählung. Petrissa hatte soeben die Profeß abgelegt und sollte die Betreuerin, das Klostermütterchen der kleinen Andechserin sein.

Dem Kind fiel der Abschied vom Vater schwer. Sie kämpfte tapfer mit den Tränen. Auch Bertold von Andechs segnete mit Tränen in den Augen seine Tochter und küßte sie auf die Stirn. Hedwig verließ mit Petrissa den Raum, sie sollte ihr das Kloster zeigen. Petrissa nahm sie an die Hand und lächelte ihr zu. Sie war sichtbar froh über die ihr anvertraute Aufgabe. Hedwig lächelte zurück. Etwas in ihr machte einen kleinen Hüpfer vor Freude, sie spürte, sie war nicht allein. Petrissa hatte eine helle schimmernde Haut und dunkles Haar, das sich unter dem weißen Tuch kräuselte. Unter der leicht gewölbten Stirn ruhige graue Augen, dazu ein leicht gebogenes Näschen, das sich am Ende etwas rundete. Ihr hübscher Mund lächelte gern. Auch sie, sagte Petrissa, sei mit sechs Jahren ins Kloster gekommen und anfangs auch traurig gewesen, jetzt aber möchte sie nicht mehr anders leben. Dann erzählte sie vom Leben auf der elterlichen Burg und von ihren Geschwistern. Hedwig erzählte ihr von Ekbert und ihrer Familie. So kamen sie ins Gespräch. Petrissa führte Hedwig in den Kreuzgang, einen runden Säulengang mit Bildern des Leidens Christi, in dessen Mitte ein stiller Brunnen stand und um ihn ein kurzgeschorener Rasen. Es gefiel dem Mädchen ganz gut hier, doch noch schöner fand sie es im Skriptorium. In diesem Raum waren die Fenster aus Glas größer als anderswo, viele hohe Regale mit dicken Büchern standen an den Wänden. So viele Bücher … Kann ein Mensch alle diese Bücher lesen, fragte sie leise voller Bewunderung. An zwei Pulten saßen Nonnen und schrieben. Petrissa flüsterte der einen etwas zu, die nickte, und Hedwig durfte der Skribentin bei der Arbeit zusehen. Petrissa begab sich zum Fenster und begann, den Rosenkranz zwischen den Fingern zu bewegen. Die Schreiberin hatte einige Hörnchen mit verschiedenen farbigen Tinten vor sich auf dem Pult und einen Kelch mit Gänsekielen zum Schreiben. Vor ihr lag ein Blatt dünner Ziegenhaut, fein zugeschnitten, säuberlich geglättet, aber noch nach Gerbmitteln riechend. Das Blatt schien leer, und die Nonne war mit dem Ausmalen des ersten Buchstabens beschäftigt. Hedwig erkannte das Zeichen und sagte: Das ist ein O. Woher weißt du das, fragte flüsternd die Nonne. Abt Degenhard von Dießen hat mir einige Zeichen gezeigt, flüsterte das Mädchen zurück. Bei näherem Betrachten war zu bemerken, daß das Blatt gar nicht leer, sondern mit vielen dünnen Linien und dünn vorgezeichneten Buchstaben bedeckt war. Der erste Buchstabe muß besonders schön sein, erklärte die Schreiberin. Er heißt Initiale. Warum muß eine Initiale besonders schön sein, fragte Hedwig. Die Nonne lächelte und antwortete: damit man gern weiterliest. Danach zeigte ihr Petrissa den Schulraum, der war klein und dunkel, Tische und Bänke standen da dicht beieinander.

In der ersten Nacht weinte das Kind. Es versteckte sich unter der Federdecke und zitterte, es fürchtete sich. Im großen Dormitorium schliefen viele Klosterfrauen, Pritsche an Pritsche. Fremde Frauen. Schnarchen und Stöhnen. Von Zeit zu Zeit tapste eine im Dunkeln hinaus und kehrte wieder. Eine Maus huschte über Hedwigs Bett. Es war kalt in der Nacht, die Fenster des Dormitoriums waren offen. Die Frauen standen auf, als das Kind gerade Schlaf gefunden hatte. Sie huschten fast lautlos hin und her. Es war noch dunkel. Doch Hedwig erhob sich und setzte die Füße auf den Boden. Petrissa, die ihr Bett neben ihrem hatte, drückte sie sanft aufs Kopfkissen zurück. Es ist noch Zeit für dich, sagte sie leise. Ich komme dich später holen. Schlafe. Sie schlief wieder ein. Als es hell geworden war, wurden die Klosterschülerinnen geweckt. Hedwig zog mit vor Kälte zitternden Händen das Kleid über das Hemd, in dem sie geschlafen hatte. Petrissa legte ihr den Mantel um. In der Kirche ist es kalt, sagte sie.

Der erste Klostertag begann. Kerzenschimmer beleuchtete das große schwarze Kreuz, das über dem weißbetuchten Altar hing, Weihrauch verbreitete wohligen Duft, die Nonnen sangen engelsgleich. Der Priester betete und sang eintönig. Hedwig unterdrückte ein Gähnen, sie hielt sich mit Mühe aufrecht auf der harten Bank. Doch es war ein schönes Erwachen im Gotteshaus, das Gefühl einer anderen Geborgenheit. Ein neuer Tag hatte begonnen. Ein neues Leben. Die Klostertöchter bekamen im Refektorium einen Becher Milch mit Haferflocken. Dann begaben sie sich unter der Obhut ihrer Klostermütter in den kleinen Schulraum. Eine alte Nonne leitete den Unterricht. Petrissa war ihre Helferin. Das heißt, Petrissa unterrichtete unter der Obhut der alten Frau, die immer wieder einschlief. Wunderschön waren die Bibelgeschichten, die Petrissa erzählte. Am Anfang schuf Gott den Himmel und die Erde, las Petrissa aus dem großen heiligen Buch, der Bibel. Er trennte die Dunkelheit und das Licht. So wurde es Tag und Nacht. Hedwig bemerkte, Gott hatte am Anfang viel zu tun. Gott mußte die Erde aus dem Wasser heben und am Himmel Lichter befestigen, die Sonne, den Mond und die Sterne, dann die Erde mit verschiedenen Wesen beleben. Gott schuf alles aus dem

Nichts. Oder aus dem Chaos, wie Petrissa sagte. Zum Schluß formte Gott Menschen aus Lehm, erzählte Petrissa, damit er nicht allein sei. Zuerst Adam, dann Eva. Eva aus Adams Rippe. Warum aus einer Rippe, fragte Hedwig unbefangen. Wußte sie doch, daß ein Kind im Bauch der Mutter heranwuchs. Petrissa sah sie streng an und sagte: Wir dürfen nicht fragen, warum – alles, was in der Bibel steht, ist uns zum Glauben aufgetragen.

Am nächsten Tag erzählte Petrissa weiter: Gott schenkte den Menschen einen herrlichen Garten mit lieblichen Bäumen und Pflanzen und sanften Tieren. Er wollte, daß es ihnen wohlgehe. Das war das Paradies. Doch als Petrissa davon erzählte, daß Gott die Menschen, weil sie vom verbotenen Baum, den er als Baum der Erkenntnis bezeichnet hatte, einen Apfel aßen, aus dem Paradies verjagte, in eine dunkle karge Welt, entfuhr es Hedwig wieder: warum? Sie war empört, denn hätte Gott nicht voraussehen müssen, welch Unheil die Schlange anstiften konnte? Er, der Allwissende! Warum hatte er nicht die Schlange verjagt, ehe sie Eva in Versuchung bringen konnte? Und warum war es so schlimm, in einen leckeren Apfel zu beißen? Für ein so kleines Vergehen eine so große Strafe? Doch weil sie wußte, daß sie nicht fragen sollte, stand sie bekümmert auf und sagte reumütig: Verzeihung! Petrissa schüttelte den Kopf und sagte: Gott vergebe dir deine Sünde. Denn obwohl sie die Vorwitzige hätte bestrafen müssen, wie üblich in die Ecke stellen oder mit der Rute über die Finger schlagen sollen, rührte sie ihr reumütiges Gesicht.

Nach dem Unterricht nahm die junge Lehrerin ihre Schülerin zur Seite und sagte: Du darfst nicht so viel fragen, Hedwig, die Bibel ist zum Glauben da. Viele, die fragten, sind auf dem Scheiterhaufen verbrannt worden. Als Ketzer! Glauben, nicht fragen! Merke dir das.

Verbrannt? Auf dem Scheiterhaufen? Hedwig war entsetzt und fragte nie mehr – warum –, auch wenn sie quälende Fragen hatte. So stand es in der Bibel, daran darf nicht gezweifelt werden, das hatte sie sich gemerkt.

Und so fragte sie auch nicht mehr, als Petrissa von Kain erzählte, der seinen Bruder Abel ermordet hatte. Seinen Bruder, den er doch nach Gottes Geboten lieben sollte wie sich selbst. Und Gott hatte sich in einem Busch verborgen und zugesehen. Dann schimpfte er etwas mit dem Mörder, doch er bestrafte ihn nicht. Er lebte weiter, er hatte eine Frau und bekam viele Kinder.

Hedwig quälte sich im Stillen mit ihren Fragen. Warum hat Gott seine Geschöpfe als halb böse, halb gute Wesen geschaffen, wenn sie ihm doch ähnlich sein sollten. Warum ließ Gott das Böse zu, wenn er allmächtig war und gut.

Petrissa erzählte, daß die Menschen so böse wurden, daß Gott sie sogar ertränken musste und die Sintflut anordnete. Nur Noah, der

Fromme, fand Gnade bei Gott und wurde mit den Seinen gerettet. Und mit ihm Tiere und Pflanzen, die er in den großen Kasten genommen hatte. Später vernichtete Gott noch einmal die Unfolgsamen. Und später verbrannte er sogar die Städte Sodom und Gomorrha mit ihren sündigen Einwohnern. Und wieder rettete er nur einen Gerechten: Lot und seine Familie. Hedwig war betrübt, aber sie schwieg. Dieser Gott war unbegreiflich. Er war zum Lieben und zum Fürchten. Das mußte sie sich merken: Gott war der Herr, der alles in seiner Hand hielt, sie mußte ihm gehorsam sein.

Um so lieber waren Hedwig die Geschichten über Jesus, den Sohn Gottes, den Gottvater zu den Menschen geschickt hatte, um ihnen zu helfen, besser zu werden. Hedwig war froh darüber, daß Gott endlich begriffen hat, er müsse helfen anstatt zu strafen. Es war gut so, daß Gott seinen Sohn in die Welt schickte. Die Geschichten vom Lehrer und Wunderheiler Jesus wurden dem Kind zum Trost, aber dann doch wieder zum größten Kummer. Das Schönste von allem war die Geschichte vom Jesuskind. Ein Kind wurde geboren, und die ganze Welt erstrahlte vor Freude. Das konnte Hedwig begreifen, anderes aber verstand sie nicht. Jesus wurde nicht als Fürst geboren. Gottes Sohn kam in einem Stall auf die Welt. Seine Eltern waren arm, die Mutter legte ihr neugeborenes Kind aufs Heu in eine Krippe, Hirten kamen, um sich vor dem Kind zu verneigen, und erst später huldigten ihm die drei Könige aus dem Morgenland. Jesus war kein Mächtiger auf dieser Welt. Im Gegenteil. Jesus schimpfte auf die Reichen und Mächtigen und gab ihnen kaum Hoffnung aufs Himmelreich. Seine ganze Liebe galt den Armen und Schwachen. Das erschreckte die Fürstentochter. Warum, fragte sie sich, warum wurde Jesus nicht in einer Burg geboren? Warum war er nicht reich und stark? Wäre er doch ein Herr gewesen wie ihr Vater, und hätten ihm tapfere Ritter zu Gebote gestanden, hätte er gewiß nicht so schrecklich sterben müssen.

Hedwig freute sich über Jesus, der die Kinder zu sich kommen ließ, sie bewunderte den Wunderheiler, der Menschen Gesundheit und Leben zurückgab. Und sie hörte gern seine Geschichten, die er den Menschen am sonnigen Ufer des Sees Genezareth erzählte. Doch dann erzählte Petrissa das Entsetzliche, das nicht zu begreifen war. Böse Menschen töteten Jesus. Warum? Sie verhöhnten den Liebe Predigenden und nagelten ihn ans Kreuz. Jesus habe sich zu Tode quälen lassen, um die Menschen von ihren Sünden zu retten, sagte Petrissa. Wäre es nicht besser, dachte Hedwig im stillen, jeder würde für seine Sünden bestraft. Aber Jesus Christus war von den Toten auferstanden, las Petrissa aus der Bibel vor. Engel hatten ihn gerettet, davon war Hedwig überzeugt, die beiden Engel, die später im leeren Grab saßen, waren bei seinem Tode am Kreuz bei ihm und halfen ihm, nicht ganz zu sterben.

So dürfen sich die Gläubigen über die Auferstehung Christi freuen und das Wunder, das Gott an ihm vollbracht hat. Hedwig liebte den glänzenden auferstandenen Jesus Christus, aber das Bild des geschundenen Erlösers tat ihr zutiefst weh.

Petrissa erzählte auch, wie sich die Lehre Jesu durch seine Apostel verbreitete und durch die Kirche und die Kirchenväter weitergelehrt wurde. Von diesen strengen Männern war Hedwig der heilige Benediktus am liebsten, der Gründer des Ordens, dem ihr Kloster angehörte. Der heilige Benediktus war ein frommer Mann, erzählte Petrissa, er hatte lange in der Einsamkeit nachgedacht und gebetet, eher er Freunde um sich versammelt und mit ihnen einen Orden gegründet hatte, in dem außer dem Gebot der Liebe der Auftrag: Beten und arbeiten, ora et labora, gelten sollten. Bald wollten viele so leben, wie es der heilige Benedikt verlangte und wie es gottgefällig war. Sie bauten ihre Behausungen weit weg von den Menschen, um ungestört in Gott zu leben und den Menschen zu dienen. Mönche und Nonnen stellten sich in eine gottgefällige Ordnung. Sie gelobten, sich den von Benediktus aufgestellten Regeln gehorsam zu fügen. Sie verzichteten auf Familie, auf Reichtum und Macht. Sie gelobten Gehorsam und Schweigsamkeit. Sie weihten ihr Leben Gott. Das war von doppeltem Gewinn – sie retteten ihre eigenen Seelen und durch ihr Gebet die Seelen anderer Menschen. Das fand Hedwig schön. Sie wollte gern so leben. Doch das alltägliche Leben im Kloster war hart. Es verging viel Zeit, ehe sich Hedwig an das Klosterleben gewöhnt hatte. Beten und arbeiten. Müßiggang galt als Gift für die Seele. Geschwätz war verpönt, ja verboten. Hedwig lernte, Schwieriges zu ertragen, über Schmerzen nicht zu klagen, sich zu fügen. Folgsam sein, demütig, fromm, wie es verlangt wurde. Petrissa sagte zu ihr: Wenn dir die Ordnung des Klosters wehtut, bedenke: außer der Ordnung gibt es nur das Chaos der Welt. Und das ist tausendfach schmerzhafter.

Eine Stunde nach Mitternacht und dann sechs Mal in regelmäßigen Abständen rief die Glocke die Gemeinschaft zu den verschiedenen Stundengebeten wie Mette oder Vigil, Vesper und Komplet in die Kirche, wo die Psalmen gesungen und Schriftlesungen abgehalten wurden. Zur Morgenandacht um sechs mußten auch die Klostertöchter anwesend sein. Immer wieder ließen die frommen Nonnen ihre Arbeit in der Bibliothek oder im Garten, am Spinnrad oder am Stickrahmen liegen und trippelten in die Kirche. Das Leben im Kloster verlief geordnet wie in einem Bienenschwarm. Jede Nonne hatte eine für sie passende Aufgabe. Für die Klostertöchter galten die gleichen Regeln, wenngleich abgemildert. So aßen sie dreimal des Tages, während die Nonnen zweimal aßen und sehr oft fasteten. Aber die Schülerinnen wurden streng gehalten, mit Ruten bestraft, oder sie mußten, auch für geringfügiges Vergehen, die Ehrwürdige Mutter und alle Nonnen an der Kirchentür vor dem

Gottesdienst um Verzeihung bitten. Die ganze Gemeinschaft an sich vorbeiziehen lassen und Reue zeigen. Das war die härteste Strafe. Härter war nur noch der Ausschluß aus der Gemeinschaft. Die Klostertöchter hatten mit gesenkten Augen einherzugehen und zu schweigen. Bete und arbeite, sagte Petrissa streng aber freundlich zu Hedwig, und sie wiederholte es oft. Hedwig betete und lernte gern. Sie merkte sich alles viel leichter als andere. Auch in praktischen Dingen wurden die Mädchen unterwiesen. Sie lernten vor allem das kunstvolle Sticken, aber auch Spinnen und Weben und Nähen. Sie lernten die Kräuter im Garten beim Namen nennen und ihre Heileigenschaften erkennen. Sie lernten Kranken ihre Leiden zu lindern. Die, denen das Lesen und Schreiben schwerfiel, blieben beim Wirtschaften, Kochen und Nähen. Das galt als nicht weniger wichtig für jede Frau.

So durfte Petrissa zu Recht sagen: Das Kloster ist dein wahres Haus und die rechte Brücke, hier bist du geborgen auf dem Weg zu Gott. Das Leben in der Welt … sie zuckte verächtlich mit der Schulter, der Mensch lebt kurz und qualvoll. Hart ist das Leben einer Frau, sie ist ihrem Mann untertan Wenn sie von ihrem Gatten geliebt wird, muß sie unzählige Kinder gebären. Und die Geburten quälen ihren Leib. Viele sterben im Kindesbett. Zieht sich ein Weib aber den Unwillen des Mannes zu, wird sie verstoßen. So manche wurde von ihrem Mann in einen Turm gesteckt, wo sie vor Hunger starb. Nur im Kloster ist Zuflucht für eine Frau. Bete. Das Kloster ist ein wahres Haus und die rechte Brücke, wiederholte Petrissa. Denn wer sich im Leben um seine Seele gesorgt hat, den erwartet nach dem Tode das Himmelreich. Die aber, die nur an ihr Wohlergehen, an Reichtum und Macht dachten, verderben in alle Ewigkeit. Bete und arbeite. Hedwig betete gern. Sie empfand dankbar die Stille, die sich dabei in ihr auftat. Sie hatte gelernt, das Wort Gottes aufmerksam aufzunehmen und die Nähe Gottes zu spüren.

Im Kloster vergeht ein Tag wie der andere. Wie Holzperlen des Rosenkranzes, den die Nonnen stets bei sich trugen und beim Gebet durch die Finger gleiten ließen, reihen sich die Klostertage aneinander. So vergingen Jahre. Das Mädchen Hedwig hatte sich in die klösterliche Ordnung gefügt und war bereit, in ihr zu leben. Sie fühlte sich im Kloster geborgen und wäre da gern für immer geblieben.

Doch es fügte sich anders. Komm mit mir, sagte Petrissa eines Tages, die Ehrwürdige Mutter hat eine Nachricht für dich. Von deinem Vater. Hedwig, die über einer Stickerei saß, sah erfreut auf. Doch Petrissas Blick belehrte sie, daß sie nichts besonders Erfreuliches erwartete, aber wohl auch nichts allzu Schlimmes. Hedwig hatte gelernt, im Gesicht ihrer Lehrerin zu lesen. Die Ehrwürdige Mutter wird ihr die Neuigkeit sagen. Sie wußte sich zu gedulden. Eine Nachricht aus Andechs, dachte sie. Sie war lange nicht mehr zu Hause gewesen. Ist etwas passiert? Etwas Ungutes? Wie viele Jahre sind vergangen, seitdem sie die elterliche Burg verlassen hatte? Sie dachte nach. Wohl sieben. Sieben Jahre Klosterleben. Der Vater hatte sich einige Male nach ihr erkundigt, aber sie haben sich nicht gesehen. Man wollte ihre Klosterruhe nicht stören. Sie sollte sich gewöhnen … Die Äbtissin bedeutete Hedwig, sich zu setzen. Das verwunderte sie sehr. Petrissa blieb neben ihr stehen. Sie habe einen Brief von ihrem Vater, dem Fürsten von Andechs und Meranien erhalten, sagte die Äbtissin ernst, fast feierlich. Dein Vater, Hedwig, meine Tochter, will dich verheiraten. Verheiraten? fragte Hedwig erstaunt. Mich? Warum? Darf ich nicht im Kloster bleiben? Die Äbtissin sah ihr Erschrecken nicht ungern, sagte aber schnell: Dein Vater ist dein Herr auf Erden, wie Gott im Himmel unser Vater und Herr ist. Er hat seinen Willen geändert, das ist sein gutes Recht. Du wärst uns im Kloster willkommen gewesen, meine Tochter, sagte sie warm, doch deinem Vater steht es zu, über dich zu verfügen. Er wird wissen, wozu diese Heirat gut ist. Du wirst dem Willen deines Vaters folgen.

Ja, Ehrwürdige Mutter, antwortete Hedwig.

Du sollst den Fürsten von Schlesien heiraten, einen ritterlichen jungen Herrn, fuhr die Äbtissin fort. Dein Vater ist mit seinem Vater befreundet, sie haben unter Kaiser Barbarossa zusammen in Italien gekämpft, und jetzt wollen sie mit dem Kaiser ins Heilige Land ziehen, am von Papst und Kaiser ausgerufenen Kreuzzug teilnehmen. Doch zuvor will dein Vater dich verheiraten. Die Äbtissin sah erneut ins Schreiben und sagte: Ein vornehmes Geschlecht sind die schlesischen Piasten, dem Geschlecht der Andechser ebenbürtig. Mit den Staufern verwandt … Dein zukünftiger Mann, der den Titel des Herzogs von Schlesien und Krakau trägt, hat den Anspruch auf die Krone Polens. Das ist ein Nachbarland Schlesiens. Du könntest also sogar Königin von Polen werden, sagte die Ehrwürdige Mutter und schüttelte voller Bewunderung den Kopf. Sie fuhr fort: Der junge Fürst braucht eine kluge und fromme Frau, die ihm in allem beisteht, die gesund ist und ihm viele Kinder schenkt. Wichtige christliche Aufgaben warten auf dich, Hedwig. Schlesien sei noch ein halb heidnisches Land, läßt uns dein Vater wissen. Es soll deines Mannes und deine Aufgabe sein, den christlichen Glauben in diesem Land zu festigen. Herzogin von Schlesien … Königin von Polen …

Wo liegt Schlesien, wo liegt Polen, fragte Hedwig.

Oh, sagte die Äbtissin verlegen, das weiß ich nicht so genau. Weit weg von hier. Irgendwo am östlichen Rande des Reiches. Damit mußte sie sich begnügen.

Eins wußte sie mit Sicherheit: Ihr stilles Leben war zu Ende. Als sich die Tür hinter ihnen schloß, sah Hedwig Petrissa an, der kleine Tränen die Nase entlangliefen. Hedwig nahm sie an der Hand. Fortab beteten beide noch öfter zusammen. Doch Hedwigs Ruhe war dahin, auch beim Gebet flatterten ihre Gedanken wie Vögel im Käfig.

Wenn ich Fürstin von Schlesien sein werde, sagte sie eines Tages zu Petrissa, lasse ich ein Kloster für dich errichten. Du sollst in diesem Kloster Äbtissin sein. Und wir werden wieder zusammen sein. Jeden Tag. Das verspreche ich dir. Hedwig war einerseits traurig, es tat ihr aufrichtig leid, das stille Kloster zu verlassen, das Leben, das sie als ihr Leben für immer betrachtet hatte, aufzugeben, der Abschied von Petrissa schmerzte sie. Andererseits aber hatte sie den Ruf eines anderen Lebens vernommen und war neugierig. Wie wird es sein, dieses neue Leben. Sie fand es aufregend Herzogin, vielleicht Königin zu sein. Wilde Heiden dem christlichen Glauben zuzuführen. Ihr Vater wußte mit Sicherheit besser, was für sie das Richtige war, dachte sie. Sie wollte ihrem Vater gehorsam sein.

Wenige Tage später kam Ekbert seine Schwester heimholen. Es war früh am Morgen, als er mit seinem Troß im Vorhof des Klosters eintraf und als Studiosus mit niederen priesterlichen Weihen ins Innere des Klosters eingeladen wurde, um an der feierlichen Verabschiedung der langjährigen Klosterschülerin teilzunehmen. Zuerst fand ein gemeinsamer Gottesdienst statt und danach ein letztes gemeinsames Essen im Refektorium. Zum Schluß sangen die Nonnen und Novizinnen Marienlieder für das fromme Mädchen, das sie gern für immer unter sich gesehen hätten und das manche von ihnen beneideten. Hedwig bedankte sich bei der Ehrwürdigen Mutter für ihre liebevolle Obhut, so wie es ihr Petrissa beigebracht hatte. Dann durfte sie noch eine Weile mit Petrissa verbringen. Sie saßen im Kreuzgang des Klosters auf derselben Bank, auf der sie ihr erstes Gespräch gehabt hatten. Petrissa schenkte Hedwig ein schönes elfenbeinernes Figürchen der Gottesmutter, das sie selbst von ihrer Mutter bekommen hatte, ihr einziger Besitz. Sie umarmten sich und weinten.

Ekbert zeigte sich von weitem. Es war an der Zeit. Geh, sagte Petrissa, geh. Du mußt gehen. Wir sehen uns wieder. Denk an mich. Die Gottesmutter wird dich beschützen. Hedwig sagte nur noch: Behüt' dich Gott! Und wandte sich schnell ab.

Sie sah sich nicht mehr um. Sie schluckte die Tränen, um ihrem Bruder ein Lächeln zu zeigen. Ekbert trug sich halb wie ein junger Kleriker, halb wie ein Ritter, dünne goldene Härchen wuchsen ihm auf der Oberlippe und dem Kinn, für einen Bart reichten sie noch nicht. Er lächelte seiner Schwester leicht spöttisch zu, wie früher. Das Gefolge wartete im Vorhof des Klosters. Bruder Ekbert hatte einen stattlichen Troß Ritter bei sich, Jutta war mit ihm gekommen und zwei Dienerinnen. Und das, fragte Hedwig, auf die Andechser Kutsche weisend, dieser Rumpelkasten, soll der etwa für mich sein? Sie schüttelte den Kopf: Ich werde reiten. Hast du im Kloster reiten gelernt, fragte Ekbert verblüfft. Nein. Aber ich will reiten! Wenn ich heiraten darf, kann ich auch reiten. Ekbert machte ein bedenkliches Gesicht: Auch reiten will gelernt sein. Er ließ aber eine sanfte Stute vorführen, auf der zuvor Jutta geritten war, ein schönes hellbraunes Tier. Er gab Hedwig Anweisungen. Sie konnte es nicht erwarten aufzusitzen, und fühlte sich sicher im Sattel, wunderbar! Doch kaum spürte das Pferd die unbeholfene Reiterin, die nicht einmal die Zügel richtig halten konnte, begann es zu tänzeln, trabte munter vorweg und galoppierte zum Hofe hinaus ins Freie. Dort schien der Reiterin der Galopp doch bald unheimlich, und sie zog es vor, sich vom Pferde fallen zu lassen. Der Aufprall war hart. Ekbert, der sich schnellstens auf sein Pferd geschwungen hatte, kam nach und half der glücklosen Reiterin auf die Beine. Nichts passiert? fragte er besorgt. Und seufzte erleichtert: Glück gehabt! Gott sei Dank! Eine Braut mit gebrochenem Arm oder Bein! Das hätte mir Vater nie verziehen! Doch gleich danach fauchte er wütend: nicht klüger geworden, meine Kleine, weiter ein trotziges Kind. Ach du, wehrte sich Hedwig. Für jeden ist das erste Mal ein erstes Mal. Das nächste Mal wird's besser. Das nächste Mal, empörte sich Ekbert. Jetzt kommst du in die Kutsche. Hedwig lachte: Nie im Leben! So fanden die Geschwister ihren alten Ton wieder. Ekbert blieb nichts anderes übrig, als neben seiner Schwester zu reiten, ihr Pferd zu führen und sie zu belehren. Noch nach Wochen tat Hedwig der linke Arm weh, anfangs konnte sie ihn kaum heben, aber sie beklagte sich nicht. Als sie so nebeneinander ritten, kam das Geschwisterpaar bald in ein angeregtes Gespräch. Über Jahre wäre zu berichten gewesen. Aber die Zukunft interessierte sie weitaus mehr. Ekbert war eben aus Rom zurückgekehrt, wo er zwei Jahre studiert hatte. Jetzt sollte er noch für weitere zwei Jahre nach Paris gehen, wo die Rechtswissenschaften besonders gut stehen. Und dann wieder nach Rom.

Wirst du aber klug sein, sagte Hedwig, ich hätte auch noch gern im Kloster weiter gelernt. Und jetzt soll ich heiraten. Und das in ein fremdes Land. So will es der Vater, und ich werde nicht gefragt, ob es mir paßt oder nicht. Auch Ekbert war von dem Entschluß des Vaters überrascht gewesen. Seine Schwester sollte nach Schlesien gehen … Er in Bamberg als Bischof, sie in Kitzingen Äbtissin. Wäre das nicht schön gewesen. Er hätte gern seine Schwester in der Nähe gehabt, die einzige Frau, mit der er sich vernünftig unterhalten konnte. Nun, der Vater will es so. Er weiß besser, was richtig ist. Also, fragte Hedwig: Was sind das für Herren, diese Piasten, wo liegt ihr Fürstentum: Schlesien …

Schlesien grenzt an Sachsen, antwortete Ekbert. Der alte Piast Boleslaw war zudem jahrelang Großvater Dedos nächster Nachbar gewesen, Burg an Burg, die Piasten auf der Altenburg, die neben Großvaters Besitztümern Groitsch und Rochlitz liegt. Also auch Großvater Dedo ist mit den Piasten bekannt, wunderte sich Hedwig. Ach, sagte Ekbert, wie ich unseren Großvater kenne, hatte er auch seine Hände im matrimonialen Spiel. Also ist Schlesien nicht so weit weg, wie die gute Äbtissin meinte, sagte Hedwig nachdenklich. Aber warum lebten die Piasten auf der Altenburg und nicht in ihrem Land, fragte sie. Und wie das sei mit dem Anspruch auf die Krone Polens. Das wüßte sie ganz gern. Und noch viel mehr. Langsam, langsam, bremste Ekbert, allmählich wirst du alles erfahren. Er selber wüßte nicht allzu viel. Wolltest du nicht zuerst nach Heinrich fragen ... Also, nein ... Auch gut. Denn er habe ihn auch noch nicht kennengelernt. Nur der Vater schwärmt von dem alten und dem jungen Herrn. Wie die Piasten nach Altenburg gekommen waren ... Nun ja, er habe gehört, sie seien von ihren Verwandten des Landes verjagt worden, der Reichssitz Altenburg sei ihnen von König Konrad zugewiesen worden, der mit der Piastenherzogin verwandt war. Barbarossa aber habe die Piasten wieder in Schlesien eingesetzt. Auch Ekbert bestätigte, daß Schlesien ein spärlich bewohntes Land sei und halb heidnisch. Wälder und Sümpfe, hölzerne Burgen. Slawen lebten da. Ein großer Fluß, Oder genannt, zieht durch das Land, der bis nach Pommeranien, bis zum Meer fließt. Er habe gehört, fuhr Ekbert fort, die schlesischen Piasten wollen jetzt auch deutsche Siedler in ihr Land holen. Schlesien und Polen ... Heiden in den Wäldern ... Wälder und Sümpfe ... Siedler aus Deutschland ... Und dazu ein ritterlicher Prinz ... Wie sollte sie mit so vielen Neuigkeiten fertigwerden.

Hochzeit in Andechs

Man sagte, daß sie bei der Eingehung der Ehe mehr den Willen ihrer Eltern als ihren eigenen erfüllt habe

(Legenda maior de beata Hedwigi)

Die Heimkehr der Fürstentochter und die bevorstehende Hochzeit versetzten die ganze Burg in freudige Erregung, und die erteilte sich der Vorburg, ja, dem gesamten Andechser Land. Man nahm teil an der Freude des Fürstenhauses. Eine Prinzessin heiratete einen Prinzen! Das bewegte alle. Alle wollten etwas von dem seltenen Schauspiel erhaschen. In der Burg fragte man sich: Wie sah sie wohl aus, sie, die als kleines Mädchen weggegangen war? Die eine Nonne werden sollte. Und jetzt heiraten soll. Einen jungen Fürstensohn. Ist sie schön? fragte man sich. Klar, eine Prinzessin ist immer schön! Und dieser junge Herr aus einem fernen Land. Wie ist der wohl? Aus Schlesien? Das wird wohl am Ende der Welt liegen, weit weg von Andechs, von Bayern?

Und so kamen sie alle herbeigelaufen, als das Horn vom Turm den einreitenden Troß meldete, um mit lauten Rufen zu begrüßen und zu begaffen, Ritter und Knappen, das gesamte Gesinde, alle fanden sich im Hofe ein. Aber die Kutsche fuhr leer ein, und die Prinzessin sprang vom Pferd, ehe ihr jemand dabei helfen konnte. Sollte sie nicht eher vornehm aus der Kutsche steigen? Das hätte man doch von einem Nönnchen erwartet. Von der Galerie winkte der Vater und kam eilig die hölzerne Treppe herab. Ihm folgte wie immer Willibald. Der Vater war jung geblieben wie ein junger Held, das sah Hedwig gern und strahlte ihm entgegen. Die Mutter war auf der Galerie geblieben und hob die schmale Hand zur Begrüßung ihrer Tochter.

Hedwig begab sich am Arm des Vaters zu ihrer Mutter, um ihr ehrerbietig die Hand zu küssen, wie es sich gebührte. Doch die Mutter war unförmig geworden, und ihr Gesicht müde. Hedwig erschrak und dachte: Auch sie war irgendwann eine junge Braut gewesen, neugierig aufs Leben wie sie. Neben der Mutter Hedwigs Geschwister: Heinrich, der älteste, großgewachsen, sie alle überragend, die Mädchen Agnes und Gertrud, eine hübscher als die andere, und Mechthild noch auf dem Arm ihrer Amme. Die Brüder Otto und Bertold wurden noch erwartet.

Für den Vormittag des nächsten Tages hatte Bertold von Andechs eine kleine Runde einberufen, einen Familienrat sozusagen, zur Besprechung des bevorstehenden Ereignisses. So war es üblich. Hedwig wurde von ihrem Vater zum altvertrauten eichenen Tisch geleitet, meine nunmehr erwachsene Tochter, sagte er stolz, als müßte er sie den dort Anwesenden vorstellen. Alle lächelten ihr zu, die Mutter, Ekbert und Heinrich. Und auch Abt Degenhard war gekommen. Hedwig begrüßte ihn gerührt. Bertold, Herzog von Andechs und Meranien, wollte bekanntgeben, was alle an diesem Tisch wußten: seine älteste Tochter sollte verheiratet werden. Der vom Vater Erwählte sei Heinrich von Schlesien, aus der mit dem deutschen Kaiser verwandten Familie der schlesischen Piasten.

Er habe, sagte Bertold in feierlichem Ton, die Fürsten von Schlesien zu Pfingsten eingeladen. Pfingsten sei bekanntlich die beste Zeit für höfische Feste. Für Hochzeiten insbesondere. Mildes Wetter zum Reiten und Zelten, zum Feiern … Bertold pries das Glück Hedwigs und die Ehre seines Hauses, die ihm mit dieser Verbindung erwuchsen. Hübsche und kluge Töchter seien ein wahrer Schatz der Familie, sagte er zufrieden lächelnd. Durch Ehen könne man nämlich nicht nur das Glück der Kinder festigen, sondern auch die Macht und Bedeutung der gesamten Familie vermehren. Die Ehe seiner Tochter, die nach Schlesien heiraten soll, in ein überaus zukunftsreiches Land, werde die Stellung seines Geschlechts im Reich, ja, sogar in der gesamten Christenheit heben. Denn es sei stets sein Ziel, erklärte Bertold von Andechs ernst, mit allen Mitteln die Größe und den Ruhm des Andechser Hauses hochzuhalten und für alle Zeiten auf feste Fundamente zu stellen.

Die Verbindung seiner Familie mit den Piasten habe zudem die ausdrückliche Unterstützung des Kaisers, fuhr Bertold von Andechs fort, denn es entspreche seiner Politik, seine Herrschaft im Osten des Reiches zu stärken.

Und dann begann Bertold, besonders zu seiner Tochter gewandt, die Vorzüge Heinrichs, des Bräutigams zu preisen. Heinrich sei einer der edelsten Ritter der Christenheit, rühmte er, ansehnlich von Gestalt und Gesicht. Die jungen Damen verrenkten ihre schlanken Hälse nach ihm, er selbst habe dies nicht nur einmal gesehen. Und wie vornehm der junge Piast zu Roß sitze und was es für eine Freude sei, ihm bei den Turnieren zuzusehen. Mühelos setze er jeden Gegner hinters Pferd. Das habe er von seinem Vater Boleslaw, dem kaum jemand standhalte am kaiserlichen Hofe. Zudem verstehe Heinrich wie selten wer, höfische Gespräche zu führen, auch im Schachspiel sei er hervorragend, ja, sogar die Laute schlagen könne er wie ein Minnesänger. Besonders zu unterstreichen sei jedoch sein Charakter, denn Heinrich sei tapfer und fromm und, ähnlich wie sein Vater Boleslaw, aufrichtig, vertrauenswürdig und großzügig. Mit einem Wort: beide Piasten seien seine guten Freunde und hochgeschätzte Herren am Hofe. So einem Manne vertraue er seine geliebte Tochter mit gutem Gewissen an, sagte Bertold von Andechs bewegt. Wir haben allen Grund, Gott zu danken für diese gütige Fügung. Amen.

Da Bertold keineswegs irgendwelche Gegenrede oder Fragen erwartete, langte er nach einer der Pergamentrollen, die auf dem Tisch lagen. Meine Tochter, sagte er feierlich zu Hedwig gewandt, ich weiß, daß dich der Abschied vom Kloster schmerzt, darum will ich deine Tränen trocknen, hier in dieser Urkunde, die unser ehrwürdiger Abt Degenhard gleich vorlesen wird, ist deine Brautgabe festgelegt. Du sollst von deinem Vater dreißigtausend Mark erhalten. Für diese recht beachtliche Summe, so habe ich es mit Boleslaw und Bischof Otto von Bamberg besprochen und mit Handschlag abgemacht, sollt ihr beide, Heinrich und du, wenn es euer Wille sein wird, ein Frauenkloster in Schlesien errichten, an dem es dort sehr fehlen soll. Mein Vater! rief Hedwig beglückt, sie wäre ihrem Vater gern in die Arme gefallen vor lauter Freude, doch hielt sie sich zurück, wie es sich schickte. Sie stand auf, verbeugte sich höfisch und sagte nur: Gott vergelts euch, Vater, denn sie hatte mit Tränen der Rührung zu kämpfen. Ihr Wunsch war so rasch in Erfüllung gegangen. Sie wird das Petrissa gegebene Versprechen erfüllen können! Sehr bald wird sie ihre Freundin wieder bei sich haben.

Der Abt breitete das Dokument aus, glättete es und begann zu lesen. Hedwig, die neben ihm saß, sah ihm über den Arm und murmelte leise mit. Na sowas, brummte der Abt schmunzelnd, da hat ja die Jungfrau fleißig lesen gelernt im Kloster. Sie liest wie ein alter Mönch, sagte er den Kopf hebend zu den Anwesenden. Doch bedenke, meine Tochter, wandte er sich an Hedwig in belehrendem Ton, wie es sich zu diesem Anlaß ziemte, und dennoch ein wenig schelmisch – zu klug sollte eine Frau auch nicht sein. Die Klugheit einer klugen Frau zeigt sich vor allem darin, daß sie ihre Klugheit verbirgt. Denn ein Mann nimmt gern guten Rat von seinem Weibe an, so lang er denkt, er käme aus seinem Kopf. Denn manche sagen auch: eine kluge Frau ist wie eine Rose, die nach Essig riecht. Dann las er weiter. Als er damit zu Ende kam, überreichte ihm Bertold ein zweites Pergament, den Heiratskontrakt, der am Tag der feierlichen Brautübergabe von beiden Seiten unterzeichnet werden sollte, den der Abt in freier Rede erläuterte.

Da wiederum keine Frage noch Einwände zu erwarten waren, langte Bertold nach einer Schatulle aus Ebenholz, die reich verziert in der Mitte des Tisches stand, und schob sie seiner Tochter zu.

Als diese das Kästchen mit einem kleinen silbernen Schlüssel öffnete, erblickte sie auf dunklem Samt herrlichen Schmuck, goldgelbe Steine, kunstvoll in Silber gefaßt.

Das ist das Brautgeschenk der Piasten, sagte Bertold. Bernsteine, die man in Pommeranien am Meeresstrand findet. Pommeranien ist ein Land, zu dem die Piasten enge Beziehungen pflegen, wenngleich keineswegs friedliche. Vorsichtig nahm Hedwig ein Stück nach dem anderen heraus: eine Kette mit einem großen Anhänger, rund wie die Sonne und mit silbernen Blättern und Blumen wie mit Strahlen umgeben, ein Armband ähnlich gearbeitet, hier wirkten die Sonnen in ihrer Vielfalt wie Sterne. Und dazu ein Stirnreif ähnlicher Art. Noch nie hatte Hedwig so schönen Schmuck gesehen. Und der sollte ihr gehören? Sie schob die Schatulle ihrer Mutter zu, damit auch sie den kostbaren Schmuck aus der Nähe betrachtete. Venezianische Arbeit, sagte Mutter Agnes bewundernd. Ja, bekräftigte Bertold, der Schmuck ist in Venedig gefertigt worden. Nachdem alle in der Runde die Kostbarkeiten bewundert hatten, bedeutete Bertold seinen Söhnen, die Runde zu verlassen, und eröffnete in Anwesenheit der Mutter und des Abtes den belehrenden Teil der Begegnung, wie er feierlich ankündigte.

Meine Tochter, hob er an, du bist fern von der Welt und ihren Anforderungen aufgewachsen, und das Klosterleben ist dir vertrauter als das Leben einer Frau in der Welt. Darum müssen wir dich in einigem belehren, was deine Pflichten als Ehefrau, Mutter und Landesmutter betrifft. Denn beim verheirateten Weib ist einiges wichtig, wovon du wenig weißt. Höre meine Tochter: Ehefrau und Fürstin zu sein ist nicht leicht. Dein Mann wird dein Herr und Gebieter sein, dem du Gehorsam schuldest. Wie Gott im Himmel, so regiert der Mann in der Ehe.

Denn schwach ist das Weib und daher dem Mann untertan, so steht es in der Bibel, fügte der Abt hinzu.

So ist nach der allgemeinen Meinung vor allem der gute Lebenswandel eines Weibes zu beachten, sagte der Vater. Da du bisher im Kloster warst, meine Tochter, ist deine Tugendhaftigkeit außer jedem Zweifel, fuhr er fort. Sie möge es auch in Zukunft bleiben. Dein guter Ruf soll dir kostbarer sein als dein Leben. Du sollst dich aber auch dein Leben lang vor falschen Verdächtigungen hüten. Gib deinem Mann nie den geringsten Anlaß, an deiner Keuschheit zu zweifeln. Kein Mann darf sich dir mit unzüchtigen Blicken oder gar Worten nähern. Am besten, du vermeidest jedes Gespräch mit einem Mann, das ohne Zeugen wäre. Es sei denn, er wäre ein geistlicher Herr.

Der heilige Hieronymus, nahm Abt Degenhard mit großem Eifer den Faden auf, lehrte, daß bei der Erziehung junger Mädchen sehr streng vorgegangen werden soll. Daran hat man es ja bei der edlen Jungfrau Hedwig nicht fehlen lassen. Doch die im Kloster empfangenen Lehren sollen auch im weiteren Leben als Eheweib beachtet werden. Im Kloster galt die Regel des heiligen Benediktus: Bete und arbeite. Das halte so weiter, meine Tochter. Müßiggang ist aller Laster Anfang. Ein ehrbares Weib und um so mehr eine Fürstin, die anderen mit gutem Beispiel vorangehen muß, soll viel beten, ansonsten ihre Zeit mit Spinnen, Weben und Nähen verbringen. Zudem, so der heilige Hieronymus, sollen junge Frauen nur so viel essen und trinken, um Hunger und Durst zu stillen. Sie sollen auch nicht zu viel schlafen. Verzeih, Hedwig von Andechs, sagte der Abt, wenn ich so mit dir rede, meine Tochter, denn ich bin sicher, du benötigst die Belehrungen nicht, aber es gehört sich so, daß ich das sage. Es tut auch gut, immer wieder an das Richtige zu erinnern: Beim heiligen Hieronymus finden wir die Grundregeln für eine junge Frau. Sie soll vor allem in guten Sitten und Bräuchen unterwiesen werden, in moribus et consuetudinibus bonis. Vier Dinge sind es, über die sie Bescheid wissen muß, nämlich über die Schamhaftigkeit und Keuschheit, die Demut, die Schweigsamkeit und die Würde der Sitten und Gebärden. Hieronymus warnt junge Frauen insbesondere vor weltlicher Putzsucht und schlechter Gesellschaft. Denke daran, Hedwig von Andechs, das Kleid ist der Spiegel der Seele, es soll deinen Körper bedecken, nicht aber entblößen, um Wollust zu entzünden. Vermeide alles, was auch in deiner Kleidung deinem guten Ruf schaden könnte. Trage keine enganliegenden Kleider, keine Schlitze und Schleppen an Röcken. Vor allem aber schminke dich nicht und färbe nie deine Haare, denn das wäre die Fälschung der göttlichen Schöpfung. Und auch im Stand der Ehe sollst du den ehelichen Verkehr nicht aus Wollust suchen, sondern aus Gehorsam und um Kinder zu gebären. Doch vor allem, edle Jungfrau Hedwig, meine Tochter, sagte Degenhard mit bewegter Stimme: bete zu Gott und der Mutter Gottes, damit sie dich schützen und in deinen guten Absichten stärken. Amen. Er bekreuzigte sich und segnete Hedwig mit dem Zeichen des Kreuzes.

Nach einer Weile ehrfürchtiger Stille fuhr Bertold von Andechs fort: Meine Tochter, dein Vater muß dir auch sagen, ehe er dich der Obhut des auserwählten Mannes übergibt: Die Liebe zu deinem Mann soll sich darin beweisen, daß du ihm gehorsam bist, ihn ehrst, ihn fürchtest, ihm zu gefallen suchst, sowohl sich seiner Liebe zu erfreuen, als auch um ihn davon abzuhalten, anderen Frauen zu verfallen. Seine Fehler und Schwächen sollst du geduldig ertragen. Du sollst deine Schwiegereltern ehren, das Gesinde befehligen, das Haus verwalten und dich selbst tadellos halten.

Hedwig hörte mit gesenktem Blick den abwechselnden Sermonen beider alten Herren zu, sie spürte Schamröte im Gesicht. Petrissa hatte sie darauf vorbereitet, daß einiges auf sie zukommen werde, doch so offen belehrt, fühlte sie sich entblößt. Die Mutter saß teilnahmslos dabei.

Als das Gespräch sichtbar zu Ende war, näherte sich Willibald dem Tisch der Herrschaften und meldete, die Wagen der Kaufleute seien eingefahren.

Hedwig begab sich mit Jutta, die seit langem für die Mutter die Schlüssel am Gürtel trug, in den Hof, wo zwei mächtige Wagen aus Holz standen, feste mit Eisen beschlagene Kasten auf Rädern. Die Zugpferde wurden gerade ausgespannt, um sie in den Gestallungen zu versorgen. Der Lärm der herzoglichen Ritter, die den Kaufleuten Geleit gegeben hatten, füllte den Hof.

Einer der Wagen stand vor den Vorratsräumen neben der Küche, aus dem wurde abgeladen, was der fürstliche Bote zuvor bestellt hatte: Tafellinnen und Kerzen, Geschirr und so manches mehr, exotische Früchte und Gewürze.

Am anderen Wagen war eine Wand aufgeklappt worden, so daß er wie ein Kramladen am Markt aussah. Davor hatten zwei Diener einen Tisch errichtet und ihn mit dunklem Tuch bedeckt. Neben dem Wagen standen zwei langbärtige Männer in bis zum Boden reichenden schwarzen Gewändern und runden schwarzen Käppchen auf den Köpfen. Sie verneigten sich tief vor der herzoglichen Tochter. Hier sollte Hedwig Stoffe auswählen für ihr Hochzeitskleid und anderes, was sie meinte zu brauchen. Der Vater hatte ihr freie Hand gewährt. Während die Diener die Ballen auf den Tisch legten, begann der ältere Kaufmann in einem fremd klingenden Tonfall ehrerbietig zu reden. Sie seien weitgereist, ihre Wagen voller Kostbarkeiten aus aller Welt. Sie seien dem Ruf des edlen Fürsten von Andechs gefolgt, um den edlen Frauen an seinem Hofe zu dienen, was sie für eine große Ehre hielten Sie seien keine fahrenden Kaufleute, fuhr der Mann fort, die von einem Marktplatz zum anderen zögen, sondern ehrbare Bürger der Stadt Nürnberg, wenngleich Fremde, Juden, die jedoch ihre festen Stände auch in den Tuchhallen der größten Städte im Reich hätten und nur auf Ruf der reichsten Herrschaften deren Burgen aufsuchten. Sogar die vielgerühmte und schöne Kaiserin Beatrix habe sie gnädigst zu ihren Diensten herbeigerufen, was ihnen zum ehrenden Titel Kaiserlicher Hoflieferanten gereichte. Dann pries der Kaufmann seine Ware an. Orientalisch hauchdünne Seidenstoffe habe er dabei, Saeta oder Paile genannt. Er habe sie im fernen Persien, in Syrien, in Marokko und Libyen gekauft. Anderes sei aus den schönen Städten Alexandria und Bagdad, Seidenstoffe, wie sie Könige zur Krönung benutzen: Zendal und Baldekin, Samit und Siglat. Dazu feste Seidenbrokate aus Griechenland, die für das ganze Leben reichten. Wollstoffe vom Rhein, aus England und Flandern und auch aus den Städten Gent, Ypern, Arras … Dazu die weichen Pelze aus Rußland … Schuhe und Strümpfe, und sogar Schmuck. Die exotischen Namen umschwirrten Hedwigs Ohren wie Bienen. In allen Farben schimmerte und glänzte es auf dem Tisch vor dem Wagen, auf dem die Diener die Stoffe ausbreiteten. Der Überfluß verwirrte sie. Sie langte mal nach dem, mal nach jenem, sie hätte gern dieses und jenes gehabt und noch einiges dazu, alles schien ihr plötzlich wunderschön und begehrenswert, die Üppigkeit begann vor ihren Augen zu schwirren, und sie spürte einen leichten Schwindel, der sie aufmerken ließ. Sie hielt inne – davor war sie gewarnt worden. War das nicht die Sünde, oder gar deren zwei – die

Habgier und die Eitelkeit. Die hießen lateinisch Avaritia und Superbia. Das hatte sie sich gemerkt. Die Klostertochter in ihr regte sich, und sie wies gleichgültig, als hätte sie das ganze Leben nichts anderes getan, auf die ausgebreitete Ware hin. Sie ordnete an: Seide und Samt, und die delikateste Leinwand. Aber sie zögerte nicht, hatte sie sich doch zusammen mit Jutta zuvor Gedanken gemacht. Die Kaufleute hantierten mit Ellenmaß und Schere, Diener trugen die Einkäufe in die Halle und legten sie auf den Tisch und die Bänke. Ausbreiten und betasten, Seide gegen Seide halten, um Farben zu prüfen, den Glanz, die Dichte des Materials zu vergleichen. Was paßte und was nicht. Samt, Wolle zwischen den Fingern spüren. Nachdenken und bemessen. Bänder und Fäden und Ziersteinchen, erinnerte Jutta. Einer der Kaufleute brachte eine hölzerne Schatulle, da fanden sie alles im Überfluß, kunstvoll gearbeitete Borten und Spitzen, Edelsteine und Perlen zum Besetzen von Seide und Samt, goldene und silberne Fäden, Garne in allen Farben.

Auch Agnes von Andechs hatte sich in der Halle eingefunden. Die Mutter riet ihrer Tochter, keineswegs Bescheidenheit zu üben, wüßte man doch nicht, ob es in Schlesien dergleichen zu kaufen gäbe. Der jüngere Kaufmann warf beflissen ein: In Breslau und Krakau handele Ibrahim de Vratislavia, ein tüchtiger Kaufmann. Der Vater kam, überblickte lächelnd das bunte Chaos und entlohnte die Händler mit freigiebiger Hand. Die Kaufleute bedankten sich mit tiefen Verbeugungen. Sie ließen sich im Gesinderaum beköstigen. Dann zogen sie in die Vorburg. Sie wollten noch am nächsten Tag in der Vorburg ihre Stände ausbreiten, so daß noch Zeit für ergänzende Einkäufe bleibe.

Hedwig saß bis spät am Abend mit Jutta und zeichnete ihr Hochzeitskleid auf eine Wachstafel, ein Mal ums andere, Jutta wies auf Regeln der Mode hin. Sie wußte Bescheid, was die Frauen in Frankreich und Burgund trugen, obwohl sie dort nie gewesen war.

Am nächsten Tag in der Frühe kam die alte Kordula, diesmal in Begleitung ihrer hübschen Tochter, ihrer fleißigsten Helferin, wie sie sie den Herrschaften nicht ohne Stolz vorstellte. Kordula war eine reiche Frau geworden, seitdem sie in der Burg hatte nähen dürfen. Weit umher begehrte man ihre Dienste. Ihr Gesicht zeigte keine Spur früherer Bekümmernisse. Nach einigen Tagen war das festliche Kleid zur Anprobe bereit. Es lag über Mutters Bett. Himmlisch sah es aus. Der Meinung waren alle. Aber die Nähte waren noch nicht befestigt. Hedwig ließ es sich anlegen. Sie drehte sich vor dem großen Spiegel, sie gefiel sich, doch gleich überkamen sie Zweifel, ob sie auch schön genug wäre für ihn, den jungen Piasten, den schönsten Ritter der Christenheit!

Das Kleid war prächtig. Aber sie selbst? Wie war sie? Sie gefiel sich nicht. Das Gesicht war schmal und blaß. Die Augen ... nun, braune, aufmerksame Augen, hatte man ihr stets gesagt. Der Mund ... ja, der

Mund war wie ein Mund … Wie konnte sie wissen, was einem nie gesehenen jungen Mann, nach dem sich die jungen Frauen die Hälse verrenkten, gefallen würde. Die Gestalt war kindlich schmal, das war nicht zu verbergen. Und das mußte wohl als wahrer Fehler angesehen werden, denn wie ein Weib zum Kindergebären sah sie nicht aus. Hedwig zupfte die Seide über der Brust, das sah Jutta und ordnete einen Spitzenbesatz an. Hedwig nahm sich fest vor, wenn dieser Heinrich von Schlesien sie gleichgültig ansehen sollte, wenn sie merken würde, sie gefalle ihm nicht, dann heiratete sie ihn eben nicht. Dann würde sie sich ihrem Vater zu Füßen werfen und ihn anflehen, ins Kloster zurückkehren zu dürfen. Denn wenn sie schon heiraten sollte, wollte sie auch geliebt sein.

Also das Kleid! Strahlende weiße Seide. Mit einem kleinen runden Ausschnitt mit Spitzen um den Hals und einem Sattel, von dem aus sich die Seide, gerafft und mit Spitzen ergänzt, über dem Mangel an weiblichen Formen wölbte. Ein Gürtel aus silbergestickter Borte mit silberner Spange hielt die künstliche Fülle in der Taille zusammen. Üppig auch der Rock, durch eingesetzte Teile aus grüner Seide erweitert. Und unten am Saum glitzerte es silbern gestickt, um die Bögen der Falten zu unterstreichen. Die Ärmel des Kleides fielen bis auf die Hände herab und von da an lang herunter, wie es die Mode verlangte. Unter dem Kleid ein seidenes Hemd, das in den weiten Ärmeln und unter dem Rocksaum mit Borte sichtbar wurde. Dazu weiße spitze Schuhe aus weichem Leder. Der scharlachrote Mantel aus Samt, innen mit hellgrau silbern schimmernder Seide gefüttert, hatte einen Kragen aus Hermelin. Eine silberne Tassel hielt ihn zusammen. Wahrhaftig, du siehst wie eine Königin aus, meine Tochter, sagte der herbeigerufene Vater mit aufrichtiger Bewunderung. Eben noch ein Kind und plötzlich die schönste Frau im ganzen Reich! Wie schnell aus einem klösterlichen Räupchen ein Schmetterling werden kann! Er küßte sie mit wahrer Begeisterung auf die Stirn.

Der Gute, er sieht mich so, weil er mich liebt, dachte das Mädchen.

Höfisches Benehmen war zu üben. Darin war Jutta eine gute Lehrerin. Verbeugungen und Kopfnicken, huldvolles Lächeln, vornehmes Schreiten mit der linken Hand in der Tassel des Mantels. Die rechte zur freien Bewegung. Der höfische Tanz. Kunstvoll waren die Regeln, und sie ergaben ein erfreuliches Bild. Das war im Spiegel nachzuprüfen. Hedwig machte es Spaß. Und Jutta war mit ganzer Seele dabei, aus dem Nönnchen eine höfische Frau zu machen. Auf das eine konnte sich Hedwig verlassen, das wußte sie, sie konnte frisch und frei Rede und Antwort stehen, es fiel ihr nie schwer, ein geziemendes Wort zu finden.

Mühe und Feiern gehören zusammen. Nichts durfte dem Zufall überlassen werden. In der Burg begannen rege Vorbereitungen. Den Gastgebern die Mühe, den Gästen die Ehre. Aber der Glanz des Festes diente beiden. Alles sollte sein, wie es sich schickte, wie bei den Vornehmsten im Reiche, vielleicht nicht weniger prächtig als am Kaiserhofe. Das sollte zumindest angestrebt werden.

Aber keine zu laute Musik in Andechs, keine fahrenden Leute und Gaukler, die sollten in der unteren Burg bleiben und dort ihre Almosen empfangen.

Dabei machte sich der gute alte Degenhard nützlich. Er hatte durch den Bischof von Passau, seinen Freund, dessen Spielmann für das Hoffest in Andechs gedungen. Dieser, Walter von der Vogelweide genannt, galt, obwohl sehr jung, als gottbegnadeter Minnesänger, er hatte einige Musikanten um sich geschart, nur Fiedeln und Flöten, nur höfischer Gesang, versprach Degenhard. Der junge Mann kam bald an mit seinen Begleitern, er war ohnehin unterwegs nach Thüringen und machte sich bald bei allen beliebt. Besonders die Andechser Brüder lobten ihn für seine Sprüche und Lieder, die unaufhörlich aus ihm heraussprudelten. Walter versprach ein Lied über die Andechser Hochzeit zu dichten, das man noch lange singen würde.

Irgendwann streifte sein grüner Katzenblick die schmale Gestalt der kindlichen Braut, der Hedwig spöttisch schien, sie aber erblassen und erröten ließ. War das Gefühl, das sie plötzlich durchdrang, die berüchtigtste aller Sünden und die gefährlichste, die Wollust, Luxuria genannt? Sie beschloß, die Nähe des schönen Sängers zu meiden.

In der Burg war es ungemütlich geworden. Überall wurde geputzt und geschrubbt. Das Wappen der Andechser herabgeholt, gereinigt und wieder befestigt. Daneben das Wappen der Schlesier aufgehängt. Die Kissen der Thronsessel wurden im Hofe geklopft, und die Messingbeschläge der eichenen Eingangstür auf Goldglanz gebracht. Wagen fuhren ein und aus, Säcke und Fässer wurden in Keller und Kammern geschleppt. Wein aus Burgund und Cypern, Bier aus Passau. Die Bauern brachten auf Ochsenkarren unzählige Schweinehälften und Ochsenschultern, Schinken und Würste, Hühner und Körbe mit Eiern, Fäßchen mit Butter, erlegtes Wild, Rehe, Perlhühner, Hasen und Fasane die Jäger.

Als es dann nach frischgebackenem Brot und Kuchen zu duften begann, wußten alle: das große Fest stand vor dem Tor.

Endlich kündigte das Horn die Ankunft der Piasten an. Man hatte sich zu ihrer Begrüßung im Hofe versammelt. Die Andechser und ihre Familie, die hohen Gäste auf der Galerie. Gefolgsleute des Fürsten und ihre Frauen im Hof darunter. Ritter und Knappen. In den hinteren Reihen und in den Ecken drängte sich das Gesinde. Hedwig stand zwischen ihrem Vater und ihrer Mutter, die im rotglänzenden Gewand umgeben von ihren Kindern strahlte, besonders beglückt durch die Anwesenheit ihrer Söhne, Otto, der aus Burgund, Bertold aus Köln angereist waren, wo sie sich auf künftige Aufgaben vorbereiteten.

An viele waren Einladungen ergangen. Und sie waren gekommen. Vor allem die Verwandten, Bischof Otto von Bamberg war da, die Grafen von Dießen und die Sulzbacher. Die Wettiner aus dem Meißener Land. Herren aus Bayern und anderen Ländern des Reiches, mit ihren Frauen. Und auch der Kaiser hatte seine Delegaten gesandt. So viele waren mit ihrem Gefolge angereist, daß auf dem Anger neben der Vorburg eine ansehnliche Zeltstadt entstanden war.

Hedwig legte die Hände auf die Balustrade der mit seidenen Tüchern geschmückten Galerie. Der leichte Wind spielte in ihrem offenen Haar. Sie spürte Seide auf der Haut, schmeichelnde Seide. Zärtlich umfing sie ihr seidiges Kleid. Sie hatte für diesen Tag ein schlicht wirkendes hellgraues Kleid gewählt, in etwas dunklerem Grau der Mantel mit weißer Unterseite, der weiße Spitzenkragen um den Hals. Das Kleid sollte, so hatte sie es sich gewünscht, in der Farbe auf ihre bisherige klösterliche Kleidung hinweisen, die allerdings leinern grob gewesen war, weil sie an die Härte des Lebens erinnern sollte. Jetzt spürte sie schmeichelnde Seide auf der Haut. Hedwig atmete tief. Atmete durch. Sie spürte dem Atem nach, wie ein von drückender Last befreiter Mensch. Es war, als wüchsen ihr Flügel. Einen Augenschlag lang glaubte sie zu schweben in ihrem neuen seidigen Lebensgefühl. Sie fühlte sich wie ein Vogel, der in die wunderbare blaue Luft hinausfliegen soll. In eine unbekannte, herrlich bunte Welt. Hinaus in das Leben, das man ihr zugedacht hatte. Auch wenn es das Chaos sein sollte, vor dem sie Petrissa gewarnt hatte, sie wollte es annehmen, das Leben, das sich ihr darbot, seidig weich, farbig und leicht wie die Luft.

Da ritten schon die ersten schlesischen Ritter ein und füllten mit ihren blauen Fahnen mit schwarzen Adlern den Hof. Laute Musik begleitete sie, Trompeten, Trommeln und dazu ein hierzulande unbekanntes Glockenspiel. Während die lauten Instrumente bald verstummten und die buhurdierenden Reiter ihren zugewiesenen Platz einnahmen, um die Mitte des Hofes freizulassen, musizierten buntgekleidete Knappen der Andechser auf ihren Fiedeln und Flöten und zupften die Rotten. Hofmarschall Willibald dirigierte mit vor Eifer rotem Gesicht unter den grauen Haaren das Ganze. Schon ritten einige Würdenträger ein, denen die beiden schlesischen Herzöge folgten. Auch sie trugen auf ihren Mänteln das schwarzblaue Wappen der Piasten.

Bertold von Andechs war rechtzeitig die hölzerne Treppe heruntergekommen. Er trat auf Boleslaw zu. Die beiden alten Fürsten begrüßten sich laut in Gottes Namen. Dann schüttelten sie sich unzeremoniell die Hände, umarmten und küßten sich herzlicher als üblich, voller aufrichtiger Freude, die alten Kampfgenossen.

Heinrich von Schlesien hatte sich leicht vom Pferd geschwungen, gleichzeitig mit Ekbert und Heinrich von Andechs, die den Piasten entgegengeritten waren. Heinrich redete mit ihnen, sah aber spähend zur Galerie hinauf. Er verneigte sich und grüßte die Damen auf der Galerie. Hedwig grüßte zurück.

Da war er, Heinrich, der schlesische Piast! Der also sollte ihr zukünftiger Mann sein! Seine dunkelblonden Haare waren leicht gelockt und fielen bis auf die Schulter. Das Gesicht glatt und ohne Bart. Er bewegte sich ungezwungen aber maßvoll. Gekleidet war er, wie jeder junge Mann aus gutem Hause gekleidet sein könnte: Ein kurzer grauer Mantel aus feiner Wolle, darunter eine dunkelrote Tunika mit silbernen Schnüren. Blaugraue Beinkleider. Schwarze Schuhe mit silberglänzenden Spangen. Kein Mann aus fremdem Lande. Ein junger Mann wie ihre Brüder. Hedwig spürte Erleichterung.

Agnes von Andechs trat ihren Gästen erst in der Halle entgegen, stellte ihnen ihre Familie vor. Vor allem ihre Söhne. Dann Hedwig, die älteste Tochter, heute noch nicht besonders herausgenommen aus der Andechser Schar. Danach bat sie zu Tisch. Hedwig sah sich Heinrich gegenüber, ihre Blicke begegneten sich kurz, ehe er sich über ihre Hand neigte, um sie zu küssen. Sein Blick beruhigte sie, er war voller Bereitschaft, sie zu bewundern und sie anzunehmen. Gleichzeitig aber überschlich sie eine kleine Enttäuschung. Also kein Märchenprinz. Ein neuer Bruder.

In der Nacht fand Hedwig wenig Schlaf. Merkwürdige Träume beunruhigten sie. Große Vögel trugen sie über hohe Berge und weite Wälder. Dann wieder stürzte sie aus der Luft in hellen weichen Sand am Ufer eines silbern glitzernden breiten Flusses. Und lag im weichen warmen Sand, bis sie einen Schatten über sich sah – Heinrich. Sie sah sich als Braut gekleidet mit bunten Flügeln über einem langen Brautzug schweben, der sich über Berg und Tal schlängelte. Doch sie war hoch oben allein. Sie erblickte Heinrich unter den vielen Leuten. Und in einem anderen Traumbild war sie ein Falke, der sich auf die Hand eines im dunklen Walde wartenden Ritters niederließ, der über den Vogel ein goldenes Tuch warf. Sie flatterte ängstlich unter diesem Tuch. Sie spürte ihr Herzklopfen im Traum.

Der Hochzeitstag … der wichtigste Tag im Leben eines jeden Weibes, wie alle sagten … Dieser Tag, nach dem sie Unbekanntes erwartete. Ein neues Leben. Wie wird es werden? fragte sie sich. Ihr Vater wird sie der Obhut der fremden Männer übergeben, wie eine wohlgehütete Kostbarkeit, aber wie einen Gegenstand, wie ein Ding, das man nicht nach seinem Willen fragt. Und sie wird in ein fremdes Land ziehen, nie mehr ihre Eltern sehen, die ihr bisher vertrauten Menschen verlassen. Doch sie war bereit. Sie wollte es auf sich nehmen, das neue Leben. Ihr Leben in Schlesien … Schlesien, Silesia, Silesiae ducissa … Sie schlief ein mit der kleinen Gottesmutterfigur in den Händen, die ihr Petrissa geschenkt hatte. Sie wachte früh auf. Doch Jutta war schon zugegen. Sie hatte das

Kleid zurechtgelegt. Alles, was nötig war, überprüft. Der Spiegel war in Hedwigs Kammer gebracht worden. Und auch die Brennschere für die Locken lag bereit, obwohl Hedwig vom Kräuseln der Haare nichts hören wollte. Juttas Hände zitterten vor Aufregung, als sie ihre Herrin und Freundin ankleidete. Bald kam die Mutter herbei und mit ihr zwei hilfsbegierige Kammerfräulein. Die Mutter setzte sich und sah zu. Es war ihre Pflicht, die Braut, ihre Tochter, zu überwachen.

Jutta kämmte Hedwigs Haar. Die sah recht blaß aus. Jutta bot ihr an, etwas mit Rosensalbe nachzuhelfen. Doch das wollte Hedwig nicht. Sie ließ sich den Bernsteinschmuck anlegen und sah im Spiegel, daß die Steine die Farbe ihrer Haare aber auch ihrer Augen hatten, ein merkwürdiges Spiel der Farben.

Der Vater trat ein, betrachtete seine Tochter mit sichtbarem Wohlgefallen und ermunterte sie zu lächeln. An seiner Hand betrat Hedwig die Halle, die bereits von hohen Gästen gefüllt war. Sanfte Musik füllte den Raum. Der Vater bestieg mit seiner Tochter das Podium. Ein bewunderndes: Ah, ging durch die Reihen der Anwesenden. Wie eine Himmelspuppe war die Braut anzuschauen. Von der anderen Seite trat Heinrich der Piast dazu, neben seinem Vater.

Welch ein schönes Paar! Der Vater hielt eine kurze, aber beeindrukkende Ansprache, in der er, an Heinrich und Boleslaw gewandt, innigst um liebevolle Obhut für seine Tochter bat. Er vertraue, sagte er, den edlen Herren aus einem fernen, wenngleich christlichen Land, seine größte Kostbarkeit an, seine Tochter Hedwig, die er über alles liebe, die bisher wohlgeborgen in den Mauern eines Klosters gelebt hatte und dort verblieben wäre, wenn sie nicht der Ruf anderer christlicher Pflichten erreicht hätte, den sie dankbar angenommen habe. Er wisse, fuhr der Vater fort, daß ihm und seiner Familie mit dieser Verbindung eine Ehre widerfahre. Sind doch die schlesischen Piasten, wie alle wüßten, ein ruhmreiches Geschlecht, eng verwandt mit der kaiserlichen Familie der Staufer und hoch angesehen im Dienst des Kaisers.

Heinrich antwortete selbst – höfisch und ungezwungen. Er bedankte sich für die ihm widerfahrene Ehre, eine so hochgeborene Tochter ehelichen zu dürfen, deren Vorfahren mit dem Kaiser verwandt seien und aus deren Reihen hohe Würdenträger des Reiches und der Kirche stammten. Er gelobe dem Vater seiner Braut mit Gottes Hilfe seine Tochter hochzuhalten und zu achten, für sie zu sorgen sein Leben lang. Bis daß der Tod uns scheide, sagte er und lächelte seiner Braut zu.

Bertold von Andechs legte feierlich die Hand seiner Tochter in die des jungen Piasten, und so standen sie Hand in Hand, um sich von den Versammelten betrachten zu lassen. Dann steckte Heinrich Hedwig einen goldenen Ring an den Finger, einen Rubin umgeben von funkelnden Diamanten. Bertold gab Hedwig einen ähnlichen Ring, den sie Heinrich überstreifte. Beide hoben die beringten Hände, damit die Versammelten das Funkeln bewundern konnten.

Daraufhin dankte Boleslaw dem edlen Fürsten von Andechs und Meranien, einem der mächtigsten Fürsten des Reiches, für die Ehre und das Vertrauen, mit dem er dem Piastengeschlecht diese kostbare Jungfrau Hedwig übergebe. Er, der Fürst von Schlesien und Krakau, gelobe wie sein Sohn, diese Braut zu behüten wie das Licht der Augen und sie im Schatten seiner Macht in Ehren zu bewahren. Das Bündnis beider Familien solle mit Gottes Segen zur Vermehrung des Ansehens beider Geschlechter gedeihen sowie dem Kaiserreich zur Festigung gereichen. Danach las Abt Degenhard von Dießen die Urkunden vor, die in Anwesenheit aller unterzeichnet wurden.

Damit war das wichtige Zeremoniell beendet. Das Brautpaar trat vom Podium herab und sah sich von Glückwünschenden umringt. Man trat auf die geschmückte Galerie, um sich den im Hofe Versammelten zu zeigen. Die grüßten mit lauten Rufen, und bald fiel die Kapelle mit einem schicklichen Lied ein, das alle mitsangen.

Heinrich stand neben seiner Braut und hielt ihre Hand mit freudigem Blick, und Hedwig nahm dies mit zufriedenem Lächeln wahr. Alsbald begab man sich in festlichem Zug zum Kloster Dießen, um dort einem feierlichen Pfingsthochamt beizuwohnen, dem sich ein kirchlicher Segen des Brautpaares anschließen sollte. Den Weg säumten unzählige Menschen, die mit Palmenzweigen winkten. Ein Brautpaar zu sehen brachte immer Glück. Und ein fürstliches Brautpaar war etwas ganz Besonderes. Da wollte jeder dabeisein. Die Glocken von Dießen klangen übers sonnige Land. Vor der Klosterkirche standen die Mönche mit Palmen und Kerzen in den Händen und sangen Te deum laudamus.

Zurück in der Burg begab man sich zu Tisch, von dem man sich nicht so bald erheben sollte. Festlich war alles vorbereitet worden, mit feinstem weißen Leinen gedeckte Tafeln waren in der Halle aufgestellt worden. Die Bänke für die Gäste mit vielen schönen und weichen Kissen und Tüchern bedeckt. Die standen nur an den äußeren Seiten der Tafeln, denn die Sitte verlangte, daß sich alle sehen konnten und keiner dem anderen den Rücken zukehrte. Auf den Tischen Obst und Blumen, silberne Schüsseln und Kelche. Unter den seidenen Wappen der Andechser und der Piasten stand auf dem Podium der Tisch für die fürstliche Familie bereit.

Das höfische Schauspiel nahm seinen Verlauf. Die wichtigsten Personen traten ein, als alle Gäste ihre Plätze eingenommen hatten. Sie standen zur Begrüßung auf und setzten sich erst wieder, als sich auch die Gastgeber gesetzt hatten. Hedwig saß zwischen Heinrich und ihrem Vater. Sie spürte, daß alle Blicke auf sie gerichtet waren. Sie aber sah unbefangen in die Menge der vielen Gesichter herab. Sie wußte, fortab werde es so sein. Man wird sie betrachten. Daran hatte sie sich zu gewöhnen.

Willibald als Truchseß hatte den Überblick über die Tafel. Buntgekleidete Pagen traten mit silbernen Waschschüsseln, silbernen Wasserkannen und weißen Handtüchern an die Gäste heran, damit sie vor dem Mahl ihre Hände wuschen. Andere schenkten roten Burgunder in Gläser und Kelche.

Da stand Bertold von Andechs wiederum auf und hob seinen herrlich geschliffenen Kelch Boleslaw entgegen, der auch aufstand und sein ebenso prächtiges Trinkgefäß hob. Auf die ewige Freundschaft beider Häuser, sagte Bertold laut, damit es alle hören konnten. Es leben die Piasten! Boleslaw antwortete höfisch mit einem ähnlichen Spruch zum Wohl der Andechser. Daraufhin hatten sich auch die Gäste mit ihren Kelchen in der Hand erhoben.

Beide Fürsten hielten einen Augenblick die prunkvollen Gläser hoch, betrachteten sie und ließen sie bewundern. Denn es waren in der Tat wunderschöne ägyptische Gläser, die Bertold aus dem Heiligen Land mitgebracht hatte. Auf dem einen sah man zwei grünlich grau schimmernde Löwen, die auf einen Pokal zugingen, darüber einen Halbmond mit Sternen. Das andere, milchfarbige Glas zeigte einen zwischen zwei Löwen aufgerichteten Adler. Alles wunderbar ins Glas geschnitten. Beide Fürsten tranken zugleich. Nach ihnen tranken die anderen.

Bertold von Andechs forderte auf höfische Art Boleslaw den Piasten zu einer Rede auf. Boleslaw sprach langsamer und lauter als üblich, aber verständlich für alle. Bedächtig wählte er seine Worte. Er und sein Sohn, sagte er, wollten hierzulande nicht als Fremde gelten. Denn die schlesischen Piasten fühlten sich im Kaiserreich im gemeinsamen christlichen Hause und seien stolz, dem römischen Kaiser deutscher Nation dienen zu dürfen. Obwohl ein slawischer Fürst, habe er Deutsch mit seiner Mutter gesprochen, die eine Babenbergerin war – Agnes von Österreich. Auch seine Frau und Heinrichs Mutter, Adelheid von Sulzbach, stamme aus einem im Reich bekannten Geschlecht, sie sei Tochter des berühmten Grafen Berengar. Die Familie der Piasten habe lange Jahre im Reich verbracht, daher spreche auch sein Gefolge Deutsch. Doch jetzt, sagte Boleslaw, wolle man zu Hause seßhaft werden, da die Familie, dank der Hilfe des gnädigsten Kaisers Friedrich Barbarossa, ihr Land zurückbekommen hatte.

Die höfisch gesetzte Unterhaltung der fürstlichen Familienväter war wohldurchdacht, denn sie war ein Schaugespräch und diente zu Ehren der feiernden Fürsten.

Nach Boleslaws Sermon gab der Herr des Hauses das Zeichen zum Essen. Willibald dirigierte die Pagen herbei, die den duftenden Braten auftrugen. Zuerst stellten sie die kunstvoll angerichteten Spanferkel, die wie lebendig aussahen, auf den Tisch, die, nachdem sie genügend bewundert worden waren, vom Truchseß und seinen Gehilfen zerlegt und den Gästen vorgelegt wurden. Bertold legte Boleslaw ein Stück Fleisch in die Schüssel, Heinrich diente Hedwig. Wildbraten und gefüllte Fasane folgten, Perlhühner und Hasen. Andere Knappen trugen die Schüsseln mit Hirse und Brot herein, noch andere schmackhaft gewürztes Gemüse. Und auch der beliebte Mandelpudding fehlte nicht. Die Gäste aßen mit höfischem Anstand und wischten die Finger an Leinentüchern ab. Schmatzen und Rülpsen hörte man nicht, obwohl grobes Benehmen sonst auch an fürstlichen Tafeln nicht selten war, aber in Andechs nicht geduldet wurde. Die Musikanten fiedelten und flöteten dazu.

Nachdem die Gäste ihren Hunger gestillt hatten, die Speisen genossen, nicht im Übermaß, denn das schickte sich nicht, und der Wein allmählich die Gesichter rötete, waren Gespräche erlaubt, es galt sogar als höfische Pflicht, sich zu unterhalten. Man langte nach dem Obst, das in silbernen Schalen lag, exotische Früchte aus fernen Ländern: Granatäpfel und Pomeranzen, Datteln und Feigen neben heimischen gelben Birnen und rotbackigen Äpfeln. Und in kleineren Schälchen Mandeln und Nüsse, Pistazienkerne und kleines Gebäck.

Kurz bevor die Dämmerung einbrach, hob man die Tafel auf. Bedienstete räumten die Tische ab, warfen die schmutzigen Tücher in Körbe, trugen die langen Bretter und Schrägen hinaus und brachten kleine Tischchen herein. Zuvor hatten sie das übriggebliebene Essen in Schüsseln gesammelt, um es an die Armen vor der Burg zu verteilen.

Das Tanzen sollte im Hofe beginnen, wo unzählige Fackeln und Kerzen angezündet wurden. An der Hand ihres Bräutigams eröffnete die Braut den Tanz, so war es üblich. Am ersten festlichen Umschreiten des Hofes nahmen auch die älteren Herrschaften teil. Boleslaw führte Agnes von Andechs zum Tanz, Bertold für die abwesende Adelheid eine Sulzbacher Verwandte. Danach folgten die anderen im kunstvollen Reigen.

Als die Kapelle lebhaftere Melodien zu spielen begann und Sprünge das kunstvolle Schreiten verdrängten, begaben sich die außer Atem geratenen älteren Herrschaften auf die Galerie, um von da aus dem fröhlichen Treiben zuzusehen. Bald danach, als das Treiben der Tanzenden noch übermütiger wurde, ging auch Hedwig die Treppe hinauf. Ekbert begleitete sie. Er machte sich über die Verrenkungen der Tanzenden lustig. Manche drängen sich wie die Bauern auf dem Anger aneinander, sagte er verächtlich. Doch Heinrich der Piast tanzte gern, und auch die beiden anderen Andechser Brüder. Auch Fräulein Jutta erwies sich als unermüdliche und geschickte Tänzerin.

In der Halle, wo das Feuer im Kamin brannte, saßen die Tanzmüden und die Tanzunlustigen, zumeist die Älteren. Sie tranken Wein und vergnügten sich mit Gesprächen. Alsbald begann Walter in der Halle zu singen. Der blondgelockte Grünäugige sang mit schmeichelnder Stimme von edlen Damen und liebeswürdigen Frauen, von liebtreuen Rittern, aber auch von der Schönheit des Waldes und der Wehmut des Wanderns ohne Ziel. Die Zuhörer waren begeistert von seinem Gesang. Auch Hedwig lauschte ihm diesmal gern, fast glaubte sie, er singe nur für sie.

Bis zum frühen Morgengrauen brannten die Fackeln im Hof, klang die Musik in der Halle, saß man bei Gesprächen am wärmenden Feuer. Kaum Zeit zum Schlafen.

Doch am nächsten Tag fing das Feiern aufs Neue an. Und auch am nächsten und am übernächsten Tag wieder. Erst zum Ende der Woche brachen die festmüden Gäste auf. Jede und jeder reichlich beschenkt. Zufrieden und heiter zogen sie von dannen. So endete ein prächtiges Hoffest, eine wahrhaft fürstliche Hochzeit, über die noch lange gesprochen wurde.

DER BRAUTZUG

Von ihrer Jugend an besaß sie einen gereiften Sinn,
vermied alle Leichtfertigkeiten und war bestrebt,
sittsam zu leben und jugendliche Torheiten zu fliehen
(Legenda maior de beata Hedwigi)

Aufatmen. Endlich etwas Ruhe … Aber nein! Wieder fuhren schwere Wagen in den Burghof ein. Hedwig seufzte, als sie das sah. Feste Wagen mit starken Pferden. Der Brautzug nach Schlesien wurde vorbereitet. Hochbepackt die Wagen. Bald waren auch die Plandecken festgezurrt. In ihnen, was für die Reise nötig war: Geschenke für die Gastgeber unterwegs und dazu alles, was Mutter Agnes und Jutta für Hedwigs Leben in einem fremden Land für notwendig erachtet hatten. Fünfzehn Truhen mit wertvollen Stoffen, mit Tafelgeschirr und Gefäßen, Gobelins aus fernen Ländern, Pelze, zahlreiche Taschen mit nützlichen Kleinigkeiten. Denn, wie Mutter Agnes sagte: Wer weiß, was es dort gibt und was es nicht geben wird. Vater Bertold hatte sich von drei seiner ägyptischen Gläser getrennt. Das war ein wahres Opfer für ihn gewesen. Doch dachte er seine Sammlung zu ergänzen und zu vergrößern, wollte er doch bald mit dem Kaiser ins Heilige Land ziehen.

So dauerte es nicht lange, bis der große Troß aufbrach. Man solle das gute Wetter nutzen, meinte Bertold von Andechs, der den Zug bis nach Bamberg begleiten wollte, schönes Wetter sei auch im Frühjahr ein Geschenk des Himmels.

Bischof Otto wollte in seinem Dom das Brautpaar noch einmal segnen und in seiner Residenz feiern. Und bei den Wettinern in Rochlitz und Groitsch sollte das Feiern weitergehen. Erst danach kamen die großen Wälder, hinter denen und in denen Schlesien lag.

Jutta, die Unentbehrliche, durfte mit ihrer jungen Herrin nach Schlesien ziehen. Für immer. Ihr war es recht. Dazu eine Schar von Dienerinnen. Und auch Ritter kamen mit: Peregrin von Wiesenburg und Niko von Würben mit einer vorzeigbaren Schar. Die Brüder Ekbert und Heinrich von Andechs begleiteten den Zug. Ekbert war vom Vater beauftragt worden, Hedwig bis nach Liegnitz zu folgen und dort einige Zeit mit ihr zu verbleiben. Die jungen Verwandten Elisabeth und Konrad von Rochlitz und Groitsch waren im Zug dabei, es war ihr Heimweg.

Die jungen Leute hatten sich zu einer Gruppe zusammengetan und wollten unterwegs zusammenhalten und sich des Lebens erfreuen. Walter und seine Musikanten waren mit von der Partie. So zog der Troß in heiterer Stimmung übers frühlingsfrische, sonnige Land. Man ließ sich Zeit und kehrte unterwegs mal hier, mal da ein. Ein Brautzug war überall eine willkommene Gelegenheit zum Feiern.

Bamberg war eine prächtige Stadt. Irgendwie anders als alle anderen, die Hedwig bisher gesehen hatte. Allein der Dom, halb verbrannt und halb im Bau, ein Bild der Zerstörung und der Hoffnung zugleich. Die dicken Mauern hatten dem Feuer standgehalten, das hier vor einigen Jahren gewütet hatte, die hölzernen Teile dagegen waren in Flammen aufgegangen. Jetzt sollte das Gotteshaus, schöner denn je, aufs Neue entstehen. Von allen Seiten des Doms und der Gebäude des bischöflichen Palastes, die wie eine Burg zusammenstanden, bot sich ein wunderschöner Ausblick ins Tal. Und auch die im leuchtenden Rot blühenden Geranien auf den hölzernen Balustraden erinnerten Hedwig an Andechs. Die Gästeräume in Bamberg waren so geräumig, daß für das große Gefolge keine Zelte gerüstet werden mußten.

Bischof Otto war stolz auf seine Baupläne, die er vor seinen Gästen gern ausbreitete, Zeichnungen, nach denen der Dom neu errichtet werden sollte. Ekbert mußte ihm ständig zur Seite sein, denn er sollte, wie Bischof Otto mehrmals unterstrich, dieses Werk weiterführen. Mit Gottes Gnade und zu Ehren Gottes. Amen.

Bischof Otto zelebrierte ein feierliches Hochamt für das junge Paar und hielt eine Predigt, der alle gebannt zuhörten, so begeistert sprach Otto. Sein Thema war die kluge und fromme Frau an der Seite ihres verantwortungtragenden Ehemannes. Kaiserin Kunegunde, Gemahlin des großen Kaisers Heinrich, von Gott einem Manne zur Seite gestellt, dem die Aufgabe zugefallen war, das Reich zu erneuern, war eine solche Frau. Sie sei in Bamberg beigesetzt. Er, als Bischof von Bamberg, bemühe sich beim Papst um die Heiligsprechung dieser Frau, an deren Grabstätte wahre Wunder blühten. Bischof Otto pries die fromme und kluge Kaiserin, die lesen und schreiben konnte wie ein Mönch und regieren wie ein König. Sie begleitete ihren Mann bei seinen Umritten durch die ihm huldigenden Länder, und der Liebreiz ihrer Erscheinung erhöhte den Glanz seiner Macht. Mit großem Geschick verrichtete sie während seiner Abwesenheit die Regierungsgeschäfte. Wenn der Kaiser in den Krieg ziehen mußte, hielt sie für ihn die üblichen Hoftage ab. Liebevoll und gerecht sprach sie mit den Untertanen und hörte auch die Geringsten aufmerksam an, immer zur Hilfe für Arme und Kranke bereit. Viele Geschichten gingen darüber im Volke um.

Hedwig hörte beeindruckt zu, war doch die Predigt an sie gerichtet. Sie gelobte sich, Frau Kunegunde als Vorbild zu nehmen. Nach dem Hochamt, in Anwesenheit aller Gäste, überreichte der bischöfliche Onkel seiner liebsten Nichte, wie er sie nicht ohne Rührung nannte, ein Brautgeschenk: Ein kostbares, in dunkelrotes Leder gebundenes

Buch mit goldenen Buchstaben und einem goldenen Schlößchen. Ein Stundenbuch, in Kitzingen geschrieben. Er überreiche dieses Buch der Klostertochter von Kitzingen, sagte der Bischof dazu, die eine Nonne werden sollte, nun aber zur Fürstin erkoren wurde, damit sie ihre weltlichen Pflichten mit geistigen Dingen zu einem gottgefälligen Muster verbinde.

Hedwig bedankte sich und schlug das Buch auf einem Gebetpult auf. Es war eine kunstvolle Handschrift auf feinstem Pergament mit herrlichen Initialen und vielen Bildern aus Christi Leben und Leiden, mit Geschichten und Psalmen aus dem Alten und dem Neuen Testament. Sie freute sich, als Bischof Otto sie auf eine Miniatur des Kaiserpaares Heinrich und Kunegunde aufmerksam machte, die die Fundatoren des Bistums Bamberg gewesen waren. Für Hedwig war dieses Bild wie ein Wunder, wie ein Lächeln der Heiligen, die sie soeben zu ihrer Beschützerin gewählt hatte. Dieses Stundenbuch sollte sie ihr Leben lang begleiten. Sie wünschte, an das Grab der heiligen Frau geführt zu werden, und betete dort längere Zeit.

Auch am nächsten Tag kam sie mit Ekbert und Heinrich an Kunegundes Grabstätte. Wie du, sagte sie zu der großen Frau, wie du will ich meinem Mann zur Seite stehen und ihm helfen, seiner Pflichten christlich zu walten.

Als sie wieder vor dem Dom in der Frühlingssonne standen und den Duft blühender Bäume einatmeten, flimmerte der Schalk in Ekberts Augen auf. Nicht in allem solltest du dir, liebes Schwesterlein, Kaiserin Kunegunde zum Vorbild nehmen, sagte er. In mancher Hinsicht war sie doch zu fromm. Man sagt, sie hätte nie ihr Bett mit ihrem Mann geteilt und sei als Jungfrau gestorben. Heinrich runzelte die Stirn und legte seinen Arm um die Schulter seiner Braut. Doch er sagte nichts, obwohl ihm ihre Zurückhaltung Sorgen bereitete. Es war zwar üblich, daß ein Brautpaar in der Zeit zwischen dem Segen des Vaters bis zur Segnung des ehelichen Lagers, die in diesem Fall erst in Liegnitz stattfinden sollte, Enthaltsamkeit übte, doch erwartet wurde dies nicht. Ein Brautpaar sollte sich mögen, und daher wurde Ungeduld billigend in Kauf genommen. Unschuldige Zärtlichkeiten aber, öffentlich gezeigt, waren erwünscht. Hedwig aber überließ Heinrich zwar gern ihre Hand, sie duldete ein Küßchen, aber das war auch alles.

Allerdings, fügte Ekbert hinzu, der Heinrichs Unwillen bemerkt hatte, war Kaiser Heinrich ein alter Mann.

Einige Tage später eröffnete Bischof Otto der versammelten Runde bei Tisch, er werde seinen Gästen seinen Steinmetz vorstellen, einen ungewöhnlichen Künstler, mit dem es eine besondere Bewandtnis habe. Dieser Mann, leicht bucklig übrigens, bemerkte er, um einem beleidigenden Erstaunen in seiner Anwesenheit vorzubeugen, wurde als Kind von seinem Vater zu ihm gebracht. Dieser, ein Bauer aus der Umgebung, kam eines Tages mit einem Ochsenkarren an, den er, gegen die Proteste der wachehaltenden Mannen, in den Hof führte und da stehenließ. Davon ließ er sich nicht abbringen. Der Mann rief laut die Obhut des geistlichen Herrn an, seines Bischofs. Der damals etwa zwölf- oder vierzehnjährige Knabe stand verlegen neben ihm. Die Mannen spotteten über den laut schreienden Bauern und sein verkrüppeltes Kind, wie unter rohen Menschen üblich, dieser aber blieb beharrlich und verlangte nach seinem Recht. Und wer weiß, wie die Sache ausgegangen wäre, wenn er, Otto, vom Lärm herbeigelockt, nicht auf den Gang getreten wäre, um nach der Ursache der Turbulenzen zu sehen. Er gebot den Leuten innezuhalten, begab sich in den Hof hinunter und ließ den Mann sein Anliegen vorbringen. Der Knabe, der ihn mit dunklen, aufmerksamen Augen anblickte, gefiel ihm vom ersten Augenblick an. Er legte unwillkürlich die Hand auf seinen Kopf und fuhr über seine dunklen weichen Locken, woraufhin dieser seine Hand küßte. Etwas vertrauensvoll Inbrünstiges lag in dieser unerwarteten Geste. Der Vater erzählte, der Junge sei, wie man sehe, zur Arbeit im Felde nicht zu gebrauchen, er habe aber ein besonderes Talent, das, wie er hoffe, eine Gabe Gottes sei, obwohl es ihnen manchmal wie Hexenwerk erschiene. Er könne aus jedem Stückchen Holz eine Figur wie lebendig schnitzen. Und auch aus jeder Handvoll Lehm Menschen und Tiere gestalten. Wie unser Herrgott. Der Mann bekreuzigte sich. Der Pfarrer seines Dorfes, fuhr der Bauer fort, der eine neue, vom Jungen geschnitzte Weihnachtskrippe für die Kirche bestellt hatte, zur großen Bewunderung der Gläubigen, habe ihm geraten, sich mit dem Jungen und seinen Figuren zum ehrwürdigen Bischof zu begeben, um ihn um Rat und seine Meinung zu bitten. Und so sei er da. Er habe die Figuren, ob groß oder klein, sorgfältig in Heu verpackt auf den Karren geladen und lud nun mit tiefen Verbeugungen seinen ehrwürdigen Bischof zum Betrachten ein. So stellte sich „der ehrwürdige Bischof", scherzte Otto, neugierig neben den Ochsenkarren und ließ sich die Figuren zeigen. Der Bauer reichte ihm eine Figur nach der anderen aus dem Heu wie Äpfel oder Krautköpfe auf dem Markt. Ein oder zwei größere stellte er im Wagen auf.

Die Figuren waren schön, wie sie schöner nicht sein konnten. Nachdem er sie schweigend betrachtet hatte – fuhr der Bischof fort –, befahl er seinen Leuten, die herumstanden und gafften, alle Figuren achtsam in den Eßsaal zu tragen und auf einem Tisch aufzustellen. Da bestaunten alle, die dabei waren, die Werke des kleinen Künstlers. Bischof Otto selbst ging um den Tisch herum, nahm die eine oder die andere Figur in die Hand, betrachtete sie aufmerksam, aber er ließ sich seine Bewunderung nicht anmerken. Es waren Menschen, Tiere, auch Häuser und Stallungen, Bäume wie lebendig. Sogar ein Kapellchen war dabei. Bald

kamen auch andere Hausleute herbei, angelockt von der Kunde vom
kleinen buckligen Künstler und seinen schönen Figuren.

Otto erlaubte dem Bauern, die Krippe, die seiner Pfarrkirche gehörte,
wieder einzupacken, trug ihm auf, seinen Pfarrer zu grüßen und drückte
ihm ein Goldstück in die Hand. Den Jungen mitsamt seinen übrigen
Figuren behielt er im bischöflichen Palast.

Zuerst kam der Junge in die Klosterschule, wo er bald alle anderen
Schüler im Lesen und Schreiben und im Rezitieren lateinischer Texte
überholte. Ein ungewöhnlich begabtes Kerlchen war das, meinte der
Bischof, und rieb sich die Hände vor Freude. Leider war er aber auch
oft störrisch, ohne eigentlich böswillig zu sein, so daß es in der kleinen
Schule bald Ärger gab.

Ein Jahr später nahm ihn Bischof Otto mit nach Rom und veran-
laßte seine Aufnahme in die Kunstwerkstatt des Vatikans. Auch dort
war er im Nu besser als alle anderen. Und wiederum fiel er nicht nur
durch seine ungewöhnliche Begabung und seinen Fleiß auf, sondern
auch durch mangelnde Demut. Auch hier beklagte man sich bald über
sein eigenwilliges Wesen.

Nach einigen Jahren Lehre und einer vom Bischof bezahlten Wanderschaft kehrte Rudolf, oder Rudolfino, wie er sich nun nannte, nach
Bamberg zurück, um an dem nach einer Feuersbrunst aufs neue ent-
stehenden Dom zu arbeiten. Rudolfino war zu einem großen Meister
gereift, man konnte ihm große Aufgaben anvertrauen. Er war, begeistert von der Kunst der alten Griechen und Römer, zurückgekehrt
und schwärmte von den Marmorstatuen, die sich überall in Rom aus
alter Zeit erhalten haben, viele nur in Bruchstücken. Rudolfino hatte
sie jahrelang mit eifrigem Fleiß kopiert. Leider hatte er sich in Rom
auch einen übermäßigen Genuß von Wein angewöhnt. Er habe von
Rudolf verlangt, fuhr Bischof Otto fort, daß dieser für den Dom, der
der schönste in Deutschland werden sollte, eine Statue des Patrons der
Stadt Bamberg, des heiligen Georg, gestalten solle. Der Bildhauer hatte
sich zwar ans Werk gemacht, kam aber zum Unwillen seines Gönners
nicht recht voran.

Damit schloß Bischof Otto seine Geschichte.

Die Gäste sollten sich die Werkstatt ansehen und die Bekanntschaft
des Künstlers machen. Sie traten in einen großen, ungewöhnlich hellen
Raum, in dem der Meister und seine Schüler arbeiteten. Dieser Raum
hatte viele verglaste Fenster, obwohl das kostbare Glas sonst nur für Got-
teshäuser und reiche Residenzen vorgesehen war. Ein kleiner verwachse-
ner Mann in blauer Schürze, mit schulterlangen dunklen Haaren, in die
sich graue Strähnen mischten, und eindringlichen braunen Augen trat
den Gästen entgegen, verbeugte sich und musterte die Ankömmlinge
freundlich und seltsam spähend. Als er Heinrich erblickte, leuchteten

seine Augen auf, er schlug sich mit der Hand vor die Stirn und rief: Sankt Georg! Monsignore! Sankt Georg! Er ist es! Si, si, si! So soll er sein, der Sankt Georg. So wie sich ihn unser hochwürdiger Bischof wünscht! Rasch wandte er sich mit einer höfischen Verbeugung an Heinrich und sagte: Ich weiß nicht, wer Ihr seid, Herr, aber ich nehme an, fürstlicher Herkunft. Euer edles Antlitz ist es und Eure jugendliche Gestalt, die ich seit langem suche und zu meiner Betrübnis nicht finden konnte. Wollt Ihr die Gnade haben, mir etwas Zeit zu opfern, auf daß ich Euch modellieren kann. Bischof Otto trat neben Heinrich, als müßte er ihm beistehen oder vermitteln, wußte er doch nicht, wie der junge Herzog dieses Ansinnen aufnehmen würde. Heinrich aber lachte, ihm machte das ungewöhnliche Angebot Spaß. Er hatte nichts dagegen.

Und so kam es, daß Heinrich ganze Tage mit Rudolfino verbrachte und sich mit ihm sogar befreundete. Abends tranken sie zusammen Wein, und Heinrich hörte den endlosen Geschichten Rudolfinos über das Leben in Rom zu, über die Reste künstlerischer Pracht aus alten Zeiten, die dort im Überfluß zu finden waren. Rudolfino zeichnete Heinrichs Kopf, ihn selbst, wie er stand und saß und schließlich stundenlang Heinrich zu Pferd, in Rüstung und ohne Rüstung. Endlich ließ er für ihn ein Gewand nähen, wie es die alten Römer trugen. Und auch in diesem Kinderhemdchen, wie Heinrich spottete, konterfeite er ihn.

Vor der Abreise sollten die Gäste die Ergebnisse dieser Arbeit bewundern. Sie wurden wieder in die Werkstatt eingeladen, wo Rudolfino unzählige Zeichnungen und Lehmmodelle ausgebreitet hatte. Alles andere überragend stand auf dem großen Arbeitstisch eine Tonfigur: ein Reiter. Die Ähnlichkeit des Bildes mit Heinrich und seine eigenartige Schönheit begeisterten die Betrachter. Doch der Reiter auf seinem Roß war kein geharnischter Ritter, wie man ihn erwartet hatte. Er war mit jenem römischen Gewand bekleidet, das Rudolfino Tunika nannte. Hedwig dachte angestrengt nach: Wer sollte das nun sein? Sankt Georg, Heinrich? Und: Warum wirkte die Gestalt so ungewöhnlich schön? Bischof Otto dagegen betrachtete die Tonfigur mit zusammengezogenen Brauen. Man sah, er hielt an sich, um seinen Unmut vor seinen Gästen nicht zu zeigen. Denn der von ihm bestellte Sankt Georg war es nicht. Jeder Christ kannte Sankt Georg, der ein geharnischter Ritter sein mußte, ein Kämpfer mit Schild und Schwert, der soeben den Drachen erlegt hatte, der sich zu seinen Füßen zu krümmen hatte. So mußte er aussehen: ein siegreicher Ritter Gottes, wie ihn alle kennen.

Doch der Unwille des Bischofs ging unter im Lob und der Begeisterung der anderen. Hedwig sah Heinrich verstohlen von der Seite an, er fing ihren Blick auf und lächelte. Dann flüsterte er ihr ins Ohr: So schön bin ich doch gar nicht, das wolltest du doch sagen, nicht wahr? Sie schüttelte verwirrt den Kopf, spürte aber, daß sie rot wurde. Heinrich faßte sie an der Hand, und sie traten zusammen näher an die Statue heran, um sie genauer zu betrachten. Beide sparten nicht an lauter Bewunderung für den Meister. Heinrich hätte am liebsten sein Abbild mit sich nach Hause genommen. Doch hielt er sich zurück, wie es sich geziemte.

Nach vielen Jahren fragte Hedwig Ekbert, der nunmehr Bischof von Bamberg war, als er seine Schwester wieder einmal in Schlesien besuchte, was aus dem Reiter geworden sei, für den Heinrich Modell gestanden hatte. Da wußte Ekbert wieder Aufregendes zu erzählen.

Nach der Abreise der hohen Gäste soll Bischof Otto ein langes Gespräch mit dem Künstler gehabt haben, in dem er ihn streng ermahnte, Sankt Georg wie üblich darzustellen, so wie es zur Erbauung der Gläubigen notwendig sei und des geweihten Raumes der Kirche würdig. Rudolfino versprach, sein Bestes zu tun. Einige Jahre arbeitete der bucklige Meister an seinem großen Werk, hielt es aber ständig in einer Ecke der Werkstatt mit Tüchern bedeckt. Da er sich auch ansonsten an den anfallenden Arbeiten im Dom mit dem ihm eigenen Talent und Fleiß beteiligte, ließ ihn sein Brotherr vertrauensvoll gewähren. Doch endlich verlangte Bischof Otto, das Standbild zu sehen. Rudolfino weigerte sich. Nach einer kurzen hitzigen Auseinandersetzung ließ der Bischof die Tücher von der fast manneshohen Figur reißen und erstarrte. Anstatt des gewünschten geharnischten Sankt Georg stand vor ihm, herrlich in Stein gehauen, der schöne Jüngling zu Pferd, den Rudolfino zuvor in Ton modelliert hatte.

Er sei dabei nicht zugegen gewesen, sagte Ekbert, da er längere Zeit in Rom und Paris geweilt habe, doch man habe ihm später davon erzählt. Man will gehört haben, daß Rudolfino, vom Bischof barsch angesprochen, ihm keck seine kleine Gestalt aufrichtend ins Gesicht gesagt habe: Der schöne Mensch, der in sich ruht, der ist die Krone der Schöpfung! Und Gott gefällig. Den sollten die Gläubigen vor Augen haben und nicht einen geharnischten Töter. Und er soll hinzugefügt haben: und auch nicht Jesus den Schmerzensmann, der elendig am Kreuze stirbt. Daraufhin soll ihn Bischof Otto einen Ketzer gescholten und zum Teufel gewünscht haben, wo er hingehöre. Niemand hatte bisher den klugen und besonnenen Mann so außer Fassung gesehen. Doch Bischof Otto war anscheinend bitter enttäuscht von dem Künstler, dem er vertraut hatte und den er liebte wie seinen eigenen Sohn. Einige wollten sogar wissen, daß er Rudolfino ins Loch werfen ließ, woraus er aber auf geheimnisvolle Weise entkommen sein soll. Jedenfalls war Rudolfino nach diesem Streit aus Bamberg verschwunden. Niemand hat mehr von ihm gehört.

Bischof Otto hatte das Standbild des Reiters in einen Schuppen bringen lassen. Da habe er, Ekbert, es nach vielen Jahren gefunden. Er habe es zurück in die Werkstatt bringen und säubern lassen, um zu sehen, was man daraus machen könnte. Doch die Schönheit der Reiterfigur überwältigte ihn. Es konnte nicht die Rede davon sein, irgend etwas an dem vollkommenen Kunstwerk zu ändern. Und man durfte es den Menschen nicht vorenthalten. Er habe lange vor dem Bild gestanden und es bewundert. Beredt schilderte Ekbert das steinerne Kunstwerk: Der waffenlose Reiter sitzt anmutig zurückgelehnt im Sattel, sein ärmelloses Gewand fällt gegürtet und faltenreich bis über die Waden. In den gelockten Haaren, die bis zum Kinn reichen, ein königlicher Reifen. Heiter und schön das Gesicht. Der Blick dem Betrachter zugewandt. Das Bild strahle Gelassenheit aus. Doch seinen eigentlichen Reiz könne man kaum mit Worten beschreiben, so Ekbert.

Er habe lange darüber nachgedacht, was wohl diese Gestalt zu bedeuten habe und wie die Anwesenheit dieser rätselhaften Figur im Dom zu begründen wäre, bis er eines Nachts von dem friedlichen schönen Reiter träumte, der ihn an die Worte Rudolfinos erinnerte. Der Reiter solle ein Abbild des Menschen sein, der von Gott über das Tier erhoben unter sich Erde und Hölle weiß und über sich die Herrlichkeit des ewigen Lebens spürt. Und so ließ er das herrliche Werk ergänzen: Unter den Füßen des Reiters die blühende Erde, darunter teuflische Fratzen, über seinem Haupt das himmlische Jerusalem. Von einem Pfeiler aus blicke der Reiter nun wie die anderen Gläubigen zum Altar. Kein Heiliger, kein Herrscher, sondern ein Mensch.

Rudolfinos Wunschbild vom Menschen gefällt mir, sagte Hedwig dazu, nur ist es fern der Wirklichkeit. Des Menschen Leben ist voller Schmerz, und daher ist der mitleidende Gottessohn Jesus Christus der heilsamste Trost für ihn.

Und Heinrich fügte hinzu: Der friedliche Reiter war Rudolfinos, des buckligen Künstlers, Traum vom schönen Menschen. Sie schwiegen, und dann sagte Ekbert: Die Schönheit des Bamberger Reiters dient der Erbauung der Gläubigen, so wie er ist – halb Wirklichkeit, halb Traum. Die Menschen stehen oft vor ihm, um ihn zu betrachten. Noch in hunderten von Jahren werden die Menschen dieses Kunstwerk bewundern.

Der Brautzug begab sich weiter ins Meißener Land zu den Wettiner Verwandten. Hedwig befreundete sich unterwegs mit Elisabeth, einer Piastin aus Gnesen, sie befragte sie nach diesem und jenem, wie es denn bei den polnischen Verwandten sei, wie die Menschen lebten in den östlichen Ländern. Sie wollte möglichst viel von Elisabeth lernen und erfahren, was sie in Schlesien erwartete. Elisabeth kam ihr freundlich entgegen. Beide hatten zur Belustigung der Zuhörenden begonnen, die für Hedwig fremde Sprache zu üben.

Wie heißt Ritter auf polnisch, fragte Hedwig.

Ritter heißt Rycerz, antwortete Elisabeth.

Und Hedwig wiederholte erstaunt: Rytzer, das ist ja wie deutsch.

Kommt auch aus dem Deutschen, warf Heinrich ein. Auch Panzer – Pancerz. Tänzer – Tancerz.

Und König?

König heißt Krol. Von Karl, ergänzte Heinrich. Von Karl, dem größten König und Kaiser aller Zeiten.

Pferd heißt Kon. Hund – Pies, die Burg – Zamek, lehrte Elisabeth. Auch: Milch – Mleko. Krowa – Kuh.

Also ähnliche und auch ganz fremde Wörter, stellte Hedwig fest.

Aber die edlen Gefolgsleute nennt man Schlachta, warf Heinrich ein, das kommt von Geschlecht, vom edlen Geschlecht. Und er fügte hinzu, mach dir keine Sorgen Hadi, du wirst die Sprache der Einheimischen rasch lernen, meine Mutter und meine Großmutter unterhielten sich oft mit den Leuten in ihrer Sprache, und sie verstanden sich gut. Im übrigen gibt es in Schlesien viele, die deutsch können, vor allem die geistlichen Herren, eine Anzahl von Rittern, und dazu Kaufleute und Handwerker in den Vorburgen. Und jetzt wollen wir ja erst recht Siedler aus dem Reich herbeiholen.

Die Rochlitzer Burg war ein geeigneter Ort für prächtige Geselligkeit. Errichtet nach den neuesten westlichen Mustern. Ein großer Hof. Kein Brunnen, kein Baum in der Mitte, so daß Wagen drehen und nebeneinander stehen konnten. Ringsumher stattliche Gebäude, teils aus Stein, teils aus Holz. Alles neu errichtet. Auch hier an den Gebäuden hölzerne Galerien. Doch obwohl die Burg eher zum angenehmen Wohnen und Festefeiern gerüstet schien, war sie doch eine wehrhafte Burg mit dicken Mauern und tiefen Gräben und zwei starken Türmen neben dem Tor.

In Rochlitz verflogen die Tage wie ein bunter Traum. Elisabeth und Konrad waren die Gastgeber, und sie waren es gern. Beide schwärmten für das gesellige Leben, das sie in Burgund und Frankreich kennengelernt hatten.

Zahllose Bedienstete eilten im Hofe und in der Halle umher. Die Anwesenheit so vieler Gäste brachte langersehnte Bewegung in die Burg. Alles war wohlvorbereitet worden. Vormittags ritt der heitere Schwarm übers Land. Doch erst am späten Nachmittag begann das eigentliche Leben. Da wurde festlich gespeist in der Halle bei Kerzenschimmer, gesungen und getanzt zur trefflichen Musik. Walter und seine Musikantenschar trugen zur Geselligkeit bei. Aber auch Heinrich von Schlesien und Heinrich von Andechs griffen gern in die Laute und sangen recht höfisch. Ständiges Geschwirre, Lachen, Gesang, Abende, die sich bis ins Morgengrauen hinzogen. Und am Morgen kam die Gesellschaft kaum aus den Federn.

Obwohl Hedwig das bunte Treiben zunehmend lästig fand, war sie bemüht, es geduldig zu ertragen. Hedwig, die junge Braut, wurde von allen verwöhnt, sie sollte der Mittelpunkt der Gesellschaft sein. Doch der war sie nicht. Wollte sie nicht sein. An allen Abenden war es vor allem Walter, dem man zuhörte, der seine Lieder sang und erfundene oder wahre Geschichten erzählte. Der goldlockige Minnesänger war unermüdlich dabei, die fröhliche Gesellschaft noch fröhlicher zu stimmen. Und niemand konnte sich dem Charme seiner schmeichelnden Stimme entziehen. Nur Hedwig blieb dem schönen Dichter gegenüber mißtrauisch und hielt sich fern von ihm. Ekbert dagegen hatte sich mit ihm befreundet. Sie redeten oft und lange miteinander.

Irgendwann erzählte Ekbert seiner Schwester des Dichters bemerkenswertes Schicksal. Walter habe ihm erzählt, er sei ein unehelicher Sohn des Herzogs Friedrich von Österreich und eines Mädchens aus dem Volke, das schön wie eine Elfin gewesen sein soll. Doch der Herzog hatte sie nicht lange am Hofe halten können und sie, nachdem sie das Kind geboren hatte, mit einem freien Bauern verheiratet. Als der Knabe heranwuchs und ungewöhnliche Begabungen zu verraten begann, brachte ihn die Mutter zu seinem leiblichen Vater und bat diesen, den Knaben in Obhut zu nehmen. Das versprach der Herzog gern. Es war ja üblich, daß hochgeborene Väter für ihre unstandesgemäßen Kinder sorgten: Man ließ sie Geistliche werden. So kam auch Walter in eine Klosterschule, wo er mit erstaunlicher Leichtigkeit lernte. Doch das Klosterleben gefiel dem Knaben nicht. Das Auswendiglernen lateinischer Texte und das Wiederholen von Ansichten alter Philosophen langweilten ihn. Er wollte nicht Geistlicher werden. Den Mönchen aber war seine ungewöhnliche Begabung zum Reimen und Singen und Musizieren aufgefallen. Nach einem Gespräch mit dem Abt ordnete der herzogliche Vater die Rückkehr Walters an den Wiener Hof an. Zu dieser Zeit wurde dort der große Dichter Reinmar gefeiert, von dem sollte Walter die Kunst des Minnesangs erlernen, der offensichtlich seiner Begabung entsprach. Doch manche der Herren hielten die Anwesenheit eines unehelichen herzoglichen Sohnes am Hofe, eines Bastards, der sich einer so merkwürdigen Beschäftigung wie Musizieren und Dichten hingab, für nicht wünschenswert, zudem die Damen, ob alt oder jung, dem Jüngling schöne Augen machten und auch er den süßen Avancen nicht abhold war. So zeigte sich sein Vater, der zwar den schönen und fröhlichen Knaben mochte, erleichtert, als Bischof Wolfger von Passau den Wunsch äußerte, den paradiesischen Singvogel, wie er den Jüngling nannte, in sein Gefolge aufnehmen zu wollen. Der Bischof war Walters gnädigster Gönner geblieben.

Ob die Geschichte in allem wahr sei, wisse er nicht, lächelte Ekbert, doch wahrscheinlich scheint sie schon. Denn Walter sei ein ungewöhnlicher Mensch, klug und gebildet und dazu höfisch gewandt, er könnte mühelos zu den höchsten Ämtern gelangen, doch danach strebe er nicht.

Sein einziger Ehrgeiz sind seine Lieder. Und die Gunst der Frauen. Er gehöre zu den Vögeln des Himmels, die weder säen noch sammeln und doch von Gott bekommen, was sie brauchen. Die ganze Welt sei seine Vogelweide, ihm flögen die Lieder in der Luft zu, besonders in der Frühlingsluft, so redete er. Doch habe er, Ekbert, schon oft in der Nacht Kerzenlicht in der Kammer des Dichters brennen sehen. Walter arbeitet hart an seinen Liedern, ehe er sie singt.

Später, in Schlesien, hörte Hedwig von ihrem Bruder, daß der Sänger und Dichter viele Jahre lang am Hofe des Landgrafen von Thüringen gelebt und großes Ansehen im ganzen Reich gewonnen hatte. Überall wurden seine Lieder gesungen, und die großen Herren nahmen seine Mahnungen zum politischen Geschehen ernst. Walter von der Vogelweide war berühmt geworden, doch ein armer Mann geblieben. Erst im Alter wurde ihm von einem Gönner ein Landgut geschenkt, wofür er Gott unter Tränen gedankt haben soll.

Großvater Dedo, der sich seit langem mit seiner Frau Mathilde nach Groitsch zurückgezogen hatte, sah das Treiben der jungen Herrschaften in Rochlitz gern und kam häufig vorbei. Er war glücklich über die Ehe seiner geliebten Enkeltochter mit dem Sohn seines hochgeschätzten Nachbarn Boleslaw, wie er bekundete.

Als sich der ältere Herr wieder einmal ächzend im Burghof vom Pferde helfen ließ, sagte sein Sohn Konrad zu ihm, er solle sich doch lieber in einer Kutsche fahren lassen. Da begehrte der Alte auf: In einer Kutsche! Die sei gut für alte Frauen. Aber er! Wenn schon, so wolle er eher auf zwei Pferden reiten! Dieser Bauch. Er lasse einen Medicus aus Salerno kommen, schimpfte er, der ihm das Fett aus dem Bauche schneidet. Er könne keine Rüstung mehr anlegen. Den Pferden drücke er den Rücken ein. Wie soll ich, schimpfte er, mit meinem dicken Wanst meinem Kaiser ins Heilige Land folgen. Und der Kaiser ruft: Tratratra! Mit allen Trompeten! Ins Heilige Land! Ins Heilige Land! Auf! Auf! Der Kaiser ruft! Wie geht es dir, Töchterchen, wandte er sich an Hedwig und streichelte ihre Wange. Mein Gott, was ist ein so junges Ding hübsch! seufzte er.

Mit Dedo kam neue Bewegung in die Gesellschaft. Über das lang geplante Turnier sollte endlich gemeinsam beraten werden. Großvater Dedo hatte sich ausbedungen, daß das Turnier, das ja zu einer Hochzeit wie das Amen zum Vaterunser gehöre, in Rochlitz ausgetragen werden sollte. Denn zum einen gab es im hügeligen Land um Andechs kaum einen geeigneten Platz dafür, zum anderen habe er bei Rochlitz den besten Plan auf der Welt.

Er habe, sagte Dedo, das Turnier von langer Hand vorbereitet. Einladungen seien an viele ruhmreiche Herren ergangen. Zu Ehren des vortrefflichen Brautpaares, seiner geliebten Kinder, sei ihm keine Mühe zu viel gewesen. Konrad habe sich dabei als hervorragender Helfer erwiesen. Denn es war nicht leicht gewesen, zu den gleichermaßen beliebten wie auch verrufenen Ritterspielen einzuladen. Besonders der Tod Konrads, des Sohnes Diedrichs von der Lausitz, seines Bruders, der vor Jahren bei einem Turnier ums Leben gekommen war, Gott hab' seine Seele in gnädiger Obhut, warf noch immer seine Schatten. Seit diesem Unglück waren im Reich weitere Todesfälle zu beklagen gewesen, daher seien Turniere von der Kirche verboten worden und in allgemeinen Verruf geraten. Doch das alles komme nur daher, daß man die Regeln nicht mehr beachte wie früher, so Dedo.

Sein Bemühen sei somit auch ein Versuch, dem Turnier wieder Ansehen zu verschaffen. Denn das, was man so alles von den Spielen in letzter Zeit gehört hatte, war haarsträubend genug. Man hatte sich geradezu in Kuriositäten überboten. So wurden als Preise hier und da nicht nur gezäumte Pferde ausgesetzt, wie üblich, sondern auch Tiere wie Bären oder Affen, oder gar wie in Goslar: eine käufliche Frau!

In Rochlitz wird man sich an die althergebrachten Regeln halten. Und er werde – hierbei zwinkerte er Hedwig zu – bescheidene Gaben an die Sieger verteilen: goldene Ringe mit Edelsteinen, bestens gezäumte Streitrosse, kostbare Kleidungsstücke. Man wolle sich in Rochlitz mit einem kleinen, aber feinen Turnierchen begnügen. Den Prunk und die Pracht aus seiner Jugendzeit werde er den jungen Leuten leider nicht bieten können. Und der Alte begann zu schwärmen: Das Turnier in Würzburg ... Boleslaw vor den Mauern von Mailand! Das war ein Kerl! Drei italienische Herren hinter das Pferd gesetzt! Ja, ja, das waren Zeiten, die kommen nie wieder.

Dann wandte er sich an Heinrich und ermunterte ihn, über das berühmte Mainzer Hoffest zu berichten, wo ihm vor wenigen Jahren von Kaiser Friedrich Barbarossa das Schwert verliehen worden war.

Und Heinrich erzählte gern: Der Kaiser, der die Schwertleite seiner beiden Söhne Heinrich und Friedrich feiern ließ, wollte nach ihnen einer Schar junger Ritter das Schwert verleihen. Er hatte am Ufer des Rheins eine Pfalz eigens für dieses Fest errichten lassen, mit Kirche und Festsaal. Quartiere für den kaiserlichen Hof sowie Häuser der Fürsten, die aufs vornehmste in einem Kreis errichtet worden waren. Alles aus Holz. Auf einer großen Wiese war eine riesige Zeltstadt für das kaiserliche Gefolge und für geringere Gäste errichtet worden. Und dazu die Fest- und Turnierplätze.

Drei Tage lang bewirtete der Kaiser seine Gäste. Die Fürsten überboten sich in Glanz und Prunk. Ritterspiele, Festmahle, Tänze reihten sich aneinander. Tage- und nächtelang haben, wie manche sagen, vierzigtausend Menschen oder mehr gefeiert. Am Pfingstsonntag waren die Herrschaften zu einem feierlichen Gottesdienst in der Kirche gewesen. Der Kaiser und die Kaiserin, prächtig gekleidet, gingen unter der Krone. Auch ihr Sohn Heinrich, einige Jahre zuvor zum König gewählt, durfte die Königskrone tragen. Graf Hennegau, frisch in den Grafenstand erhoben, trug das Schwert vor dem Kaiser. Danach fand ein Festmahl statt, währenddessen die höchsten Fürsten des Reiches dem Kaiser als Truchseß, Kämmerer, Schenke und Marschall dienten. Der Rest des Tages verging mit Vergnügungen und Unterhaltungen.

Am Pfingstmontag sollte nach der Messe die feierliche Schwertleite stattfinden. Bei prächtigem Wetter war im großen Hof der Pfalz ein mit kostbaren Teppichen und Seidentüchern geschmücktes Podest errichtet worden, auf das drei Stufen führten, mit roten Teppichen belegt. Dahinter wehten die bunten Fahnen der Reichsfürsten. Auch die schlesische Fahne war ihnen zu Ehren gehißt worden. Der Kaiser und die Kaiserin nahmen auf ihren reich geschmückten Thronsesseln Platz. Daneben stellten sich die wichtigsten Fürsten auf, so der Herzog von Böhmen, der Landgraf von Thüringen, der Pfalzgraf Konrad, Herzog Bernhard von Sachsen, Herzog Leopold von Österreich und andere. Auch sein Vater Boleslaw, Herzog von Schlesien, war unter ihnen.

Er, Heinrich, habe klopfenden Herzens mit den anderen Knappen an den zum Thron führenden Stufen gestanden. Kaiser Friedrich Barbarossa war herrlich anzuschauen in seinem goldglänzenden Festgewand unter der von Edelsteinen funkelnden Krone auf dem leicht ergrauten, aber noch immer golden schimmernden lockigen Haar, neben ihm Kaiserin Beatrix, von der man sagte, sie sei die schönste und klügste Frau im Reich. Auch sie im augenblendenden Gewande, rot und golden glänzend wie die Sonne. Die Söhne des Kaisers, Heinrich und Friedrich, stiegen die Stufen hinauf, neben jedem von ihnen ein vornehmer Herr. Fanfaren schmetterten. Der Kaiser erhob sich und ging seinen Söhnen entgegen. Man sah ihm die Rührung an, als er sie mit dem Schwert umgürtete, und ihnen danach die goldenen Sporen angelegt wurden. Kaiserin Beatrix wischte sich mit ringgeschmücktem Finger die Tränen, als sie dann ihre Söhne vor ihrem Vater kniend das Rittergelübde ablegen sah. Zwei prächtige spanische Streitrosse, wunderbar aufgezäumt, wurden vorgeführt: Geschenke des kaiserlichen Vaters.

Dann war die Reihe an uns, erzählte Heinrich weiter. Wieder tönten die Fanfaren. Er habe sein Herz bis in den Hals gespürt, als er die teppichbelegten Stufen emporstieg, vor das Antlitz des Kaisers, der nun ihm die ritterliche Würde verleihen sollte. Barbarossa hatte ein Lächeln, das man nie mehr im Leben vergißt. Der Kaiser habe ihn angesehen, erzählte Heinrich, als wäre er in diesem Augenblick für ihn der wichtigste Mensch auf der ganzen Welt. Ihm, Heinrich, war zumute, als öffnete sich ihm der Himmel. Da traten zwei Herren neben den Kaiser, der eine trug das Schwert mit dem kunstvollen Gürtel in den Händen, der andere hielt auf einem rotsamtenen Kissen die goldenen Sporen. Der Kaiser nahm zuerst das Schwert und legte es ihm um, wobei er die übliche Formel sprach. Aus der Hand Boleslaws nahm dann Barbarossa das Schild der Piasten mit dem schwarzen Adler im blauen Feld und überreichte es dem jungen Ritter. Die Herren legten ihm die Sporen an. Danach kniete er, Heinrich, vor dem Kaiser nieder, um ihm Gefolgschaft fürs Leben zu geloben. Zudem habe er ritterliche Demut geschworen, Mut und Treue und sich wie jeder christliche Ritter verpflichtet, die Schwachen zu schützen und für Waisen und Witwen einzutreten. Das wolle er auch halten, sein Leben lang. Auch er habe vom Kaiser ein herrlich gezäumtes Pferd bekommen. Auf den Tüchern das Wappen der Piasten.

So einen herrlichen Kaiser gibt es nur einmal auf der Welt, seufzte Dedo. Und wird es nie wieder geben.

Hedwig war Heinrichs Rede aufmerksam gefolgt und bewunderte ihn im stillen. Der kann erzählen. So mochte sie ihn.

Die morgendlichen Ausritte führten die jungen Herrschaften am zukünftigen Plan neben der Rochlitzer Burg vorbei. Eine Gruppe von Bauern stampfte die nasse Erde glatt, mit gesenkten Köpfen trampelten sie mit bloßen Füßen den Lehm. Sie stapften so hin und her. Als sie mittags zurückkehrten, stampften die Bauern immer noch. Warum, fragte Hedwig Heinrich, warum quält man diese Menschen so. Nur damit die Herren ihr Vergnügen haben? Ist das etwa christlich? Heinrich sah sie verständnislos an. Das sind doch Bauern, sagte er. Was sollten die denn sonst tun. Die sind doch zur Arbeit da.

Bei uns in Schlesien, erwiderte Hedwig mit zusammengezogenen Brauen, dürfen die Bauern, christliche Menschen, nicht wie Tiere behandelt werden, das mußt du mir versprechen.

Das hast du aber schön gesagt, freute sich Heinrich: Bei uns in Schlesien! Ja, es soll sein, wie du es wünschst. Wir werden unsere Untertanen christlich behandeln.

Allmählich reisten die Gäste an. Am Rande des Waldes entstand eine bunte Zeltstadt. Die kampflustigen Ritter mit ihrem Gefolge errichteten ihre Zelte wie Burgen aus Tuch und Seide. Eine bunter und prächtiger als die andere. Vor den Zelten Wimpel und Fahnen. Auf der umzäunten Weide die Pferde.

Reges Leben auch in der Rochlitzer Burg. Hof, Gänge und Halle füllten sich mit prächtig gekleideten Frauen und Herren. Die Ritter gaben sich höfisch und stolzierten in prachtvoller Kleidung umher. Man wollte noch vor dem Kampf die huldvolle Zuneigung der hohen Frauen gewinnen. Und das nicht nur, um sich ihre Zurufe von der Tribüne herab zu sichern. Die Frauen aber standen zumeist auf der Galerie und schauten herab, wohlbewußt, betrachtet zu werden. Mit vornehmen Kopfnicken erwiderten sie Grüße, manchmal lachten sie leise girrend hinter einem

Ritter her. Hin und wieder winkte eine mit ringgeschmückter Hand jemandem zu. Rufe klangen auf. Gespräche.

Abends kam es in der festlich erleuchteten Halle zu lang ersehnten Gesprächen, hier und da wurden neue zarte Fäden geknüpft. Und Walter ließ Abend für Abend seine Zauberstimme erklingen.

Endlich kam der Tag des Turniers. Elisabeth begab sich mit Hedwig in Heinrichs Kemenate, um ihm beim Anlegen der Rüstung behilflich zu sein. So war es üblich. Es gehörte zum Minnedienst. Heinrich stand inmitten seiner Kammer im Hemd und in Beinlingen aus Leinen und lächelte den Frauen verlegen entgegen.

Zunächst legte ihm der Diener Schulterpolster zum Schutz des Halses und der Schultern an, denn die sollten die größte Last der Rüstung tragen. Danach den Harnisch aus Eisenplatten. Den Frauen oblag es, die vielen Scharniere zu schließen und Bänder zu knüpfen. Auch die Arme wurden mit eisernen Platten geschützt und die Hände durch eiserne Handschuhe. Ähnlich die Beine und Füße.

Armer Heinrich, seufzte Hedwig, arme Ritter. Muß das sein? Ist das nicht zu schwer?

Heinrich lachte, das sei doch eine leichte Rüstung, nur fürs Turnier. Die für den echten Kampf sei dreimal schwerer als diese.

Dazu der Helm. Ein schwerer eiserner Topf mit kleinen Öffnungen für Augen und Nase, verziert mit Edelsteinen, geschmückt mit Federn in den Farben der Piasten, der Zimierde. Hedwig schüttelte den Kopf: Wie kann ein Mensch atmen, sehen, hören darin, und dazu noch kämpfen? Der Schild lehnte an der Wand, er war aus hartem Holz mit Leder bespannt in eisernem Rahmen. Darauf ein brauner Bär auf blauem Hintergrund gemalt, innen eine Jagdszene. Dunkelrote Halteborte durchwirkt mit goldenen und silbernen Fäden. Beim Turnier wurden nur Lanzen mit stumpfen Spitzen verwendet, es sollte ja kein Blutvergießen sein. Es war nur ein Spiel.

Und wenn du vom Pferd fällst, fragte Hedwig bekümmert. In der Rüstung bist du doch hilflos wie ein auf dem Rücken liegender Maikäfer.

Ein Ritter fällt nicht vom Pferd, lachte Heinrich unbekümmert. Ich bin noch nie vom Pferd gestoßen worden. Nun ja, etwas unbequem ist das alles schon, gab er zu. Aber ich bin stark, mir macht das Kämpfen Spaß. So ist es, das ritterliche Leben. Der Kampf ist die Aufgabe eines Ritters, seine Arbeit. Und ein Turnier die beste Übung für den wirklichen Kampf. Das Mitleid seiner spröden Braut tat ihm gut und schmeichelte ihm.

Und er sah auch Wohlgefallen in ihren Augen, Bewunderung für ihn, den starken Helden. Er wußte, er sah prächtig aus in seiner glänzenden Rüstung, über die ihm noch ein seidener Waffenrock gelegt wurde, in den Farben und mit dem Wappen der Piasten.

Jetzt siehst du wirklich wie Sankt Georg aus oder wie der Engel Michael, sagte Hedwig. Sie befestigte ein Stück ihres Kleides an seiner Rüstung, das sollte Glück bringen, und sie gab ihm einen Kuß durchs offene Visier. Ich werde beten für dich, versprach sie.

Halte einen schönen Blumenkranz für mich bereit, sagte Heinrich, ehe er sich aufs Pferd helfen ließ, denn ich will siegen für dich, in Gottes Namen.

Gott schütze dich, sagte Hedwig.

Bei lautem Trompetenschall zog die kampflustige Schar durchs Tor hinaus. Der Schwarm prächtig herausgeputzter Damen folgte in lässiger Anordnung. Und mit ihnen die älteren Herrschaften. Dedo und Elisabeth führten den Zug an. Und Walter war mit seinen Musikanten dabei. Es war ein sonniger Morgen, doch am Himmel zogen hier und da Wolken auf. Elisabeth sah besorgt zum Himmel hinauf: Regen könnte die Spiele verderben, glitschiger Boden wäre nicht gut für die Kämpfe. Die Frauen nahmen Platz auf der Tribüne, über die ein Baldachin aus festem Leinen gespannt war.

Die Frauen auf der Tribüne sehen wie ein Blumengarten aus, bemerkte Walter, oder wie kostbare Früchte auf einer Schale.

Hedwig blickte ohne Begeisterung auf den Platz herab, den sie Plan nannten. Auf die Ritter in ihren glänzenden Rüstungen und bunten Mänteln. Beklemmung kam in ihr auf. Ein Spiel, ein Schaugepränge als Übung zum Tode. Ihr war es zuwider, aber sie lächelte. Es schickte sich nicht, andern die Freude zu verderben.

Trompeten und Trommeln tönten laut. Auf dem Plan hatten die Ritter ihre abgesteckten Plätze bezogen, die sie Burgen nannten. Hier war ihre Zuflucht, hierher durfte ihnen der Feind nicht folgen. Von hier ritten sie aus. Neben den Burgen standen Knappen und Knechte zur Hilfe bereit, frische Lanzen gestapelt bei Hand. Die Ritter hatten bereits ihre Visiere geschlossen. Die Rüstungen glänzten in der Sonne. Die bunten Mäntel wehten im leichten Wind. Über den Helmen wippten die bunten Zimierden. Die Ritter waren nur an ihren Wappen auf Schildern und Wimpeln zu erkennen. Erwartungsvoll tänzelten die gepanzerten und geschmückten Rosse unter ihnen.

Alle warteten auf Dedos Zeichen. Der beruhigte mit einer Handbewegung die Trompeten und Trommeln. Blies dann selbst in die Fanfare und begrüßte mit lauter Stimme die edlen Frauen, die vornehmen Gäste und die tapferen Ritter, die seiner Einladung gefolgt waren, die bereit waren, hier ihre Kunst des Kampfes vorzuführen, sich mit anderen zu messen und dabei die Regeln des Spieles einzuhalten. Heinrich von Andechs und Heinrich von Schlesien führen die Scharen an, rief Dedo, und nannte dann noch einige besonders vornehme Kämpfer beim Namen. Dann blies er nochmals die Fanfare: das zuvor besprochene Zeichen.

Da kam Bewegung in die Ritterscharen zu beiden Seiten des Planes. Die Ritter setzten ihre Pferde in Trab, gingen in Galopp über und begegneten sich in voller Karriere in der Mitte des Feldes, vor der Tribüne. Die Schilder krachten. Rufe und Schreie. Die Ritter riefen laut den Namen der hohen Frau, für die sie kämpften. Ritter gegen Ritter traten sie an, jeder versuchte, den Gegner vom Pferd zu stoßen. Bald wälzten sich einige schreiend im Sande. Die wurden abgeführt oder weggetragen.

Die Fanfare verkündete das Ende des Spiels, und die Ritter kehrten zurück in die Burgen, bis zum nächsten Signal der Fanfare. So ging es einige Male hin und her. Danach sagte Dedo Einzelkämpfe an, Tjoste genannt. Als erste sollten Heinrich von Andechs gegen Heinrich von Schlesien antreten..

Herrlich ritten Heinrich gegen Heinrich an. Einer versuchte den andern hinters Pferd zu setzen. Vergeblich. Keinem gelang es zu siegen, und keiner verlor das Spiel. Dann stiegen sie von den Pferden und kämpften mit Schwertern. Auch darin erwiesen sich beide gleich. Ein selten schöner Kampf, meinten die alten Herren, die auf der Tribüne saßen. Hedwig lächelte gezwungen, ihr taten beide leid. Nach ihnen noch einige kämpfende Paare.

Dedo blies die Fanfare. Die Sieger traten vor die Tribüne. Hedwig legte den vor ihr knienden Helden Heinrich und Heinrich Blumenkränze auf die schweißnassen Stirnen. Elisabeth bekränzte die anderen siegreichen Herren. Dedo überreichte den Siegern Geschenke. Heinrich und Heinrich bekamen beide gleiche kostbare Ringe. Sie umarmten sich: Jetzt waren sie wahre Kampfbrüder. Auch die anderen wurden reich beschenkt. So schickte es sich: Der Ausgang der Spiele sollte dem Gastgeber zum Ruhm gereichen. Da war Freigiebigkeit angesagt. Die Besiegten aber wurden zu Gefangenen ihrer Bezwinger und sollten Lösegeld zahlen, was zumeist bedeutete, Pferd und Rüstung zu lassen. So manche hatten wochenlang ihre Prellungen und gebrochene und verrenkte Glieder zu heilen.

Hedwig und Heinrich gingen Hand in Hand zur Burg zurück. Sie freute sich, daß er gesiegt hatte, aber noch mehr darüber, daß das Kampfgetöse zu Ende war.

In der Burg erwartete die Kämpfer ein warmes Bad. Frische Kleider waren für sie vorbereitet worden. Danach begann für alle ein rauschendes Fest. Das endete bei Morgengrauen. Diesmal tanzte auch Hedwig mit. Und sogar Ekbert war kein Spielverderber.

Allmählich gingen die bewegten Tage zur Neige. Gott sei Dank, seufzte Hedwig im Stillen. Sie war kaum zum Beten gekommen.

Aber noch waren Besuche in der Umgebung abzustatten. Auf der Altenburg lebte Albert, Boleslaws jüngerer Bruder, mit einer Frau aus dem Volke. Er hatte auf seine herzoglichen Privilegien verzichtet. Boleslaw machte ihm Vorwürfe darob. Albert aber lachte ihn aus. Er könne gern mit seiner Frau und den Kindern in eine Bauernhütte ziehen. Seine Frau und die Kinder seien ihm teurer als Gold und Ehre. Er habe ohnehin nichts von einem Ritter an sich, sagte der kleine, schmale Mann. Doch auch zum Pfaffen tauge er nicht, seine fünf Kinder seien dafür genügender Beweis. Er sei ein schlichter Verwalter, ein Mann aus dem Volke, er nehme niemandem etwas weg, fuhr er fort, das kann kein Ritter von sich sagen. Ich lebe als Christ nach Christi Geboten, mit ruhigem Gewissen, während Ritter und Fürsten … er machte eine abwertende Handbewegung. Streit hing in der Luft. Elisabeth lenkte die Unterhaltung geschickt in andere Bahnen.

In der Kirche zu Altenburg beteten die jungen Herrschaften an Wladyslaw des Vertriebenen letzter Ruhestätte. Und in Pforta an der Grabstätte seiner Frau, Agnes von Österreich, Heinrichs unvergessener Großmutter.

Die Mönche von Pforta waren glücklich über den Besuch der Piasten, denen sie reiche Gaben verdankten. Zudem hatte Boleslaw ihre Brüder nach Leubus in Schlesien geholt, was jedem Mutterkloster zur Ehre gereichte und erhebliche Vorteile brachte.

Endlich brach man auf. Auf nach Schlesien!

In Schlesien angekommen

Hier ist die Luft gesund, der Boden fruchtbar, der Wald ist
ertragreich an Honig, das Wasser fischreich. Die Adligen sind
kriegerisch, die Bauern fleißig, die Pferde ausdauernd,
die Ochsen tüchtig als Pfluggespann, die Kühe geben
reichlich Milch, wie die Schafe Wolle

(Ibrahim ibn Jakub über Schlesien)

Endlich lag sie vor ihnen, die Liegnitzer Burg, das Ziel ihrer langen
Reise, inmitten einer lieblichen Ebene, wo sich zwei Flüsse verban-
den, ringsumher dichte Wälder. Auf einem Wall ein steinerner Turm
umgeben von einem hohen Palisadenzaun. Als sie näher gekommen
waren, sah die Burg recht jämmerlich aus. Die dicken Holzbohlen des
Zaunes waren verwittert und standen schief. Allein das Tor war sichtbar neu, aus Holz mit Eisenbeschlägen, wie überall üblich, fest gefügt
zwischen zwei gedrungenen steinernen Wachtürmen. Aber auch die
Bohlen der Zugbrücke über dem breiten Graben glänzten aus frischem
Holz.

Ein heiseres Horn klang vom Wachturm zur Begrüßung. Boleslaw
hieß mit einer Handbewegung seinen Trompeter den Gruß erwidern.

Hedwig blieb kaum Zeit, sich in der Vorburg umzusehen. Sie bemerkte nur, daß zwischen den wenigen Lehmhütten auch neue Häuser
standen und eine mächtige Kirche im Bau alles überragte. Neben der
Kirche entstand ein stattliches Gebäude, vermutlich für die geistlichen
Herren.

An der geweißten Schenke, an der sie vorbeikamen, sprang ein aus-
gestopfter Bär neben einer grünen Tür ins Auge. Der Wirt in blauer
Schürze um den dicken Bauch stand auf der Schwelle und verbeugte
sich viele Male und rief laut: Willkommen, willkommen, der Herzog
von Schlesien, die hohen Gäste … willkommen, powitac. Auch andere,
die herbeigelaufen waren, fielen in die Rufe ein. Waren doch der Herr
und sein Sohn zurückgekehrt aus weiter Ferne, und mit ihnen, das
wußten die Leute, die Braut des jungen Herrn, eine Prinzessin aus dem
Reich, aus Bayern. Und zahlreiches Gefolge. Besonders dem Gastwirt
standen somit gute Tage bevor: viele Gäste, viel Verdienst.

Heinrich ritt an Hedwigs Seite. Du siehst, sagte er ein wenig verlegen,
wir leben am Ende der Welt … Hinter dem Walde … mein Vater und
ich, wir waren öfter am Kaiserhof als hier. So manches, was zu erledigen
war, blieb liegen. Das soll sich jetzt aber ändern.

Hedwig, Jadwiga, sagte Boleslaw, als sie im Burghof abgestiegen waren, und legte seine Hand auf ihren Arm, wir werden eine feste Burg bauen für dich. Eine Burg aus Stein. Steinerne Mauern. Eine Burg wie im Reich. Eine Burg, wie sie hier in Schlesien und in ganz Polen noch keiner gesehen hat. Das verspreche ich dir. Wir werden es den anderen zeigen, wer wir sind.

Kläffende Köter waren ihnen entgegengelaufen. Schweine sielten sich in den Pfützen, die Hühner gackerten aufgescheucht. Hedwig sah sich um: Lehmhütten mit Stroh gedeckt, auch das größte Haus, sichtbar das Wohnhaus der Fürsten, war wie ein Bauernhaus aus Balken gefügt, die Wände weißgetüncht, aber auch ein Strohdach. Der große Turm aus Stein, rund und fest, schien aus der Nähe recht alt und unwirtlich. Ein wahrer Mäuseturm, dachte Hedwig. Ein weißgetünchtes hübsches Kapellchen daneben. Wenigstens das.

Aber sie faßte sich rasch und lächelte Boleslaw zu, und der fuhr fort: Die Burg ist sehr alt, in ihr haben noch die Alten gelebt, unsere Vorfahren, die Piasten, die die Hiesigen unterworfen hatten. Aber man sagt, der Wall und der steinerne Turm seien noch älter als die Piastenherrschaft, den sollen noch frühere Bewohner errichtet haben, die hier vor den Slawen lebten und eine ähnliche Sprache hatten wie im Reich. Man nannte sie Silinger. Die sind den Slawen gewichen, oder von sich aus weggegangen. Wer weiß es schon so genau. Ja, so ist die Welt, lächelte Boleslaw, der seine gute Laune wiedergewonnen hatte: Die einen verdrängen die anderen. Und immer siegt der Stärkere.

Kommt, sagte er, Adelheid wartet auf uns, wir haben die arme Frau zu oft und zu lange warten lassen. Adelheid freut sich auf dich, Hedwig, Jadwiga, sagte Boleslaw warm. Endlich wird sie jemanden haben, der ihr vom Leben in Reich erzählt. Sie wollte immer alles von uns erfahren. Immer und immer gefragt. Aber was sollten wir ihr erzählen. Wir Männer können das nicht so gut. Er seufzte und fuhr fort: Seit zwanzig Jahren lebt Adelheid hier, meistens allein, nur mit den Kindern und einigen Rittern zum Schutz.

Aus dem großen Haus kam ein ältlicher Mann herbeigeeilt, der sich viele Male verneigte und Boleslaw die Hand küßte. Mein Kastellan, stellte ihn Boleslaw Hedwig vor. Bald kam auch eine Frau herbei, die noch an Rock und Bluse nestelte, als hätte sie sich eben erst angekleidet. Ein langer dicker Zopf fiel ihr vorn über die Brust. Boleslaw ging seiner Frau entgegen, nahm sie in die Arme und küßte sie auf beide Wangen. Doch sie löste sich rasch von ihm und wandte sich ihrem Sohn zu. Die beiden begrüßten sich zärtlich.

Heinrich nahm Hedwig an die Hand und stellte sie seiner Mutter vor. Adelheid betrachtete sie mit aufmerksamen dunklen Augen, ehe sie sie zurückhaltend umarmte. Wie einen auswendiggelernten Spruch murmelte sie dazu: Sei gegrüßt in diesem Hause, Hedwig, du sollst mir wie eine Tochter sein. Der Gruß klang nicht herzlich, eher abweisend, und Hedwig sah verwundert, daß in den Augen der Frau Tränen standen. Sie sagte: Wisse, Hedwig von Andechs, ich bin Adelheid von Sulzbach, des mächtigen Grafen Berengar Tochter, es ist kein leichtes Leben, das dich in Schlesien erwartet. Bitternis klang in ihren Worten. Sie wandte sich ab und ging ins Wohnhaus zurück. Heinrich und Boleslaw sahen Hedwig verlegen an. Auch Ekbert war über die unerwartee Szene bestürzt.

Inzwischen waren auch Heinrichs Geschwister gekommen, der Knabe einfältig dreinschauend, sie ein hübsches blondzöpfiges Mädchen.

Berta, stellte sich das Mädchen knicksend vor. Hedwig begrüßte ihre neue Schwester erleichtert. Auch Berta schien sich mit Heinrich gut zu verstehen, er fing sie zu necken an, ob sie denn auch schon einen Verlobten habe. Und wo Agla und Jaroslaw seien, wollte er wissen.

Du kennst sie doch, sagte Berta – wie immer beleidigt auf die ganze Welt, sie sitzen in ihrem Haus.

Sie begaben sich zum Waschhaus, um sich zu erfrischen. Hier warteten Mägde am Brunnen auf die Gäste. Sie gossen Wasser in hölzerne Schüsseln, die auf Bänken standen, reichten ihnen weiche Seife in tönernen Näpfchen und weiße leinerne Tücher dazu.

Der Wohnraum war groß, niedrig und sehr warm durch die anliegende Küche. Weißgetüncht die Wände, unter der Decke dunkle hölzerne Balken. In der Mitte des Raumes ein großer Tisch, weiß gedeckt. Bunt bemalte Teller und Näpfe aus Ton darauf. Silberne Becher und Löffel. Früchte und Brot auf Schalen. Hedwig atmete erleichtert auf – es war nicht anders als zu Hause.

Wir sind hungrig wie Bären und Wölfe, sagte Heinrich und setzte sich zwischen seine Mutter und Hedwig.

Agla und Jaroslaw wurden von Boleslaw herbeigeführt, er sagte über den Tisch zu Hedwig und Ekbert gewandt – auch sie sind meine Kinder, ihre Mutter war Wienczyslawa von Kiew. Vor langer Zeit verstorben. Die beiden blickten düster und schwiegen. Außer der Familie saßen auch die Vertrauten bei Tisch. Wie in Andechs.

Als erstes reichten barfüßige Mägde eine duftende rote Suppe. Hedwig schnupperte an ihrem Schälchen und sah Heinrich fragend an. Der sagte: Das ist Barschtsch, eine Fleischbrühe mit roten Rüben und allerlei Gemüse. Schmeckt lecker und ist gesund. Wie heißt sie, fragte Hedwig. Heinrich lachte, das kannst du nicht aussprechen. Du brichst dir die Zunge! Barschtsch. Er forderte lachend die Gäste auf zu wiederholen: Barschtsch! Ekbert sagte Barsch, Bartsch und winkte ab. Hedwig aber wiederholte das Wort eifrig, bis es fast so klang, wie es Heinrich vorsagte. Zwei Mal gezischt, wunderte sie sich. Für ihren Eifer wurde sie besonders von Boleslaw gelobt. Das Essen war üppig und nicht anders als in Andechs, Wildfleisch und Geflügel, Hirsebrei und Gemüse. Danach Kuchen mit Butterstreusel. Man trank Wein und Bier.

Wir haben gutes Bier in Schlesien, bei uns gebraut, sagte Boleslaw. Er ließ aber noch mit listigem Lächeln tönerne Krüge und kleine Becher bringen, die die Mägde nur den Männern vorsetzten. Er wollte mit den Herren zur Begrüßung ein klares Wässerchen trinken, sagte er, das die Leute Okowita nennen. Aqua vita – sagte er zu Ekbert gewandt, die Mönche haben ihnen die Herstellung aus Getreide beigebracht. Ein im strengen schlesischen Winter beliebter Trank.

Ekbert begann nach dem ersten Schluck zu husten. Ein höllisches Wässerchen, keuchte er. Während sich die anderen über die feine Kehle des Klerikers lustig machten, klopfte ihm Heinrich auf den Rücken. Ihm schadete das scharfe Wässerchen nicht.

Für Hedwig ein ermüdendes Beisammensein. Die unbekannten Gesichter flossen ineinander, die beiden Sprachen mischten sich, zudem gab man sich in Liegnitz lauter und ungezwungener, als sie es gewohnt war.

Endlich wurde die Tafel aufgehoben, und die Frauen begaben sich zur Ruhe, während die Männer noch in der Halle blieben – nach der Reise gab es viel zu erzählen.

Heinrich begleitete sie in den Turm, der der fürstlichen Familie als Schlafraum diente. Der Schlafturm ist unsere Festung, sagte er zu Hedwig, den hat noch niemand eingenommen, solang das Gedächtnis der Leute reicht. Boleslaw meint, in unserem Turm sind wir sicher wie beim lieben Herrgott auf der Ofenbank. Gehütet mitsamt unseren Schätzen von der Druzyna, den tapfersten Rittern.

Über eine schmale wacklige Stiege gelangte man von außen zum Eingang des Turmes. Die Stiege konnte im Fall einer Belagerung verbrannt werden, erklärte Heinrich. Drinnen ein dämmeriger Raum, Bänke rundum an den weißgekalkten Wänden. Ein goldgerahmter Spiegel an der Wand, das Glas hatte einen Sprung. Große und kleinere Truhen mit dicken Schlössern standen herum. In den Ecken stapelten sich Pelze, Rüstungen, eingerollte Fahnen. Kleider und Mäntel hingen verstaubt an Haken von der Decke herab, anscheinend Wohnraum und Schatzkammer zugleich. Auf einer Leiter erreichte man durch eine Luke den Schlafraum der älteren Herrschaften, darüber der Schlafraum der Jüngeren. Die Fräulein auf der einen, die Ritter auf der anderen Seite, erklärte Heinrich. Die Dielen knarrten. Strohsäcke mit kostbaren Fellen und buntverzierten Decken lagen auf dem hölzernen Boden, Kissen in ledernen Bezügen, andere in bunter Seide. Für das junge Paar war ein hölzerner Verschlag errichtet worden. Bis zur Segnung des Lagers sollte Hedwig da mit Jutta schlafen. Später mit Heinrich. Heinrich sah Unbehagen in Hedwigs Gesicht. Zwar hatte sie auch in Kitzingen in einem Raum mit anderen Frauen geschlafen – aber eben mit Frauen. Und nicht so gedrängt, sondern in einem großen luftigen Raum. Daß sich unten im Keller noch das Verlies für Gefangene befand, sagte er nicht. Zum Glück war es gerade leer. Denn oft hörte man Rufe, Fluchen und Stöhnen bis spät in die Nacht.

Endlich blieb Hedwig mit Jutta allein. Sie betete lange mit dem Figürchen der Muttergottes in der Hand um Mut und Kraft für das ihr von Gott zugedachte Schicksal.

Die Feier der Segnung des ehelichen Lagers des jungen Fürstenpaares stand bevor. Gäste kamen angereist, die Familie der schlesischen Piasten, Verwandte aus Groß- und Kleinpolen, Kujawien und Masowien, schlesische und polnische Adlige, die dem Liegnitzer Hof verbunden waren, und dazu die Vertrauten aus dem Reich.

Bischof Siroslaw war aus Breslau gekommen in einer prächtigen, von vier Schimmeln gezogenen Kutsche, um den festlichen Gottesdienst zu zelebrieren. Er nahm mit zahlreichem Gefolge Quartier in der Residenz im Bau neben der Kirche. Siroslaw, der viele goldene Ringe mit bunten glitzernden Steinen an den fleischigen Fingern trug und dazu prächtige Kleider, bewegte sich ungern, er war dickleibig, und kaum hatte er einige Schritte getan, blieb er ächzend stehen und rang nach Luft.

Boleslaws Brüder waren eingetroffen, Mieszko von Ratibor, den man den Humpelnden nannte, mit seiner unnahbar dreinschauenden Ehefrau Ludmila. Und Konrad, der Jüngste, mit blassem Klerikergesicht. Konrad hielt sich im Kloster zu Fulda auf, und man wunderte sich, daß er nach Schlesien gekommen war. Doch wohl nicht für immer, vermutete man. Für Ekbert ein willkommener Gesprächspartner

Hedwig begrüßte an Heinrichs Seite all die ihr fremden Menschen freundlich, nahm Geschenke entgegen und bedankte sich höfisch. Sie versuchte, sich die vielen fremden Gesichter zu merken. Daß sie so oft nicht verstand, was man zu ihr sagte, bedrückte sie.

Irgendwann bemerkte Heinrich, daß seine Braut ihre vom Weinen gerötete Augen wischte. Was ist mit dir, Hadi, fragte er bestürzt. Da brach lang gestauter Unmut aus ihr heraus. Sie finde es unsinnig, sich ununterbrochen feiern zu lassen, sagte sie unter Tränen. Sie zählte an den Fingern nach, wie lange sie schon ihre Hochzeit feierten, wochen-, ja monatelang: von da an, als Ekbert sie aus dem Kloster Kitzingen geholt hatte. Vom Anfang des Sommers bis zu seinem Ende. Ständig wurde sie als die fürstliche Braut gefeiert, als sponsa nova nupta der edlen Piasten, und er als ihr edler Bräutigam. Sie die Erwählte, er der Erwählte. Gefeiert, geehrt und bewundert. Von Franken und Bayern über das Meißener Land bis hin nach Schlesien.

Was soll denn am Feiern Ungutes sein, fragte Heinrich erstaunt und etwas gekränkt. War es nicht schön gewesen zu reisen, so viele Menschen kennenzulernen, die alle bemüht waren, ihnen ihre Wünsche von den Augen abzulesen. Keine Sorgen, nur Spiel und Tanz und erheiternde Gespräche. Allein Walter und seine Musikanten, Bamberg, das Turnier in Rochlitz. Oder gefalle es ihr in Liegnitz nicht, fragte er.

Hedwig lenkte ein, ja, es sei ungerecht sich zu beklagen. Sie haben eine schöne Zeit verbracht. Nur das ständige Feiern sei nicht ihre Art. Ihr fehle die Stille des Klosters. Ich finde keine Zeit zum Nachdenken, klagte sie. Wann soll ich beten. Wie lange kann man in so einer Unruhe leben.

Viele leben so, erwiderte Heinrich. Ihr Leben lang.

Arme Menschen! Sie wolle ihn nicht kränken, sagte sie, sie sei wohl müde, ständig neue Gesichter. Und dazu die andere Sprache.

Die wirst du bald erlernen, tröstete er sie. Du wirst dich gewöhnen. Du hast ja mich.

Von ihren anderen Besorgnissen sagte sie ihm nichts. Hedwig bedrückte der Gedanke an die erste Nacht zu zweit. Die Nacht, in der sie das Lager mit Heinrich teilen sollte. Könnte er doch ihr liebster Bruder bleiben, dachte sie. Heinrich gefiel ihr. Sie fühlte sich ernstgenommen von ihm. Sie hatten unterwegs lange Gespräche geführt. Er zeigte ihr seine Bewunderung, die sie gern entgegennahm. Er hielt sie, die Fürstentochter aus dem Reich, für etwas Besonderes. Von sich selbst meinte er, er sei hinterwäldlerisch, weil er in Schlesien aufgewachsen war. Hedwig widersprach ihm. Sie hatte zwar im Kloster viel gelernt, weil sie gern gelernt hatte, das gab sie zu. Sie hätte gern noch viel mehr lernen wollen. Doch ihres Erachtens fehlte ihr die höfische Art, die Heinrich am Kaiserhof erlernt hatte und die sie an ihm sehr bewundere. Sie zählte ihm seine Vorzüge auf, erinnerte ihn an seinen Sieg im ritterlichen Spiel und seine außerordentliche Gabe, Geschichten zu erzählen. So ging es hin und her zwischen ihnen. Und das machte ihnen Freude. Jetzt aber befürchtete sie seine Zuneigung zu verlieren, wenn sie ihm nicht zu Willen war.

Früh am Morgen des Festtages begab sich die gesamte Gesellschaft in die Kirche vor der Burg, um an dem feierlichen Gottesdienst mit Bischof Siroslaw teilzunehmen. Ekbert und Konrad sollten zur Messe dienen. Dem jungen Paar war noch einmal Gottes Segen zu spenden. Zum dritten Mal.

Der fertige Teil des Gotteshauses faßte nicht alle Hochzeitsgäste, viele blieben zwischen den halbhochgezogenen Mauern stehen, die einen großen Hof bildeten. Auch die Bewohner der Vorburg und Leute aus der Umgebung waren gekommen und standen eng gedrängt und andächtig da.

Die Leubuser Mönche in neuen Kukullen, die sie zu Ehren des Tages vom Fürsten geschenkt bekommen hatten, sangen ganz wunderbar. Der Gesang brummte und summte wie ein Bienenschwarm über einem

Rapsfeld. Die dunklen Männerstimmen erhoben sich und knieten nieder und mit ihnen die Seelen der Gläubigen.

Bischof Siroslaw hielt eine Predigt in deutscher und polnischer Sprache, in die er viele lateinische Zitate einflocht, doch alles so geschickt zusammengefügt, hin und her übersetzt, daß es alle verstanden. Gott möge das junge fürstliche Paar mit vielen Kindern segnen, wiederholte er einige Male in allen drei Sprachen. Und das war das Wichtigste. Und das wünschten ihnen alle, die nach der Feier im Gotteshaus an das junge Paar herantraten. Gottes Segen. Viele Kinder. Viel Glück.

Im Burghof war das Festmahl für die Gäste gerichtet, der Platz sauber gekehrt worden, die Pfützen zugeschüttet. Das Federvieh blieb in den Stallungen, die Hunde an Ketten. Boleslaw hatte Planen über zwei langen Tischen errichten lassen. Eigentlich unnötig, das Wetter war schön, kein Wölkchen trübte den Himmel. Aber man wußte ja nie.

Es wurde gegessen und getrunken, wie so viele Male davor. Nur die Musik war lauter und auch die Gespräche. Doch irgendwann wurde es besonders laut.

Mieszko von Ratibor hatte Streit mit seinem Bruder Boleslaw begonnen, ein unhöfisches feindseliges Gespräch, über den Tisch hinweg, das immer hitziger wurde. Schließlich haute der Ratiborer Fürst mit der Faust auf den Tisch, daß Schüsseln und Becher wackelten, die Gäste zusammenzuckten und es plötzlich still wurde in der Runde. Sogar die Musikanten hörten auf zu spielen. Da sprang Mieszko auf, rot im Gesicht vor Wut, und schrie ungeachtet der Anwesenheit edler Frauen und kirchlicher Würdenträger seinen Bruder Boleslaw an, er habe ihm Land gestohlen. Boleslaw aber blieb beherrscht, er redete beschwichtigend auf Mieszko ein.

Doch Hedwig sah bestürzt, daß auch Konrad für Mieszko Partei ergriff und heftig auf Ekbert einredete. Besonders der bisher so schweigsame Jaroslaw unterstützte laut den angriffslustigen Onkel. Die anderen hatten verlegene Gesichter, man wußte, worum es geht.

Siroslaw rief die Streitenden zur Ruhe auf. In Gottes Namen. Einige Male. Bis sich der Sturm gelegt hatte.

Hedwig fragte Heinrich leise nach dem Grund des Streites. Auch Ekbert, der neben Hedwig saß, wollte mehr darüber hören.

Heinrich war verlegen, erwiderte aber bereitwillig, die Brüder seien nicht mit der Aufteilung Schlesiens zufrieden. Mieszko drohe mit Krieg. Übrigens seit ungefähr zwanzig Jahren. Mieszko behaupte, Boleslaw habe sich unrechtmäßig den weitaus größten Teil des Landes zugeeignet und ihn um seinen Teil gebracht. Boleslaw habe seinen Brüdern nur Randstücke zugeworfen und sich die runde Mitte behalten, den fetten Kuchen. Heinrich gab zu, Boleslaw war ein gutes Stück Land geblieben: Breslau, Liegnitz und Oppeln. Dazu verwaltete er für Konrad das Glogauer, Krossener und Saganer Land. Jetzt aber will Konrad auf seine

Absicht, Geistlicher zu werden, unverhofft verzichten. Es gilt als sicher, daß ihn Mieszko dazu überredet hatte. Mieszko hetzte auch Jaroslaw gegen seinen Vater. Denn Mieszko war nur Ratibor zugefallen, ein kleines Fürstentum am Rande, und er wollte um jeden Preis das Oppelner Land dazu, weil beides zusammengehöre, wie er behauptet.

Heinrich stellte die Situation überzeugend dar, er war bestrebt, gerecht zu berichten, wenngleich er fest auf seines Vaters Seite stand. Boleslaw habe seines Erachtens richtig gehandelt, führte er aus, denn kein anderer, nur er habe ständig die Erinnerung an das Unrecht der schlesischen Piasten am kaiserlichen Hofe wachgehalten und unaufhörlich Hilfe angemahnt. Durch seine ergebenen und geschätzten Dienste, seine Freundschaft mit Barbarossa, war der Kaiser fast genötigt gewesen, sich für die Rückgabe Schlesiens einzusetzen. Wenn sich Boleslaw nicht jahrelang bemüht hätte, wäre Schlesien nie an die rechtmäßigen Erben zurückgekommen. Und Mieszko und Konrad hätten nichts, rein gar nichts bekommen. Pusteblume, Schlesien wäre von den polnischen Vettern geschluckt worden, die für ihre Habgier bekannt waren, sagte Heinrich mit Überzeugung.

Und er fuhr fort: Während sich Boleslaw am kaiserlichen Hofe um Schlesien bemühte, becherte Mieszko auf der Altenburg. Mieszko sei bekannt dafür, daß er gern zuviel vom klaren Wässerchen genoß und hinter den Weibern her war.

Entschuldige Hedwig, sagte Heinrich und küßte seiner Braut die Hand. Dergleichen Sachen sind nicht für die zarten Ohren einer jungen Frau, du aber wirst damit leben müssen. Konrad aber, fuhr er fort, saß in Fulda und hatte gute Aussichten, dort Abt zu werden. Auch er kümmerte sich nicht um Schlesien. Warum sollten also alle drei gleiche Teile des Landes bekommen. Wäre das etwa gerecht?

Hedwig wußte keine Antwort darauf, und auch Ekbert zuckte mit den Achseln. Ein schwieriger Fall. Allzu christlich war das alles nicht, aber schließlich machte überall der Stärkere sein Recht geltend. Da half keine christliche Moral.

Und dazu, fuhr Heinrich eifrig fort, ist mein Vater ein tüchtiger Herrscher, er wird aus Schlesien ein starkes Land machen, in dem es den Menschen gut geht, daran glaube ich fest. Und das ist wohl das Wichtigste. Warum auch Jaroslaw auf seiten Mieszkos stand, erfuhr Hedwig erst später. Jaroslaw, Boleslaws erstgeborener Sohn, sollte bei der bevorstehenden Nachfolge zugunsten Heinrichs übergangen werden. Heinrich war nicht nur Boleslaws Lieblingssohn, der alte Fürst erhoffte sich zudem durch die deutschen Verwandten seiner Mutter engere Bindungen an das deutsche Reich, denn da sah der fortschrittliche Mann Muster für die Zukunft seines Landes.

Keine friedliche Familie, dachte Hedwig bedrückt.

Als die kleine Glocke der Burgkapelle zu läuten begann, dämmerte es bereits, und man zündete im Hof die Fackeln an. Das war das Zeichen, sich vom Tisch zu erheben und das Zeremoniell zu seinem üblichen Abschluß zu bringen. Bischof Siroslaw erhob sich als erster und wartete ab, bis alle auf den Beinen standen, einige schwankten bereits, ein Zug ordnete sich, und man begann ein frommes Lied zu singen. Die Musikanten fielen ein. Singend begab sich der Zug der Gäste vor den blumengeschmückten Altar der Gottesmutter im Kapellchen, um noch einmal für das Wohl der jungen Eheleute zu beten. Und danach zum Turm. Siroslaw wurde mit Mühe über die Leiter gezogen und geschoben. Über ihn zu lästern, schickte sich nicht.

Im ersten Schlafraum war das Lager für die Neuvermählten geschmückt worden: schöne seidene Decken, gestickte seidene Kissen und rings ums Lager eine Blumengirlande, dazu der Glanz vieler Kerzen.

Hedwig und Heinrich knieten auf dem Lager nieder, um den Segen der Eltern und Siroslaws entgegenzunehmen. Boleslaw und Adelheid küßten ihre Kinder auf die Stirn, Siroslaw besprengte das junge Paar mit Weihwasser und murmelte fromme Gebete, während Konrad und Ekbert Weihrauchkesselchen schwangen. Dann umkreisten die Gäste glückwünschend und manche anzüglich grinsend das junge Paar.

Das fromme Lied, das Bischof Siroslaw zuvor im Hof intoniert hatte, sangen sie im Hof weiter. Doch sangen sie es schneller und schneller, und lachten dabei. Hedwig klang es gar nicht mehr fromm. Bald begann laute Musik im Hofe und die üblichen Tänze.

Nun waren sie allein. Verlegen sahen sie sich an, und beide wußten nicht so recht, wie sie sich verhalten sollten. Heinrich zog Hedwig an sich und küßte sie auf die Stirn, dann auf den Mund, er versuchte ihre Brüste zu streicheln. Da begann sie zu zittern und zu weinen. Sie selbst wußte nicht warum. Heinrich war ratlos. Du sollst nicht weinen, Hadi, bat er, ich will dir nichts antun, ich werde nichts tun, was du nicht willst, solang du nicht willst, ich hab dich lieb, Hadi, sagte er. Du bist meine kleine Schwester und du sollst es bleiben, solang du willst, aber weine nicht. Hadi, ich werde warten auf dich. Er hielt sie in seinen Armen und streichelte sie wie ein Kind. Hedwig beruhigte sich allmählich. Sie sollten diese Nacht den ganzen Schlafraum für sich haben, keiner durfte sie stören. Aber sie konnten lange nicht einschlafen. Nicht nur, weil es heiß und stickig war und im Hofe das laute Treiben kein Ende nahm. Sie redeten lange über dies und das. Und als Heinrich einschlief, betete sie zur Gottesmutter um Segen für ihre Ehe.

An nächsten Tag sparte man nicht mit anzüglichen Fragen und Bemerkungen. Doch wer Augen hatte, sah, daß zwischen den beiden nichts geschehen war. Und so sollte es noch lange bleiben. Es war dennoch eine schöne Zeit für beide, die Hedwig dankbar im Gedächtnis behielt.

Heinrich wollte Hedwig Schlesien zeigen, ihr das Land zeigen, in dem sie fortab und bis ans Ende ihrer Tage leben sollte. In dem sie glücklich sein sollte mit ihm. Wieder saßen die jungen Herrschaften auf und ritten ins Land hinaus. In den Herbst. Wunderschön war Schlesien zu dieser Jahreszeit. Sie ritten durch die Wälder, die in allen Farben der herbstlichen Sonne leuchteten. Golden schwebten die Blätter von den Bäumen und lagen wie Goldstücke auf den Wegen. Doch von den Wegen abzuweichen war gefährlich, auf die, die die Wälder nicht kannten, lauerten tückische Sümpfe und wilde Tiere, warnte Heinrich. Die Einheimischen, die versteckt in ihren Weilern im Wald leben, kennen die Pfade. Die Mönche nennen diese Weiler Villulas. Meistens nur einige kleine Hütten. Villulas – klingt das nicht schön … Mehrere Weiler halten zusammen in Gefahr. Ihre Gärten und Felder sind klein, die Leute leben genügsam, aber Abgaben bekommt der Herr kaum von ihnen, weil sie selbst nichts haben. Die Abgaben soll der Kastellan eintreiben, der zumeist in einer Burg lebt und die Bezirke verwaltet. An den größeren Burgen eine Vorburg, von den Einheimischen Podgrodzie genannt, in der wie überall Handwerker und Kaufleute leben und wo zumeist auch Markt abgehalten wird.

Dieses Land zu unterwerfen hatte die Piasten nicht wenig Mühe gekostet, erzählte Heinrich. Die Einheimischen hatten immer wieder versucht, die Herrschaft der Piasten abzuschütteln, sie hatten ihr eigenes Recht und wollten keine Abgaben an Fremde entrichten. Boleslaw hatte sogar einige Burgen den schlesischen Edlen zurückgeben müssen, weil man dort die fremde Besatzung, eine nach der anderen, getötet hat. So sitzen jetzt auf den Kastellaneien polnische und schlesische Herren. In letzter Zeit hat Boleslaw hier und da auch deutsche Kastellane eingesetzt, Getreue, die mit ihm ins Land gekommen waren. Die verstehen es am besten, Ordnung zu halten, doch sind sie oft wegen ihres Hochmuts unbeliebt. Zuverlässig, aber stolz sind die.

Städte wie im Westen, wie im Reich? Sicher, auch die gibt es hier. Ist Liegnitz nicht eine Stadt? Nicht groß genug? Nicht schön genug? Nun, sie wird es werden. Aber Breslau! Breslau ist die größte Stadt in Schlesien. Breslau ist eine schöne Stadt. Immer dagewesen. Neumarkt und Goldberg, die sind neu, noch im Bau. Siedlerstädte, nach deutschem Recht. Den Siedlern geht es hier gut, denn wir brauchen sie, Boleslaw überschüttet sie mit seiner Gunst, damit sie bleiben, denn von ihnen erhofft er sich Einnahmen für seine Truhen.

Eine große Handelsstraße führt durch Schlesien über Frankfurt, Breslau, Oppeln, bis nach Krakau und weiter nach Kiew, von West nach Ost. Doch die Kaufleute durchkreuzen das Land auch von Süd nach Nord und von Nord nach Süd. Von Italien bis nach Pommeranien, bis ans Baltische Meer, und von da auf Schiffen noch viel weiter. Und wieder zurück bis nach Rom. Die Oder ... Der große Fluß durchzieht das Land. Voll von Fischen. Geübte Leute können sich in Booten bewegen auf dem Strom.

Das und anderes mehr erzählte Heinrich. Und Hedwig hörte ihm begierig zu. Was der alles weiß ... Sie war stolz auf ihn.

Nach Leubus ritt Boleslaw mit ihnen. Leubus ist mein Kloster, sagte Boleslaw stolz zu Hedwig. Ich habe die Mönche hierhergeholt, damit sie für meine sündige Seele beten und für das Seelenheil meiner Familie. Hier werde ich einst meine sterblichen Reste zur ewigen Ruhe betten.

Die Mönche kamen ihnen freudig entgegen, sie hatten bereits festgebaute Hütten aus Holz errichtet für sich, und auch ihre Kirche war aus Holz, erst später sollte eine größere gebaut werden und ein größeres Haus für die Mönche. Das Ganze umschlossen von einem hohen hölzernen Zaun. Ein großes Areal gerodeten Bodens zog sich vom Kloster bis zum Wald.

Auch hier wurde zuerst ein Gottesdienst zelebriert zu Ehren des neuvermählten Paares und der gesamten Fürstenfamilie, wie es sich gehörte. Und danach gab es ein feierliches Mahl im Refektorium des Klosters.

Boleslaw lobte bei Tisch wohlgelaunt mit lauter Stimme das bereits getane Werk der Mönche. Tüchtige Männer aus Pforta, die sich besonders das Siedlungswerk zur Aufgabe gemacht haben. Boleslaw habe ihnen in seiner Schenkungsurkunde aufgetragen, deutsche Bauern auf den ihnen geschenkten Böden anzusiedeln. Siedler aus Thüringen und Sachsen, aus Bayern und sogar vom Rhein, sagte er zu Hedwig gewandt. Denen ist es eng im Reich, und wir brauchen sie. Bauern ansiedeln, das können die fleißigen Mönche wie sonst keiner. Und besonders diese aus Pforta, das habe er gesehen, als sie auf der Altenburg lebten. Und fleißige Bauern, das ist der wahre Reichtum eines Landes und seines Fürsten.

Abt Walter antwortete seinem Herrn freundlich und drückte in beredten Worten im Namen der frommen Brüder Dankbarkeit aus.

Boleslaw versäumte es nicht, im Gespräch bei Tisch noch einmal auf seine Schwiegertochter hinzuweisen, damit es alle Mönche hörten, die im Kloster in Kitzingen weilte, bevor sie seinem Sohn Heinrich zur Ehe gegeben wurde, und die den Neusiedlern mit Sicherheit eine gute Schirmherrin sein werde.

Ein anderes Mal besuchte die reisewillige Gesellschaft Goldberg. Boleslaw hatte hier Bergleute aus Thüringen angesiedelt, damit sie Silber und Gold schürfen, woraus er Münzen für seine Schatztruhe schlagen lassen konnte. Aber auch anderes Nützliches und Schmückendes können diese Leute aus dem kostbaren Material fertigen. Die Thüringer sind geschickte Leute, sagte Heinrich, die können sogar das kostbare Glas blasen, ein wahres Wunder des Fortschrittes.

Kaum hatte der fürstliche Troß am Marktplatz gehalten, kamen die Bewohner von allen Seiten herbeigelaufen. Weiber und Kinder waren als erste da. Vor allem die Weiber wollten die junge Fürstin aus Bayern sehen und begrüßen. Der Bürgermeister fand sich vor allen anderen ein, begrüßte die Gäste und bat sie zu sich ins Haus, das festgefügt aus Stein und Holz mit buntbemalten Türen und Fensterläden am Marktplatz prangte.

Welch ein schönes Haus, lobte die junge Fürstin.

Sibotha, der Bürgermeister, fühlte sich geschmeichelt, erwiderte aber bescheiden, daß ihm alle geholfen haben beim Bau dieses Hauses, denn solang es kein Rathaus gebe, sei dieses Haus für alle da. Wir halten hier nicht nur Rat ab, sondern haben auch eine Wirtsstube, in der alle willkommen sind. Er wies mit der Hand auf die anderen Bürger, die mit eingeladen waren.

Er bat zu Tisch und entschuldigte sich für die Bescheidenheit des Empfangs. Hätte er früher von der Ehre erfahren, die ihm zuteil werden sollte, wäre der Empfang ganz anders ausgefallen, doch der Bote des Fürsten sei erst vor einer Stunde zu ihm gekommen, da war es für die Vorbereitung eines den hohen Gästen würdigen Mahles zu spät gewesen.

Man nahm an dem großen weißgedeckten Tisch Platz, auf dem Brot und Früchte standen, Teller und Becher. Auf die Fragen des jungen Herzogs antwortete Sibotha bereitwillig und gescheit, wenn auch bedächtig. Es geht uns gut, sagte er, mehr hatten wir gar nicht erwartet. Erwarten können. Hier gibt es genügend Luft zum Atmen. Und Arbeit für jeden. Die Faulen sind ja daheim geblieben, scherzte er. Aller Anfang sei schwer, das haben sie gewußt. Mit Gottes und des Herzogs Hilfe werde es schon werden.

Und Herzog Boleslaw, Gott segne ihn und seine guten Werke, fügte er hinzu, versprach, bald mehr Deutsche ins Land zu holen. Die Einheimischen sind zwar freundliche Leute, doch es geht nichts über Nachbarn, mit denen man sich in eigener Sprache verständigen kann. Und die, wie alle Thüringer, gern Heringe essen, scherzte Sibotha etwas verlegen, denn soeben trugen die Mägde das Essen auf. Zum Glück habe er wenigstens ein Fäßchen frischer Heringe im Keller stehen gehabt, fügte er hinzu.

Die Heringe waren aber verlockend zubereitet, in Röllchen gewickelt und auf hölzerne Stäbchen gespießt, innen Stückchen saurer Gurken, dazu helles Brot und schäumendes goldgelbes Bier. In eigener Brauerei hergestellt, wie Sibotha sagte. Das Rezept habe er von seinem Vater bekommen und der von seinem Vater: Malz, Hopfen und Honig. Alles das gibt es in Schlesien.

Die Gäste ließen es sich schmecken und lobten höfisch die Bewirtung. Da strahlte der Wirt und Bürgermeister. Man saß eine Weile zusammen, so daß auch andere außer dem redegewandten Mann zu Worte kamen. Sie berichteten dem jungen Herzogpaar über ihr Leben und ihre Pläne. Den Holzzaun wolle man bald durch eine Mauer ersetzen. Mit den Arbeiten wurde schon begonnen. Schlimm war's im Winter. Doch kalten Winter gab es auch in Thüringen. Wölfe im Winter … Ein Bär habe schon mal seinen Kopf über den Zaun gesteckt. Auf die Kinder muß aufgepaßt werden. Ja, der Winter … Aber nach jedem Winter kommt ja wieder der Frühling und mit ihm die Sonne. Da erstrahlt wieder alles in neuem Glanz.

Man verabschiedete sich in herzlicher Freundschaft und versprach sich ein baldiges Wiedersehen.

Aber Hedwig verlangte auch die Hütten der Einheimischen zu sehen. Und Heinrich versprach ihr etwas Besonderes. So ging es eines Tages mit üblichem Gefolge quer durch den Wald, durch den frische Schneisen für die Reiter geschlagen worden waren. Heinrich ritt mit einigen Rittern voraus. Manchmal klirrte es unter den Hufen, als wäre da irgendwann eine feste Straße gewesen.

Endlich hieß Heinrich halten. Auf einer Lichtung mitten im Walde sahen sie hier und da Reste einer mächtigen alten Mauer, überwucherte, von Gebüsch überwachsene, zerbröckelte Reste. An Stelle des Tores klaffte eine breite Lücke im Mauerwerk. Über dem ausgetrockneten Graben lagen Holzstämme statt einer Brücke. Vor dem Gemäuer angepflockte Kühe.

Sie sprangen von den Pferden. Heinrich begab sich zu Fuß mit seinen Begleitern über den schwankenden Steg in die Ruinenburg und verschwand hinter der Mauer. Kuhfladen stanken säuerlich in der warmen Luft. Dicke Fliegen sirrten darüber. Schwalben schwirrten im Zickzack hin und her. Bald kamen die Kundschafter mit erfreuten Gesichtern zurück und bedeuteten den Wartenden, ihnen zu folgen.

Hinter der Mauer, die zum Schutz einer großen Menschengruppe gereicht hatte, standen kleine Hütten aus Lehm mit Stroh gedeckt, ans alte Gemäuer geschmiegt, alle öffneten sich in einer Richtung: gen Osten. Der aufgehenden Sonne zu, flüsterte Ekbert Hedwig ins Ohr.

Scheu näherten sich ihnen die Leute. Heinrich stellte sich ihnen vor. Sie verneigten sich tief vor ihm. Der Dorfälteste, ein weißbärtiger Mann, wollte sich vor dem Fürsten auf die Knie werfen. Heinrich hielt ihn auf und begann mit ihm ein Gespräch. Er fragte nach der alten Burg, die hier gestanden hat, ob das, was sie sehen, alles sei, fragte er. Wo ist der Turm?

A dyc tam, sagte der alte Mann und wies mit der Hand hinter sich. Da oben, hinter den Bäumen, da war die richtige Burg gewesen, aber da wohnt kein Mensch mehr. Alle weggeritten, niemand geht da hin. Böse Geister! sagte er ängstlich leise. Nur einmal im Jahre zum Totenfest gehen sie hinauf. Alle zusammen. Mit den Toten zu feiern. Mit ihnen Speise und Trank zu teilen. Sie um Obhut zu bitten. Er hob beide Hände der Sonne zu und verneigte sich dreimal. Dann noch dreimal zur Burg. Hedwig sah mit erhobenen Brauen Ekbert an. Der nickte – sie waren Heiden.

Der alte Mann wies auf seinen Sohn, moj syn, der werde die hohen Herrschaften in die alte Burg führen. Mit leichtem Schaudern begab man sich zu Fuß ins Ungewisse. Hedwig, Jutta und Berta und ihre Dienerinnen hatten alle Mühe, ihre Röcke eng zusammenzuhalten, um nicht hängenzubleiben im dichten Gestrüpp. Es ging leicht bergauf. Bald kamen sie zu einer Lichtung, auf der Mauerreste zu sehen waren. Kein Zweifel, da hatte ein mächtiger steinerner Turm gestanden, und um ihn war eine zweite Mauer gewesen. Hinter den Mauerresten des Turmes tat sich eine Schlucht auf, wie man sie hier, in dieser sanft hügeligen Gegend, kaum erwartete. Weißt du, wer hier gelebt hat, fragte Heinrich den jungen Führer. Der zuckte mit den Achseln. Pany, wielike pany, sagte er. Mächtige Herren. Die hatten viele Pferde. Schwarze Pferde. Sind weggeritten. Nie mehr zurückgekommen. Auf ihren schwarzen Pferden in die schwarze Nacht geritten. Frauen und Kinder in Wagen unter dunklen Tüchern. Alle Schätze mitgenommen. Weg. Für immer. Nur manchmal … Wenn es stürmt … hört man sie zurückkommen im Wind, sagte er leise und sah sich ängstlich um.

Hedwigs Herz klopfte: Hier haben Menschen gelebt! Spuren menschlichen Lebens mitten im Walde! Von Wald überwachsen. Hier, wo der Wald ewig und unendlich schien … Was sind das für Menschen gewesen … Warum sind sie weggegangen …

Heinrich lächelte geheimnisvoll: er habe so manches von Großmutter Agnes gehört und wolle es gern erzählen. Auch über dieses Volk, das hier in Urzeiten lebte. Sie hatte es von alten Leuten gehört, deren Sprache sie verstehen konnte. Sie nannten sich Silinger. Nur wenige der Silinger haben sich in der Umgebung erhalten, sagte Heinrich. Denn das ganze Volk war weggezogen, wie es der Bursche richtig sagte. Aber weil dies eine lange Geschichte sei, solle man es sich zunächst bequem machen.

Neugierig auf Heinrichs Geschichte suchten sie sich jede und jeder einen Platz zum Sitzen auf der zauberhaft schönen und vielleicht doch verwunschenen Lichtung, auf Steinen und herumliegenden Baumstämmen. Ein Knappe verteilte Becher. Peregrin bot Wein aus einem Schlauch an, Jutta Wasser.

Die Silinger, begann Heinrich, waren Wandalen, also Germanen. Großmutter Agnes wußte nicht zu sagen, warum sie aus Schlesien weggegangen sind. Vielleicht sind sie vor den Hunnen geflohen, die hier einige Male eingefallen waren. Vielleicht aber war es ihnen langweilig geworden und sie sind ausgeschwärmt, ein anderes Leben zu suchen wie viele andere Völker zu der Zeit. Die Menschen wanderten viel, ehe sie seßhaft wurden, ganze Völker durchzogen viele Länder, erzählte mir die Großmutter. Sie meinte, ein Teil der Silinger sei bis nach Afrika gelangt und habe dort ein neues Reich gegründet. Die wenigen Zurückgebliebenen bewahrten alte Briefe auf, die sie von ihren Verwandten bekommen hatten, in denen sie ihnen den zurückgelassenen Boden übereigneten, worum sie zuvor gebeten hatten. Denn zurückgeblieben waren die Schwächeren, die kein Geld hatten für einen festen Wagen mit zwei Pferden, und mit ihnen die Alten und Kranken, die eine so schwierige Fahrt zu fürchten hatten. Diese Briefe haben die Leute ihrer Fürstin, meiner Großmutter Agnes, gezeigt, weil sie zu ihr Vertrauen hatten und sich in der gleichen Sprache verständigten. Wie lange die wenigen zurückgebliebenen Silinger allein lebten im Land, wußte niemand zu sagen, wohl hunderte Jahre. Niemand wußte, wieviel Zeit vergangen war, ehe die anderen ins Land kamen. Agnes erzählte, die neuen Bewohner, Slawen, seien aus dem Osten gekommen, aus sumpfigen Gebieten an breiten Flüssen, so erzählten sie. Manche behaupten sogar, die Slawen wären zusammen mit den Hunnen ins Land gekommen und hätten es von den Hunnen geschenkt bekommen. Aber das hielt Großmutter Agnes für ein Märchen.

Jedenfalls mischten sich die alten und die neuen Bewohner bald friedlich im Lande, gab es doch zur Genüge verlassene Felder, Gehöfte und Burgen. Man soll sogar die Götter gemeinsam angebetet haben.

Dort, wo die Alteingesessenen in der Mehrzahl waren, nannten sie sich wie ihre Vorfahren Silinger. Später wurde das ganze Land nach ihnen Schlesien genannt. Die neuen Bewohner hatten ihre Namen mitgebracht, sie nannten sich Dedoschane, Trebowane und Boborane, und weiter gen Osten saßen die Opolane und Golentschitze. Als sie sich vermischt hatten, hielten sich alle für Schlesier.

Sie waren Bauern, Hirten und Jäger, hatten aber auch ihre wehrtüchtigen Männer, aus deren Familien die Herrscher und Priester gewählt wurden. Die alten Schlesier waren kein kriegerisches Volk, weil sie ein großes Land besaßen und um Besitz nicht kämpfen mußten. Doch das wurde ihnen zum Verhängnis, sagte Heinrich. Denn wer nicht kämpft, wird bald besiegt. Bald fielen die Böhmen ins Land ein und unterwarfen die schlesischen Stämme. Fürst Vratislaw von Böhmen erneuerte die alten Burgen und nannte die wichtigste Festung an der Oder nach seinem Namen: Vratislavia, Breslau. Doch die Böhmen blieben unbeliebte Fremde und regierten aus der Ferne, sie saßen hinter den Bergen.

Irgendwann kam ein Mann ins Land, nach Schlesien, der den Schwan im Schilde trug, und sie baten ihn, ihnen Herrscher zu sein, ihr Wlast, der sie vor Fremden schützen sollte. Er war ein Nordmann, ein Wikinger, verwandt mit den Warägern in Kiew und mit den Piasten in

Gnesen. Das war in der Zeit, als den alten Seeräubern der Sinn nach Seßhaftigkeit stand und sie, wo man sie einlud, ihre Herrschaft begründeten, denn sie galten als tüchtige Herrscher.

Dennoch hörten die Kriege nicht auf. Aber das ist eine lange Geschichte, unterbrach sich Heinrich. Und Hedwig schlug vor, diese am Abend am Kamin weiter zu erzählen.

Dann saßen sie noch eine Weile in der Nachmittagssonne, und niemand wußte nachher, wer es zuerst gesagt hatte, es war wohl Hedwig gewesen, daß es gut wäre, auf dieser Lichtung ein Haus zu bauen. Eine neue Burg.

Hier, träumte Hedwig laut, wo vor Zeiten andere Menschen ihr Zuhause hatten, ein Dach überm Kopf und eine Tür, die man zur Nacht schließen konnte und einen Ofen im Winter, müßte wohl zu leben sein.

Man stimmte ihr zu. Der Gedanke, auf den alten Mauerresten eine neue Burg zu errichten, gefiel allen. Der Wunsch, die enge Liegnitzer Burg zu verlassen und allein mit Heinrich zu wohnen, lag vor allem Hedwig am Herzen. Heinrich hatte kaum Einwände, doch gab er zu bedenken: Gott lasse meinen Vater noch viele Jahre leben, aber was machen wir mit dieser Burg im Walde, wenn wir nach Liegnitz zurückmüssen, um das Land zu regieren. Ich weiß, rief Hedwig: wir schenken diese Burg unserer Jutta und verheiraten sie mit einem tüchtigen Ritter. Und kommen sie immer wieder besuchen, wenn wir Ruhe haben wollen.

Sie sprang auf, die anderen folgten ihr. Hedwig phantasierte noch eine Weile auf diese Weise, bis sie eine herrliche Burg vor sich sahen, die immer größer wurde, bis zu den Wolken. Heinrich rief die Schwärmerin auf den Boden der Wirklichkeit zurück, er wies mit der Hand auf das herumliegende Gestein, auf das dichte Gestrüpp, die Bäume. Hier muß zuerst wie im Urwald gerodet werden, sagte er. Und mein Vater muß seine Zustimmung geben. Und dann wollen wir bauen, so Gott will.

Amen, fügte Ekbert hinzu, denn auch ihm gefiel der Gedanke.

Wie heißt der Ort, fragte Hedwig. Und Heinrich antwortete, die Leute sagten Röche oder Röckliza dazu, andere Rokitnica.

Röchlitz … ähnlich wie Rochlitz im Meißener Land, wo wir so fröhliche Tage verlebt haben. Also wollen wir die Burg Röchlitz nennen. Das gefiel allen.

Abends fand man sich am Feuer in der Halle zusammen. Man machte es sich bequem, und Heinrich fuhr fort, seine Geschichten zu erzählen, die er von seiner Großmutter gehört hatte.

Auch in Gnesen hatte in der Zeit ein tüchtiger Fürst ein starkes Reich gegründet, gebeten von dem slawischen Stamm der Polane, die man später Polen nannte, Dago Misika, Mieszko, der Bär, den sie Piast nannten, das heißt ihren Beschützer.

Die Polane waren ein kriegerisches Volk und unterwarfen bald die Schlesier und verpflichteten die Wlasts, ihre weitläufigen Verwandten, zum Tribut. Doch auch die Böhmen wollten auf ihren Besitz nicht verzichten. Den Streit der Böhmen mit den Polen um Schlesien entschied der deutsche Kaiser zugunsten der Polen. Urahn Boleslaw, der mit Salomea von Berg verheiratet war und somit gute Kolligationen im Reich besaß, erreichte durch Bischof Otto von Bamberg beim Kaiser die Anerkennung seiner Oberherrschaft. Schlesien gehörte fortab zu Polen.

Derselbe Boleslaw legte in seinem Testament die Aufteilung seines Reiches unter seinen Söhnen fest, so wie es bei den Fürsten in Kiew üblich war: der Älteste sollte der Senior sein. Doch die Regelung bewährte sich nicht. Bald nach seinem Tode brach Streit unter den Brüdern aus. Wladyslaw, der älteste, hatte Krakau geerbt mit Kleinpolen, und Großpolen dazu mit Gnesen, sowie Schlesien mit Breslau, doch bald empörten sich gegen ihn die Brüder, von denen der jüngste, Kasimir, gar leer ausgegangen war. Wahrscheinlich um den andauernden Streitereien in Krakau zu entgehen, verlegte Wladyslaw seinen Wohnsitz nach Schlesien, in die Breslauer Burg.

Hiermit beginnt die Geschichte der schlesischen Piasten, sagte Heinrich, die Geschichte meiner Familie. Heinrich hielt inne und zögerte, manche der Anwesenden wußten, daß er nicht nur Rühmliches über seine Vorfahren zu berichten hatte.

Aber Hedwig war neugierig und ermunterte ihn, sie bedrängte ihn fast fortzufahren..

Und Heinrich fuhr fort: In Breslau traten sich Wladyslaw und der mächtige schlesische Graf Peter Wlast entgegen. Wladyslaw verdrängte Peter ohne Bedenken aus der Breslauer Burg, obwohl diese ein Erbsitz der Wlast-Familie war und von ihnen gebaut.

Der Kastellan mußte dem Herzog schweren Herzens weichen. Er war dem Herzog zu Gehorsam verpflichtet. Doch die Kränkung verzieh er ihm nicht. Er brachte seine Familie auf eine kleinere Burg. Heinrich fügte hinzu: Die Wlasts waren den Piasten ebenbürtig an Rang und Familie, wenngleich zu Tribut verpflichtet. Peter Wlasts Frau Maria war die Tochter des Warägers Swentoslaw von Tschernigow und der für ihre Schönheit und Klugheit weltweit berühmten byzantinischen Kaiserin Theophanu. Auch wußte sich Peter der Treue des schlesischen Volkes sicher, das ihn für seinen eigenen Fürsten hielt und liebte. Und auch die Geistlichkeit stand hinter ihm, weil er, wie zuvor sein Vater, ein freigiebiger Gönner und Stifter von Kirchen und Klöstern war.

Wladyslaw aber schien den Groll des Grafen nicht zu bemerken. Er dachte nicht daran einzulenken, um den wichtigsten Mann im Lande für sich zu gewinnen. Und er vertraute ihm weiter wie einem guten

Freund. Vielleicht aber war er gezwungen, ihm zu vertrauen, weil er keine anderen Verbündeten hatte.

Denn auch die Streitigkeiten zwischen ihm und seinen Krakauer Brüdern nahmen ständig zu. Wladyslaw strebte die Alleinherrschaft an und dazu Polens Krone, die Brüder aber wollten ihn seiner Senioratswürde berauben und das Land in ihrem Sinne aufteilen.

So standen die Dinge, als das unheilvolle Geschehen begann. Wladyslaw sandte Peter zum König der Deutschen, dem Staufer Konrad, der zu der Zeit einen Reichstag in Magdeburg abhielt, um ihn für seine Sache gegen die Krakauer Brüder zu gewinnen und sich die Unterstützung des Reiches bei der Errichtung eines Königreichs der Polen zu sichern. Doch Graf Peter Wlast sprach vor dem deutschen König für die Krakauer Brüder, die ihm versprochen hatten, daß er unter ihrer Herrschaft in Schlesien frei regieren dürfe, wie zuvor seine Väter. Zudem hatten sie ihm zugesagt, den Tribut um die Hälfte zu verringern und die Breslauer Burg für ewige Zeiten seiner Familie zuzusprechen.

Als Wladyslaw vom Verrat seines Gesandten erfuhr und von dem durch ihn verlorenen politischen Spiel, das ja das Spiel seines Lebens war, geriet er in unsägliche Wut.

Er ließ Peter Wlast nach seiner Heimkehr gefangennehmen, ins Verlies der Breslauer Burg werfen und drohte ihn zu töten. Auch zwei ältere Söhne Wlasts waren in Gewahrsam genommen worden. Wlasts Frau Maria flüchtete mit ihren Töchtern und kleineren Kindern zu ihren Brüdern nach Kiew. Eilboten aus Kiew und Krakau kamen mit drohenden Schreiben nach Breslau. Marias Kiewer Brüder und die Krakauer Brüder kündigten Krieg an, wenn Wladyslaw von Peter nicht lassen sollte.

Doch Wladyslaw lehnte Verhandlungen ab. Blanker Haß und blinde Wut kochten in ihm. Auch Agnes, die mit Maria befreundet war, konnte ihn nicht besänftigen. Man fürchtete das Schlimmste. Wochenlang schmachteten Peter Wlast und seine Söhne hungrig und durstig im kalten, dunklen und nassen Loch.

Endlich versammelte Wladyslaw die Edlen des Landes in die große Halle der Breslauer Burg, wo im Kamin ein großes Feuer brannte, denn es war Herbst. Er ließ Peter Wlast herbeiführen.

Als gebrochener Mann stand der einst mächtige Graf vor dem Fürsten mit gesenktem Kopf und zitternden Händen. Tränen flossen aus seinen Augen, Kot klebte an seinen bloßen Füßen, und durch das zerrissene Hemd sah man seinen abgemagerten Leib. Er sank zu Boden und stammelte unverständliche Worte. Doch immer wieder hörte man: Gnade, Gnade!

Wladyslaw saß mit finsterer Miene auf seinem Thron und ließ durch den Burgkaplan das Urteil verlesen: Graf Peter Wlast, aus fürstlicher Gnade ehemals Kastellan von Breslau und Statthalter Schlesiens, der seinen edlen Fürsten schmählich verraten hatte, soll, ohne etwas von seiner Habe mitnehmen zu dürfen, mit seiner Familie das Land verlassen und in alle Ewigkeit nicht mehr zurückkehren dürfen.

Peter stöhnte und wimmerte. Doch es kam noch schlimmer. Wladyslaw winkte zwei Knechte herbei. Einer der Schergen drehte dem knienden alten Mann die Hände auf den Rücken, der andere näherte sich ihm mit einem glühenden Eisenstab. Ehe sich die Anwesenden versahen, zerrissen gellende Schreie die Stille im Saal. Der Knecht hatte auf des Herzogs Wink dem Alten beide Augen ausgebrannt. Geblendet! Der Alte sank stumm in sich zusammen, er hatte das Bewußtsein verloren.

Die Versammelten erstarrten. Manche waren vor Entsetzen in die Knie gesunken und beteten laut. Die Ritter rasselten mit ihren Schwertern, doch dem Fürsten zu Gehorsam verpflichtet, rührten sie sich nicht, obwohl es manchem im Gesicht zuckte. Agnes fiel in Ohnmacht, und man trug sie aus der Halle. Robert, Bischof von Breslau, näherte sich dem Herzog mit erhobenem Kreuz und drohte laut mit dem Bann der Kirche und ewigen Höllenqualen, wenn der Fürst nicht sofort von seinem Opfer abließe. Da verließ Wladyslaw, der den Abscheu aller doch nicht ertragen konnte, eilig die Halle.

Mönche brachten Peter ins Augustinerkloster auf der Sandinsel, dort fand er fürsorgliche Aufnahme und war vor dem Zugriff des Herzogs geschützt. Die Mönche pflegten ihren Wohltäter, der ihr Kloster gegründet und reich versorgt hatte, wie einen Vater gesund. Doch das Licht der Augen vermochte ihm niemand zurückzugeben.

Wer konnte, mied Wladyslaw in dieser Zeit. Auch seine Getreuen hielten sich von ihm fern. Agnes erkrankte und wollte ihren Mann nicht sehen.

Indes sandte Bischof Robert einen Boten nach Rom, der am Heiligen Stuhle die ungeheuerliche Tat zur Klage bringen sollte. Bald traf ein päpstlicher Legat aus Rom ein und mit ihm das Urteil des höchsten kirchlichen Herrn: Wladyslaw wurde für seine Grausamkeit mit dem Bann der Kirche belegt. Zudem wurde bekannt, daß Rom mit Nachdruck die Forderung der Krakauer Brüder unterstützte, die die Entmachtung Wladyslaws und seine Vertreibung aus Schlesien verlangten.

Dadurch ermutigt, fielen die Krakauer in Schlesien ein und zwangen Wladyslaw, die Breslauer Burg und das Land zu verlassen. Auch Agnes sah sich gezwungen, das Schicksal ihres Ehemannes zu teilen und mit ihren Kindern heimatlos in die Fremde zu ziehen. Da sie eine Halbschwester des Stauferkönigs Konrad war, eines für seinen Edelmut bekannten Mannes, hoffte sie, für sich und ihre Kinder gnädige Aufnahme an seinem Hofe zu finden.

Wie eine Bettlerin kam sie an. Verzweifelt über das doppelte Elend, den Abscheu vor ihrem Gemahl und den Verlust der Heimat und des

Besitzes. Doch zu ihrer Überraschung wurde nicht nur sie mit ihren Kindern, sondern auch ihr übel beleumundeter Ehemann in allen Ehren empfangen. Der König wies der aus Schlesien vertriebenen Piastenfamilie die Altenburg im Meißener Land zu, die Reichseigentum war, samt zinspflichtigen Dörfern. Sowohl König Konrad, wie später auch sein Neffe, der ruhmvolle Kaiser Friedrich Barbarossa, nahmen sich der vertriebenen Familie herzlich an und betreuten ihre heranwachsenden Kinder. Die Staufer waren die freundlichsten Gönner der schlesischen Piasten.

Wladyslaw aber war und blieb ein gebrochener Mann. Er lebte zurückgezogen auf der Altenburg und starb bald. Doch seine Kinder, besonders mein Vater Boleslaw, fuhr Heinrich fort, begaben sich an den kaiserlichen Hof, wo sie bald zum engen Kreis der Vertrauten Friedrich Barbarossas gehörten. Boleslaw von Schlesien tat sich im Dienste des Kaisers hervor, er zog mit ihm nach Italien und ins Heilige Land. Der Kaiser verheiratete ihn mit einer deutschen Frau, meiner Mutter. Auch seine Schwester Richesa, die sehr schön gewesen sein soll, wurde von Barbarossa wie eine Tochter vermählt. Und das dreimal. Nach ihrem ersten Mann trug sie den Titel der Kaiserin von Spanien.

Das alles hat mir Großmutter Agnes erzählt, die viel für ihren Mann gelitten hat, schloß Heinrich. Ich habe sie sehr geliebt, fügte er leise hinzu.

Die Zuhörenden schwiegen betroffen. Und wie ging es weiter mit Peter Wlast, fragte Hedwig nach einer Weile.

Gott hat für alle das weitere Schicksal gerecht gefügt, antwortete Heinrich. Peter Wlast starb in Frieden in der Breslauer Burg, umgeben von seiner Familie.

Man bedankte sich für die belehrende Erzählung. Auch Ekbert war angetan. Es ist löblich, wenn ein Fürst soviel über die Geschichte seines Landes weiß wie du, Heinrich, sagte er herzlich. Dieses Wissen wird dir mit Sicherheit helfen, das Land zu verstehen, seine Menschen zu lieben und christliche Obhut über sie walten zu lassen. Das wünsche ich dir. Heinrich lächelte zufrieden über das Lob.

Boleslaw hörte sich aufmerksam an, was ihm seine Kinder von der Burg im Walde erzählten, und stimmte ohne Bedenken ihren Wünschen zu. Als er Hedwigs erstauntes Gesicht sah, erklärte er schmunzelnd, er habe eh die Absicht gehabt, für das junge Paar ein Haus zu bauen. Nur wollte er ihnen in der Liegnitzer Burg ein Nest errichten. Aber dieses Rokitza ist ja nicht weit weg. Schön gelegen. Geschützt im Walde. Und für kleine Kinder ist die Luft im Walde das Beste.

Mit den Arbeiten sollte bald angefangen werden, sagte Boleslaw, der Winter naht. Und er rief sofort den Burgvogt herbei, der am nächsten Morgen Leute nach Goldberg schicken sollte, um dort Männer für die

Rodung nach Röchlitz zu bestellen. Und auch nach Leubus sollte ein Bote reiten, die dortigen Konversen sollten ebenfalls nach Röchlitz beordnet werden. Aber vor allem sollte sich der bauerfahrene Mönch Jakob in Liegnitz einfinden.

Wenige Tage danach, als die jungen Herrschaften wieder nach Röchlitz ritten und mit ihnen der Baumeister Bruder Jakob, war der Weg vom unteren Wall bis zur alten Burg freigelegt, und die Lichtung nicht mehr zu erkennen. Der große Platz war von Bäumen und Gestrüpp befreit. Ordentlich gestapelt lagen die Baumstämme da. Und das alte Gemäuer erschien mächtiger als zuvor. Stolz traten ihnen die Männer entgegen, sie freuten sich auf das Lob, das ihnen Heinrich auch reichlich spendete.

Die Deutschen aus Goldberg sind wahre Meister im Roden, bedankte sich Heinrich bei den Männern. Auch Hedwig reichte lächelnd jedem die Hand. Das gefiel ihnen ganz besonders. Sie sah ehrerbietige Freude in ihren Augen.

Gemeinsam mit Bruder Jakob schritten sie die alten Spuren ab. Der Mönch schüttelte bewundernd den grauhaarigen Kopf über die Reste der Baukunst der Alten. Dann blieb er zwischen den herumliegenden Steinen stehen und sagte: Der Brunnen! Er hob einen Finger und sagte ernst: Ohne Wasser kein Leben! Wo der Brunnen gewesen war und wieder sein werde, das müsse man zuerst klären, denn in dessen Nähe seien die Wirtschaftsgebäude zu planen. Auf höhergelegenen Plätzen sei es manchmal schwierig, Wasser zu finden, aber wo eine Burg war, muß auch ein Brunnen gewesen sein. Der Mönch zog seine Sandalen aus, legte einen Finger auf den Mund und sah die Umherstehenden um Schweigen bittend an. Er faltete die Hände und betete still. Dann bastelte er bedächtig an seiner Kuttenschnur herum und brachte eine weiße Rute hervor. Ihre zwei Enden nahm der Mönch in seine Hände, die Spitze der Rute zeigte nach vorn wie ein Pfeil. Seine bloßen Füße bewegten sich, ohne sich vom Boden zu lösen, als wollte er mit ihnen die Erde erspüren, er schritt mit gesenkten Augen, in sich versunken, langsam zwischen den Steinen umher. Plötzlich riß es die Rute herab, wie von einer unsichtbaren Hand erfaßt. Die Zuschauer staunten, wagten aber nicht das Schweigen zu brechen.

Hier, brummelte Jakob erleichtert. Hier ist Wasser. Entspannt und zufrieden sah er auf, sah sich um. Wasser, sagte er leise. Hier war der Brunnen! Die Zuschauer blickten erstaunt und bewundernd. Hier müssen wir suchen, fügte Jakob erklärend hinzu. Er steckte die Rute zurück in seinen Gürtel. Spähte aufmerksam umher, bückte sich, riß mit beiden Händen Grasbüschel aus dem Boden, kratzte mit einem Messer bedächtig Moos von Steinen. Die anderen sahen ihm erwartungsvoll zu. Jakob winkte zwei Konversen herbei und sprach leise mit ihnen. Sie kehrten bald mit Picken und Schaufeln zurück und begannen nach Jakobs Anweisungen zu graben.

Es schien ihnen wie ein Wunder: Bald kamen gleichmäßig bearbeitete Steine zum Vorschein, die sich zu einem Kreis fügten: die Fassung eines längst verschütteten Brunnens! Woher hatte der Mönch das gewußt?

Jetzt können wir weiter überlegen, sagte Jakob zufrieden. Jetzt dürfen wir planen.

Und ein Gespräch über die Burg, wie sie sein sollte, begann. Diesmal kein Wolkenkuckucksheim. Hedwig und Heinrich erklärten dem bauerfahrenen Mönch, wie sie sich ihren Wohnsitz vorstellten.

Das erste soll ein fester Wohnturm sein, der die Familie vor unerwünschten Menschen und Wölfen schützt, so Heinrich. Hedwig wünschte sich neben dem Turm ein geräumiges Wohnhaus mit einer hellen Halle. Vorläufig bescheiden aus Holz. Aber Fenster aus Glas! Kein Prunk, aber ein wohnliches Heim! Die Wirtschaftsgebäude angebaut: Küche, Waschhaus und Backstube. Die Latrinen mit Abfluß am Rande der Schlucht.

Das Haus für den Verwalter, für das Gesinde und ein Gästehaus in der Vorburg. Auch die Stallungen sollen dort bleiben, entschied Heinrich. Eine kleine Kapelle neben dem Turm, wünschte sich Hedwig, aber, fügte sie hinzu, in der Vorburg muß eine schöne Kirche errichtet werden für die Leute, die jetzt da leben und für die, die sich da ansiedeln werden.

Wenige Tage später breitete Bruder Jakob den fertigen Bauplan auf dem Tisch in der Liegnitzer Burg aus und befestigte das Pergament mit Steinen an allen vier Ecken.

Boleslaw, Heinrich und Ekbert waren zugegen. Hedwig war mit Jutta gekommen, und auch die Getreuen Niko von Würben und Peregrin von Wiesenstein waren dabei. Sie umstanden neugierig den Tisch und lauschten den Erklärungen des Mönches. Als erste begriff Hedwig die Striche, Zeichen und Ziffern und begann Bruder Jakob zu befragen, als stünde sie auf der Lichtung und nicht vor einer Zeichnung. Du wärst ein Baumeister, staunte Heinrich bewundernd, und auch der Mönch sah die junge Fürstin anerkennend an. Nur Ekbert warf ihr einen mißbilligenden Blick zu, als sei er gekränkt über den außerordentlichen Verstand seiner kleinen Schwester. Schließlich war sie nur eine Frau.

Die Arbeiten sollten sofort beginnen, war man sich einig. Fortab ritten die Herrschaften so oft es ging nach Röchlitz.

Die Arbeit am Brunnen war mühsam. Die Leute schaufelten die Erde aus dem alten Brunnen und sicherten das Loch rundum mit festen Bohlen ab. Stück für Stück gruben sie sich tiefer. Bald ließ man die Arbeiter an Seile geknüpft herunter, denn keine Leiter war lang genug, und es ging auch darum, sie vor plötzlich hervorschießendem Wasser zu bewahren.

Als die Erde unten naß zu werden begann und somit das Wasser nahe, fanden die Arbeiter Gefäße, die sie in einem herabgelassenen Korb nach oben brachten. Es waren größere und kleinere Schalen mit eingeritzten Tierköpfen und Sonnenzeichen. Eine Schale mit einem Mosaik, das einen Schwan zeigte, Schüsseln und Becher. Fast alles zerbrochen, kaum etwas war zu gebrauchen. Nur eine zinnerne Schüssel, ein silberner Becher waren wie neu. Hedwig betrachtete die Reste, die vom Leben früherer Menschen sprachen, mit Ehrfurcht. Sie ordnete an, die Teile sorgfältig zu säubern und sie in einem Kasten aufzubewahren. Sie hätte gern versucht, die Teile aneinanderzufügen. Doch hatte sie keine Zeit mehr zu spielen wie früher mit ihren Steinchen

Dann erlebte man eine besondere Überraschung. Ein eiserner Topf wurde gefunden, in dem sich viele Münzen befanden, kleinere und größere, silberne und goldene. Geldstücke mit Herrscherköpfen und verwischten Inschriften.

Die sind hunderte Jahre alt, stellte Heinrich bewundernd fest, während er den Topf in den Händen hielt und ihn schüttelte, so daß die feuchten Moneten dumpf klirrten. Oder noch älter, vermutete Ekbert.

Hedwig nahm eine goldene Münze aus Heinrichs Händen und rieb sie zwischen den Fingern und an ihren leinernen Hemdärmeln blank und versuchte, die Buchstaben zu entziffern: Imperator, las sie, Roma, Caesar, August …

Wieder sahen ihr Menschen entlegener Zeiten entgegen. Ähnlich wie in Heinrichs Erzählungen. Sie blickte in ihre Gesichter. Es war, als hielte die Zeit ihren Atem an. Zeit und Raum schienen plötzlich eins. Die Wirklichkeit schien für einen Augenblick ins Unwirkliche gefallen. Wo war sie … Wer war sie, wer waren die, denen der Schatz gehört hatte, die früheren Bewohner der Burg. Und wer die, deren verwischte Gesichter ihr entgegensahen. Es schauderte ihr vor dem unendlichen Strom der Menschen durch Zeit und Raum.

Bald sprudelte klares Wasser in dem neuen alten Brunnen.

Der Winter kam. Keine erfreuliche Zeit. Die Tiere im Walde verkrochen sich in ihren Höhlen, die Menschen in ihre Behausungen. Wolken hingen immer tiefer, bis sie zur Erde reichten. Nebel und Schnee. Bald lag der Winter wie eine weiße Glocke über dem Land, über der Burg. Wie ein riesiges Federbett über einem frierenden Kranken. Eine schläfrige Zeit.

Wer jetzt kein Dach hatte überm Kopf und keinen Ofen, nichts zu Beißen oder kein Holz zum Heizen, der mußte auf den Tod gefaßt sein.

Darum hatte Herzogin Adelheid beizeiten in der Vorburg ein Haus für Obdachlose einrichten lassen. Mildtätigkeit gehörte zu den vornehmsten Pflichten einer Herzogin. Das war christliche Obliegenheit. Das Elend, das es zu lindern galt, war groß. Die Not erschreckend. Doch oft zog ins Armenhaus auch ganz übles Gesindel ein. Ein Aufseher wurde eingesetzt, der sich um Ordnung im Armenhaus zu kümmern hatte. Um Prügeleien Einhalt zu gebieten, standen ihm Knechte zur Seite. Ein Siechenmeister aus Leubus war ständig da. Bald aber war das Haus voll. Die jetzt anklopften, mußten abgewiesen werden. Nachdem sie mit einem Näpfchen Suppe abgespeist worden waren, wies man ihnen die Tür. Sucht euch woanders eine Bleibe. Wo?

In der Burg rückten die Menschen enger zusammen, suchten in den Mauern das wärmende Feuer, das spärliche Licht. Oder stille Plätzchen zum Schlafen. Gähnen und Vorsichhindämmern wohin man sah. Man bewegte sich langsamer als zur sonnigen Zeit und immer auf denselben Pfaden zwischen Schlafturm und Wohnhaus und dem Kapellchen. Ein Tag war wie der andere.

Auszureiten war gefährlich. Außerhalb der Mauern konnte man sich nur in den wenigen hellen Stunden des Tages bewegen. So kamen Reisende nur langsam voran. Und wer nicht unbedingt reiten mußte, blieb lieber daheim.

Nicht aber die Leichtsinnigen. Die begaben sich manchmal waghalsig in Gefahr. So Ekbert, der es gutem Rate zum Trotz gewagt hatte, von Leubus nach Liegnitz zu reiten. Der Troß, der ihn begleitete, wurde bei plötzlich einbrechender Dämmerung kurz vor Liegnitz von einem Rudel Wölfe angefallen. Die Ritter und Knechte, wenngleich mit Speeren und Äxten bewaffnet, konnten sich der Wölfe nur mit Mühe erwehren. Da hörten sie das Wiehern des letzten Pferdes, das drei Wölfe zugleich in die Flanken bissen. Der Knappe fiel vom sich aufbäumenden Pferd. Auf Roß und Reiter stürzten sich die hungrigen Bestien. Dem Unglücklichen war nicht zu helfen. Doch die anderen konnten sich durch sein Opfer in eiliger Flucht retten. Zum Glück lag die Zugbrücke noch auf, man hatte die Reisenden erwartet.

Boleslaw hatte noch im Herbst an die große Halle, wo sich die Männer oft laut die Zeit vertrieben, tranken und derbe Scherze erzählten – wer wollte es ihnen verwehren –, einen Raum für die Frauen anbauen lassen. Ein Raum, in dem das zartere Geschlecht in Ruhe verweilen konnte. Hier war es heller und wärmer als anderswo. Die Kemenate hatte zwei Fenster aus dem kostbaren Glas, während andere Räume nur kleine Öffnungen hatten, bespannt mit ölgetränkten Leinenlappen. Abends wurden alle Fenster mit dicken Holzläden verschlossen.

Im Wohnraum der Frauen wurde weder an Licht noch an Wärme gespart. Die Mägde heizten frühmorgens den großen geweißten Ofen an, um den eine Bank lief, auf der man sich neben den Katzen den Rücken wärmen konnte. Abends wurden Kerzen und Öllampen angezündet. In diesem Raum hatten sich die rauhen Ritter, wenn man ihnen Eintritt gewährte, höfisch zu verhalten.

Im hinteren Teil des Raumes residierte Herzogin Adelheid auf ihrem Lager, das mit kostbaren Fellen bedeckt und mit seidenen Kissen geschmückt war. An der Wand darüber ein riesiges Bärenfell mit einem wie lebend erhaltenen Kopf. Eine Öllampe verbreitete von der niedrigen Decke herab mildes Licht, und auf einem Tischchen daneben lagen Früchte und Süßigkeiten, an denen die schweigsame Herrin mit leidvoller Miene knabberte.

Manchmal setzte sie sich an ihr Spinnrad oder an den Webstuhl oder kramte den Stickrahmen heraus. Da sie aber ungeduldiger Natur war, wurde sie dieses Zeitvertreibs bald leid. Katzen teilten mit der Fürstin das Lager.

So lernte Hedwig ihre neue Umgebung kennen. Heinrich weilte oft an ihrer Seite. Oft, aber nicht zu oft, denn das schickte sich nicht. Ein Ritter sollte die Zeit unter seinesgleichen verbringen. Wer als Jungverheirateter zu oft die Nähe seines Weibes suchte, galt als weibisch. Von Spott verschont blieb auch ein Herzogssohn nicht.

Daß die junge Frau noch immer nicht sein Weib war, wußte außer ihnen keiner. Hedwig spürte Heinrichs Ungeduld, ohne sie recht zu verstehen. Ebenso unklar empfand sie, daß ihre Zurückhaltung seine liebevolle Zuwendung steigerte. Sie hätte ihm gern gewährt, worauf er Anspruch hatte, doch ihr Körper war noch nicht bereit, sie war noch immer kein Weib.

Hedwig gestaltete heiter und umsichtig ihre Tage und die Zeit ihrer Frauen. Sie hatten sich einen Platz zwischen den lichtspendenden Fenstern eingerichtet: ein Tisch, zwei Bänke. Jutta, Berta und Demundis, Adelheids Vertraute, ein Waisenkind, deren Vater Boleslaws treuer Ritter gewesen war, gehörten zu dem Kreis. Und dazu hin und wieder noch andere adlige Fräulein, die am Hofe weilten. Hedwig hatte beim Abschied in Kitzingen gelobt, in der Burg ähnlich wie im Kloster zu leben. Doch eine Burg war kein Kloster. Es galt, die Getreuen behutsam für ein frommes Leben zu gewinnen. Dreimal des Tages gemeinsam zu beten, wäre wohl nicht zu viel, fragte sie freundlich ihre Begleiterinnen, von denen sie kaum Widerspruch erwartete. Die jungen Frauen nickten bereitwillig mit den Köpfen. Also ließ die junge Herrin den Hofkaplan kommen. Sie wünsche sich, sagte sie freundlich aber bestimmt, jeden Morgen in der Frühe einem Gottesdienst beizuwohnen.

Jeden Morgen? Das war in einer Burg nicht üblich.

Dazu zwei weitere Andachten während des Tages. Zu denen werde sie stets mit ihren Frauen kommen. Aber sie hoffe, die anderen Herrschaften auch.

Der junge Kleriker riß die Augen auf und strahlte, als wenn ihm ein Engel etwas aufgetragen hätte. Mit eifrigem Kopfnicken versprach er, alles zu tun, was und wie es sich die Herrin wünschte.

An diesen bereitwilligen Gehorsam der Menschen gewöhnte sich Hedwig allmählich. Sie hatte im Kloster gelernt, gehorsam zu sein, jetzt gewöhnte sie sich daran, Gehorsam zu verlangen. Sie nahm die Gefügsamkeit der Leute bald als selbstverständlich an, wußte sie doch, daß es sich so gehörte. Andererseits freute es sie, Befehle zu erteilen. Aber sie merkte auch, daß sie eine Gabe besaß, Menschen zu gewinnen, sie zu bewegen, ihr zu Willen zu sein. Sie spürte eine freudige Bestimmtheit in sich, die sich den anderen mitteilte. Für sie ein Beweis mehr, daß ihr hilfreiche Engel zur Seite standen.

Die Predigten des jungen Geistlichen erwiesen sich als wenig beeindruckend, zumal er beim Anblick der jungen Herrin einen roten Kopf bekam und seine Rede sich verwirrte. So beschloß Hedwig, selbst erbauliche Geschichten zu erzählen oder vorzulesen. Sie lud zu Begegnungen in die Kemenate der Frauen ein. Sie erzählte Geschichten, die sie im Kloster gehört hatte, und manchmal dachte sie sich auch eigene aus. Dann sang sie mit den jungen Frauen gemeinsam Psalmen und Lieder. Oft brachte sie eigenhändig das kostbare Stundenbuch mit, ihr Brautgeschenk, das sie sorgfältig in einer festen Truhe im Turm aufbewahrte, zusammen mit ihrem Schmuck und Vater Bertolds ägyptischen Gläsern. Daraus las sie vor. Danach trug sie das Buch eigenhändig zurück in den Turm. Es war ihr kostbarstes Eigentum.

Die Geschichten der jungen klugen Herrin waren schön anzuhören und lehrreich, sie trug sie mit angenehmer Stimme vor und wählte ihre Worte sorgsam, damit sie jeder verstehe. Dazu sangen die jungen Frauen gar lieblich. Besonders Berta hatte eine klangvolle Stimme und konnte ohne Mühe eine einmal gehörte Melodie wiederholen. Sie gab beim Singen den Ton an. Jutta schlug gern die Laute. Bald kam, wer konnte, zu den Begegnungen in der Kemenate der Frauen. Und auch zum Gottesdienst in der Kapelle strömten die Hofleute eifriger als sonst herbei. Da nicht nur Heinrich oft seine Frau begleitete, sondern sogar Boleslaw des öfteren hinzukam, galt es bald als schicklich, dabei zu sein.

Boleslaw sagte schmunzelnd: Hedwig, Jadwiga, du meine deutsche Prinzessin du, du machst mit uns, was du willst. Aber weil du Gutes willst, so machen wir gern, was du willst. Danken wir Gott, daß wir dich haben.

Nach einiger Zeit beschloß die Unermüdliche, ihren Gefährtinnen Lesen und Schreiben beizubringen. Doch damit kam sie nicht weit. Das war denen zu mühsam. Wozu sollten sie lesen und schreiben können, fragten sie. Und schüttelten ablehnend ihre hübschen Köpfe. Sie sahen keinen Sinn darin. Also mußte sich Hedwig etwas anderes einfallen lassen. Sie schlug vor, eine Altardecke für die Liebfrauenkirche vor der Burg zu sticken. Und eine für die kleine, Sankt Laurentius geweihte Burgkapelle dazu. Das wollten die jungen Frauen gerne tun.

Heinrich übernahm es bereitwillig, Seide und seidene Fäden zu besorgen. Weiße Seide und goldene und silberne Fäden, aber auch bunte. Die Bestellung wurde für den Kaufmann auf ein Stückchen Pergament geschrieben. Doch so leicht war das nicht. Beim Liegnitzer Händler waren nicht genügend Seide und nur silberne Fäden vorhanden. So mußte Heinrich einen Troß nach Breslau zu dem Juden Ibrahim schicken, was zu der Jahreszeit bekanntlich ein gefährliches und langwieriges Unterfangen war. Dafür war die Freude groß, als der Bote mit der kostbaren Ware eintraf.

Inzwischen hatten die Frauen tagelang Muster für die Stickereien entworfen, Bilder ausgedacht und gezeichnet. Zuerst auf ihren Wachstäfelchen, dann auf Pergament. Blumen und Ranken sollten es vor allem sein, hier und da Engel, oder auch nur Engelflügel. Nur Flügel, das wirke geheimnisvoller, meinte Hedwig. Bald konnte die mühsame Arbeit beginnen. Das goldweiße Strahlen der Seidendecke brachte Licht und Sinn in die trüben Wintertage.

Doch nicht alle konnte Hedwig für ihren heiteren Kreis gewinnen. Herzogin Adelheid hielt sich zurück. Sie zeigte ihrer Schwiegertochter zwar keine Feindseligkeit, dazu war sie zu klug, aber sie ließ es an Freundlichkeit fehlen, so daß sich für Hedwig eine Annäherung verbat. Das tat ihr weh, hatte sie doch von Heinrichs Mutter, die eine Verwandte ihrer Familie war, Entgegenkommen erwarten dürfen. Vielleicht sogar mütterliche Liebe erhofft. Doch es war wie es war, und sie mußte sich abfinden damit. Sie erwies der Herzogin Mutter Achtung, wie es sich gehörte. Und wahrte Distanz. Allmählich begann sie zu begreifen: Die alte Herzogin fühlte sich von ihrer jungen Schwiegertochter in ihrer Stellung bedroht. Dazu trug vor allem das Verhalten ihres Mannes bei, der seine Zuneigung zu der jungen Frau keineswegs verbarg. Boleslaw bekundete laut und oft allzu aufdringlich seine Sympathie für Hedwig. Er hätte ihr gern die Sterne einzeln vom Himmel geholt, wiederholte er.

Kein Wunder, daß sich Adelheid abwandte, wenn Boleslaw die junge Frau mit freundlichen Worten überschüttete, mit denen er bei ihr sparte. Und wenn er gar wie ein alter Kater sein: Hedwig, Jadwiga, du meine kleine deutsche Prinzessin du, zu schnurren begann, bekam sie Kopfschmerzen. Sie wußte, sie hatte zu schweigen und sich dem Willen ihres Mannes zu beugen, doch ihre Kränkung ganz zu verbergen, vermochte sie nicht.

Hedwig sah ein, daß sie einiges von Adelheid lernen konnte, ohne daß sie darüber sprachen. Denn trotz Kopfschmerzen, über die die alte Herzogin häufig klagte, behielt sie doch das ganze Haus aufmerksam im Blick. Zu festen Zeiten kamen die Kammerfrauen zu ihr und erstatteten Berichte, nahmen Anordnungen entgegen. Und auch der Kastellan hatte sich täglich bei ihr zu melden. Ähnlich der Ordnungsmeister vom Armenhaus.

Vor den Leuten ließ sich die Herzogin nie gehen. Herrschaftlich aufgerichtet redete sie mit ihnen. Leutselig und streng zugleich. Danach ließ sie sich wieder in ihr leidvolles Schweigen und ihre unzähligen Kissen fallen, um mit ihren Katzen zu spielen.

Abends kam Boleslaw zu ihr, und sie sprachen leise über die Ereignisse des Tages und über Pläne, die nicht nur die Burg betrafen. Oft war ihr Ton gereizt, sie stritten miteinander. Doch Hedwig bemerkte bald, daß trotz unguter Spannungen, die sie zu verbergen bemüht waren, zwischen den alten Eheleuten ein gutes Verständnis bestand. Aus Bruchstücken der Gespräche entnahm sie, daß es immer um eins ging: Adelheid konnte es ihrem Mann nicht verzeihen, daß er sie in die Wildnis verschleppt hatte, wie sie Schlesien nannte, in das Land hinter allen Wäldern, während er selbst weiter ein fröhliches Leben am kaiserlichen Hof geführt hatte. Sie, in dieser Liegnitzer Burg, die in Wahrheit ein Bauernhof war, in diesem verfallenen steinernen Turm voller Mäuse und Ratten, und er der glanzvolle Herr am kaiserlichen Hofe. Wer weiß, was er da getrieben hat. Nach Hause sei er nur gekommen, um ihr ein Kind zu machen. Als wenn du dich meiner zu schämen brauchtest, zischte sie. Ich hätte auch gern lieber am Hofe geglänzt. Ich, die Tochter des Grafen Berengar, wäre dort eine unter Gleichen. Aber ich mußte deine Burg hüten, statt deiner dein Land regieren.

Hedwig hörte auch, was sie nicht zu hören bekam, die Vorwürfe Agnes': Und jetzt diese Andechserin, der er sich zu Füßen warf, als wäre sie etwas Besseres als sie. Bereit, sie auf Händen zu tragen, ihr eine neue Burg zu errichten.

Erst viel später begriff sie, daß der eheliche Kampf zwischen Adelheid und Boleslaw bis zum Ende zwischen ihnen nicht entschieden war. Immer aufs neue stritten sie um kleine und große Dinge. Im Grunde aber darum, wer der Stärkere in ihrer Ehe war.

Schlimmer war es mit Agla der Mürrischen, in deren Augen blitzte blanker Haß, als sie an sie herantrat mit der Bitte, sich doch ihrem Kreis anzuschließen.

Agla, die stets ihren Wolfshund an einer eisernen Kette mit sich führte, warf den Kopf in den Nacken und wandte sich ab.

Sie murmelte dabei etwas unmißverständlich Feindseliges. Fluchte sie? Verwünschte sie die freundlich Fragende? Ihr Hund zerrte an der Kette und knurrte sie bedrohlich an. Hedwig hatte seit je Angst vor Hunden. Und so blieb es bei dem einen Versuch, sich der Russin, wie man Aglaja nannte, zu nähern.

Jutta, die bei dem Gespräch zugegen war, flüsterte hinter ihr her: Giftmischerin! Auf Hedwigs Verweis antwortete sie: So sagen die Leute. Ja, es lag etwas Geheimnisvolles und Beängstigendes um das Geschwisterpaar Agla und Jaroslaw, die Kinder Boleslaws und der Russin Wienczyslawa. Der Vater behandelte sie, als wären sie nicht seine Kinder, oder zumindest andere Kinder als die, die Adelheid ihm geboren hatte, weniger geliebte.

Agla und Jaroslaw hatten Grund zur Bitternis, das sahen alle, sie lebten abseits in einer Hütte, mit eigenen Bediensteten und vielen Tieren und kamen nur selten in die gemeinsame Halle. Beide gingen mit finsteren Gesichtern umher und schwiegen. Als lebten sie unter Feinden. Jaroslaw hatte einen Bären gezähmt, mit dem er viel Zeit verbrachte, sich in seinen Zwinger begab, ihm Kunststücke beibrachte, aber auch das Zähnefletschen und Angreifen.

Eines Tages wurde er selbst von seinem Bären angefallen und so schwer verletzt, daß er wochenlang in Todesgefahr schwebte. Nach diesem Unfall, bei dem er ein Auge verloren, von dem er ein steifes Bein behalten hatte und seither an fürchterlichen Kopfschmerzen litt, beschloß der trübselige Mann aus Dankbarkeit für sein gerettetes Leben, ins Kloster zu gehen und Geistlicher zu werden. Agla blieb allein in ihrem Haus.

Gott sei Dank nimmt auch die übelste Zeit irgendwann ihr Ende. So auch ein langer Winter. Als der Schnee matschig wurde, die Erde hier und da zum Vorschein kam, es von den Dächern zu tröpfeln begann und die Spatzen wieder frech zwitscherten, atmeten die Menschen auf.

Die jungen Frauen waren mit ihren Stickereien fertiggeworden, die prachtvollen Altardecken wurden bewundert und laut gelobt. Das hörten die emsigen Stickerinnen gern.

Das Familiennest im Walde

*Die ihr von Gott geschenkten Kinder
erzog sie in der Furcht des Herrn*
(Klemens IV., Bulle der Heiligsprechung der Herzogin Hedwig)

Sobald die Wege trocken waren, begab sich der Troß des jungen Herzogpaares auf die Röchlitzer Anhöhe, wo die kleine Burg entstehen sollte. Noch war es kühl, aber in den Bäumen hingen zartgrüne Schleier. Aus dem feuchtbraunen Boden sproß zartes Grün, Schneeglöckchen lugten hier und da hervor, und die bunten Tupfer der Krokusse schmeichelten den Augen. Man spürte die Verheißung des Wachsens in der frischen Luft. Es tat wohl, durch den frühlingsfrischen Wald zu reiten und tief durchzuatmen, nach der dunklen Zeit in den Mauern das Wunder der Wiedergeburt des Lebens zu genießen! Winter ade! Welch ein Glück! Hedwig fielen Walters Frühlingslieder ein: herzeliebes frowelin und Tandaradei, aber sie begann, ein Marienlied zu summen und zu singen. Die anderen fielen ein.

Die Arbeiten am Bau hatten bereits begonnen. Bruder Jakob und seine Konversen waren zur Stelle. Kaum war der Frost vorbei, waren sie gekommen, und auch die Goldberger fanden sich ungerufen ein. Die Goldberger hatten sich zudem bei den Einheimischen umgetan und einige starke Männer mitgebracht. Gutwillige Leute. Bei Gelegenheit versuchten die Mönche, ihnen das Vaterunser beizubringen. Wenn die Burg fertig ist, werde man sie taufen, mitsamt ihren Familien.

Bruder Jakob berichtete und lobte die Leute, erwähnte aber seinen eigenen Einsatz nicht. Dabei war er es, der alles bewegte und im Auge behielt. Ordnung herrschte auf der Baustelle. Die Arbeiten verliefen wie am Schnürchen. Haufen von Steinen lagen bereit, gehauene und gebrannte, Balken ordentlich gestapelt.

Hedwig sprang ungeachtet ihrer dünnen Schuhe und des langen Kleides durch die Pfützen und das Geröll. Heinrich neben ihr, sie hielten sich an den Händen. Hedwig strahlte: Wir werden bald im eigenen Haus wohnen. In unserem eigenen Haus. Es wird schön werden, wunderschön. Sie freuten sich wie Kinder.

Doch es verging noch viel Zeit, der Sommer ging zur Neige, ehe ein Teil der Gebäude zu sehen war. Der Turm geriet mächtig in einer Ecke des Platzes, war aber kaum zur Hälfte fertig. Dagegen stand das Wohnhaus untermauert und festgefügt aus dicken Holzbohlen für den Einzug bereit. Es war geräumig und hell mit größeren Fenstern als in Liegnitz.

Und wenn ich zehn Jahre auf einer Baustelle wohnen sollte, wir ziehen bald ein, begeisterte sich Hedwig, Heinrich stimmte ihr gern zu, es war nicht zu verbergen, daß beide sehr zufrieden waren. Es ging gut voran. So viel Mühe mußte gelobt werden, besonders Bruder Jakob, aber der wehrte bescheiden ab und wies auf die Leute hin. Hedwig und Heinrich schüttelten viele harte Hände. Heinrich versprach besonderen Lohn. Und Hedwig verstand es so liebenswürdig zu danken und zu loben, daß sich ihr alle zuwandten wie einem wunderbaren Bild. Sie hatte eine Art an sich, die aus Bescheidenheit und Würde gleichermaßen bestand.

Sie kamen und ritten bald fort, um bald wiederzukommen. Sie wollten nicht mit längeren Aufenthalten die Arbeiten stören. Die Zeit war kostbar und sollte nicht vertan werden.

Die Leute legen sich dir zu Füßen, bewunderte sie Heinrich.

Das sagst du nur, um mir zu schmeicheln, erwiderte sie. Jeder sieht, daß du im Umgang mit den Leuten geschickter bist als ich.

Es war bereits früher Herbst, als das junge Paar in die kleine Burg Einzug hielt. Aber es war immer noch eine Baustelle. Pfützen und Geröll überall. Nur ein Palisadenzaun umschloß den Burghof, die Mauer war noch nicht hoch genug, aber ein Tor eingehängt.

Die Wohnräume waren kahl und das Kapellchen leer und nicht geweiht, aber sie waren glücklich, zu Hause zu sein. In ihrem eigenen Haus.

Besonders Hedwig freute sich: endlich raus aus der Enge der Liegnitzer Burg, wo man nie für sich allein war. Sie begann die Räume wohnlich zu gestalten, darüber hatte sie sich lange zuvor Gedanken gemacht.

Heinrich war dabei wenig hilfreich, er sagte, wenn sie ihn um Rat fragte, dir soll es gefallen. Was dir gefällt, gefällt auch mir. Ich glaube an den außerordentlich höfischen Geschmack meiner hochwohlgeborenen Frau, spöttelte er.

Hedwig war begeistert von ihrer Aufgabe. Der Wohnraum sollte behaglich sein, aber auch Besucher beeindrucken. Also Wandbehänge, kostbare weiche Felle, Decken und Kissen aus Seide. Und ein großer Ofen für die kalte Zeit. Boten ritten mit Bestellungen nach Breslau hin und her.

Den Schlafraum für sie und ihre Kinder wollte Hedwig im Wohnhaus über der Halle haben. Wie es in Andechs war.

Auf jeden Fall muß der Turm mit dem Wohnhaus verbunden sein, sagte Heinrich, und als Schlafstätte in Not bereit. Mit einem hölzernen Gang, den man bei Gefahr abreißen kann. Abreißen, Abbrennen, Mord und Totschlag, wunderte sich Hedwig. Woher sollte uns Gefahr drohen in diesem Walde? Welch ein Feind sollte uns hier suchen oder gar finden? Wer oder was sollte uns hier bedrohen? Nicht einmal Wölfe und Bären. Die kommen nicht über den Zaun. Ich fühle mich geborgen und geschützt im Walde, Gott näher als unter den Menschen.

Boleslaw gab ihr recht: diese kleine Burg ist sicherer als jede andere, kaum sichtbar im Walde. Wer würde sie hier suchen. Dazu die doppelten Mauern aus Stein. Die müssen bald fertig sein, die unten instandgesetzt, die obere fest und hoch.

Und davor werde ich eine Przesieka bauen lassen, da kommt kein Hase durch, geschweige denn Roß und Reiter, sagte Boleslaw. Und dazu sieht man sie nicht. Wird so in den Wald hineingesetzt, daß sie erst der bemerkt, der in ihr hängenblieb. Was eine Przesieka ist, weißt du nicht, ja, meine Liebe, woher solltest du das auch wissen, Hedwig, Jadwiga! Mit diesen Verhauen aus Ästen und Dornen und Stämmen schützten sich die Alten. Die Hiesigen. Den Durchgang kennen nur die Eingeweihten.

Aber eine starke Mannschaft sollt ihr trotzdem haben. Ritter und Knechte. Schließlich sollen sie meine kostbarsten Schätze hüten. Meine Enkel, meine Erben. Die erwartete er ungeduldig und verbarg es nicht.

Hedwig und Heinrich waren sich einig, daß die kleine Burg im Walde eine bescheidene Wohnburg sein und bleiben sollte. Ein Familiennest. Auch für später. Wohin man sich zurückziehen werde, um sich von den Anstrengungen des höfischen Lebens in Liegnitz auszuruhen. In Liegnitz dagegen soll eine Prachtburg entstehen, wie sie hierzulande keiner hatte, die die Macht der schlesischen Piasten bekunden sollte.

Damit war Boleslaw einverstanden, der Alte lächelte geheimnisvoll und gab zu verstehen, er habe bereits Pläne in Auftrag gegeben.

In ihrem neuen Haus nahmen sich Hedwig und Heinrich in die Arme, wie es sich für Eheleute gehörte, und eine neue Welt öffnete sich ihnen. Sie waren glücklich! Ein Mann und eine Frau in Liebe verbunden, sind zusammen ein Engel, Hedwig hatte diesen Satz in einem alten Buch im Kitzinger Kloster gelesen. Liebe, Vertrauen, Geborgenheit! Was konnte schöner sein! Beide strahlten vor Liebe, und lächelnd nahmen es die anderen zur Kenntnis. Die Älteren wußten, wie vergänglich ein solches Glück war, das den Beglückten ewig schien. Also gönnten sie es den Jungen.

Aber Hedwig fragte dennoch besorgt ihren Beichtvater, ob es denn keine Sünde sei, so viel Glückseligkeit in den Armen eines Mannes. Sei das von Gott gewollt? Der geistliche Herr erklärte verlegen, daß eheliche Liebe von Gott sehr wohl gewollt sei, weil zur Fortpflanzung der Menschheit notwendig. Und wenngleich ein geistiges Leben viel mehr bedeute vor dem Herrn, sei auch das natürliche gottgewollt. Sie übrigens, die Frau, habe die Freuden des ehelichen Lagers mit dem Schmerz des Gebärens zu bezahlen. Der Schmerz, ja, oft die Todesnähe, gleiche die ehelichen Freuden aus. Ja, so sei es von Gott gewollt.

Bald bemerkte Hedwig, daß sie schwanger war, ihr sich rundendes Bäuchlein wurde bei ihrer kindlichen Gestalt sehr bald sichtbar. Verlegen nahm sie zur Kenntnis, daß alle auf ihren Bauch starrten. Die bevorstehende Geburt war fortab das wichtigste Ereignis für die ganze Umgebung.

Für sie begann eine Zeit wie im warmen Bauch des Lebens. Oder anders gesagt: sie war der Bauch des Lebens. Der Bauch, der Leben gebären sollte. Von allen erwartetes Leben. Dabei geriet sie in eine Abgeschiedenheit, die sie an ihre Zeit in Kitzingen erinnerte. Heinrich weilte oft, zu oft in Liegnitz, wo er seinem Vater bei seinen Geschäften half. Hedwig blieb im Nest. Als Bruthenne, wie sie spottete. Ihr blieb nur Jutta für Gespräche. Sie fühlte sich oft unwohl und schläfrig, aber glücklich zugleich.

Eines Tages sagte Heinrich nach seiner Heimkehr: Wir sind zu Bertas Hochzeit eingeladen. Die soll in aller Stille, nur im engsten Familienkreis, stattfinden.

Warum so plötzlich und warum in aller Stille … wunderte sich Hedwig.

Heinrich erklärte mit grimmiger Miene, Berta sei zu einer unstandesgemäßen Ehe gezwungen, sozusagen genötigt worden. Seine schöne Schwester heirate unter Zwang und gar nicht dem Wunsch der Familie entsprechend. Bogusch, ein Hauptmann der Wache, du wirst dich wohl an ihn erinnern, ein Schönling, aber ein kleiner schlesischer Ritter, hat sie geschwängert, Und das muß nun abgesegnet werden. Was sonst? Festlicher Aufwand wäre wohl unpassend, oder?

So brummte Heinrich unwirsch, aber auch unsicher. Hedwig erinnerte sich, daß sie Berta mit diesem hübschen jungen Mann hier und da hatte herumstehen und sprechen gesehen. Was ist denn Unstandesgemäßes an einer Ehe mit einem schlesischen Ritter? Ein schlesischer Ritter ist doch kein Heide. Ich kann dich nicht verstehen. Wenn sich die jungen Leute lieben, sollte man sich darüber freuen. Ich würde gerne deine Frau sein, auch wenn du ein kleiner schlesischer Ritter wärest.

Heinrich sah sie an und nahm sie in die Arme: Na, wer weiß … Aber Bertas Kind wird nicht fürstlicher Abstammung sein, grollte Heinrich weiter. Meine Schwester … Meine schöne Schwester. Fürsten wollten sie haben.

Aber dein Vater hatte immer nein gesagt, warf Hedwig ein. Nein und nein. Er wollte sich von seiner schönen Tochter nicht trennen. Da ergab es sich so, daß das Mädchen ihr Herz an einen Mann aus ihrer Umgebung verschenkte. Und das Kind, dem ist es doch egal, ob es ein Fürstenkind oder das eines Ritters ist. Das wichtigste ist die Liebe der Eltern. Und daran werden es die beiden wohl nicht fehlen lassen.

Ja, du hast wohl recht.

Als Hedwig und Heinrich am Vorabend der Trauung in Liegnitz eintrafen, saß die Piastenfamilie mit den Eltern des jungen Mannes in der Halle zu Tisch. Das Fürstenpaar hochmütig schweigend, die Eltern des

Erwählten mit verlegenen Gesichtern. Berta sah verweint aus, und der hübsche junge Mann neben ihr blickte verstört. Hedwig zog sich das Herz zusammen. Sie begrüßte ihre Schwiegereltern, wie es sich gehörte, wandte sich dann aber schnell Berta zu, die es kaum wagte aufzusehen. Sie reichte ihr beide Hände und rief laut: Mein liebes Schwesterchen, ich wünsche dir Gottes Segen und Glück. Wie schön du aussiehst! Komm, sagte sie, und bat sie aufzustehen. Sie legte ihren Arm um ihre Schultern und trat mit ihr vor Boleslaw hin. Mit einer Hand auf ihrem und einer auf Bertas Bauch sagte sie zu ihm: Vater, freut Euch an uns, wir beide werden bald die Familie der Piasten vermehren. Und so Gott will, tapfere Söhne zur Welt bringen. Euch zu Ehren.

Boleslaw war überrascht, aber sein finsteres Gesicht hellte sich auf und er rief: Du meine Hedwig, Jadwiga, o du kluge deutsche Prinzessin du! Du findest immer das richtige Wort. Auch für meinen Kummer. Aber du hast ja recht. Ihr werdet beide Kinder bekommen, die Blut von meinem Blute sind, und das ist gut so. In beiden werde ich weiterleben. So segne euch beide Gott. Amen. Und der große Mann neigte sich herab und küßte mal die eine, mal die andere gerührt: meine Täubchen! Und wischte sich die Tränen aus den Augen, zu denen der große Mann schnell neigte. Meine Töchterchen! Moje golombki!

Adelheid sah dem erstaunt, aber dankbar zu. Auch sie stand auf und nahm ihre Tochter in die Arme. Hedwig trat an die Eltern des jungen Mannes heran und begrüßte sie freundlich. Und schließlich gab sie dem nun glücklich lächelnden Ritter die Hand. Und reichte ihm ihre Wange zum Kuß. Er war wirklich ein bildhübscher Kerl.

So ein schönes Paar, sagte Hedwig mit Überzeugung, hat man schon lange nicht mehr gesehen.

Hedwig, Jadwiga, sagte Boleslaw mit seiner dröhnenden Stimme, hab Dank. Du bist eine kluge Frau und dazu hast du das Herz am rechten Fleck. Und er hob seinen silbernen Pokal und trank ihr zu und dann seiner schönen Tochter Berta, die nun glückstrahlend noch viel schöner war.

Auf dein Wohl, Jadwiga, auf dein Wohl, Berta, euer Wohl, meine Töchter und Söhne und aufs Wohl meiner Enkel, aufs Wohl meiner Familie!

Hedwig bekundete noch einmal laut ihre Freude über eine Vermählung, die zwei so junge und schöne Menschen beglücken soll. Denn: was gibt es besseres auf dieser Welt, als ein glückliches Ehepaar. Ich weiß wohl, wovon ich rede, denn auch ich genieße dieses Glück, für das ich Gott jeden Tag danke und ihn um Segen bitte. Sie lächelte Heinrich zu und schmiegte sich an seine Schulter.

Boleslaw versprach, das junge Paar auf einer wohlbegüterten Kastellanei einzusetzen und die Taufe des ersten Kindes so feierlich zu begehen, wie es sich für einen fürstlichen Sprößling gehöre, damit diese Feier die Bescheidenheit der Hochzeit ausgleiche.

Hedwigs Tage vergingen träge, sie schlief viel, viel zu viel, wie sie sich vorwarf, und ihr Bauch wuchs. Der ist bald größer als ich, spöttelte sie. Sie hätte das große Ereignis, das ihr bevorstand, gern hinter sich gehabt. Alle betrachten mich wie einen heiligen Berg, ärgerte sie sich. Bin ich denn eine Heilige? Was ist denn so Ungewöhnliches an einer schwangeren Frau?

Ihr seid eine besondere Frau, Herrin, sagte Jutta ernst. Ihr sollt den Erben des schlesischen Piastenreiches gebären. Daran haben alle Untertanen ihren Anteil. So ist die Welt.

Und so fühlten sich auch alle, die Zugang zu ihr hatten, befugt, ihr gute Ratschläge zu geben. Besonders Heinrich und Boleslaw waren darin nicht zu überbieten. Sie solle achtsam mit sich umgehen, baten sie unzählige Male. Vor allen aber gab sich Jutta streng. Ausreiten verboten. Aufregen durfte sie sich auf keinen Fall. Vorsicht: eine Stufe! Sie sollte sich langsam bewegen und viel essen. Wenn möglich halbliegend ruhen.

Warum, fragte sie, ich bin doch nicht krank.

Sicher ist sicher, antwortete Jutta.

Woher Jutta plötzlich auch darüber so gut Bescheid wußte, wunderte sich Hedwig.

Sie seufzte: Mein Bauch … mein Bauch ist nicht mein Bauch, er ist der Bauch der Piasten. Der Landesmutterbauch. Das ganze Volk starrt auf meinen Bauch. Mein Bauch ist wichtiger als ich. Ich bin nur dazu da, den Bauch der Piasten zu tragen. Welch eine Ehre.

Und sogar die alte Fürstin kam eines Tages in Röchlitz in einer rumpeligen Kutsche vorgefahren, um nach dem Rechten im Haus ihres Sohnes zu sehen. Herzogin Adelheid hatte eine prachtvoll geschnitzte Wiege mitgebracht: die Wiege der Piasten. In der solle der nächste Fürst von Schlesien seine ersten Schreie von sich geben. Eine hübsche Truhe mit winzigen Hemdchen und Häubchen dazu, und ein Tragebettchen aus Daunen. Dies alles hatte die Fürstin von ihren Kindern aufbewahrt.

Darüber freute sich Jutta besonders: ausgewaschene Hemdchen sind besser für das Kind, weicher als neue. Die Frauen saßen und nähten Hemdchen und Mützchen. Sie nähten und stickten und hatten ihre Freude daran. Wie gut, daß ich wenigstens die Finger bewegen darf, sagte Hedwig zu Jutta.

Auch die Vorbereitungen für die erwartete Geburt wurden ihr abgenommen. Man redete über sie hinweg, aber weil sie sich so träge fühlte, ließ sie es geschehen. Hedwig sah Jutta sogar mit Heinrich tuscheln.

Heinrich ließ an Ekbert schreiben, damit dieser früh genug eine erfahrene Geburtshelferin schickte. Um Gottes Willen, sich nicht von einer Frühgeburt überraschen lassen, hatte Jutta gewarnt.

Die in der Heilkunst erfahrene Klosterfrau kam Wochen zuvor, eine vielgerühmte Frau, die oft in fürstliche Häuser zu Geburten gerufen wurde, also erfahren war, wenngleich noch jung. Sie hieß Bonaventura und nahm sich viel Zeit, sich mit der werdenden Mutter zu unterhalten, ja, sich mit ihr zu befreunden. Sie lehrte Hedwig Gebete um eine leichte Geburt, Gebete zur Mutter Gottes und zur heiligen Anna, die sie beide täglich wiederholten. Aber auch über den Vorgang der Geburt belehrte sie die Nonne und darüber, wie eine Gebärende helfen kann, das Kind leicht und schnell auf die Welt zu bringen: durch tiefes Atmen. Ruhe bewahren, das Kind kommen lassen, aber wenn nötig drücken. Und beten. Keine Angst haben.

Ich habe keine Angst, bekundete Hedwig. Doch auch Bonaventura hörte nicht auf sie. Man weiß nie, gab sie zu bedenken, wie eine Geburt verlaufen wird.

Die kindliche Gestalt der jungen Mutter hatte von Anfang an Besorgnis geweckt. Ob sie ihr Kind wird stillen können, sorgten sich die Frauen. Jutta besprach sich mit Heinrich, und der griff tatkräftig ein: Eine Amme wurde gesucht und gefunden. Eine junge Mutter aus Goldberg. Ich will mein Kind selbst stillen, fauchte Hedwig beleidigt, als sie davon hörte. Eine Amme kommt nicht in Frage. Man redete nicht mehr darüber, um sie nicht aufzuregen.

Neben dem Schlafraum des fürstlichen Paares wurde die Kammer für das Kind und für Bonaventura vorbereitet. An alles, aber auch an alles mußte gedacht werden. Ein Tisch zum Wickeln wurde in die Kammer hineingestellt, eine Badewanne. Stöße weißer Windeln stapelten sich.

Das Kind ließ auf sich warten. Hedwig blieb Zeit für Gespräche mit Bonaventura über Kräuter und andere Heilmittel, denn Kinder wurden bekanntlich oft krank.

Heinrich fühlte sich immer weniger gefragt und auch zunehmend gelangweilt von dem ständigen Gerede über das Kinderkriegen. Zum Schluß mußte er sogar das eheliche Lager räumen, denn die Wehen konnten jederzeit einsetzen, auch in der Nacht. Und eine Geburt war kein Erlebnis für einen Mann. Bei einer Geburt hatte ein Mann nichts zu suchen. Die Frauen drängten den Ehemann an den Rand des Geschehens.

Trotz aller Fürsorge plagten Hedwig doch Ängste, über die sie nicht zu reden wagte, auch mit Bonaventura nicht, jedes Wort zur Geburt wurde ja wie eine äußerst wichtige Angelegenheit des Herzogtums behandelt. Aufgebauscht, wiederholt, in aller Munde zehnfach umgedreht. Sie blieb allein mit ihren Befürchtungen. Vielleicht, dachte sie, werde sie nicht merken, daß es soweit ist. Woher auch. Oder sie wird irgend etwas falsch machen. Irgend etwas. Was, das wußte sie nicht.

Aber plötzlich war es soweit. Nun wußte sie es ganz bestimmt. Ohne Zweifel. Und sie wußte von sich aus, wie sie sich zu verhalten hatte, als hätte sie schon viele Male geboren. Es blieb ihr keine Zeit, sich darüber zu wundern. Denn kaum hatten die Wehen eingesetzt, war das Kind schon da. Hedwig hatte nur einen kurzen Schrei von sich gegeben, voller Schmerz und Erleichterung zugleich. Und das Wunder hatte sich vollzogen.

Die Gesichter der helfenden Frauen neigten sich über sie. Erwartungsvoll, hilfsbereit, und bald erleichtert. Eine außergewöhnlich leichte Geburt, stellte Bonaventura fest, und sie mußte es ja wissen. So ist es oft bei sehr jungen Müttern, fügte sie hinzu.

Ein gesunder Knabe. Diese frohe Botschaft ging wie ein Lauffeuer durch die Burg. Die Piasten hatten einen Nachfolger.

Hedwig war erschöpft und glücklich zugleich. Sie empfand jähe Freude, als ihr Bonaventura das winzige Menschlein zeigte, das sie soeben geboren hatte. Ein Wesen, das sich von ihrem Leib gelöst hatte, eben noch ein Teil ihrer selbst und nun ein neuer Mensch. Wie konnte ein so schrumpliger rothäutiger Winzling eine so jähe tiefe Liebe wekken, wunderte sie sich gerührt. Das Neugeborene schien ihr häßlich und wunderschön zugleich. Und sie war sich bewußt: Das war das größte Wunder des Lebens. Schmerz und Freude zugleich. Diese Gleichzeitigkeit schien der jungen Mutter bedeutsam. Sie wollte später darüber nachdenken. Sie betete dankbar zur Gottesmutter.

Und auch die Frauen betrachteten das Kind mit verzücktem Lächeln, als wäre ein Stern vom Himmel gefallen, direkt in ihre Arme.

Dann aber weinte Hedwig vor Enttäuschung, als man ihr das gebadete, frischgewickelte Kind an die Brust legte: Ihre Brüste waren leer. Das Kind schrie, und die Mutter weinte.

Bonaventura flößte dem Schreihals lauen Kamillentrank ein, und so schlief er bald wieder ein. Er schlief und schlief und ließ sich nicht stören. Man ließ die Amme, die längst in der Burg wohnte, herbeirufen.

Heinrich wurde erst zur jungen Mutter vorgelassen, nachdem sie gewaschen, und das Bett frisch gerichtet worden war. Hedwig lag matt lächelnd in den weißen, mit Stickereien verzierten Kissen, das schlafende Kind in den Armen. Heinrich kniete nieder und verbarg sein Gesicht in ihrer Hand. Er weinte vor Rührung. Auch er empfand diese Geburt wie ein Wunder. Das größte Wunder der Welt. Hedwig streichelte seine Haare.

Die Boten, die die frohe Botschaft verkünden sollten, waren längst bereit, der junge Herzog gab ihnen das Zeichen. So flogen alsbald die Reiter durch den Wald, um so schnell wie möglich die gute Nachricht in Liegnitz zu überbringen. Denn niemand wartete ungeduldiger auf sie als Boleslaw.

Die kleine Glocke der Röchlitzer Kapelle läutete heftig. Doch erst die Glocken von Liegnitz sollten dem Ereignis das gebührende Gewicht geben. Die Glocken von Liegnitz sollten die frohe Botschaft ins weite Land tragen: Hedwig von Schlesien hat ihr erstes Kind zur Welt gebracht! Einen gesunden Jungen. Der erwünschte Nachfolger der Piasten war da. Das sollten die Glocken allen verkünden, dem ganzen Land und seinen Leuten.

Hedwigs noch kindlicher Körper erholte sich langsam von den Anstrengungen der Schwangerschaft und der Geburt. So wurde die Taufe erst nach Wochen gefeiert. Das Kind sollte den Namen des Großvaters tragen: Boleslaw sollte er heißen.

Nur mit Überwindung gewöhnte sich Hedwig an die Amme, die ein liebenswürdiges, blondzöpfiges Wesen war. Es tat ihr weh zuzusehen, wie ihr Kind an der Brust eines fremden Weibes saugte, zufrieden schmatzte und satt an ihrer prallen Brust einschlief. Sie fühlte sich um etwas beraubt und mußte sich Mühe geben, zu dem jungen Weibe freundlich zu sein.

Jutta wunderte sich darüber, die meisten Fürstinnen übergaben doch gern Ammen ihre Kinder. So sei es üblich.

Wieder brach eine eintönige Zeit für Hedwig an, wieder reihten sich Tage und Jahre gleichmäßig aneinander wie Perlen einer Schnur. Auch in der kleinen Burg bestimmten die Jahreszeiten das Leben der Menschen. Die junge Mutter kam kaum heraus aus der kleinen Burg.

Als auch der Turm endlich bewohnbar war, richtete sich Hedwig neben der Schatz- und Kleiderkammer eine kleine Kemenate ein, für ihre stillen Stunden. Sie ließ ihr Gebetpult hineinstellen und die Truhe mit Kostbarkeiten aus Andechs. Vor allem das Stundenbuch. Hier sollte ihr Refugium sein. Ein Ort für vertrauliche Gespräche und für Zurückgezogenheit für das stille Gebet.

Vorsicht mit Feuer, warnte Heinrich, im Turm in Liegnitz sei seines Gedenkens dreimal Brand entstanden. Der ganze Plunder – Pelze, Gewänder aus kostbaren Stoffen, auch die schlesischen Fahnen, alles verbrannt. Und dazu Schriftstücke, die werden jetzt in Leubus aufbewahrt.

In zehn Jahren gebar Hedwig fünf Kinder, ein Kind nach dem anderen. Nach Boleslaw gebar sie Konrad, nach ihm Heinrich und schließlich die beiden Mädchen Agnes und Sophie.

Hedwig war gern Mutter, aber sie fragte sich auch, soll das alles sein, mein ganzes Leben? Nur diese Abgeschiedenheit in der Burg und die Kinder. Hatte sie dafür das Kloster verlassen? Wo blieb der versprochene Glanz, die Aufgaben als Landesmutter. Sie wollte sich zeigen, den Menschen zuneigen und Bewunderung erfahren von ihnen.

Sie fühlte sich geborgen, aber aber auch gefangen in der kleinen Burg. Sie liebte ihre Kinder, sie liebte ihren Mann, doch die Enge und Eintönigkeit ihres Lebens bedrückte sie.

So oft sie versuchte, aus der Enge auszubrechen, mit Heinrich mit nach Liegnitz zu reiten, gab Heinrich besorgt zu bedenken, sie könne doch die Kinder nicht ohne Aufsicht lassen, oder sie müsse an ihre Gesundheit und das Kind in ihrem Leibe denken. Hab doch noch Geduld, Hadi, bat er. Du wirst bald neben mir stehen und auf das Geschick des Landes Einfluß nehmen. Das verspreche ich dir. Aber auch ich bin noch nicht der Herr im Lande. Auch ich muß warten. Später wird alles anders sein.

Wann später, fragte sie zurück. Ob ich bis dahin noch lebe, fragte sie ihn, fragte sie sich selbst viele Male.

Heinrich hatte viel in Liegnitz zu tun. Die Regierungsgeschäfte oblagen ihm, aber die Entscheidungen traf noch immer der alte Fürst. Boleslaw klagte über hundert Wehwehchen, mit denen sich der einst starke Mann nicht abfinden wollte. Von den Mönchen in Leubus verlangte er barsch ein Jugendelixier. Er konnte das Älterwerden nicht ertragen. Doch immer noch mußte er seinen Willen haben. Ja, sein Starrsinn war mit der Zeit gewachsen. Heinrich hatte es nicht leicht neben ihm.

Hedwig versuchte auch in der Abgeschiedenheit der kleinen Burg, in der Ordnung zu leben, die sie im Kloster liebgewonnen hatte. In der Ordnung stehen, das bedeutete Halt für sie. Ora et labora – beten und arbeiten, so wollte sie es halten und damit ihren Unmut zähmen.

Ekbert, der stets treubesorgte Bruder, empfahl ihr einen jungen Kleriker als Hofkaplan, mit dem schönen Namen Engelbert. Den hatte er in Rom kennen- und schätzengelernt. Er war ein Mönch der Ordnung des Bernhard von Cîteaux wie die Leubuser Mönche und von seiner Obrigkeit nach Schlesien gesandt worden. Den empfahl er seiner Schwester als Burgkaplan und Beichtvater und für viele Gespräche. Kluge Gespräche.

Engelbert sei wißbegierig, ähnlich wie sie, schrieb Ekbert, und er wollte ein Stück Welt mehr kennenlernen, also dieses weltentlegene Schlesien, ehe er sich endgültig in ein Kloster begebe, um dort den Rest seiner Tage zu verbringen.

Aber er hoffe, so Ekbert, Engelbert werde in Leubus bleiben, wo ein guter Skribent dringend vonnöten wäre. Der junge Mönch sei ein ausgezeichneter Gelehrter, hochgeschätzt für sein Wissen, seine christliche Demut und seine Frömmigkeit. Aus einer der besten Familien stammend, denke er nur an die Bereicherung seines Geistes und das Wohl seiner Seele.

Der junge Kleriker war schön wie ein Engel, in seinem blassen Gesicht leuchteten große blaue Augen mit langen Wimpern, und die junge Herzogin führte bald lange Gespräche mit ihm, die sie in vielem trösteten. Sie lernte begierig von ihm. Ihr schien, als habe der junge Kleriker alle Bücher der Welt gelesen und wisse Bescheid in Fragen des Glaubens wie sonst kaum einer.

Sie fragte, und er antwortete freundlich mit gesenktem Blick. Nie war er um eine Antwort verlegen, doch meistens berief er sich in aller Bescheidenheit auf die großen Lehrmeister: Franziskus sagte, oder Bernhard von Clairvaux meinte, besonders Hildegard von Bingen schien er sehr zu verehren. Er konnte fast die ganze Bibel auswendig, und dazu zitierte er aus dem Kopf die Kirchenväter. Aber auch griechische und arabische Bücher waren ihm nicht fremd. Manchmal erzählte er abends am Feuer erbauliche Geschichten, denen auch die Hofleute gern zuhörten.

Engelbert hielt jeden Morgen einen Gottesdienst ab, bei dem die Herrin kaum je fehlte. Und dazu noch zwei Andachten während des Tages.

Hedwig stand vor ihren Kindern und Frauen auf. Sie wusch ihr Gesicht in kaltem Wasser, das am Vorabend in einem irdenen Krug bereitgestellt worden war, und kleidete sich eigenhändig an. Sie wollte allein sein in der Frühe, niemanden neben sich haben. Sie warf einen Blick auf die schlafenden Kinder und huschte in die Kapelle. Nur wenige fanden sich dort so früh ein. Auch Heinrich kam nicht mehr mit. Er hatte Niko von Würben beauftragt, die Herzogin morgens zum Gottesdienst zu begleiten. Jutta blieb bei den Kindern. So hatte es sich Hedwig gewünscht, obwohl diese mit ihren Ammen und Kinderfrauen schliefen.

Nach dem Gottesdienst verbrachte die junge Frau zunächst einige Zeit mit ihren Kindern und mit Heinrich, wenn er da war. Dann hielt sie Besprechungen ab mit Jutta und dem Kastellan, und mit Leuten, die ein Anliegen an sie hatten. Sie trug ständig ein Wachstäfelchen in einem Säckchen bei sich. Einmal Versprochenes wollte sie nicht vergessen. Sie wußte, was die Leute schätzten und was sie am meisten kränkte. Sie wollten ernstgenommen werden. Kaum etwas in der kleinen Burg entging ihrem aufmerksamen Blick. Sie duldete keine Nachlässigkeit weder bei sich noch bei anderen. Sie schalt die Trägen, umsorgte aber die Hilfsbedürftigen. Sie half wo sie konnte. Und zu helfen gab es unendlich viel, denn die Unbeholfenheit, ja, die Dummheit der Leute und das daraus oft entstehende Leid waren oft unfaßbar für sie.

Heinrich freute sich, alles lief wie am Schnürchen in der kleinen Burg. Hier kannst du üben, Fürstin zu sein, sagte er zu seiner Frau. Denn wer es im kleinen kann, kann es auch im großen.

Vor allem aber waren Hedwig die Kinder die wichtigste Aufgabe. Sie war stets bedacht, möglichst viel Zeit mit ihren Kindern zu verbringen, mit ihnen zu reden. Doch streng zu sein, fiel ihr schwer. Andererseits wollte sie ihre Kinder nicht mit übertriebener Milde verzärteln. Nein, das nicht. Oft warf sie sich allzu große Nachsicht vor, und war bemüht, diese in Grenzen zu halten. Nicht nur sie hielt übertriebene Zärtlichkeit schädlich für Kinder.

Besonders die Mädchen Agnes und Sophie waren liebreizend, und es war nicht leicht, den Blick von so viel kindlicher Schönheit abzuwenden. Und erst recht nicht für die Mutter. Hedwig mußte sich ständig ermahnen, die Kleinen nicht zu oft zu streicheln, zu küssen oder in die Arme zu nehmen.

Großvater Boleslaw aber verwöhnte seine Enkel ohne Bedenken. Er kam oft zu seinen kleinen Prinzessinnen, wie er die Mädchen nannte, wenngleich ihm das Reiten schon schwerfiel. Sie durften ihm den Bart und das spärliche Haar zausen und auf seinen Knien reiten. Irgendwann sah Hedwig, wie der alte Fürst den Mädchen als Reitpferd diente, er kroch auf allen vieren mit seiner süßen Last auf dem Rücken im Gras herum. Hedwig lächelte, zog sich aber zurück, sie wollte den Alten nicht beschämen.

Die Knaben Boleslaw und Konrad dagegen sollten strenger gehalten werden, dazu hatte sich auch Boleslaw durchgerungen. Sie spielten zusammen und zeigten sehr bald männliches Gebaren, sie rasselten mit hölzernen Schwertern und ritten auf Steckenpferden. Alles Geschenke des Großvaters.

Sobald sie das Knappenalter erreicht hatten, wurden die beiden der Obhut der Mutter entzogen und Niko von Würben übergeben. Von dem sollten sie das ritterliche Handwerk lernen, wünschte sich der Vater. So fing der Lehrmeister mit einfachen Übungen und Spielen an: Wettlaufen und Springen, Klettern, Ballspiele, Schwimmen. Übungen, die die Geschicklichkeit der Knaben, ihre Kraft und ihren Mut stärken sollten. Steinstoßen und Werfen. Allmählich kamen Reiten und Fechten dazu, Bogenschießen. Sie lernten den Umgang mit Pferden, Falken und Jagdhunden. Ja, sogar höfischer Gesang und Lautenspiel wurden geübt, und die Regeln des höfischen Dienstes besprochen.

Bald ordnete man in Liegnitz für die fürstlichen Knaben Wettspiele an, zu denen andere Rittersöhne und Zuschauer eingeladen wurden. Niko war den Jungen zum zweiten Vater geworden. Und auch er liebte sie sehr.

Dazu sollten die beiden Knaben zweimal in der Woche bei Bruder Engelbert Lesen und Schreiben lernen. Darauf hatte die Mutter bestanden. Doch das behagte ihnen nicht. Stubenhocken und Lernen … Sie rümpften die Nasen. Konrad malte kämpfende Ritter auf Pferden auf seine Wachstafel. Hunde, die Tiere des Waldes jagten. Boleslaw legte am liebsten den Kopf auf die Bank und schlief, oder tat, als schliefe er.

Bruder Engelbert beschwerte sich bei der Mutter. Wenn es nicht die Fürstensöhne wären, klagte er, würde er ihnen tüchtig mit der Rute auf die Finger klopfen. Hedwig sah erschrocken drein, versicherte aber eilfertig, nichts gegen Rutenstrafen für ihre Söhne zu haben, wenn sie es verdienten. Doch Engelbert sah sehr wohl, daß er die Mutter, nicht die Söhne gestraft hätte. Die Fürstin versprach, zuvor mit den jungen Sündern zu reden. Das tat sie. Und auch vor Heinrich klagte sie über die Faulheit der Jungen.

Doch der Vater lachte und sagte ungerührt, daß er sich durchaus ritterliche Söhne wünsche, keine Pfaffen. Sie solle doch aufhören, die Kinder zu quälen. Für einen jungen Herzogssohn sei es wichtig, gut zu Pferde zu sitzen und das Schwert ordentlich zu schwingen. Den Leuten Gehorsam abzuverlangen. Wozu Lesen und Schreiben! Hat mir das je gefehlt?

Heinrich, der Mittlere, ein freundliches Dickerchen, wußte lange nicht so recht, ob er mit den Brüdern Ritter und Räuber oder mit den kleinen Schwestern mit Puppen spielen sollte. Er war Mutters Söhnchen und suchte am häufigsten ihre Nähe.

Wieder einmal wirbelte milder Herbst goldene Blätter übers Land. Hedwig weilte mit ihren Kindern im Walde. Sie standen auf einer sonnigen Lichtung. Die Kinder spielten Jagen und Verstecken. Sie sprangen auf der Lichtung über die Schnur. Sie warfen sich Reifen und Bälle zu. Die beiden Mädchen sahen wie bunte Schmetterlinge aus in ihren hellen Kleidchen. Der kleine Heinrich war auch dabei. Die Mutter rief ihre Kinder zu sich und erzählte ihnen, wie die Bäume heißen, die Blumen, die Vögel. Warum hat ein Baum eine Krone, fragte Agnes, ist er der König. Wie wachsen aus so kleinen Eicheln und Kastanien so große Bäume, wunderte sich Sophie. Warum wurden die Blätter im Herbst rot und gelb, und warum fallen sie von den Bäumen. Warum? Warum?

Wie sollte sie auf diese Fragen antworten. So ist es. So hat es der gute Gott gewollt. Und nur er weiß warum und wozu. Denn es ist seine Welt. Und sie ist schön … Wunderschön …

Ja, schön, sagten die Kleinen. Und wollten doch lieber springen gehen.

Hedwig lehnte sich mit geschlossenen Augen an einen Baumstamm und ließ sich von der Sonne durchdringen. Die letzten Sonnenstrahlen genießen.

Die Sonne in den Winter mitnehmen, sagte sie zu Jutta, wenn man sie doch in sich sammeln könnte, als Vorrat für die dunklen Tage.

Sie erschauerte, als sie aus der Sonne in den Schatten trat.

Der Winter wird bald kommen, sagte sie plötzlich zu Jutta gewandt, und er wird uns Unheil bringen.

Woher wollt Ihr das wissen, Herrin, fragte Jutta erschrocken.

Ich weiß es nicht, ich spüre es, antwortete Hedwig.

Sie wies auf einen Schwarm von Vögeln, der sich am Rande der Lichtung niedergelassen hatte. Die Vögel sammeln sich früh in diesem Jahr.

Wenn man doch mit den Vögeln in wärmere Länder ziehen könnte. Weit weg fliegen, nach Italien, nach Palästina, ins Heilige Land. Hinreiten wie die Männer. Zu einem Kreuzzug aufbrechen. Den Männern steht die Welt offen, und das Weib bleibt zu Hause. Wie sieht die weite Welt aus? Das weiß ich nicht und werde es nie erfahren.

Woanders ist es wohl nicht anders als hier, antwortete Jutta. War es etwa in Andechs anders als in Schlesien? Warum sollten wir die Männer beneiden. Die schlagen sich gegenseitig tot in Kriegen. So viele kommen nicht zurück aus der weiten Welt.

Na und, erwiderte Hedwig, ein Leben muß nicht lang sein, wenn es stark war, wenn man Schönes erlebt hat. Sterben müssen wir alle. Aber mir ist es zu wenig, im Nest zu hocken und zu brüten. Zu warten. Warten ... Worauf warten?

Ist das nicht schön im Nest, in einer festen Burg wie Eure, Herrin, verwunderte sich Jutta, ohne Sorgen wie Ihr. In Geborgenheit leben.

Ja, Jutta, ich bin nicht demütig genug.

Der sonnige Herbst hielt lange an, dann aber kam plötzlich der Winter. Es stürmte, und über Nacht waren die Dächer weiß geworden, und in den Pfützen klirrte das Eis. Die kleine Burg im Walde versank unterm dicken Schnee wie unter einem wolligen Schafsfell.

Hedwig hatte wie Fürstin Adelheid Obdachlose in der Burg aufnehmen wollen, aber dem widersetzten sich Heinrich und Boleslaw. Es sei zwar christliche Pflicht, für die Armen zu sorgen, doch das Wohl der Familie, die Sicherheit der Kinder seien wichtiger, das überzeugte die Mutter.

Doch Niko von Würben und seine Leute brachten eines Tages einen Alten in die Burg, einen Pilger, der unzählige Messer und Messerchen in seinem Rucksack mit sich schleppte und wo er saß unaufhörlich Holzfiguren schnitzte. Ein Beinleiden hatte ihn an der Rückkehr nach Thüringen gehindert, wo er zu Hause war. Wo war er gewesen? In weiten Landen. Warum? In seinem Alter? Neugierig war er gewesen. Und überall habe er Figuren geschnitzt, dafür haben ihm die Leute Speise und Unterkunft gewährt. Er war von Fürstin Adelheid aufgenommen worden und mit seiner Gabe Tiere zu schnitzen aufgefallen. Adelheid und Boleslaw sandten ihn zum Zeitvertreib für die Kinder. Und die befreundeten sich bald mit ihm.

Der Alte schnitzte aus weichem Holz die schönsten Puppen und Stekkenpferde und andere Tiere, sogar Kamele und Elefanten. Wo er diese gesehen haben mag, wunderte sich Hedwig. Sie bestellte eine Weihnachtskrippe für die Burgkapelle bei ihm. Dazu verstand der Alte Geschichten zu erzählen, denen die Kinder gerne zuhörten. Stundenlang mit geröteten Backen.

Sie trugen ihr Spielzeug zu den Kindern in der Vorburg. Niko und die Kinderfrauen waren immer dabei. Jutta rümpfte die Nase. Die Kinder in den Hütten sind schmutzig, gab sie ihrer Herrin zu bedenken. Läuse und anderes Ungeziefer könnten die herzoglichen Kinder dort bekommen. Und ansteckende Krankheiten dazu. Doch die junge Mutter war großzügiger, als es ihre Hoffrau gerne sah. Kinder sind Kinder, sagte sie. Es wäre eine Sünde, den Kindern das Spielen mit Kindern zu verbieten. Erkältungen bei Kindern blieben im Winter nicht aus, das war klar. Hedwig wußte recht gut, wie dem beizukommen war, mit heißem Lindenblütentrank und Schwitzen und Betthüten, so daß es bei ihren Kindern meistens bei Schnupfen und Husten blieb. Doch irgendwann sagte ihr eine der Kinderfrauen mit angstgroßen Augen, daß in der Siedlung ein Erkältungsfieber ausgebrochen sei, das die Leute Krupp nennen. Eine schlimme Krankheit, an der Kinder wie Fliegen starben. In der Siedlung seien schon zwei Kinder an dem bösen Fieber erstickt.

Hedwig erschrak und verbot ihren Kindern, die Vorburg aufzusuchen. Aber es war zu spät. Zuerst erkrankte Agnes, die Ältere. Sie sah plötzlich sehr blaß aus und beklagte sich über Kopfschmerzen. Bauch tut weh, Hals tut weh, kann nicht schlucken, jammerte sie. Sie kuschelte sich auf Hedwigs Schoß wie ein krankes Kätzchen ein und weinte leise. Hedwig legte ihre kühle Hand auf die heiße Stirn der Kleinen, sie hatte starkes Fieber.

Sie ließ das Kind ins Bett bringen und Lindenblütentrank zubereiten. Sie setzte sich zu ihm, hielt seine Hand und sprach tröstend auf es ein. Alles wird bald vergehen. Du mußt nur still im Bett liegen. Sie betete angstvoll zur Muttergottes. Das Mädchen begann bellend zu husten, der Hals schwoll an, und auch das Gesicht. Hedwig sah in den kleinen Mund. Ein übler Geruch schlug ihr entgegen. Der Gaumen und die Zunge waren weißschmutzig belegt. Jetzt wußte sie: Das waren Zeichen der gefürchteten Krankheit. Krupp!

Sie wußte, fortab konnte sie nur noch auf die Kraft ihres Gebetes vertrauen. Sie verbot den anderen, an das Bett der kranken Schwester zu kommen.

Boleslaw und Konrad hielten sich bereitwillig daran. Langweilig, so eine kranke Schwester im Bett. Niko brachte die beiden nach Liegnitz. Doch Sophie und auch Heinrich wollten bei der kranken Schwester bleiben, sie trösten und spielen mit ihr. Warum nicht? Niko nahm die böse Kunde nach Liegnitz mit, ein Eilbote sollte Bruder Adalbert aus Leubus herbeirufen. Heinrich sollte sofort kommen.

Hedwig saß Tag und Nacht am Bett der Kleinen. Sie ließ sich von Jutta kaum zu kurzem Schlafen bewegen. Doch der Zustand der Kranken wurde immer schlimmer. Nach zwei Tagen konnte Agnes auch keinen lauwarmen Kräutertrank mit Honig mehr schlucken. Husten schüttelte sie. Danach lag sie röchelnd in den weißen Kissen.

Hedwig ließ feuchte Tücher um den Hals des Kindes wickeln, die stickige Luft mit Weihrauch reinigen. Alles vergeblich. Das Kind quälte sich, und die Mutter konnte ihr nicht helfen.

Das Mädchen öffnete die Augen und sah ihre Mutter an. Dann verlor sich ihr Blick. Es war ihr letzter gewesen. Diesen Blick konnte Hedwig nie vergessen. Sie hatte ihrem Kind nicht helfen können! Welch ein Schmerz! Die Frauen brachen in lautes Jammern aus. Heinrich und der heilkundige Bruder Adalbert kamen zu spät nach Röchlitz.

Bruder Adalbert murmelte: Diphtera, und versicherte, daß er nicht mehr hätte tun können, als getan worden war, denn gegen diese schreckliche Krankheit gab es keine Medizin. Er riet vor allem, die anderen Kinder zu schützen. Die giftige Krankheit übertrug sich schnell. Auch durch die Luft. Er braute Kräuter für alle und besonders für die beiden Kleinen.

Die Mutter band Agnes eine rosa Seidenschleife in die Locken und legte ihr ihre Lieblingspuppe in den Arm. Das schönste Kißchen unter den Kopf. Eine von der Mutter gestickte Decke bedeckte den kleinen Körper. Dann wurde der Sarg fest verschlossen und unter lautem Schluchzen in die Kapelle getragen.

Am Tag darauf begannen Sophie und der kleine Heinrich gleichzeitig zu fiebern und zu husten und über Halsschmerzen zu klagen. Sie konnten nicht schlucken. Bruder Adalbert schüttelte betrübt den Kopf. Die Mutter hielt an sich, doch man sah ihr das Entsetzen an. Heilige Muttergottes, hilf!

Bruder Adalbert blieb und umsorgte die Kinder. Ließ seine Kräuter kochen und flößte den Sud den Kindern ein. Wickel aus Apfelessig wurden ständig aufgelegt. Dazu löste er ein weißes Pulver in warmen Wasser auf und gab es den Kranken zu trinken.

Hedwig saß an den Bettchen der Kinder, mal hielt sie Heinrichs, dann wieder Sophies Hand. Heinrich schien zu sterben, doch nach einem doppelten Trank mit dem weißen Pulver schlief er tief ein. Er erwachte und verlangte zu trinken, fragte nach Essen. Er war gerettet. Ein Wunder!

Sophie aber starb wenige Tage später.

Man stellte den zweiten kleinen Sarg neben den andern in die Kapelle.

Hedwig lag regungslos in ihrem Bett und starrte in die Luft, sie nahm ihre Umgebung nicht mehr zur Kenntnis. Heinrich bangte um ihr Leben.

Adalbert sagte: Ein Nervenfieber, nicht das ansteckende Fieber des Krupp. Die unglückliche Mutter lag Wochen so da, sie hatte die Lust zu leben verloren und schwebte zwischen Leben und Tod. Heinrich blieb in Röchlitz. Saß an ihrem Bett und hielt ihre Hand. Aber sie war zum Reden nicht zu bewegen.

Und da auch der alte Boleslaw vor Kummer erkrankt war, regierte im Lande Peregrin von Wiesenstein, der Treue.

Erst als milde Frühlingsluft durch das geöffnete Fenster einströmte und Jutta ihrer Herrin die ersten Schneeglöckchen brachte, richtete sich Hedwig in ihren Kissen auf und fragte nach ihren Söhnen. Meine Söhne, sagte sie. Nun habe ich nur noch Söhne.

Boleslaws zunehmende Schwäche verlangte Heinrichs Anwesenheit in Liegnitz. Hedwig blieb wieder allein. Sie ließ Engelbert zu sich rufen. Der junge Kleriker kam und setzte sich auf den Schemel. Er saß aufrecht mit gefalteten Händen und blickte sie an wie ein Engel.

Warum, begann Hedwig und stockte. Sagt mir Bruder Engelbert, warum straft mich der Herr? Warum nahm mir Gott meine Mädchen, die ich sehr geliebt habe. Was habe ich getan, daß er mich straft? Habe ich ihm nicht redlich gedient. Nach bestem Willen. Gebetet. Täglich, mehrere Male. Was will Gott von mir, sagt es mir, wenn ihr es wißt, Bruder Engelbert.

Herrin, wir alle kennen Gottes Absichten nicht. Sein Planen und Wirken bleibt uns verborgen. Wir müssen Ihm demütig vertrauen. Und nach einer Weile fügte er hinzu: Ihr werdet stärker sein durch den Schmerz, Herrin.

Sie schwiegen, und dann sagte Engelbert: Wenn Ihr erlaubt, Herrin, erzähle ich Euch eine Geschichte. Ich habe sie von einem alten weisen Mann gehört, und der hatte sie wiederum von einem anderen.

Ja, bitte, erzählt, Bruder. Und der Mönch begann.

Der Einsiedler, zu dem ich mit anderen Mönchen gekommen war, damit er uns belehre, sprach: Nichts geschieht auf Erden ohne Ursache. Und alle Ursachen liegen in Gott. Amen. Nach einer Weile des Schweigens hob er an zu erzählen:

Es lebte einst ein Einsiedler, der lange Zeit strenge Buße tat und als heiliger Mann berühmt und verehrt wurde. Eines Tages kam ein Räuber zu ihm, den sein Gewissen drückte, und bat ihn um den Erlaß seiner Sünden. Er beichtete reumütig, und der Einsiedler sprach zu ihm: Bruder, du bist losgesprochen von deinen Sünden, aber unter der Bedingung, daß du drei Weisungen befolgst. Erstens sollst du, ob dir nun Gutes oder Böses widerfährt, immer nur Gott danken, zweitens sollst du aufrichtig sein, und drittens: Du darfst niemanden verfluchen.

Der Räuber bedankte sich und ging. Abends kam er vom Wege ab, fiel in ein Dorngebüsch und stach sich ein Auge aus. Er weinte, warf sich aber auf die Knie und dankte Gott.

Am anderen Morgen sah er einen umgestürzten Wagen im Graben liegen. Der Kaufmann, der mit diesem Wagen unterwegs war, erkannte ihn und wollte fliehen. Der Räuber rief ihm freundlich nach und half ihm den Wagen aufzurichten.

Danach ging der Räuber seines Weges, und als er aus dem Walde trat, erblickte er einen Herrn mit großem Gefolge, dem er wenige Wochen zuvor seinen Bruder erschlagen hatte. Der erkannte ihn, und seine Leute stürzten sich voller Wut auf ihn und erschlugen ihn. Sie ließen ihn liegen und zogen weiter.

Der Einsiedler aber sah, wie seine Seele von frohlockenden Engeln zum Himmel getragen wurde. Da wurde er neidisch und sagte zu sich: Wie denn das? Gottes Gerichte sind nicht gut und gerecht. Da wird die Seele dieses Bösewichts, der kaum Buße getan hatte, in Ehren zum Himmel getragen, und ich, ich getreuer Diener des Herrn, der sich seit Jahren in seinem Dienste plagt, habe keine Gewißheit, eine ähnliche Auszeichnung zu erfahren.

Da kam ein Engel zu ihm und sprach: Komm mit mir, ich werde dir zeigen, daß Gottes Gerichte gerecht sind. Sie zogen beide Pilgerkleidung an und begaben sich auf den Weg.

Der Engel führte den Einsiedler wiederum zu einem anderen Einsiedler, der am Ufer des Meeres lebte. Der nahm beide Wanderer freundlich auf und bewirtete sie. Als sie zu dritt nach dem Essen am kluftigen Ufer des Meeres spazierengingen, stieß der Engel den gastfreundlichen Eremiten ins Meer hinab, wo er ertrank.

Der Engel sagte zu seinem entsetzten Begleiter: Betrübe dich nicht. Warte ab.

Dann kamen sie in das Haus eines Kaufmanns, der sie wiederum köstlich bewirtete. Dieser hatte einen goldenen Becher, aus dem er jeden Tag trank und über den er sich freute. Am Morgen, ehe sie weggingen, entwendete der Engel das kostbare Gefäß. Der Einsiedler war betrübt, sagte aber nichts.

Sie wanderten weiter, und am dritten Abend nahmen sie wieder gastfreundliche Leute auf. Das Ehepaar hatte einen kleinen Sohn, den es über alles liebte. Das Kind begann in der Nacht zu schreien, so daß niemand schlafen konnte. Da stand der Engel auf und erwürgte das Kind. Und sie entkamen in der Stille. Unterwegs bekannte der Engel, er habe das Kind umgebracht.

Da entbrannte der Einsiedler in großem Zorn und schalt den Engel laut einen Boten des Teufels eher als des Himmels.

Der Engel lächelte und sprach: Höre zu! Nichts geschah ohne Ursache. Dieses Kind, das ich erwürgt habe, war seinen Eltern so lieb, daß sie, die vorher eifrig um Arme und Kranke besorgt waren, keine guten Werke mehr taten und nur Geld sammelten für ihr Kind, damit es ihm gutgehe im Leben. Er wäre ein Faulpelz und Nichtsnutz geworden. Jenem Kaufmann aber nahm ich den goldenen Becher, weil er ihn mehr liebte als sein Seelenheil und dadurch nachlässig geworden war im Dienste des Herrn und der Mitmenschen. Der Einsiedler endlich, den ich von der Klippe stürzte, beabsichtigte am nächsten Morgen eine große Sünde zu begehen, die ihm Gott nicht verziehen hätte. Davor rettete ich ihn, indem ich ihn tötete. So sprach der alte Weise zu uns. Amen.

Hedwig bedankte sich, wie es sich gehörte, für die erbauliche Geschichte. Ihr könnt wunderschön erzählen, Bruder Engelbert, sagte sie. Doch erlaubt, so recht verstehe ich das Tröstende der Geschichte für mich nicht. Welche Ähnlichkeit zu meiner soll sie haben?

Das müßt Ihr selbst herausfinden, Herrin. Betet, Herrin, sagte der Kleriker. Betet demütig zu Gott unserm Herrn. Nur der Glaube an Gott kann uns helfen, unser kleines Leben zu begreifen. Nur Gott kann uns trösten im Schmerz. Und sie sah, wie sich eine Träne von seinen langen Wimpern löste. Sein trauriges, ihr zugewandtes Gesicht vergaß sie nie.

Bald darauf hatte Hedwig einen Traum. Sie sah ihre Mädchen Engeln gleich auf hell schimmernden Wolken schweben, die eine im rosa, die andere im hellblauen Kleidchen, Schleifen in den gelockten Haaren. Sie bauten aus Wolken Puppen wie in Röchlitz aus Schnee, kleine und große Puppen, die sie in Reihen aufstellten. Dann kam eine Schar anderer Engel, die sie riefen, mit ihnen zu kommen. Die Mädchen sahen freundlich auf ihre Mutter herab und warfen ihr weiße Wolkenbällchen zu.

Sie erwachte erleichtert und bemerkte, daß ihre Hand das Figürchen der Gottesmutter fest umschloß. Fortab lichtete sich das Dunkel, das sie so lange Zeit umgeben hatte. Allmählich nahm sie wieder das alltägliche Leben wahr.

Wenig später sprach Engelbert bei ihr vor und bat, seinen Abschied nehmen zu dürfen. Er habe einen Ruf in das Kloster in Kamp am Rhein erhalten, wo er den Nachlaß der Hildegard von Bingen kopieren solle. Eine lockende Aufgabe für ihn. Hildegard war eine bewundernswerte Frau, vor der sich auch die größten geistlichen Herren verehrungsvoll verneigten. Sie predigte vor Scharen Gläubiger und verstand sich auf die Heilkunde wie nur wenige. Ja, sie komponierte sogar wunderschöne fromme Gesänge. Die Berichte über ihre Gottesschau und ihre Lehre über die Engel brachten ihr weitreichenden Ruhm ein. Besonders Bernhard von Clairvaux lobte und pries die große Prophetissa teutonica. In Kamp werde er lange beschäftigt sein, aber irgendwann möchte er doch zurück nach Schlesien kommen, im Leubuser Kloster brauche man ihn.

Auch ich brauche Euch, Bruder. Euer geistiger Beistand wird mir fehlen, entgegnete Hedwig. Aber Ihr müßt wissen, was Euch guttut und gottgefällig ist. Ihr habt mir geholfen, und ich habe viel gelernt von Euch. Ich darf Euch nicht halten. Ein Homo literatus wie Ihr braucht die Bücher. Immer neue Bücher und neues Wissen aus ihnen. Ihr seid wie eine Biene, die den Honig der Weisheit sammelt.

Ich aber werde auf Euch warten, Bruder. Bis Ihr nach Schlesien zurückkehrt. Bis wir beide alt sind, Bruder Engelbert. Wenn wir alt sind, werden wir noch viel Zeit für Gespräche haben. Das hoffe ich. Gott behüte Euch.

Sie wandte sich ab, denn sie hatte Tränen in den Augen. Sie spürte, Engelbert ging, weil er zu gern in ihrer Nähe geblieben wäre.

Am nächsten Morgen hielt Engelbert seinen letzten Gottesdienst im Kapellchen in Anwesenheit der Herrin und zahlreicher Leute. Dann schwang er sich auf sein Pferd und verließ die Burg.

Im Herbst darauf kam ein ungewöhnlicher Gast in die kleine Burg, ein Ritter, der seit kurzem in Liegnitz weilte, aber von weither kam. Ein weltgewandter Mann, der im Nu Heinrichs Vertrauen gewonnen hatte. Radon von Nitsch war kein schöner und kein junger Mann. Sein Haar lichtete sich bereits, er hatte viele kleine Narben im geröteten Gesicht, und es fehlte ihm die linke Hand, doch höfisches Verhalten war ihm bestens vertraut. Besonders beliebt machte er sich durch seine Geschichten, die er abends am Feuer erzählte. Da scharten sich die Burgleute dicht um ihn und lauschten. Wie es in der weiten Welt zuging, das hörten sie alle gern. Sein Bericht über den Tod Barbarossas, der auf dem Weg nach Jerusalem im Fluß Saleph ums Leben gekommen war, die Trauer um ihn, in die das ganze Abendland daraufhin versunken war, rührte sogar Heinrich zu Tränen. Diese Geschichte, dessen waren sich alle sicher, werde man immer und immer wieder erzählen, bis ans Ende aller Tage.

Radons eigene Lebensgeschichte war voller Abenteuer. Er war als verwaister Sprößling einer angesehenen bulgarischen Familie an den Hof des ungarischen Königs Andreas gekommen, wo er zunächst Knappendienste versehen hatte, doch allmählich durch Treue und Tapferkeit zu großem Ansehen gelangte. Solang er jung und stark gewesen war, hatte er tüchtig in unzähligen Kämpfen das Schwert geschwungen gegen Kroaten, Bosnier, Dalmatier, die alle von den Madyaren unterworfen wurden. Zuletzt hatte er einer königlichen Gesandtschaft angehört, die sich ins Reich an den kaiserlichen Hof begeben hatte, um dort um die Entsendung deutscher Siedler in das Land der Madyaren zu bitten. Die Siedler sollten nicht nur das Land urbar machen, sondern auch Burgen und befestigte Ortschaften bauen, um das Land vor den aus Osten einfallenden Reiterscharen zu schützen. Dafür versprach König Andreas dem Kaiser Hilfe bei seinen Italienzügen.

Auf dem Rückweg erkrankte Radon in der böhmischen Hauptstadt Prag an einem merkwürdigen Fieber, das ihn lange Wochen ans Lager fesselte. Als er gesundete, fragte ihn König Ottokar, ob er eine Botschaft an Boleslaw und Heinrich von Schlesien überbringen könne. Der Ritter sagte zu. Doch nach Erledigung dieses Auftrages wollte er über Krakau endgültig in die Heimat zurückkehren und seßhaft werden.

Heinrich bot dem Ritter seine Freundschaft an und lud ihn ein, in Schlesien zu bleiben. Radon bedankte sich höflich, doch sagte er weder Ja noch

Nein. Bald aber wurde er noch einmal von dem gleichen Fieber gepackt, und man brachte ihn nach Leubus zu den heilkundigen Mönchen.

Nach seiner Genesung kam er wieder nach Liegnitz zurück und von da aus eines Tages nach Röchlitz, ohne im geringsten zu ahnen, daß er hier den Rest seines Lebens verbringen sollte. In Röchlitz nämlich war das Amt des Kastellans freigeworden. Der bisherige Verwalter der Burg war während einer Jagd auf Wildschweine elendig ums Leben gekommen. Heinrichs Angebot, Burgvogt in Röchlitz zu werden, nahm Radon ohne Zögern an. Und bald merkte man auch, warum.

Der neue Kastellan begann energisch zu walten. Täglich rief er seine Leute zu Besprechungen ein. Zu denen war oft die Herrin zugegen oder aber in ihrer Vertretung Fräulein Jutta. Jutta sah den Fremden anfangs recht verächtlich an und antwortete ihm schnippisch, wie es so ihre Art war. Der aber wußte mit dem spröden Fräulein umzugehen, so daß sie bald bei seinem Anblick zu erröten begann. Auch sonst kreuzten sich die Wege der beiden einige Male des Tages, und die Gelegenheit zu plaudern ergab sich immer wieder. Bald sah man sie mal hier, mal da in angeregte Gespräche verwickelt. So verwunderte es niemanden, als der abenteuermüde Ritter bei der Herrin um die Hand des Fräuleins anhielt.

Hedwig war über diesen Lauf der Dinge hocherfreut. Hatte sie doch Jutta in vielen Jahren schätzen-, ja, liebengelernt. Die Treue war schon über dreißig Jahre alt und bangte einem trostlosen Altjungferndasein entgegen. Andererseits hätte Hedwig sie ungern von sich gelassen, so sehr war sie an ihre Dienste gewöhnt, an ihre vertraute Anwesenheit. Eine Heirat weitweg von ihrer Herrin wäre wohl auch für die Getreue kaum denkbar. So war die sich bietende Verbindung der ersten Hoffrau mit dem Kastellan der Röchlitzer Burg eine willkommene Aussicht.

Die Trauung sollte in aller Stille stattfinden. Hedwig und Heinrich traten als Braut eltern beider auf. Ein Haus wurde für sie im Burghof errichtet, und der Herzog schenkte dem frischvermählten Paar einige abgabepflichtige Dörfer zwischen Röchlitz und Goldberg.

Doch die Gelegenheit zu feiern, ließen sich die Burgleute nicht nehmen. Und auch die Goldberger und andere Bürger fanden sich mit Geschenken ein. Drei Tage und drei Nächte wurde wie üblich gefeiert.

Jutta blühte auf wie eine späte Rose. Sie brachte in kurzen Abständen zwei Kinder zur Welt, ein Mädchen und einen Knaben. Doch das Familienglück minderte Juttas Diensteifrigkeit nicht. So sollte es ihr Leben lang bleiben.

Hedwig hatte ihr Versprechen, Petrissa nach Schlesien zu holen, nie vergessen. Ein Frauenkloster in Schlesien zu errichten, in dem Petrissa Äbtissin sein sollte, daran hielt sie fest.

Jetzt, seitdem sie die Gespräche mit Engelbert entbehren mußte, dachte sie um so öfter an ihr Klostermütterchen. Sie sehnte sich nach klugen Gesprächen. Gespräche von Frau zu Frau sind anders als Gespräche mit Männern. Männer denken nur an sich, auch wenn sie an Gott denken, ging es ihr durch den Kopf. Dabei bekreuzigte sie sich. Denn sie wußte, wieviel Mühe sich die frommen Mönche gaben, um ihre allzu menschliche Natur zu zähmen. Dennoch, Frauen sind anders, fand sie. Sie sind Mütter. Auch wenn sie keine Kinder haben. Behütende Mütter. Liebende Mütter auch im Geiste. Wie Petrissa für sie gewesen war. Zu lieben ist ihre von Gott gewollte Aufgabe. So ist es, und es ist gut so. Die Liebe der Frauen hält die Menschen zusammen wie der Mörtel die Steine einer Burg. Hedwig war überzeugt, daß Frauen Gott näher sind als die ständig Streit suchenden Männer. Um so mehr die frommen Frauen, die die Liebe zu den Menschen mit der Liebe zu Gott und zur Gottesmutter verbinden.

So kam sie in Gesprächen mit ihrem Mann immer wieder auf die Errichtung des Frauenklosters zurück.

Heinrich belächelte ihre Beharrlichkeit, ging auf das Thema ein, wehrte ab oder vertröstete sie auf später.

Irgendwann bemerkte er dann doch leicht gereizt, es komme ihm fast vor, daß ihr das Kloster wichtiger wäre als die Familie, oder als denke sie daran, ihn zu verlassen, um Nonne zu werden. Du sollst das Kloster haben, sagte er. Wir wollen das Kloster bauen, aber …

Sie saßen gerade noch für eine Weile am abgeräumten Mittagstisch, wie sie es gern und oft taten. Die Knaben waren mit ihren Betreuern zu den Pferden gegangen.

Aber Heinrich, unterbrach ihn Hedwig, es soll doch unser Kloster sein, nicht meins, das Kloster unserer Familie, unsere Grabstätten sollen dort sein, und die Nonnen werden zu allen Zeiten für uns und unsere Seelen beten. Ein Kloster zu Ehren Gottes und fürs allgemeine Wohl der Menschen in deinem Lande soll es sein.

Sie lehnte sich bequem in ihren Sessel zurück. Wie oft haben wir darüber geredet, wie wichtig ein Frauenkloster besonders für Schlesien sein wird, wo der Heidenglaube noch stark ist, und wo so viele Kranke und Arme der Betreuung bedürfen, wo es keine Schulen für Mädchen gibt und keine Zufluchtstätten für unverheiratete Frauen, für Witwen, für Waisen. Vor allem: Wohin sollen sich die Frauen begeben, die ihr Leben Gott weihen wollen. Wie kann ein Land ohne Kloster frommer Frauen sein …

Du hast ja recht, Hedwig, seufzte Heinrich, doch bedenke die Schwierigkeiten, die uns erwarten. Allein der Unwille des Papstes gegen Frauenklöster, von dem alle wissen. Und auch die Mönche mögen die Frauenklöster nicht, die sie in geistliche Obhut nehmen müssen.

Die Frauen strömen allerorts in die Klöster, sagte Hedwig, sie gründen sogar Gemeinschaften, die leider oft auch außerhalb der kirchlichen

Obhut verbleiben. Die Beginen, aber auch andere. Die Städte am Rhein sollen voll sein von ihnen.

Eben, fuhr Heinrich fort, manche dieser Frauengemeinschaften tragen zum üblen Ruf aller bei. Der Papst und die Bischöfe dulden ungern die Frauenklöster, auch weil sie eine Belastung der Männerklöster sind. Es heißt auch, die Frauenklöster werden oft zu Stätten der Versuchung für die frommen Kleriker. Mir tun sie übrigens leid, diese armen Kerle, spottete Heinrich, sie haben geschworen, keine Weiber anzusehen, sie sind vor den Weibern in die Wildnis geflohen, und nun sollen sie sich um ganze Scharen dieser hilfebedürftigen Wesen kümmern, sich um ihre Seelen sorgen und dabei die oft recht hübschen Gestalten und Gesichter betrachten, die auch von fleischlicher Unruhe geplagt werden. Haben wir nicht genug Geschichten von Mönchen gehört, die von Nonnen verführt wurden. Diese frommen Weiber …

Aber Heinrich, fiel ihm Hedwig ins Wort. Du weißt sehr gut, daß wir ohne die geistige Kraft der Mönche gar nicht leben könnten. Ohne die Leistung der Mönche wären wir wie die Heiden, wie die Wilden im Walde. Jeder weiß es – die Mönche sind die Friedfertigen auf Erden, die wie Engel Gottes Ordnung unter den Menschen schaffen, die Armen und Schwachen schützen. Aber die geistigen Frauen sind ebenso wichtig wie die Männer, und in manchem sogar noch wichtiger.

Übrigens haben wir noch öfter Geschichten gehört, in denen die Mönche verdächtigt wurden, es mit Bauernmädchen zu treiben. Aber auch das waren meistens Märchen, die man sich erzählte, um dem Ansehen der Mönche zu schaden.

Nicht immer, entgegnete Heinrich, gerade in Schlesien hat man mit den Benediktinern üble Erfahrungen gemacht. Du weiß doch, sagte er, daß Boleslaw die Faulenzer, die Met tranken und sich Weiber in ihre Schlafsäle geholt hatten, aus Leubus verjagen mußte, ehe er dort die Mönche aus Pforta einführte.

Auch Mönche sind nur Menschen, und wenn einige fehlten, darf man daraus nicht auf alle schließen, widersprach Hedwig eifrig. Und die Mönche von Leubus lassen sich mit Sicherheit nicht verführen, denn sie sind aufrichtig fromm und zu müde von der Arbeit, die ihr Leben ausfüllt. Die leben beispielhaft in ihrer Ordnung, das weißt du.

Aber Hedwig … wehrte Heinrich ab, ich will keinen Streit mit dir, und erst recht nicht in dieser Angelegenheit. Ich habe dir versprochen, dieses Kloster zu errichten, doch du weißt selbst – es wird nicht leicht sein.

Erstens: Die Nonnen in Kitzingen leben nach der Ordnung des heiligen Benedikt. Petrissa ist eine Benediktinerin, und Benediktiner gibt es in Schlesien nicht. Wie du weißt, haben die Leubuser Mönche die strengere Ordnung der Mönche aus Cîteaux angenommen. Wer soll also die

Nonnen betreuen? Oder sie bewegen, nach einer strengeren Regel zu leben als bisher.

Hedwig zuckte mit der Schulter, das könne sie kaum als Hindernis erkennen, Petrissa wird mit Sicherheit gern auch eine strengere Ordnung annehmen.

Nun gut, antwortete Heinrich, wenn du meinst, für Petrissa sprechen zu können. Also werden die Leubuser die geistlichen Ämter im Frauenkloster übernehmen.

Weiter wäre zu klären: Wird Petrissa die Einwilligung ihrer Obrigkeit bekommen, den Orden zu wechseln. Und auch: Wird sie als ehemalige Benediktinerin ein Kloster nach den Regeln von Cîteaux leiten können. Die Vorschriften sind andere. Und die muß man kennen. Ja, wohl auch gelebt haben. Und die Nonnen? Werden die ihr folgen wollen?

Und die entscheidende Frage bleibt: Werden die Bischöfe und der Papst überhaupt die Einwilligung für das Frauenkloster in Schlesien geben?

Das überlassen wir Ekbert, warf Hedwig ein, der wird uns in der Angelegenheit unterstützen, das hat er mehrmals versprochen.

Gut, ich aber, fuhr Heinrich fort, muß mich als zukünftiger Fürst dieses Landes fragen: Wie werden sich die neuen Aufgaben der Mönche auf das Siedlungswerk auswirken? Werden die Mönche nicht zu sehr belastet sein? Denn die Nonnen werden wohl kaum die Bauern im Entsumpfen und Roden, im Hausbauen und Felderbestellen anleiten können. Auf die Mönche kommt also doppelte Belastung zu, sie werden auch das Siedlungswerk im Umkreis des Frauenklosters betreuen müssen.

Ich bin sicher, antwortete Hedwig eifrig, daß die Mönche von Leubus auch diese neuen Aufgaben mit Leichtigkeit meistern werden. Ihr Konvent wird immer größer, sie können gar nicht alle, die ihm beitreten wollen, aufnehmen. Warum sollte sich also nicht auch ihr Arbeitsbereich erweitern? Und dazu werden ihnen die Nonnen wiederum vieles andere abnehmen. Auch sie werden Aufgaben zu erfüllen haben und im ganzen Lande wirken. Sie werden Kranke und Arme betreuen. Kinder unterrichten. Ich denke freilich vor allem an eine Schule für Mädchen. Möglichst viele junge Mädchen sollen im Kloster unterrichtet werden, damit sie später den Alltag in den Familien christlich gestalten können. Denn das ist bekanntlich die Aufgabe der Weiber: Kinder gebären und zu Christen erziehen, deine Untertanen erziehen. Und die sollen Christen sein, keine Heiden. Die Frauen, die eine Klosterbildung haben, wirken besänftigend auf ihre Männer. Sie haben es gelernt, ein angenehmes Zuhause zu gestalten.

Heinrich lachte auf und unterbrach sie: Weiß Gott, an dir ist ein Prediger verlorengegangen. Es ist wahr, du hättest in einem großen Kloster Äbtissin werden sollen. Das wäre eine Aufgabe für dich gewesen. Aber wer würde mich indes besänftigen und das Heim für mich gestalten, meine Kinder zu Christen erziehen … Du wirst mit Leichtigkeit auch die Mönche um die Finger wickeln. Und die Bischöfe und den Papst dazu. Du mein kluges Weib, du schaffst es immer, deinen Willen zu bekommen. Er beugte sich zu ihr hinüber, und sie küßten sich.

Und Hedwig sagte lachend: Das will ich hoffen! Mit Gottes Hilfe! Aber wenn man euch von Zeit zu Zeit nicht daran erinnert, wie wichtig das Tun der Frauen ist, wird das von euch gern vergessen.

Natürlich hast du recht, fuhr sie ernst fort, es wird unzählige Schwierigkeiten geben. Dieses Frauenkloster kann nicht von heute auf morgen entstehen. Aber eben deshalb müssen wir beizeiten darüber reden, Pläne entwickeln, um sie dann umzusetzen. Das weißt du besser als ich. Wichtig ist auch, fuhr Hedwig fort, zu klären, woher bekommen wir die Nonnen. Es müssen starke Frauen sein. Aber auch dabei wird uns Ekbert helfen können. Das Kloster Sankt Theodor in Bamberg ist ein mächtiges Kloster mit vielen Frauen, dort müßte man vor allem suchen. Mit der Erlaubnis des Bamberger Bischofs wird es keine Schwierigkeiten geben, Ekbert ist sein engster Vertrauter und für seine Nachfolge vorgesehen. Ekbert ist so gut wie Bischof von Bamberg … Bleiben Petrissas Vorgesetzte … Und vor allem der Papst.

Ekbert ist so gut wie Bischof von Bamberg, wie ich heute so gut wie Herzog von Schlesien bin. Wäre es nicht besser zu warten, bis wir beide wirklich Macht haben.

Wir dürfen nicht warten, Heinrich, sagte Hedwig fest. Wir müssen alles vorbereiten, bis die Zeit kommt und wir handeln können. Wir müssen mit den klügsten Mönchen ein Schreiben an den Papst aufsetzen, in dem wir ihn mit den treffendsten Argumenten von der dringenden Notwendigkeit eines Frauenklosters in diesem noch fast heidnischen Land überzeugen. Alles, was jetzt geklärt und erledigt werden kann, sollte jetzt geklärt und erledigt werden, fügte Hedwig ernst hinzu.

Und wo soll das Kloster stehen? fragte Heinrich. Nicht einmal das wissen wir. Jedenfalls nicht in der Wildnis, wie für Männerkloster vorgeschrieben. Irgendwo zwischen Liegnitz und Goldberg wäre es für die Frauen am sichersten, da leben die meisten Siedler aus dem Reich. Andererseits muß einiges in Betracht gezogen werden. Das Kloster sollte in der Nähe von Leubus liegen … Laß uns überlegen …

Na also, sagte Hedwig erleichtert, denn sie merkte, daß Heinrich endlich bei der Sache war. Und sie wußte, daß er, wenn er sich einmal einer Angelegenheit ernsthaft angenommen hatte, sie auch zu Ende führte. Denn einmal überzeugt, war Heinrich im Planen und Handeln unübertroffen.

Und prächtig muß das Kloster werden, freute sich Hedwig. Ein großes Kloster mit einer wunderschönen Kirche soll es sein …

Sieh einer an, spottete Heinrich, meine bescheidene Prinzessin! Für sie selbst ist ihr immer alles gut genug! Sie selbst wohnte anfangs in Röchlitz auf einer Baustelle. Und war froh. Solang die Armen hungern, möchte sie am liebsten auch nichts essen. Solang andere frieren, kann sie sich der Wärme nicht erfreuen. Prunk und Pracht sind eine lästige Notwendigkeit, wenn nicht gar ein Teufelswerk. Fast befürchte ich manchmal, irgendwann auf einem Schafsfell neben ihr schlafen zu müssen. Aber für die lieben Nonnen muß alles prächtig werden. Und das sofort. Großartig … Eine Kirche wie der Bamberger Dom! Nein, nein, meine Liebe, so schnell geht das nicht, auch die Nonnen werden es anfangs schwer haben.

Aber Heinrich, lachte Hedwig. Nicht für die Nonnen soll es so prächtig sein, sondern zu Ehren Gottes. Die Nonnen sind nur die Dienerinnen des Herrn. Und auch sie werden sich gern gedulden und auf ihr fertiges Kloster warten. Vorläufig genügt ein Holzbau und …

Sie standen auf. Hedwig nahm ihren Mann unter den Arm, und sie begaben sich in den Pferdestall, wo eine Stute fohlen sollte.

KEIN LEICHTES LEBEN,
FÜRSTIN ZU SEIN

Hervorzuheben ist,
wie sehr sie in allen Dingen Klugheit walten ließ
(Klemens IV., Bulle der Heiligsprechung der Herzogin Hedwig)

Eine merkwürdige Unruhe machte sich in der sonst so schläfrigen Burg breit. Knechte schleppten Teile von Rüstungen umher, Ritter prüften ihre Schilder und Schwerter, brachten beschädigte Teile zum Waffenschmied in der Vorburg, der, wie die Knaben erzählten, drei neue Helfer eingestellt hatte. Knechte reinigten eifrig die Ringhemden und Helme. Der Schuster, auch das wußte Hedwig von den Knaben, soll auf Radons Bestellung zwanzig Paar Stiefel für Berittene nähen und nageln. Aus bestem Leder. In kürzester Zeit. Stellt euch das vor: zwanzig Paar, vierzig Schuhe. Das ist von hier bis da, wenn sie nebeneinander stehen, freuten sich die Jungen. Und in den Stallungen stehen immer mehr Pferde. Sogar die Bauernburschen lernen das Hauen und Stechen mit Äxten und Lanzen.

Was ist los? fragte Hedwig beunruhigt. Heinrich zog die Brauen zusammen und sagte: Mach dir keine Sorgen, Hadi. Hier droht dir nichts. Er wollte seine Frau, um die er unlängst so viele Sorgen gehabt hatte und die bald wieder gebären sollte, nicht beunruhigen. Und Krieg war ohnehin keine Sache der Frauen.

Krieg? Krieg! Dem Land drohe Krieg. Das sagte ihr Jutta. Die hatte es von Radon, der zwar zum Schweigen verpflichtet war, aber wer könnte Frau Juttas Neugier widerstehen.

Also doch Krieg.

Aber – wer bedroht das Land? Niemand hatte von einem die Grenzen bedrohenden Feind gehört. Das wußte Jutta nicht.

Bei seiner nächsten Heimkehr sah sich Heinrich gezwungen zuzugeben: Ja, es droht Krieg! Denn es wurde ernst. Strenge Vorkehrungen waren zu treffen. Die Mannschaft zum Schutz der oberen Burg soll verdoppelt werden, das Tor tagsüber geschlossen bleiben. Die Knaben dürfen nicht ausreiten.

Ausreiten verboten? Auch in die Vorburg dürfen sie nicht?

Nein. Auch Sonntags nicht in die Kirche. Die Burgkapelle muß genügen.

Aber warum?

Das sage ich dir später.

Als sie abends am Feuer in der Halle saßen, bat Hedwig ungeduldig: Bitte, sprich, Heinrich! Was für eine Gefahr droht uns? Welcher Feind bedroht das Land?

Kein Feind von außen, antwortete er bitter, uns droht Bruderkrieg, Jaroslaw will Krieg, er und Konrad beanstanden Boleslaws Testament. Jaroslaw sammelt Ritter, sagte Heinrich, er ließ Söldner im Reich anwerben. Und Mieszko von Ratibor, der alte Kampfhahn, soll an der Grenze stehen mit seinen Rittern, jederzeit bereit einzugreifen.

Aber warum? fragte Hedwig. Worum geht's?

Mein Vater Boleslaw, der nun den sich nähernden Tod spürt, hat uns sein Testament unterbreitet, begann Heinrich, um Streitigkeiten nach seinem Tode zu verhindern. Aber genau das verursachte er damit. Die Brüder meinten, von Boleslaw benachteiligt zu sein, sie wollten ihn, Heinrich, als Alleinerben nicht anerkennen. Das ist es.

Also wieder Familienstreit! Bruderkrieg sogar. Hedwig war empört. War nicht Jaroslaw seit langem bei den Mönchen in Breslau gewesen, hatte er nicht jahrelang in Rom geweilt, um sich auf geistliche Ämter vorzubereiten, und hatte ihm Boleslaw nicht ausdrücklich mehrere Male versprochen, ihn als Bischof zu Breslau einzusetzen, nach dem Ableben des schwerkranken Siroslaw? Und Konrad, der Verspielte, der Kindliche, der war doch immer mit allem zufrieden gewesen, solange er seine Ritterspiele hatte und seine Gaukler. Hatte er nicht eine stattliche Kastellanei mit guten Einnahmen. Wie könnte der Kindische regieren. Und hatte nicht Heinrich zehn Jahre lang die Geschicke des Landes für seinen Vater geführt. Zur allgemeinen Zufriedenheit. Liebten ihn nicht die schlesischen, deutschen und polnischen Herren und Ritter. Ja, auch das Volk ... Liebten sie ihn nicht? Waren die lauten Bekundungen, die sie immer wieder gehört hatten, gelogen? Ihre freudigen ergebenen Blicke ... War das Trug?

Heinrich zuckte mit den Schultern. Jaroslaw hat das geistliche Kleid nicht geändert. Ihn dürstet nach Macht. Er will Krieg. Er steckt hinter dem Ganzen.

Boleslaw hatte uns zu dritt zusammengerufen, um seinen Letzten Willen kundzutun. Er ließ das Testament von den Mönchen, die es aufgeschrieben hatten, verlesen. Danach ergriff der alte Fürst das Wort und legte die Lage des Landes noch einmal dar. Er mühte sich redlich, trotz seiner Schwäche, die beiden zu überzeugen, erzählte Heinrich. In Gottes Namen bat er die beiden, seinen Letzten Willen zu respektieren, das Wohl des Landes über Eigennutz zu stellen. Schlesien muß stark bleiben und stärker werden, das sei das Wichtigste, wiederholte er immer wieder. Schlesien! Unser Land! Und wenngleich ihm die Stimme manchmal versagte, machte er doch einen starken Eindruck, und keiner der beiden wagte ihm zu widersprechen.

Doch als der Vater, sich durch ihr Schweigen sicherer fühlend, deutlich erklärte, Erbteilungen, wie in Polen üblich, kämen für ihn nicht in Frage, weil sie das Land schwächten, die Geschichte seines Vaters sei dafür ein beredtes Beispiel, begannen sie zu murren. Boleslaw lobte das in Deutschland geltende Recht. Dort erbe einer der Söhne, und zwar nicht unbedingt der Älteste, nicht unbedingt der Berechtigte. Man solle sich nur der erfolgreichen Entscheidung des edlen Stauferkönigs Konrad erinnern, der, um das Reich zu stärken, seinen eigenen Sohn von der Erbfolge ausgeschlossen, die Wahl seines Neffen unterstützt hatte, und so dem glanzvollsten Herrscher aller Zeiten, Friedrich Barbarossa, den Weg zum Kaiserthron ebnete. An gute Beispiele solle sich ein kluger Mann halten.

Ihre Gegenrede blieb noch verhalten. Aber als der Vater ihn, Heinrich, zu loben begann, seine Verdienste darstellte, seine langjährige Arbeit an seiner Seite und sein gutes Einvernehmen mit Herren und Rittern und hervorhob, daß er durch seine Mutter und seine Frau die besten Aussichten habe, im Reich Verbündete zu finden, wichige Kolligationen, denn Schlesien müsse seine Lage zwischen Deutschen und Polen klug nutzen, wurden sie lauter.

Aber auch Boleslaw hob die Stimme und begann, wütend zu werden. Als er sich aber weiterwagte und behauptete, seine Anordnungen seien für alle vorteilhaft, weil eine starke Familie und ein starkes Land allen zugute komme, wiesen dies die Brüder mit bitterem Hohn zurück. Jaroslaw, der die ganze Zeit mit finsterem Gesicht zugehört hatte, sagte, er könne viel, aber nicht alles ertragen. Er werde seine Sache und die seines Bruders in feste Hand nehmen. Er werde um sein Recht kämpfen. Wenn es sein muß, mit dem Schwert in der Hand gegen den eigenen Bruder, der ihm übrigens nie ein guter Bruder gewesen sei. Er fordere den Vater zum letzten Mal auf, ein neues Testament vorzulegen, nach ihren Vorstellungen: Schlesien soll in drei gleiche Teile geteilt, und er, Jaroslaw, zum Senior der Brüder ernannt werden.

Niemals, schrie aufgebracht Boleslaw, puterrot im Gesicht, so daß zu befürchten war, ihn könne der Schlag rühren. Ihm gehe das Wohl des Landes und der Familie über das Wohl seiner Söhne. Precz, precz, schrie er und wies ihnen die Tür. Do diabla z wami ... Wenn er wütend war, schimpfte er stets auf polnisch. Danach fiel er entkräftet in die Kissen seines Stuhles zurück. Bruder Adalbert, der seit längerer Zeit ständig Boleslaw betreute, war dabei und nahm sich des Kranken an. Boleslaw wurde von beiden Seiten gestützt zu Bett gebracht. Doch noch ehe Boleslaw die Halle verlassen hatte, waren die Brüder auf ihre Pferde gestiegen und eiligst fortgeritten. Man sagte, nach Breslau. Dort sammeln sie Ritter gegen den Vater und gegen mich.

Hedwig schwieg.

Heinrich ergriff ihre Hand: Hedwig, Hadi, jetzt mußt du stark sein. Wir werden uns selten sehen. Doch sollst du jeden Tag Nachricht von mir bekommen. Niko von Würben wird bei dir in der Burg bleiben. Mir bleibt Peregrin von Wiesenstein zur Seite. Sorge dich nicht. Ich werde dich und die Kinder schützen bis zum letzten Atemzug.

Das glaubte sie ihm gern. Doch machte das ihre Sorge nicht kleiner. Was sollte sie tun? Wie könnte sie diesen Krieg verhindern, Frieden stiften. Alles zum Guten wenden? Wie?

In der Nacht schlich sie sich aus dem Ehebett zu ihrem Gebetpult und versuchte, die Gedanken zu ordnen. Sie betete zur Gottesmutter.

Angst breitete dunkle Flügel über sie. Angst um Heinrich. Angst um ihre Kinder. Angst um das Ungeborene in ihrem Leibe. Denn vor den Brüdern schützte sie die Burg im Walde nicht, die kannten die Wege. Heimtückische Entführungen von Kindern als Geiseln waren bekannt in dergleichen Kämpfen. Und wie konnte man wissen, wer von den scheinbar Getreuen zum Verrat bereit war, wer sich kaufen oder erpressen ließ.

Und welch ein Ende konnte ein solcher Krieg nehmen, in dem die Söhne gegen den Vater kämpften, die Brüder gegen den Bruder, dachte sie. Niemals ein gutes. Heinrich konnte seine Brüder besiegen oder von ihnen besiegt werden. Heinrich konnte getötet werden, oder mitsamt seiner Familie verjagt. Der Tod … Heinrichs Tod würde wahrscheinlich auch ihren Tod bedeuten und den Tod ihrer Kinder. Bestenfalls würde man sie nach Deutschland ziehen lassen. Wenn aber Heinrich siegte, müßte er die Brüder bestrafen, nach geltendem Recht. Für Verrat und Friedensbruch seine Brüder mit dem Tode bestrafen. So könnte er zum Brudermörder werden. Wie sollte sie das ertragen, wie verhindern?

Ehe Hedwig Heinrich nach dem Frühstück um ein Gespräch bat, schickte sie ein kurzes Gebet zur Gottesmutter.

Alles sei besprochen worden, antwortete Heinrich unwirsch. Du weißt, daß ich deinen Rat schätze, doch es ist sinnlos, noch einmal darüber zu reden. Krieg ist Krieg. Und Krieg ist nicht die Sache der Frauen. Ich werde euch schützen, dich und die Kinder, bis zum letzten Atemzug, das habe ich dir versprochen. Du mußt mir vertrauen. Bete für mich. Für das Gelingen unserer Sache. Das ist alles.

Er wollte aufstehen. Doch Hedwig legte ihre Hand auf seinen Arm: Laß mich zwei Sätze sagen, Heinrich. Auch wenn du nachher nach deinem männlichen Verstand entscheiden wirst, höre mich an. Dieser Krieg muß vermieden werden, um jeden Preis. Das Ende eines solchen Krieges muß von Anfang an bedacht werden. Heinrich zuckte unwillig mit der Schulter: Na und?

Du mußt die Brüder noch einmal an einen Tisch bringen und verhandeln mit ihnen.

Verhandeln, spottete Heinrich. Als ob nicht genug verhandelt worden wäre. Worüber kann man mit denen verhandeln, die Streit auf die Fahne geschrieben haben. Die unbedingt Krieg wollen. Krieg um des Krieges willen.

Jedes Ende des Krieges, antwortete Hedwig, kann nur schlimmer sein als eine noch so ungünstige Verständigung davor, fuhr Hedwig beharrlich fort. Sind sie nicht Christen, deine Brüder? Wissen sie nicht, daß es in einem Bruderkrieg nur Verlierer geben kann, keine Gewinner? Haß bringt Haß hervor. Wer Wind sät, wird Sturm ernten. Du mußt, sagte sie fest, den Brüdern noch einmal Entgegenkommen zeigen, ihnen noch reichlichere Entschädigungen bieten. Und, falls Jaroslaw stur bleiben sollte, auch in eine Dreiteilung des Landes einwilligen. Auch das wäre besser als Krieg.

Heinrich schüttelte den Kopf: Nein, das nicht! Habe ich nicht gesagt, du verstehst nichts von ritterlichem Sinn. Ich trage die Verantwortung! Die Ritter haben mir vertraut. Wie soll ich vor meinen Leuten als Feigling dastehen. Bete und hüte die Kinder. Warte auf mich.

Er nahm sie noch einmal in die Arme und küßte sie auf die Stirn: Vertraue mir! Bete!

Behüt' dich Gott! Und die Gottesmutter!

Dann verließ er an der Spitze des schwerterrasselnden Trosses die Burg, neben ihm Peregrin von Wiesenstein. Eine bedrückende Stille blieb in der Burg zurück. Hedwig begab sich in die Kapelle. Sie betete. Was blieb ihr übrig.

Wenige Tage später ritt Heinrich unerwartet in Röchlitz ein und rief Hedwig, die herbeigeeilt war, noch vom Pferd herab zu: Der Friede ist gerettet! Ein Wunder!

Und dann erzählte er ihr in der Halle, er habe den klugen Rat seiner Frau doch befolgt, ihre Worte hatten ihm keine Ruhe gelassen, er ließ die Brüder noch einmal nach Liegnitz bitten. Und sie kamen. Er selbst traute seinen Ohren und Augen nicht: Ihre Gemüter hatten sich besänftigt! Irgendwie war ihnen die Luft ausgegangen, die Lust zum Streit.

Jaroslaw war mit furchtbaren Kopfschmerzen angekommen, wie er klagte. Er sah blaß aus, jammervoll und exotisch zugleich, den Kopf mit dunklen Tüchern umwunden. Und Konrad saß da wie ein geprügelter Knabe. Er habe sich gar nicht sehr bemühen müssen, sie zu überzeugen. Kaum fing er an, mit ihnen zu reden, schon waren sie zum Nachgeben bereit.

Nach einigem Hin und Her waren geringfügige Ergänzungen des Testamentes vereinbart, die eher zur Rettung der Ehre der Brüder dienten, als wirkliche Bedeutung hatten. Jaroslaw solle das Oppelner Land bekommen, allerdings mit der Einschränkung, es solle nach seinem Tode an Heinrichs Söhne zurückfallen. Dafür dürfe er auf seine volle Unterstützung bei seiner Wahl als Bischof von Breslau zählen. Konrad solle nach Konrads des Älteren Ableben das Land Glogau bekommen.

Ich verbürgte mich, die Neuerungen bei Boleslaw durchzusetzen, sagte Heinrich. Doch der wollte mit seinen Söhnen gar nicht reden und hielt mit greisenhaftem Starrsinn an seinen Drohungen gegen sie fest. Und an seinem Testament. Es war ein schwieriges Spiel.

Heinrich schwieg nachdenklich und fuhr nach einer Weile fort: Doch dann ließ sich auch Boleslaw zum Einlenken überreden. Er überließ mir alle Vollmachten bei den Gesprächen. Er machte einen müden Eindruck. Vielleicht aber zeigte er Nachgiebigkeit, weil ich mich auf deine Ängste berief und deinen Wunsch, mit den Brüdern friedlich zu verhandeln. Die Bedrohung der Kinder rührte ihn und machte ihn weich.

Doch er habe auch gehört, fuhr Heinrich fort, daß es den Brüdern schwergefallen sei, die Herren und Ritter gegen den alten Fürsten und gegen ihn aufzuwiegeln. Kaum jemand wollte dem finsteren Pfaffen und dem kindischen Herzoglein folgen, habe man ihm gesagt. Und für genügend Söldner hatten sie kein Geld. Und der alte Mieszko als Verbündeter weckte auch bei ihnen kein Vertrauen, denn der hätte zweifellos ganz Schlesien für sich eingesteckt.

Hedwig nahm besonders die Treue der Herren und Ritter mit Erleichterung zur Kenntnis. Denn gegenseitiges Vertrauen und guter Wille waren die wichtigste Voraussetzung für ein Zusammenleben und Zusammenwirken auch oder vor allem in einem Reich. So war es ihr eine große Beruhigung, daß die Herren und Ritter zu Boleslaw und Heinrich standen. Das war auch für die Zukunft ein gutes Zeichen. Sie war dankbar für diese Wendung des Schicksals. Der Krieg war verhindert worden! Im letzten Augenblick! Sie eilte in die Kapelle und betete dankbar zur Gottesmutter.

Die Ereignisse überschlugen sich.

Bald danach starb Bischof Siroslaw, und Jaroslaw wurde mit großem Pomp als amtierender Bischof von Breslau eingesetzt. Er verbrachte seine Tage in seiner prächtigen Residenz oder in der Oppelner Burg, ein von Schmerzen geplagter, früh gealterter Mann. Sehen ließ er sich kaum. Doch es dauerte nicht lange, da wurde plötzlich bekannt, Jaroslaw sei verstorben. Nach dem Verzehr einer verdorbenen Speise, hieß es. Mit ihm seine Schwester Agla, die ihm den Haushalt geführt hatte. Waren es Pilze gewesen? fragten sich die Frauen in Röchlitz. Wohl nicht, zu dieser Jahreszeit. Vielleicht getrocknete, marinierte ... Denn was sonst? Seine Schwester Agla galt zwar als Giftmischerin, aber auch sie war tot.

Heinrich begab sich mit starkem Gefolge nach Breslau, wo die Totenmesse für den verstorbenen Bischof und seinen Bruder gefeiert werden sollte. Er wußte, die Lästermäuler und alle anderen Unzufriedene hatten willkommenen Gesprächsstoff gefunden. Wer weiß, was ihm bevorstand. Die mächtigen Glocken der Stadt läuteten dröhnend … Requiem aeternam!

Bald darauf wurde der Jahreswechsel 1199 auf 1200 von vielen mit großer Angst erwartet, war es doch ein Jahrhundertwechsel, und schlimme Katastrophen waren zu befürchten. Das Weltende prophezeiten Wanderprediger und verkündeten die Offenbarungen des Johannes. Doch das neue Jahr mitsamt dem neuem Jahrhundert brach an wie jedes andere, und im Sommer desselben wurde Hedwig von einem Kind entbunden, einem kräftigen Mädchen, das auf den Namen Gertrud getauft wurde. Sie sollte einst als einzige ihre Mutter überleben.

Im nächsten Jahr aber, Anno Domini 1201, drei Wochen vor Weihnachten, starb der alte Fürst Boleslaw von Schlesien in seiner Liegnitzer Burg.

Grau hingen die Wolken über der Burg und der Stadt. Schnee fiel in weichen großen Flocken und zerschmolz auf der dunklen matschigen Erde. Schwarze Krähen watschelten in den Pfützen. Die Glocken der Liegnitzer Kirche und der Hofkapelle läuteten ohne Ende. Es war ein trauriges Geläut, das sich beharrlich in die Ohren und in die Gemüter fraß. Der große Fürst war tot. Boleslaw von Schlesien war gestorben. Seit langem hatte man den Tod des alten kranken Mannes erwartet. Für niemanden war sein Tod eine Überraschung. Dennoch trauerten die Familie, die Hofleute, das Volk um den Fürsten, als wäre ein plötzliches Unglück eingebrochen. Allenorts herrschte lautes Klagen. Besonders die Armen, die Bettler jammerten laut, überlaut, denn sie durften, wie üblich bei solchen Gelegenheiten, reichliche Almosen erwarten. Boten waren nach Breslau und zu den wichtigsten Herren auf ihren Kastellaneien gesandt worden.Und auch die polnischen und deutschen Verwandten mußten benachrichtigt werden.

Hedwig war Heinrich nach Liegnitz gefolgt. In der Halle der Liegnitzer Burg herrschte Gedränge. Heinrich und Hedwig nahmen Bekundungen der Mittrauer entgegen und Worte der Huldigung.

Die Leubuser Mönche hatten dem alten Fürsten in seinen letzten Tagen beigestanden. Das war nicht nur ihre verbriefte Pflicht, sie liebten den freigiebigen Fürsten aufrichtig. Sie hatten an seinem Lager gewacht, Kerzen gebrannt und gebetet, um ihm den Abschied vom Zeitlichen zu erleichtern und ihn für seine letzte Reise, für seine Heimkehr zu Gott, vorzubereiten. Sie versicherten, dem Fürsten würden seine Sünden erlassen, obwohl er die Segnung der letzten Sakramente so lange abgelehnt hatte, bis er das Bewußtsein verlor. Denn Boleslaw von Schlesien hatte nicht zur Kenntnis nehmen wollen, daß sein Ende nahte. Hatte er doch das Leben geliebt wie kaum einer. Dennoch war er würdig aus dem Leben geschieden. Dazu hatten die Mönche beigetragen. Sie hatten seinen Tod betend begleitet. Nach seinem Ableben achteten sie darauf, dem

Toten die Augen und den Mund zu schließen, um seinem Gesicht ein schönes Aussehen zu verleihen. Danach begannen sie, unter frommem Gesang seine Leiche zu waschen und mit duftenden Ölen zu balsamieren. Sie hüllten seine sterblichen Reste in eine Kutte, wie sie die Mönche ihres Ordens trugen. So hatte es sich der Fürst und Fundator ihres Klosters gewünscht. Die Leiche wurde in einen Eichensarg gebettet. Dieser sollte später in einem zinnernen Sarg versiegelt in der Leubuser Klosterkrypta stehen. Bis zur Auferstehung von den Toten. Amen.

Am Abend des Todestages wurden die sterblichen Reste des Herrn von der Burg in die Kirche gebracht. Die Mönche trugen den Sarg und sangen ihre Psalmen. Hedwig und Heinrich, ihre Söhne, die Vertrauten und Hofleute folgten. Fackeln und Kerzen begleiteten den Zug. Viele Menschen standen am Wegesrand.

Der Leichnam des alten Fürsten lag tage- und nächtelang aufgebahrt in der Liebfrauenkirche vor den Toren der Liegnitzer Burg. Die Mönche hielten die Totenwache zu Ehren des Fürsten und ihres Gönners. Tag und Nacht umstanden sie den Sarg in wechselnder Reihe, füllten die Kirche mit frommen Gesängen und duftendem Weihrauch. Dreimal des Tages wurde eine Messe für den Verstorbenen gelesen, Herren und Ritter und auch das einfache Volk zogen am Sarge vorbei.

Vor der Kirchentür weinten und schluchzten wie üblich die Klagefrauen. Spät am Abend stellten alte Weiber heimlich, nach heidnischem Brauch, irdene Krüglein mit Milch, Honig und Wein in die dunklen Ecken der Kirche, damit es dem Toten auch in der anderen Welt an nichts fehlte.

Das Land trauerte um seinen Fürsten, Boleslaw den Heimkehrer, den Erneuerer des Landes an der Oder. Jetzt war die Zeit gekommen, sich seiner dankbar zu erinnern. Boleslaw war ein gerechter Herr gewesen, er hatte die schlesischen Adligen gestützt und sie den polnischen und deutschen Rittern gleich geachtet. Er hatte vieles bewegt, vieles angeregt und in neue Bahnen geleitet. Seine lange Herrschaft hatte berechtigte Hoffnungen auf ein besseres Leben geweckt. Die Herren hatten Boleslaws Weltläufigkeit geschätzt. Man erzählte sich gern die Heldentaten, die er in der weiten Welt vollbracht hatte und die durch das Erzählen ins Unermeßliche gewachsen waren. Boleslaw, des großen Kaisers Barbarossa Kampfgefährte ... Boleslaw, den keiner hinters Pferd gesetzt hatte ... Boleslaw, der Held von Mailand, wo er hundert welsche Ritter besiegt hatte. Was man so alles wußte und sich hinter der Hand schmunzelnd erzählte: Boleslaw soll auch ein unwiderstehlicher Frauenheld gewesen sein. Ein Herzensbrecher ohnegleichen. Ja, ja, als der jung war ...

Und wenn auch der alte Herzog mit dem überquellenden Herzen meistens mehr versprochen hatte, als er dann halten konnte, und nicht alles so durchführte, wie er laut geträumt hatte, war er ein guter Herrscher gewesen. Gott gebe seiner Seele die ewige Ruhe. Requiescat in pacem.

Und auch das wußte man zu schätzen: Boleslaw ließ sein Feld wohlbestellt zurück. Er hatte für einen tüchtigen Nachfolger gesorgt. Zehn Jahre lang hatte der junge Fürst seinem Vater in allen Regierungsgeschäften zur Seite gestanden und seine Tüchtigkeit unter Beweis gestellt, man kannte seinen ausgewogenen Sinn, seine kluge Besonnenheit und seine Beständigkeit. Man durfte zuversichtlich sein. Weder die Großen noch das Volk brauchten sich bei diesem Herrscherwechsel Sorgen zu machen.

Dennoch, frei von Sorgen war man nie. Die Erhebung Jaroslaws gegen seinen Vater war nicht vergessen. Es lebte noch Konrad, des alten Fürsten Bruder, ein unberechenbarer Herr. Und auch Boleslaws jüngster Sohn Konrad, der Verspielte, machte Sorgen. Und dazu der im Nachbarland lauernde alte Fuchs, Mieszko von Ratibor. Der war die größte Gefahr. Keine friedliche Familie, diese Piasten. Als wenn die Sorge zur Trauer gehörte, steckten die Leute ihre Köpfe zusammen.

Zur Totenfeier für den alten Piastenfürsten, die Bischof Cyprian von Breslau zelebrierte, und dem darauffolgenden Totenmahl, waren weniger Gäste gekommen als erwartet. Daran war zweifellos die winterliche Zeit schuld, in der man sich ungern weite Reisen zumutete, zumal im Frühjahr die feierliche Überführung der Leiche von Liegnitz nach Leubus stattfinden sollte, was manche für die günstigere Gelegenheit halten mochten, den alten Fürsten das letzte Mal zu ehren und sich mit Verwandten und Bekannten zu treffen. Doch war nicht auszuschließen, daß einige polnische Verwandte die Lage im Land an der Oder für unsicher hielten und lieber abwarten wollten, ehe man dem neuen Fürstenpaar Ehrerbietung erwies.

Hedwig nahm all dies mit Besorgnis wahr. Sie wußte: Nun waren aller Augen auf sie und Heinrich gerichtet. Fortab galt es achtsam zu sein. Sie fühlte sich verantwortlich. Für sich, für ihre Familie. Ja, für Heinrich auch.

Die junge Fürstin sah sich um und sah, was die anderen sahen. Sie versuchte sich selbst und ihre Familie mit fremden Augen zu betrachten, denn sie wußte, den Leuten blieb nichts verborgen. Das Leben einer fürstlichen Familie wurde von allen aufmerksam wahrgenommen. Sie war bereit, dieses Schauleben auf sich zu nehmen. Sie wollte dafür sorgen, daß es ein beispielhaftes Leben wird. Sie wollte sich mühen. So helfe ihr Gott und die Gottesmutter!

Von der nahen Familie waren nur wenige da. Und wenn auch in fast jedem Fall die Ursache der Abwesenheit bekannt und zu entschuldigen war, so gab es doch einiges, das zu denken geben konnte. Und böswilligen Grund zu tuscheln.

Die alte Fürstin Adelheid verblieb mit einer fiebrigen Erkältung zu Hause. Berta, Boleslaws Lieblingstochter, lag im Kindesbett. Dafür war Bogusch da, ihr Mann, ein nunmehr von allen geschätzter Herr.

Auf jeden Fall war auch die Abwesenheit der älteren Tochter Boleslaws Adelheid zu entschuldigen, die seit langem nach Mähren verheiratet war. Eine so weite Reise im Winter, wenn auch zur Totenfeier des Vaters, konnte man sich gar nicht vorstellen. So war es tröstlich, sich zu erinnern, daß sie im Sommer in Liegnitz gewesen war, Abschied vom Vater genommen und seinen Segen empfangen hatte.

Konrad von Glogau war angereist, doch der stand abseits in einen schwarzen Mantel gehüllt, als gehöre er nicht dazu. Ein eigenartiger, obwohl als fromm gepriesener Mann, von dem man annahm, er werde bald wieder ins Kloster zurückkehren. Hedwig sah, er bewegte unaufhörlich den Rosenkranz zwischen den Fingern.

Aber wo war Konrad, Boleslaws jüngster Sohn? Warum war er nicht zum Begräbnis seines Vaters erschienen? Und wo verblieb Mieszko von Ratibor? Der Bruder?

Dicht am Sarge des alten Fürsten standen neben dem Nachfolger Heinrich seine Ehefrau und die drei Söhne Boleslaw, Konrad und Heinrich. Hinter dem jungen Fürsten seine engsten Getreuen, Niko von Würben mit seinen Brüdern, Peregrin von Wiesenstein und andere deutsche Ritter. Ihre Gesichter waren ernst und wachsam. Sie ließen die Hand nicht vom Schwert.

So verlief für Hedwig die Totenfeier in angespannter Stimmung, und sie war erleichtert, als sie wieder vor der Kirche standen. Schnee fiel aus den grauen niedrigen Wolken.

Als man in der Halle zu Tisch saß, und die Gespräche sich bereits etwas gelockert hatten, traf Mieszko von Ratibor ein. Mit ihm Kasimir, sein Sohn, und eine Handvoll Getreuer. Sie hatten ihre großen Schafspelze nicht abgelegt, von denen die Nässe tropfte. So standen sie in der Halle, vor dem Feuer des Kamins, die Hand auf dem Schwert. Mieszko grüßte herausfordernd laut, und ohne eine Antwort auf seinen Gruß abzuwarten, rief er Heinrich zu: Seid gegrüßt, werter Neffe, ich komme geradewegs aus Oppeln, das ich meiner Besatzung unterstellt habe. Euer Kastellan Winfried sitzt im Loch. Mit den Mäusen. Oppeln wird fortab mein sein, das Eigentum des Mieszko von Oppeln und Ratibor.

Die Anwesenden erstarrten. Nicht über die Besetzung Oppelns, denn das hatte man erwartet. Eher erschreckte die Verwegenheit des Übeltäters, der es wagte, vor dem Geschädigten so freimütig seine Schuld zu bekennen und dazustehen, als habe er nichts zu befürchten. Oder, was noch schlimmer wäre, als suche er den Streit. Unruhe entstand in der Halle.

Heinrich sah Hedwig an, stand auf und hob die Hand, um seine Getreuen zu beschwichtigen.

Zu seinem Onkel gewandt, sagte er ruhig und höfisch: Darüber werden wir später reden, Mieszko von Ratibor. Zunächst gehört es sich, die weitgereisten Verwandten in Gottes Namen willkommen zu heißen, Speise und Trank zur Stärkung nach den Anstrengungen der Reise anzubieten. Ihr seid unser Gast, Mieszko von Ratibor, Kasimir, wir grüßen Euch bei uns zu Liegnitz! Seid willkommen. Nehmt Platz.

Und er bat seine Gäste, die Pelze den Bediensteten zu überlassen und die Schwerter zu den anderen Schwertern an die Wand zu stellen.

Zögernd fand sich Mieszko dazu bereit. Mißtrauisch sah er sich um. Hatte er doch einen anderen Empfang erwartet. Doch nachdem er den ihm zugewiesenen Ehrenplatz zu Heinrichs Linken eingenommen hatte, fand auch er zu einem höfischen Ton zurück. Er bedankte sich, wie es sich geziemte, für den freundlichen Empfang und begann, sich für seine Verspätung zu entschuldigen. Er erklärte, die Reisezeit nicht wintergemäß genug berechnet und zudem in den letzten Stunden im Schneegestöber den Weg verfehlt zu haben. Hundewetter! Nichts zum Reisen! Und so sei er zur Totenehrung des eigenen Bruders zu spät gekommen. Gott verzeih' es ihm und sei der Seele des Verstorbenen gnädig. Amen!

Man bemühte sich nun beiderseits um ein ungezwungenes Gespräch, das allerdings, höfisch und recht steif geriet. Mieszko fragte nach den näheren Umständen des Todes seines Bruders, obwohl nichts besonderes zu erfragen war. Denn: Wie stirbt ein Mann, der alt genug ist zum Sterben.

Boleslaw hatte einen würdigen Tod, sagten die Seinen. Er sei dahingegangen in Frieden.

Gott sei seiner Seele gnädig. Amen, sagte Mieszko noch einmal, ehe er einen gehörigen Schluck Wein nahm.

Dennoch lag Unruhe und Angst in der Luft. Unruhe machte sich auch in der Vorhalle, ja, in der ganzen Burg breit. Die Nachricht von der Besetzung der Burg Oppeln drang sogleich bis zu den Rittern und Mannen, die im Ritterhaus bewirtet wurden, das man das Haus des kalten Bratens nannte, weil man das Essen dorthin ein Stückchen über den Hof tragen mußte. Argwöhnisch sah man den Kastellan an, der die Ritter aufforderte, die Ratiborer Gäste höflich zu behandeln. Die Ritter warfen sich bedeutsame Blicke zu und blieben wachsam, sie erwarteten jeden Augenblick den Befehl, die Waffen zu ergreifen.

Nach dem Essen bat Heinrich seine nächsten Getreuen sowie Mieszko und Kasimir und zwei weitere Herren seines Gefolges in den anliegenden Raum, dem einstigen Frauengemach.

Die an der Tafel Verbliebenen führten ihre Gespräche scheinbar ungezwungen weiter. Ein Lautenspieler war eingeladen worden, der aber bald aufhörte zu spielen, weil ihm die traurigen Melodien ausgingen, zu denen er an diesem Tage verpflichtet war.

Im Beratungsraum setzten sich die Herrschaften in die Nähe des großen Ofens, der angenehme Wärme ausstrahlte, Knappen reichten Wein und Gebäck, und Hedwig gab sich besonders freundlich, doch es war allen klar: ein hartes Gespräch stand bevor.

Heinrich wirkte beherrscht. Doch fragte er Mieszko ohne Umschweife, wie er denn die unrechtmäßige Inbesitznahme Oppelns zu begründen gedenke. Diese Angelegenheit müsse geklärt werden. Er hoffe, auf friedliche Weise. Im Trauerhaus verbiete sich Streit.

Zuerst sagt mir, werter Neffe Heinrich, wo ist Euer Bruder Konrad geblieben, entgegenete Mieszko barsch. Warum war Konrad nicht beim Begräbnis seines Vaters zugegen? Das möchte ich wissen. Sprich Heinrich: Wo ist dein Bruder Konrad? Wenn du mit mir über deine Rechte auf Oppeln reden willst, das zuletzt Eigentum Jaroslaws war, des so plötzlich Verstorbenen, so lasse deinen Bruder Konrad kommen, denn der hat das gleiche Recht wie du, über Oppeln zu entscheiden. Ich sage dir: Konrad ist mein Verbündeter. Er hat Hilfe bei mir gesucht gegen dich. Und wie man mir sagte, hast du ihn in Gewahrsam genommen. Du hältst deinen Bruder in einer Festung fest. Nicht wahr? In welcher? Wir werden ihn finden!

Da Heinrich nicht antwortete, fuhr er fort: Also hört, Heinrich von Liegnitz und Breslau, ich kann mit Euch über Oppeln nur in Anwesenheit deines Bruders reden, weil ich so mit ihm verblieben bin. Mieszko neigte sich vor: Dein Bruder hat mir Oppeln versprochen. Für meinen Beistand in seiner Sache gegen dich. Konrad will Breslau haben zu den Ländern um Glogau, Krossen und Sagan, die ihm Konrad der Ältere nach seinem Eintritt ins Kloster versprochen hat. Ich nehme Oppeln und Ratibor. Dir soll Liegnitz und der Rest bleiben. Das ist eine gerechte Teilung.

Heinrich schwieg eine Weile, denn obwohl er diese und andere Wendungen des Gespräches vorausgesehen hatte, dachte er über eine besonnene und wohlgesetzte Antwort nach.

Hedwig verbarg mit Mühe ihr Erstaunen. Sie hatte vermutet, daß Konrad aus irgendeinem Grund nicht zum Begräbnis seines Vaters gekommen war. Daß er beleidigt ferngeblieben war, weil ihn sein Vater in seinem Testament benachteiligt hatte, oder vielleicht, daß ihn Heinrich gebeten hatte, nicht zu kommen, um Streitigkeiten am Sarge zu vermeiden. Er hätte auch krank sein können. Aber sie schwieg, wie es sich geziemte, und erfuhr erst nach dem Gespräch, Heinrich hatte seinen Bruder in Krossen unter Bewachung stellen müssen, weil er wieder kriegslustige Ritter um sich sammelte und mit Streit über dem offenem Sarg drohte.

So polterte Mieszko in die sich hinziehende Stille hinein: Wenn Ihr Krieg haben wollt, werter Neffe, sollt Ihr ihn haben! Ich bin im Recht: Oppeln ist mein! Es liegt an Euch, das anzuerkennen.

Und er fuhr fort: Oppeln sollte von Anfang an mir zufallen. Das war in Altenburg klar besprochen worden. Doch dann brachte mich Boleslaw um meinen Anteil. Damals nach unserer Rückkehr nach Schlesien. Es redete mir ein, so sei es besser fürs Land und unsere Familie. Doch hat er mir beim Weine nicht nur einmal Oppeln nach seinem Tode versprochen. Denn er dachte nicht daran, daß ich ihn überleben könnte. Ich, der Ältere und Hinkebein. Für diese Gespräche habe ich Zeugen. Dann hat er Oppeln Jaroslaw gegeben. Jaroslaw war mein Verbündeter, und hätten wir je über die Nachfolge in Oppeln gesprochen, hätte er sie mir zugesprochen. Doch er starb plötzlich. Allzu plötzlich. Ein geheimnisvoller Tod. Und seine Schwester Agla dazu! Ungeklärte Todesursache.

Ich sage Euch klar: Du und deine reizende Frau aus Deutschland habt den Alten umgarnt, um ihm ein Testament zu euren Gunsten abzulisten.

Hedwig hob die Brauen, doch hielt sie sich zurück, denn in diesem Augenblick durfte sie sich nicht in das Gespräch mischen.

Heinrich runzelte die Stirn und sagte bedächtig: Ihr lügt, Mieszko von Ratibor, und Ihr wißt, daß Ihr lügt. Mein Vater wollte, von seiner Rückkehr aus Deutschland an, ein starkes Schlesien. Das war seine weitsichtige und kluge Politik. Und Ihr habt sie zunächst auch für richtig gehalten. Deshalb hat er den größten Teil Schlesiens für sich behalten und Euch und Konrad kleinere Teile angeboten mit günstigen Verträgen, nach üblichem Recht. Und auch das fiel Euch zu wie einer blinden Henne das Korn. Denn der Rückgewinn Schlesiens war meines Vaters Verdienst, das wissen alle.

Das zum einen. Und zum anderen: In seinem Testament hat Boleslaw aus dem gleichen Grunde sein Land nicht geteilt und mich zum Alleinerben eingesetzt. Jaroslaw und Konrad wurden reichlich entschädigt. Beide haben die Dokumente unterschrieben, und ich will den Willen meines Vaters erfüllen, weil ich seinen Willen für klug halte. Schlesien muß stark sein, will es nicht untergehen. Mir ist Schlesien so wichtig wie es meinem Vater wichtig war. Doch will ich aus dem gleichen Grunde keinen Krieg mit Euch. Mein Land braucht Frieden. Aber ich werde von meinem verbrieften Recht nicht lassen. Das bin ich meinem Vater und meinen Getreuen schuldig.

Mieszko sagte darauf: Schön reden konntest du immer, mein lieber Neffe, und jetzt übst du diese Kunst um so mehr mit deiner zungengewandten Frau. Aber hört zu, Heinrich, auch ich will keinen Krieg. Wir können gütlich verbleiben! Ihr unterschreibt den Verzicht auf Oppeln für ewige Zeiten, und auch, daß jegliches Erbrecht auf dieses Land zwischen unseren Familien für immer erlöschen soll. Dazu zahlt Ihr mir tausend Silbermark darauf, als Entschädigung für das mir jahrzehntelang vorenthaltene Erbe. Dafür bin ich Euer Verbündeter solange ich lebe und werde dafür sorgen, daß meine Nachfolger sich an diese Absprache halten. Eure Besatzung von Oppeln lasse ich selbstverständlich frei. Und Konrad soll sehen, wo er mit seinen Ansprüchen bleibt. Der unreife Knabe.

Heinrich wollte die Hand aufs Schwert legen, doch saß man sich ohne Waffen gegenüber. Hedwig legte beruhigend ihre Hand auf seinen Arm.

Es trat wieder eine bedenkliche Stille ein.

Mein Gemahl, wandte sich nun Hedwig an Heinrich, erlaubt, daß ich etwas sage. Heinrich nickte.

Gespannt blickten die Anwesenden auf die junge Fürstin. Man wußte: Die tat den Mund nicht auf, ehe sie es sich nicht wohl überlegt hatte. Ihr Rat wurde von allen geschätzt.

Ich bitte Euch, mein Gemahl, sagte sie, seid friedlich in Gottes Namen. Tut, was Mieszko von Euch verlangt, auch wenn es Euch unmäßig scheint. Laßt uns unsere Herrschaft nicht mit Streit in der Familie anfangen. Gott bewahre uns vor Krieg und vor Blutvergießen unter Verwandten. Laßt Oppeln los, mein Gemahl, in Gottes Namen, wir werden dadurch nicht ärmer, sondern reicher sein. Reicher im Herzen. Und hoffentlich um Freunde reicher. Einem christlichen Fürsten geziemt Verzicht im Namen des Friedens.

Aber auch Ihr, Mieszko, Fürst von Ratibor, merkt es Euch: Wir brauchen Frieden, denn wir wollen dieses Land aufrichten, Städte und Dörfer, Kirchen und Klöster bauen. Wir wollen Leute in dieses Land holen. Siedler, deutsche Siedler. Wir wollen ein reiches und glückliches Reich schaffen, für das wir Gottes Segen täglich auf den Knien erbeten. Dazu brauchen wir Frieden. Das möchten wir auch Euch ans Herz legen, Mieszko von Ratibor. Wir bieten Euch nicht nur Frieden an, sondern auch gemeinsames Wirken zum Wohle beider Länder, die ja ein Land sind.

Heinrich hörte ihr ruhig zu, ähnliche Gespräche und viele andere hatten sie bereits zuvor einige Male in ihrer Schlafkammer geführt. Er wandte sich an Bischof Cyprian, um ihn um seine Meinung zu bitten.

Der junge blasse Herr, dem große Frömmigkeit nachgesagt wurde, lächelte freudig und sagte, er bewundere immer wieder den großen Verstand der Herzogin und ihre vortreffliche christliche Gesinnung. Er könne sich dem Gesagten nur anschließen. Er habe einen Mönch bei sich, der im Schreiben von Urkunden geläufig sei, so daß man ein entsprechendes Dokument sofort aufsetzen könne.

Später, entschied Heinrich. Aber es sei, wie die Herzogin will: Frieden! Und er reichte Mieszko die Hand und sagte: So sei es denn: Mieszko von Ratibor und Oppeln! Und sie umarmten sich und gaben sich den doppelten Backenkuß, wie bei den Piasten üblich.

Die Herrschaften begaben sich zurück zu den anderen Gästen. Der junge Fürst erklärte laut: Wir haben uns geeinigt! Friede soll sein zwischen uns! Und er winkte den Truchseß herbei. Bald wurde der köstlichste Burgunder in die feinsten Kelche eingeschenkt. Alle atmeten auf am Tisch in der Halle, und auch durch die ganze Burg ging ein erleichtertes Aufatmen. Noch lange dauerte das höfische Gespräch, wie es sich unter Verwandten und Vertrauten geziemte, die zu einer Totenfeier gekommen waren.

Wenige Tage danach kam ein eiliger Bote aus Krossen nach Liegnitz angehetzt: Konrad ist tot! Der Piastensohn ist in seinem Verlies ums Leben gekommen, meldete der Berittene.

Wie denn das? fragten Heinrich und Hedwig entsetzt. Niemand wisse so recht, wie es sich ereignet hat, erzählte der Bote. Der Fürstensohn habe geschrien und getobt, tage- und nächtelang. Er habe geflucht und gebetet. Und immer wieder die Freilassung gefordert. Ein Gespräch mit seinem Bruder, dem Fürsten Heinrich, verlangt. Und plötzlich war es still gewesen im Verlies. Als die Wachen in den Kerker hinabsahen, lag der Gefangene mit seinem Schwert in der Brust: tot. Erstochen. Auf dem Rücken lag er in dem elenden Loch, auf dem verkoteten Boden. Woher er das Schwert hatte, wußte keiner zu sagen. Es war ihm zuvor, wie es sich gehörte, abgenommen worden. Das haben alle gesehen. Er hat sich selbst umgebracht.

Laßt die Pferde satteln! rief Heinrich. Wir reiten sofort nach Krossen. Ich werde den Schuldigen finden und ihm die Beine aus dem Hintern reißen, egal wer er ist! Oder die ganze Bande kopfunter hängen, reihenweise! Verdammte Kerle, fluchte der Fürst. Armer Junge! Das hat uns gerade noch gefehlt. Er ritt fort. Hedwig blieb zurück, allein mit ihren aufgeschreckten Gedanken.

So begann also ihre Regierungszeit, die sie um jeden Preis hatten friedlich halten wollen, dennoch unter keinem guten Stern. Gewiß, es war ein böser Zufall. Ein Unglück, das immer passieren konnte. Aber es mußte nicht sein. Großes Unglück war vermieden worden, das kleinere geschah. Der Verdacht des Brudermords hing in der Luft.

Aber wie kam das? Konrad war um des Friedens willen festgehalten worden. Heinrich wollte Unruhe verhindern, mit der Konrad gedroht hatte. Er wollte zu seines Vaters Trauerfeier Frieden bewahren. Muß auch Frieden mit Opfern bezahlt werden? fragte sich die junge Herzogin. Und sie überlegte weiter. War es nicht die Pflicht des Herrschenden, das Chaos zu ordnen? Frieden im Lande zu halten, Gerechtigkeit walten zu lassen, die Seinen zu schützen, alle zu schützen, die dem Fürsten vertrauten? Wenn es sein mußte, auch mit Gewalt!

Mit Gewalt? Muß ein Herrschender Gewalt anwenden, hart und grausam sein? Muß der Verantwortung Tragende zum Bösewicht oder gar zum Mörder werden? In diesem Fall und vielleicht viele Male mehr. Wer weiß, was noch kommt. Ihr schauderte, und sie bekreuzigte sich.

Zum ersten Mal spürte sie die ganze Last, die nun auch auf ihr lag. Auf ihr, der Fürstin des Landes. Es war schwer, Verantwortung zu tragen, noch schwerer, Verantwortung liebend mitzutragen. Denn sie durfte nicht handeln. Ihr blieb das Warten und das Beten. Bestenfalls konnte sie hier und da mit gutem Rat etwas bewirken.

Wo waren die Grenzen, die Gut und Böse trennen. Pflicht und Schuld ... Eine hauchdünne Grenze. Wie sollte man sie erkennen?

Der Herzog, ihr Mann, mußte Entscheidungen zum Wohle des Ganzen treffen. In aller Strenge. Das billigte sie ihm zu. Auch wenn dies schmerzlich für die sein sollte, die sich nicht fügen wollten. Aber wo blieben dabei die christlichen Gebote der Nächstenliebe und auch das Gebot, den Feinden zu verzeihen? Sagte nicht Jesus: Alles, was ihr von anderen erwartet, tut auch ihnen?

Je länger sie nachdachte, desto schwieriger wurden Fragen und Antworten. Besteht denn diese Welt nur aus Widersprüchen? Sie spürte, daß sie Kraft brauchen werde, viel Kraft, um das Leben, wie es war, bestehen zu können. Sie betete zur Gottesmutter.

Mit fürstlichem Gepränge nahm Hedwig später neben Heinrich die Huldigungen der Herren und Ritter in der Liegnitzer Burg entgegen. Sie war darauf bedacht, sich würdevoll zu zeigen neben ihrem Gemahl, den Untertanen ein Bild von sich zu bieten, wie sie es erwarteten. Wie sie es brauchte. Sie war glücklich zu glänzen, zu strahlen im fürstlichen Glanz.

An so vieles war zu denken gewesen, mit Eifer war sie an die Vorbereitungen gegangen. Aber wie sollte man der kleinen Halle der Liegnitzer Burg in der Schnelle ein höfisches Aussehen verleihen? Heller, glanzvoller sollte es sein. Denn sie hatte beschlossen: Sofort soll gezeigt werden, wer man ist. Aber man konnte im Winter die Wände nicht weißen, so wurden sie dicht mit Teppichen behängt, die zum Teil noch aus Andechs stammten. Prächtige orientalische Teppiche, wie man sie hierzulande nie gesehen hatte.

Mehr Kerzenständer, mehr Licht, ordnete sie an.

Auf die Sitze, die noch Adelheid und Boleslaw gedient hatten, ließ die junge Fürstin feingestickte Decken und seidene Daunenkissen legen. Die Sessel auf ein Podest stellen, damit das Herzogpaar besser für alle sichtbar wäre. Ein großes Seidentuch mit dem schwarzen schlesischen Adler als Hintergrund.

Die junge Fürstin selbst hatte ein prächtiges Gewand angelegt, das seit langem für die große Gelegenheit bereitlag, sorgsam gefaltet in einer Truhe. Genäht nach burgundischem Muster. Aus grünem Samt mit gestickten silbernen und schwarzen Vögeln und Blumen. Ein Kleid, das die schlanke Gestalt der Fürstin vorteilhaft hervorhob. Modische lange Ärmel. Darüber ein Mantel aus dunklerem grünen Samt. Um die Stirn ein kostbares Seidenband gelegt, gold und silbern glänzend, dicht mit Perlen und Edelsteinen verziert, wie eine Krone.

Hedwig saß aufrecht und würdevoll neben ihrem Gemahl. Geziemend lächelnd. Einer nach dem anderen beugten die Untertanen ihre Knie vor dem neuen Herrn und seiner Frau. Der Rangordnung nach, zuerst die nächsten Getreuen, der Truchseß, Kämmerer, Notare und andere Angestellte der herzoglichen Verwaltung, dann die Kastellane der wichtigsten Burgen, der von Liegnitz und Breslau, von Glogau und Krossen. Auch Radon von Nitsch und Röchlitz war mit dabei. Nach ihnen die Bürgermeister der größten Städte, unter ihnen Sibotha von Goldberg, Gundram von Neumarkt und viele andere. Und nach ihnen scharenweise Ritter, die schlesischen, die deutschen, die polnischen.

Von den Würdenträgern der Kirche Huldigung zu erwarten, wäre eine Taktlosigkeit, obwohl dies früher üblich gewesen war. Doch seit langem wähnten sich die geistlichen Herren den Herrschern gleich. Und auf die Autorität des Papstes gestützt, trachteten sie nach immer mehr Macht und Einfluß auch in ihrem Land. Sie umstanden in festlicher Kleidung das höfische Zeremoniell und verliehen ihm dadurch noch mehr Feierlichkeit.

Hedwig sah gerne zu, wie ein Mann nach dem anderen seine Hände in die des Fürsten legte und dieser sie fest umfaßte wie zum Gebet, und wie sie die Treueformel murmelten, Heinrich dagegen Obhut gelobte. Danach knieten sie vor ihr, der Herrin, nieder, und Hedwig reichte jedem ihre Hand. Fürwahr ein herrliches Schauspiel und herrlich anzuhören, wie jeden Mann die Trompete hell ankündigte und der Truchseß seinen Namen rief.

Hedwig war glücklich, Fürstin zu sein. Sie, die sich zehn Jahre lang nur um ihre Kinder gekümmert hatte, spürte jetzt, wie die Bedrücktheit der engen Burg von ihr wich. Wie hatte sie doch die Abgeschiedenheit der kleinen Röchlitzer Burg beengt, die Traurigkeit nach dem Tode der beiden Mädchen niedergedrückt, der Kummer, der sie dort aus jeder dunklen Ecke ansah, belastet. Jetzt spürte sie in sich Flügel wachsen. Sie spürte sich selbst wachsen, ihren neuen Aufgaben zuwachsen. Hedwig wollte mit ganzer Kraft Heinrich zur Seite stehen und ihn stützen, mit ihm Verantwortung tragen. So wie sie es sich am Grabe der heiligen Kunegunde zu Bamberg gelobt hatte. Wie diese große Kaiserin wollte sie sein. Und wie andere starke Frauen, von denen sie gehört hatte. Wie Kaiserin Beatrix, von der der alte Boleslaw so oft geschwärmt hat, die fest neben ihrem Gatten, Friedrich Barbarossa, stand. Oder über ihm, wie der Alte schmunzelte. Beatrix soll klüger als ihr kaiserlicher Gemahl gewesen sein und dazu schön. Klüger als der ganze Stab seiner Ratgeber, erzählte Boleslaw. Und dazu bescheiden. Niemals habe sie sich über ihren Gemahl erhoben. Das soll ihre größte Klugheit gewesen sein. Der alte Fürst verehrte starke Frauen. Auch von ihr hat er viel gehalten, viel erwartet von ihr. Sie wollte ihn nicht enttäuschen. War sie doch sicher, er sehe ihnen von oben zu.

Wie freundlich hat es in seinem Munde geklungen: Nichts besseres als eine kluge und schöne Ehefrau. Wir Männer sollten den Frauen vertrauen wie dem Lieben Gott. Du Hedwig, Jadwiga, meine deutsche Prinzessin du, du wirst sein für Heinrich, wie die Beatrix für den Rotbart war. Und Heinrich hielt sich daran. Gottlob. Auch er achtete und schätzte sie. Das wußte sie. Dafür mußte sie dankbar sein. Darum sollte er seiner Frau vertrauen dürfen, wie keinem anderen Menschen auf der Welt, das nahm sie sich vor. Sie hatte im Kloster gelernt, sich zu fügen, in der Ordnung zu stehen. Nun war sie Herzogin. Und sie war es gern. So hat es Gott gewollt. Amen.

Das schöne und anstrengende Zeremoniell nahm ein Ende. Man ließ die Kerzen in der Halle löschen. Hedwig und Heinrich waren endlich allein in ihrer Kemenate.

Wie war es?

Du sahst wie der Erzengel Gabriel aus, schwärmte Hedwig.

Warum Gabriel?

Weiß ich nicht. Ist Gabriel nicht schön? Gabriel, der Verkünder. Und ich, sag, habe ich dir gefallen?

Heinrich nahm ihre beiden Hände und machte einige ausgelassene Sprünge mit ihr. Du warst königlich, nein, kaiserlich warst du. Schön wie Beatrix damals in Mainz. Schöner noch!

Wirklich? Sie legte ihren Kopf schräg – und das, obwohl ich keine goldblonden Locken habe?

Ich liebe deine Haare, ich liebe deine Augen, ich liebe dich von Kopf bis Fuß, so wie du bist. Ach, könnte ich doch dichten und singen wie Walter, jetzt wär mir danach. Dann blieb er plötzlich stehen und runzelte die Stirn. Wie sagte doch Ekbert: Du bist jetzt meine Con … Consors …

Consors regni, half ihm Hedwig.

Aha, ja, meine Consors regni, meine tüchtige Mitregentin sollst du sein.

Und eine Necessaria comes dazu, ergänzte Hedwig lachend. Deine nützliche Gehilfin.

Meine allerliebste nützliche Gehilfin du, seufzte er erleichtert, ehe er einschlief. Hedwig war froh über seine Worte, wußte sie doch, wie viele Männer es gab, die ihre Frauen nur als Schaupuppen neben sich duldeten.

Doch bald danach fing der herzogliche Alltag an, und der war nicht leicht. Ja, hart, anstrengend war er für beide. Doch gleichzeitig auch freudvoller als zuvor. Heinrich und Hedwig hatten zehn Jahre warten müssen, ehe sie die Regierung im Lande antreten durften. Zehn lange Jahre! Heinrich, obwohl von seinem Vater laut als Mitregent gepriesen, hatte neben dem Alten nichts zu sagen gehabt. Er hatte sich mit Neuerungen zurückhalten müssen.

Nach meinem Tode mach was du willst, hatte der Alte immer wieder gesagt. Jetzt bleibt alles wie es ist, denn es ist gut so. Es läuft. Laß es laufen. Das waren so seine Reden. Um so mehr hatte sich Heinrich Gedanken im stillen gemacht, mit Hedwig geredet, wie er dies und jenes als Herrscher ändern wollte. Jetzt hätte er am liebsten alles auf einmal, das ganze Land, auf den Kopf gestellt. Alles schien ihm veraltet und unmodern. Alles im Lande sollte nun anders werden.

Die Kastellane, die sich zu viel Eigenrechte angemaßt hatten, mußten in die Schranken gewiesen, die Mannschaften gemustert und hier und da Ritter entlassen werden. Die Befestigungen der Burgen kontrolliert und Ausbesserungen, neue Mauern, neue Befestigungen angeordnet werden. In allen Ständen hatten sich in den letzten Jahren Mißstände ausgeweitet, die Heinrich vor seinem kranken Vater geheimhalten mußte. Jetzt mußte offengelegt und geschlichtet, beschwichtigt werden.

Und das war nicht leicht. Die einheimischen Wojen bangten ständig um ihre Privilegien und beargwöhnten die neue Ordnung, in jeder Neuerung witterten sie einen Anschlag auf ihre althergebrachten Rechte. Den deutschen Rittern sagte man hochmütiges Verhalten nach. Sie glaubten, etwas Besseres zu sein. Keine christliche Demut, wie es sich gehörte. Die polnischen Ritter und Herren dagegen waren eitel und die lautesten im Streit.

Ärger gab es seit langem mit den geistlichen Herren, die immer mehr Privilegien für sich forderten und bestrebt waren, sich in allem vor den Herzog zu drängen. In Streitigkeiten riefen die Pfaffen nur allzu gern den Papst an, und der war mit Bannandrohungen nicht sparsam.

Besondere Zuwendung des Herrschers verlangten jedoch vor allem die neuen Siedler im Lande, die seine Hoffnung waren, die den Aufschwung bewirken sollten. Denen mußte das Gefühl gegeben werden, in Schlesien eine gesicherte Bleibe gefunden zu haben. Für sich und ihre Kinder und ihre Nachkommen für alle Zeiten. Allenorts gab es größere und kleinere Reibereien, Mißgunst und Streit zwischen den alten und den neuen Bewohnern. Und es sollten ja noch so viele ins Land geholt werden.

Dem ganzen Land mußte eine neue, eine fortschrittliche Verfassung gegeben werden. Und überhaupt waren Fortschritt, neue Ordnung, die am häufigsten von Heinrich gebrauchten Worte. Pläne, Pläne ... deren Durchführung Mühe und viel Zeit kosten wird. Das wußten sie beide.

Das Fürstenpaar begann das Land zu bereisen, im Lande umherzuziehen. Mit vielen Wagen und Gefolge. Mit großem Gepränge. Wie fahrendes Volk, wie die Zigeuner, spottete Hedwig. Aber herrschen bedeutete vor allem Reiten. Ständig im Sattel sitzen. Hoch zu Pferd. Reiten, reiten ...

Vom Frühjahr bis zum Herbst waren sie unterwegs im Lande. Es war wichtig, überall dazusein. Mit den Menschen freundlich zu reden. Ihnen aufmerksam zuzuhören. Über Gehörtes nachzudenken. Abends mit Heinrich den Tag zu besprechen. Mit ihm Entscheidungen fällen. In der Stille ihrer Kemenate endlich mit ihm allein, in zärtlicher Umarmung einschlafen.

Nur im Bett war Zeit für ungestörte Gespräche für beide, nur in der Kirche Zeit zum Nachdenken für sie.

Jeden Morgen mit den Getreuen reden, Anordnungen besprechen, erklären. Ihre Durchführung befehlen, die Befolgung überwachen, Lob spenden ... Tadeln. Strafen ... Hedwig wollte immer und bei allem dabeisein. Von einer Kastellanei zur anderen ziehen. Reiten, reiten, reiten. Das rhythmische Schaukeln des Pferdes in allen Gliedern spüren, bis in den Kopf. Bis in den Schlaf. Oder bis zur Schlaflosigkeit.

Jeden Tag unter den Augen der Menschen, die voller Bereitschaft zu bewundern waren, aber auch lauernd. Das junge Herzogpaar durfte sich keine Blöße geben, das wußten sie beide. Die Vorstellung von einem Herzogpaar, wie es sein sollte, wie es die Leute brauchten, mußte gefestigt werden. Es galt Vertrauen zu wecken bei den Untertanen. Aber auch Bewunderung. Respekt. Kein leichtes Spiel.

Doch sie nahmen es gern auf sich. Hedwig begleitete ihren Gemahl, auch wenn sie sich unwohl fühlte, ihre schlechteren Tage hatte, und auch wenn sie gesegneten Leibes war. Oft sah man sie mit blassem, schmerzlich verzogenen Gesicht neben dem Fürsten sitzen. Heinrich kümmerten ihre Schwächen nicht. Jetzt war nicht die Zeit für Weibergejammer. Da er selbst kein Unwohlsein kannte, übersah er die Schwächen seiner Frau. Und Hedwig wußte: Er brauchte seine Frau neben sich. Seine kluge gelehrte Frau. Ohne sie wäre er, Krieger und Herrscher, der weder schreiben noch lesen konnte, noch genügend vom Lateinischen verstand, den schriftkundigen geistlichen Herren ausgeliefert. Also mußte sie dabeisein. Immer mit ihrem Wachstäfelchen in der Hand. Und sie war immer noch tätig, während er mit seinen Männern bereits Bier trank und Wein und sie sich zotige Geschichten erzählten. Sie setzte bis spät mit den Mönchen Dokumente auf.

Zudem war die junge liebreizende Herzogin, die bald auch die Einheimischen in deren Sprache anredete und für jeden ein freundliches Wort hatte, überall gern gesehen. Sie schmückte ihren Herrn Gemahl ... Das wußte sie, und das hatte sie gern.

Allerdings konnte sie nicht immer Heinrichs Pläne begreifen, es widerstrebte ihr oft, seine Politik gutzuheißen. Heinrich wollte das schlesische Piastenreich auch nach außen festigen. Das sei notwendig, sagte er. Wolle das Land überleben, müsse es stark sein. Immer stärker. Stark sein, eine Lebensnotwendigkeit. Und das bedeutete bei ihm, wie bei allen Herrschern: Land gewinnen, Feinde besiegen. Also: Krieg.

Wozu Krieg, fragte Hedwig. Kümmere dich um dein Land und um deine Leute.

Das verstehst du nicht.

Für seine Kriegszüge brauchte Heinrich Ritter und Knechte, und ihre Ausrüstung kostete Geld. Verdammt viel Geld. Und wenngleich nicht alle eiserne Kettenhemden trugen, feste Kleidung und Schuhe aus Leder mußte ein jeder haben. Und einen Helm. Dazu Schwert und Schild. Dazu Schafspelze für den Winter. Und nicht jeder Ritter hatte ein eigenes Pferd. Das mußte ihm der Fürst schenken. Gut ausgerüstete Kämpfer sind ein halb gewonnener Kampf, pflegte der alte Herzog zu sagen. Aber sie kamen die Schatulle des Fürsten teuer zu stehen.

Hier begann das Kopfzerbrechen, das Heinrich seinen Beratern auferlegte. Er sagte: Beschafft mir Geld. Sie antworteten: Woher? Da war guter Rat teuer. Aber es gab ihn: Ein Herzogtum brauchte tüchtige Untertanen, die genügend Zinsen in die Staatskasse zahlten. Also vor allem neue Siedler. Die waren die Hoffnung. Also holte man viele Leute, denen man gute Bedingungen versprach. Und so begann bald ein Bauen und Umbauen im ganzen Land. Neue Städte und Dörfer entstanden, Klöster und Kirchen. Als wenn ein Fieber ausgebrochen wäre, überall herrschte rege Tätigkeit. Und wenngleich es bisher daran nicht gefehlt hatte, denn auch zu Boleslaws Zeiten hatte sich einiges getan, schienen die Leute zu spüren, daß neue Zeiten angebrochen waren. Alle machten gern mit.

Die Goldberger hatten eine feste Mauer gebaut und einen Graben davor angelegt, so wollten auch die Neumarkter nicht zurückbleiben und bauten eilig an ihrer Mauer. Und erst recht die Liegnitzer. Denen war es doch seit langem versprochen worden. Also drängten sie.

Doch gerade sie mußten vertröstet werden. Der Umbau der Liegnitzer Burg mußte zurückgestellt werden. Dieses Unterfangen war für später bestimmt. Sollte doch Liegnitz die größte Burg im Oderland werden. Ein leuchtendes Beispiel weit sichtbar im Land und über seine Grenzen hinaus. Und das erforderte Zeit und besonders viel Geld. Doch einiges durfte auch hier nicht warten. Die Halle mußte erweitert und erneuert werden. Die Frauenkemenate zum Arbeitsraum umgebaut. Der Hof planiert und teilweise gepflastert.

Denn es war seit langem beschlossene Sache: Liegnitz sollte der wichtigste Sitz des Herzogpaares sein. Hierher sollten die Getreuen zu Besprechungen einberufen, ausländische Botschaften empfangen und Feste gefeiert werden.

Wie gut, daß es außerdem Röchlitz gab. Immer geben sollte. Das stille Familiennest. Dort sorgten Jutta und Radon, die Getreuen, für Ordnung und Geruhsamkeit. Unter ihrer Obhut verblieben die Kinder. Auch die Knaben, die ihre Zeit meistens mit Niko verbrachten, brauchten Juttas mütterlichen Blick. Und die kleine Gertrud hielt Jutta eher als Hedwig für ihre Mutter. Sie wuchs mit Juttas Tochter Viola wie eine Schwester auf. Hedwig hatte wenig Zeit, in Röchlitz mit ihren Kindern zu verweilen. Daher war sie besonders froh, diese in bester Obhut zu wissen.

Alles in allem: ein anstrengendes Leben. Ja, herrschen war nicht leicht.

DAS KLOSTER ZU TREBNITZ

Nachdem das Kloster in Trebnitz gegründet war, brachte sie
dort viele Frauen und fromme Jungfrauen unter, damit sie Gott
dienten zur Krone einer unaussprechlichen Glorie,
in Keuschheit des Herzens und Reinheit des Leibes
(Legenda maior de beata Hedwigi)

Heinrich lehnte sich behaglich seufzend in seinem Sessel zurück, nachdem ihm der Diener die Stiefel von den Füßen gezogen und die weichen pelzgefütterten Hausschuhe gereicht hatte. Er streckte seine Beine dem offenen Feuer zu. Kaum kam der Herbst, wurde es kalt in der Burg. Zu seiner Frau gewandt, die an ihrem Stickrahmen saß, sagte er: Dein Frauenkloster, Hadi ... Also, ich habe wohl den richtigen Ort für das Kloster gefunden.

Hedwig hob erfreut ihren Kopf: Wo denn? In Oels?

Aber nein, antwortete er. Nicht in Oels, sondern bei Breslau, in Trebnitz.

Trebnitz ... nie gehört.

Ist ja auch ein kleiner Ort. Unbekannt. Aber schön gelegen. Hügel und Buchenwälder. Katzenberge heißen die Hügel. Sehen auch wie Katzenbuckel aus.

Trebnitz?

Ja, Trebnitz! Nicht nur schön, sondern auch heruntergekommen. Ein ehemaliger Marktort. Die Marktrechte sind vor einiger Zeit an das benachbarte Zirkwitz gegangen. In Trebnitz tut sich nichts. Ein kleines Castrum steht da, eigentlich nur ein halb verfallener Turm, und ein uraltes schiefes Kirchlein. Sonst nichts. Die Bewohner sind Nachkommen der Trebowane. Nur der Pfarrer und der Gastwirt sind Deutsche. Dort muß etwas geschehen. So geht es nicht weiter. Trebnitz ist mein Eigentum. Da muß neues Leben rein. Siedler. Am besten ein Kloster. Das könnte Wunder bewirken.

Aber wie kamst du auf diesen Ort, von dem du selber sagst, er sei einer wie viele andere?

Zufall oder ein Wunder, denk was du willst, antwortete Heinrich. Ich wollte geradeaus von Breslau nach Oels reiten, wie du weißt, in die dortige Kommende der Templer. Doch Bischof Cyprian, der mich dorthin begleitete, bat mich, den Weg über Trebnitz zu nehmen, diesen kleinen Umweg zu machen, weil er etwas mit dem dortigen Pfarrer zu besprechen hatte, der sich mit den Einheimischen nicht gut verstehe, vor allem weil er deren Sprache nicht mächtig ist. Was sollte ich dagegen haben. So ritten wir hin.

Die Gespräche mit dem Pfarrer, der versetzt werden soll, waren nicht angenehm und dauerten lange. Der Bischof wollte den schwerfälligen Mann in ein deutsches Dorf versetzen. Der aber gab plötzlich vor, sich an den Ort gewöhnt zu haben und an seine Leute und wollte nicht gehen. So zogen sich die Gespräche in der Pfarrei lange hin, und wir beschlossen zu bleiben. Nach dem Essen schlug der Pfarrer vor, uns die Heidenquelle zu zeigen. Die Quelle des heidnischen Übels, wie er sagte. Denn er jammerte in einem fort, daß sich unter den Einheimischen das Heidentum festhalte. Er habe ein Kreuz mit diesem hartnäckigen Volk. Und jeder werde es haben. Der Pfarrer behauptete, die meisten Einwohner in der Umgebung seien Heiden, auch wenn sie getauft sind. Sie kommen nicht in die Kirche, taufen ihre Kinder nicht und waschen ihre Toten bei schauerlichen Gesängen an der Quelle im Walde. Und dann verscharren sie sie unter den Bäumen. Im Walde! Wie findest du das?

Er erzählte weiter, die Heiden tanzten bei Vollmond. Manche nackt! Sie rotteten sich zusammen zur Sonnenwende. Heulten wie die Wölfe. Sie verehrten die Sonne, die Sterne, die Bäume, das Wasser.

Und wenn du ihm glauben willst – Priesterinnen sind bei ihnen alte Weiber. Zauberinnen. Also Hexen, nichts anderes. Das kann doch so nicht weitergehen. Der Meinung war auch der Bischof. und ich pflichtete ihm bei, erzählte Heinrich.

Es war ein schöner Weg durch den Buchenwald zu dieser Zeit, wir genossen ihn nach dem üppigen Essen. Die Quelle, nun, wie jede Quelle: ein munteres Wässerchen. Nichts besonderes. Keine Spur von teuflischen Umtrieben. Wir betrachteten geruhsam das Spiel der untergehenden Sonne in den Blättern, und ich begann, weiß Gott warum an dieser Stelle, dem Bischof von deinen Plänen eines Frauenklosters zu erzählen, von den Schwierigkeiten, die wir erwarteten, auch von seiten der Kirche. Aber auch, daß wir noch nicht wüßten, wo dieses Kloster stehen sollte. Denn ich wollte seine Meinung dazu hören.

Bischof Cyprian hörte aufmerksam zu und sagte plötzlich, hier wäre doch ein guter Ort für dieses Kloster.

Wir sahen uns an. Die Quelle plätscherte. Alles sprach dafür, nichts dagegen. Vielleicht war es ein Wunder, diese Eingebung an dieser Stelle.

Cyprian war von der Idee des Klosters, die er fast für seine hielt, sehr angetan, sogar stolz, ich gönnte es ihm, und er versprach Unterstützung in allem. Das will auch etwas heißen.

Heinrich fuhr fort: Trebnitz hat viele Vorteile, der Ort ist bestens gelegen, gut von Leubus aus erreichbar, etwa einen halben Tagesritt entfernt. Ebenso nahe von Breslau aus.

Hedwig hatte zu lächeln begonnen, als Heinrich von den heidnischen Hexen sprach, sie hörte dergleichen Geschichten über starke Weiber gern. Diese Geschichten gefielen ihr, sie machten sie neugierig. Natürlich muß das Heidentum bekämpft werden. Mit allen Mitteln. Selbstverständlich.

Also wann reiten wir nach Trebnitz, fragte sie. Meinetwegen gleich morgen.

Eigentlich wäre ihr ein Kloster zwischen Liegnitz und Röchlitz lieber gewesen. In vertrauter Umgebung. Unterwegs sozusagen. Sie mochte die Breslauer Gegend nicht allzu sehr. Denn dort hatte zuvor die Familie der Wlasts ihre Besitztümer gehabt. Auch Trebnitz hatte ihnen gehört, wie die ganzen Katzenberge, das wußte sie von Heinrich. Die alte Trebnitzer Kirche war von Peter Wlast und seiner Frau Maria errichtet worden. Bis heute trug sie den Namen des Patrons der Familie. Heinrich versicherte zwar, daß sein Vater die gesamte Umgebung rechtmäßig für einen guten Preis erworben hatte, doch Hedwig war die ganze Geschichte der Wlasts unangenehm geblieben.

Wenige Tage später ritten beide mit ihrem Gefolge nach Trebnitz. Unterwegs hielten sie in Leubus. Man übernachtete gern bei den gastfreundlichen Mönchen, denen man willkommen war, zumal Heinrich stets mit dem Abt dieses oder jenes zu besprechen hatte.

In der Frühe, nach dem Gottesdienst, ritt das junge herzogliche Paar mit seiner Begleitung durch den morgendlich flimmernden Wald. Hedwig begann wieder ihre Marienlieder zu singen. Heinrich fiel mit seiner tiefen, wohlklingenden Stimme ein. Und auch die anderen sangen mit. In Trebnitz angekommen, sprang Hedwig vom Pferde, ohne zu warten, daß ihr jemand den Bügel hielt oder die Hand reichte. Neugierig sah sie sich um. Die Pferde schnaubten, der kurze Weg durch den Wald hatte sie nicht ermüdet. Wie allerorts kamen ihnen zuerst kläffende Hunde, dann rotznäsige Kinder entgegen. Und dann die Leute. Die verneigten sich tief und blieben verschüchtert in einiger Entfernung stehen.

Verfallene Hütten standen herum, nur das Gasthaus war ordentlich und neu gebaut, ein behäbiges Fachwerkhaus mit bunt bemalten Fensterläden, von einem hohen festen Zaun umgeben.

Die Kirche war in der Tat klein und sichtbar altersbucklig, schief und baufällig. Unweit das kleine Castrum, auf dessen Dach zwei kleine Birken wuchsen. Besonders reizvoll fand Hedwig den Ort nicht. Und Heinrich, der ihr die Gedanken vom Gesicht las, erinnerte: Das Kloster soll nicht hier, sondern im Buchenwald stehen.

Immerhin, gab Hedwig zurück, anfangs werden die frommen Frauen doch im Dorf wohnen.

Allerdings, aber nicht lange.

Sie wäre gern gleich zur Quelle gegangen, doch zuerst mußten sie den Gastwirt und seine Frau begrüßen, die ihnen unter vielen Verbeugungen aus ihrem Haus entgegenkamen. Ein freundliches rundliches Paar. Die Frau küßte Hedwig die Hand und hatte dabei Tränen der Rührung in den Augen: Unsere Prinzessin aus Bayern! rief sie immer wieder. Willkommen, willkommen! Denn auch sie waren aus Bayern. Natürlich mußten die hohen Herrschaften einkehren in das gastfreundliche Haus, wo das Mittagessen bestellt worden war. Zu Tisch begann ein angeregtes Gespräch, denn auch Bischof Cyprian und der Pfarrer waren dazugekommen.

Die Wirtsleute wünschten sich, wie Hedwig es von anderen Neusiedlern immer wieder hörte, mehr Christen im Lande. Sie wollten unter den eigenen Leuten leben. Die Hiesigen, diese Heiden, waren ihnen nicht geheuer. Das bestätigte noch einmal der Pfarrer. Er habe es dem Herrn bereits geklagt und brachte jetzt seine Klagen der Herzogin vor. Hedwig aber fand das ungerecht und unchristlich zugleich: Hätte es nicht an ihm, dem Diener Gottes gelegen, die Heiden zu bekehren, sie dem Christentum zuzuführen. Aber er war anscheinend zu faul oder zu dumm, die Sprache der Einheimischen zu erlernen, denen er das Wort Christi verkünden sollte.

Doch sie sagte nichts, wußte sie doch, daß Bischof Cyprian bereits die Versetzung des Pfarrers beschlossen hatte. Eigentlich könnte der Mann jetzt am Orte bleiben, ging es ihr durch den Kopf, ihm würde es jetzt an Unterhaltung nicht fehlen, aber sie fand ihn weder genügend klug noch liebenswürdig für die Nonnen.

Man erhob sich bald nach dem Essen, um sich zur Quelle zu begeben. Dort kniete Hedwig plötzlich nieder und befeuchtete ihr Gesicht mit dem klaren Wasser. Sie trank es aus den Händen wie eine Bäuerin. Dann stand sie auf und sagte lächelnd: Ich spüre Gottes Segen an diesem Ort. Laßt uns über diesem Wasser eine Kirche bauen.

Heinrich stimmte dem gern zu. Und auch der Bischof nickte gerührt. So war die Entscheidung für Kloster und Kirche gefallen.

Hedwig begann sofort auf ihre Art Pläne zu spinnen. Sie hatte eine außerordentliche Gabe, sich Dinge vorzustellen, die es noch nicht gab. Sie schilderte Heinrich so lebhaft die Kirche und das Kloster, die hier entstehen sollten, daß er sie fragte, ob sie das Kloster vielleicht im Traum gesehen habe.

Wer weiß …

Dann aber holte er sie wie immer aus ihren Träumen auf die Erde zurück. Du weißt, sagte er, zuerst muß ein einfacher Holzbau im Dorfe errichtet werden. Und dann wird hier wie in Röchlitz eine endlose Baustelle sein. Viele Jahre wird es dauern, ehe das Kloster so dastehen wird, wie du es heute schon siehst.

Ist das etwa schlimm, fragte Hedwig. Nichts ist schöner als Bauen, sagte sie. Beten und Bauen … In Gottes Garten soll das Leben wachsen.

Und die Nonnen … das werden junge Frauen sein, eifrige Dienerinnen Gottes, die werden einige Unbequemlichkeiten gern auf sich nehmen. Und wir werden ihnen zur Seite stehen.

Sie fragte Bischof Cyprian, wie denn die Vorschriften seien, wie viele Nonnen ein Kloster anfangs haben müßte.

Der Bischof begann an den Fingern abzuzählen: die Äbtissin und ihre Vertreterin, eine Cellerarin mit Gehilfin, die für die Wirtschaft verantwortlich sein werden, eine Infirmaria für die Betreuung der Kranken und eine Apothekaria dazu, eine Betreuerin elternloser Kinder und eine Lehrerin, eine Cantrix, das heißt eine Singmeisterin. Und eine Kustodin für kirchliche Angelegenheiten. Und nicht zu vergessen eine Bibliothekarin, denn Abschriften heiliger Bücher brauche ein Kloster vor allem. Außer der Äbtissin müßten es laut Regel mindestens zwölf Nonnen sein.

Also bauen wir zunächst ein Holzhaus für dreißig Frauen, nahm Hedwig ihre Überlegungen auf. Denn es werden bald mehr und mehr sein. Ich kenne einige in unserer Umgebung, die auf das Kloster warten. Ich möchte auch Mädchen vom Dorfe ins Kloster aufnehmen, bürgerliche Mädchen, deutsche und slawische Frauen. Alle zusammen sollen Gott loben. Der Bischof sah sie bedenklich von der Seite an, sagte aber nichts. Er wußte, gegen das Mischen von Mönchen oder Nonnen aus verschiedenen Ständen und Nationen gab es große Widerstände bei den kirchlichen Herren. Auch Hildegard von Bingen soll dagegen gesprochen haben. Aber die Fürstin war ja bekannt für ihre Vorliebe fürs einfache Volk. Wer wollte ihr widersprechen.

Also ein Holzhaus neben dem schiefen Kirchlein. Eine Hütte für Reisemüde und eine für Kranke. Ein hoher Zaun aus Holz. Aber später sollen es die Nonnen schön haben, schwärmte Hedwig laut. Sie sollen nicht zusammen im Dormitorium schlafen müssen, das hatte sie in Kitzingen auch nicht gemocht. Man könnte im Schlafsaal Holzverschläge aufstellen. Und warm sollen es die Frauen im Winter haben. Ein großes Refektorium … ein Kapitelsaal … eine Bibliothek. Ein Arbeitszimmer für die Äbtissin … und einen schönen Kreuzgang wie in Kitzingen. Ein Garten mit vielen Blumen und Kräutern dazu.

Das Kloster wird selbstverständlich der Mutter Gottes gewidmet sein, wie bei den Ordensleuten üblich, aber die Kirche soll außerdem dem Patron unserer Familie, dem heiligen Bartholomäus, geweiht sein, bestimmte Heinrich.

Hedwig war glücklich wie vor Jahren in Röchlitz, sie streichelte vor Freude Heinrichs Hand.

Und wie damals setzte man sich mit dem Baumeister Jakob an den großen Tisch in der Liegnitzer Burg. Dabei waren auch die Vertrauten.

Trebnitz sollte das erste große Bauvorhaben des jungen Fürstenpaares sein, also galt es sorgfältig zu planen.

Der alte Jakob machte Hedwig Sorgen, er klagte über Leibschmerzen, die oft sehr heftig wurden. Etwas wachse in ihm, klagte er, es werde immer größer, er spüre, es werde ihn töten. Er fühle sich zunehmend schwächer.

Man gab ihm zwei junge Mönche zur Hilfe bei, die bei Gelegenheit das Planen und Zeichnen erlernen sollten. Jakob, der erst in späterem Alter in den Orden eingetreten war, hatte außerdem ständig seinen Sohn Jakob bei sich, der ein begabter Baumeister wie sein Vater zu werden versprach.

Kalk- und Ziegelbrennereien müßten vor Ort errichtet werden, plante Jakob. Aber woher sollte man die vielen notwendigen Fachleute nehmen? Zementarier und Steinmetze, Schreiner und Schmiede. Und woher die vielen Arbeiter?

Das Ganze soll in den Händen der Leubuser Mönche liegen, sagte der Herzog, fehlende Handwerker müssen in Deutschland angeworben werden. Die Einheimischen müssen zu den einfachen Arbeiten herangezogen werden. Bei Trebnitz sind die Leute noch nach polnischem Recht zu Fronarbeiten verpflichtet. Das muß so bleiben, sonst kommen wir nicht weiter. Das deutsche Recht gibt den Leuten zu viele Freiheiten. So arbeiten sie zwar besser, aber weniger.

Diesmal sagte Hedwig nichts dazu, obwohl sie sonst gern gegen diese Ungerechtigkeit schimpfte.

Aber dann fiel ihr etwas Besonderes ein, das alle verblüffte. Sie kam auf den Gedanken, Straffälligen für die Arbeit am Bau ihre Strafen zu erlassen. Auch Todesstrafen. Wozu sollen die Armen sterben oder sich in ihren Löchern quälen, wenn sie sich hier nützlich machen können. Und wenn sie davonlaufen, wenn wir sie befreien, gab Heinrich zu bedenken. Wenn man sie gut behandelt, werden sie auch bleiben. In der Nacht werde man sie bewachen. Ein oder zwei Ritter zur Aufsicht müßten genügen.

Das Herzogpaar hatte sich in Trebnitz das kleine Castrum herrichten lassen. Denn besonders die Fürstin wollte eine Bleibe in der Nähe des Klosters haben. Der Turm – ein beheizbares Wohngemach, ein Wachraum darunter, eine kleine Kemenate unterm Dach.

Das ist ja eher ein großes Faß als eine kleine Burg, spottete Heinrich.

Aber der Turm stand, neu bedacht und frisch hergerichtet, umgeben von Holzhütten wie ein Pfau inmitten des gewöhnlichen Federviehs und dazu geschützt von einem neuen festen Zaun aus Holz. Wer aus seinem Tor trat, sah von der kleinen Brücke über dem schmalen Graben zur rechten Hand die neu errichteten Holzgebäude des Klosters neben dem alten Kirchlein stehen, die auch von einem Zaun umgeben waren.

Man schrieb das Jahr 1202, als die ersten Nonnen in Trebnitz eintrafen. Kein Jahr war vergangen, seitdem Hedwig und Heinrich die Herrschaft im Lande übernommen und die Errichtung des Klosters endgültig beschlossen hatten. Zugegeben, es hatte auch zuvor einige Mühe gekostet, viele Gespräche waren notwendig gewesen. Schreiben waren hin- und hergegangen, nach Rom, nach Bamberg, nach Kitzingen und nach Gnesen. Aber nun war es soweit.

Die Fürstin und der Abt von Leubus Conradus, der sich gern bereit erklärt hatte, die Obhut über den Frauenkonvent zu übernehmen, wollten noch einmal einen prüfenden Blick auf die provisorische Anlage werfen. Denn alles sollte, ja, mußte nach den Regeln sein. Das war Voraussetzung für die Bewilligung des Klosters gewesen. Abt Conradus, der bereits die Schlüssel innehatte, ließ von einem der ihn begleitenden Mönche die Pforte aufschließen. Es war menschenleer im Hof. Die Hütten standen ordentlich im Kreis. Sie rochen nach frischem Holz. Man betrat zunächst das größte Gebäude, in dem sich das Oratorium befand, das auch als Refektorium genutzt werden sollte. Der Raum war genügend groß für einen langen Tisch mit Bänken. In einer Ecke hinter einem Verschlag sollte vorläufig die kleine Bibliothek ihren Platz finden: ein hölzernes Regal, ein Schreibpult am Fenster. Die Herzogin und der Abt nickten zufrieden mit den Köpfen. Alles war in Ordnung. Angeschmiegt an das Refektorium ein Häuschen mit Schulraum. Im Nebenhaus das Dormitorium, hier standen zwanzig Pritschen mit frischbezogenen Liegestätten und verbreiteten angenehmen Geruch nach frischem Holz und Heu.

Man besichtigte noch die Wirtschaftsgebäude und die Unterkünfte für Gäste und Kranke neben der Pforte. Pilger und andere bedürftige Wanderer durften nie von einer Klosterpforte abgewiesen werden. Das war Gebot.

Herzogin Hedwig lächelte zufrieden. Alles war wie es sein sollte. Bescheiden, aber genügend für den Anfang.

Sie begab sich mit dem Abt in das Kirchlein, das auch neugeweißt dastand. Man wollte ein stilles Dankgebet verrichten und den neuen Pfarrer begrüßen, einen jungen geistlichen Herrn, der unlängst aus Thüringen gekommen war. Als sie zu dritt im Gespräch vor der Kirche standen, meldete der Page den sich nähernden Reisetroß. Hedwig ließ ihn den Herzog und sein Gefolge herbeiholen.

Bald fuhren die Wagen mit lautem Gerumpel ein, von einer Staubwolke umhüllt. Der Platz war im Nu zu klein für so viele Wagen und Pferde. Zuerst sprangen einige begleitende Ritter ab. Nach ihnen hielten fünf Wagen. Zuletzt wieder Reiter in den grauen Mänteln mit dem Wappen des schlesischen Herrn. Auf einem der mittleren Wagen, dessen Plane abgenommen war, saßen die jungen Frauen. Der Kutscher kletterte vom Bock und stellte ein Treppchen an. Vorsichtig, ihre grauen Röcke raffend, stiegen die Nonnen herab. Jugendliche Gestalten in schlichter Tracht. Weiße Gebände um die fröhlichen Gesichter. Keine Spur von Müdigkeit, dafür verhaltene neugierige Blicke. Jede mit einem kleinen Bündel in der Hand.

Petrissa entstieg einer Kutsche, ihr folgte Domprobst Poppo, ein kleiner rundlicher Herr, der die Frauen unterwegs in geistlicher Obhut hatte. Petrissa begab sich eilig trippelnd wie eine Glucke zu ihren Zöglingen, ordnete sie in einen Zug und trat mit ihnen gemäßigteren Schrittes den erwartungsvollen Herrschaften entgegen.

Hedwig und Petrissa sahen sich einen Augenblick an, dann fielen sie sich unzeremoniell und gerührt in die Arme. Beide hatten feuchte Augen. Danach verneigte sich die zukünftige Äbtissin, wie es sich geziemte, vor dem Herzog, nicht ohne ihn aufmerksam anzublitzen. Der lächelte freundlich zurück. Danach neigte Petrissa vor Abt Conradus ihren Kopf mit gefalteten Händen. Der segnete sie und die jungen Frauen mit dem Zeichen des Kreuzes.

Petrissa stellte den Herrschaften eine nach der anderen die jungen Frauen vor, die vor kurzer Zeit Gott zu Ehren den Schleier genommen und den Mut hatten, in ein weites unbekanntes Land zu ziehen, um hier ein frommes Leben zu führen. Jede von ihnen wurde mit einem dreifachen freundlichen Händedruck begrüßt. Sie knicksten vor der Herzogin, dem Herzog und dem Abt: Benedikta, Pinosa, Viktoria, Gaudentia, Renata, Jutta, Eugenia, Katarina und Justina, Klarissa und Adelheid. Alle konnten sich einer vorzüglichen Herkunft rühmen, worauf Petrissa sichtbar stolz war und gern die Verdienste ihrer Familien erwähnte. Hedwig versuchte sich die Gesichter und Namen zu merken, denn sie wußte, wie wichtig das war. Sie war gerührt: Ein Traum war in Erfüllung gegangen.

Die Mönche von Leubus begannen ein Begrüßungslied zu singen mit ihren tiefen Stimmen. Die Nonnen fielen zwitschernd ein und nach ihnen alle anderen. Worauf sich die Gesellschaft in die Kirche begab. Und nach dem Gottesdienst in den schattigen Garten des kleinen castrums, wo das Essen für sie unter den Bäumen gerichtet worden war.

Zum Pfingstfest des Jahres darauf fanden sich hohe Gäste in Trebnitz ein. Die Einführung der Nonnen ins Trebnitzer Kloster sollte feierlich begangen werden. Ekbert von Andechs war gekommen, nunmehr Bischof von Bamberg, und in seiner Begleitung wieder Domprobst Poppo von Bamberg. Der Erzbischof Heinrich von Gnesen, Bischof Cyprian von Breslau, Abt Bernardus von Sankt Vinzenz auf dem Elbing und weitere Männer, die sich um das Entstehen des Klosters Verdienste erworben hatten. Dazu zahlreiche fürstliche, geistliche und adlige Gäste aus Schlesien und Polen, aus Sachsen und Thüringen und aus Bayern.

Im Oratorium des vorläufigen Klosterhauses verlas Bischof Cyprian vor den Versammelten die bischöfliche Bestätigungsurkunde, in der für ewige Zeiten bekundet wurde, daß Herzog Heinrich von Schlesien auf seinem Boden und auf seine Kosten das Kloster zu Trebnitz errichtete, zu Ehren Gottes des Herrn, der Gottesmutter Maria und des heiligen Apostels Bartholomäus. In dem Schreiben wurde weiterhin auf den Auftrag des Konvents der Frauen hingewiesen, vor allem das Gebet für das Seelenheil der fürstlichen Familie. Der Zweck der Gründung sei, hieß es, eine Stätte zu schaffen, an welcher der unverheiratete Teil der weiblichen Bevölkerung seine Zuflucht finden und ein gottgefälliges Leben führen könne. Als Aufgaben wurden vor allem die Sorge um Arme und Kranke und die Erziehung von Mädchen genannt. Dafür hatte der Herzog das Kloster reich beschenkt. Zunächst mit dem gesamten zu Trebnitz gehörenden Erbgut, dem Kottwitz, das Fischerdorf, hinzugefügt wurde. Demnach sollten alle Zehntenleistungen im Umkreis dem Kloster zugute kommen. Dazu kamen die Zehnten von Steinau und Stuben, die der Bischof von Breslau dem Kloster zueignete. Dazu vielerlei Versprechen, daß dies nur der Anfang sei, an weiteren Schenkungen solle es nicht fehlen.

Die Schutzurkunde des Papstes, die danach verlesen wurde, war einige Wochen zuvor in Schlesien eingetroffen, also den meisten der Anwesenden bereits bekannt, dennoch hörten alle dem Lesenden in frommer Andacht zu. Papst Innozenz der Dritte wandte sich an die Äbtissin und die Nonnen von Trebnitz und sicherte ihnen seinen Schutz zu, desgleichen allen Schenkungen, die das Kloster erhielt und in Zukunft erhalten sollte. Der Papst erwähnte Herzog Heinrich von Schlesien namentlich als Fundator des Klosters.

Nach einem feierlichen Hochamt, während dessen die vielen Gäste das zu enge Kirchlein umscharten, begab man sich zurück ins Refektorium, um hier ein festliches Mahl einzunehmen.

Nach dem Essen brach die versammelte Gesellschaft in feierlichem Zuge zum Buchenwald auf, wo ein großer Platz für den Bau des zukünftigen Klosters und der Kirche gerodet worden war.

Vor dem Herzog und seiner Gemahlin schritten drei Leubuser Mönche mit einem großen hölzernen Kreuz. Hinter dem Herrscherpaar trug man die Fahnen des Herzogs, des Bischofs und der in Schlesien lebenden Orden. Danach schritten Abt Conradus und Cyprian von Breslau. Ihnen folgten Petrissa und ihre Konventualinnen, Bischof Ekbert und die anderen hohen Gäste. Das Ende des Zuges bildeten die Mönche von Leubus und eine Schar von Hofleuten. Die hellen Stimmen der jungen Nonnen, die wie Vogelgezwitscher klangen, und das Brummen der Mönche wurden trefflich begleitet von der herzoglichen Hofkapelle: Fiedeln, Trommeln und Trompeten. Eine herrliche Musik in der klaren Luft.

Inmitten der dunklen Erde der Rodung sprudelte hell die Quelle. Ihr Wasser suchte in mehreren Rinnsalen nach einem neuen Bett. Ein Bild der Verlorenheit. Dem sollte bald entgegengewirkt werden. Die Quelle sollte fortab – in einen Brunnen gefaßt und in die Kirche einbezogen – das Taufwasser spenden. Die von den Heiden verehrte Quelle war nun dazu bestimmt, dem Gott der Christen zu dienen, so wollte es die Herzogin. Sie sah dies als Zeichen der Verknüpfung der alten mit der neuen Zeit und ein alle in Liebe verbindendes Zeichen. Die Quelle werde segensreich springen, solang es christliche Liebe in Schlesien gibt, wiederholte Herzogin Hedwig einige Male.

Im abgesteckten Kreis um die Quelle, wo Kirche und Kloster in Zukunft gedeihen sollten, begann Abt Conradus das würdevolle Zeremoniell der Segnung des Ortes, nach üblichem Ritual. Der Platz wurde gemeinsam umschritten, und in Gesängen um den Segen des Herrn gebeten. Die Mönche sangen die dabei vorgeschriebenen Psalmen. Der Abt segnete den Ort und alle Anwesenden und verneigte sich, das Kesselchen mit Weihrauch schwingend, nach allen vier Himmelsrichtungen.

Nach der Segnung fand die Bannandrohung statt. Der Abt zog die Kapuze seiner Kukulle über die Augen, das gleiche taten nach ihm die Mönche. Dann stapften sie mit gesenkten Köpfen, die brennenden Kerzen in der Hand, im Kreise und wiederholten die Sprüche des Abtes mit grimmigen Stimmen, die immer drohender klangen.

Abt Conradus, der allen voranging, hob plötzlich die Hand und gebot Stille. Mit lauter Stimme stieß er feierlich die übliche Formel aus: Der Bann der Kirche und die höchsten Strafen der weltlichen Gerechtigkeit werden die treffen, die irgendwann ihre Hand gegen die heiligen Stätten, auf seine Insassinnen oder ihren Besitz erheben. Frevler und Schänder sollen verflucht sein bis in alle Ewigkeit, für alle Zeiten verdammt und mit den schwersten Höllenqualen bestraft. Der weltliche Herr und Fundator werde dem Übeltäter den Kopf zertreten, wie in der Bibel der himmlische Herr das Haupt der Schlange. Die Mönche riefen wiederholt dumpf und drohend: Anathema sit! Anathema sit! Ad infinitum! Ad infinitum: Weh ihm! Ewige Verdammnis! Daraufhin warfen die Mönche ihre brennenden Kerzen zu Boden und zertraten sie. Ein ergreifendes Schauspiel.

Die Einheimischen standen scheu und verängstigt am Rande des Waldes. Sie standen da und sahen zu, wie ihnen ihr Heiligtum genommen wurde. Sie rührten sich nicht.

Danach fand man sich im Oratorium ein. Petrissa sollte als Äbtissin nach den Regeln gewählt und vereidigt werden. Die mit Lilien bekränzte Äbtissin und die ebenso geschmückten Klosterjungfrauen, das herzogliche Paar, die kirchlichen Würdenträger und die geladenen Gäste waren zugegen.

Bischof Cyprian leitete die Feierlichkeiten ein. Nach einem gemeinsamen Gebet verlas er das 64. Kapitel der Regel des heiligen Benediktus und das entsprechende Kapitel der Charta caritatis. Der Bischof belehrte die Anwesenden über die Forderungen, die laut Regel an eine Äbtissin gestellt werden. Dann schwor er auf das Evangelium, die Wahl nach kanonischen Vorschriften leiten zu wollen. Viktoria, die Kantorin, verlas sodann eine Mahnung an den Konvent, die von der Herzogin gewünschte Äbtissin zu wählen und ihr Gehorsam zu versprechen und zu halten.

Zur Wahl begab man sich in feierlichem Zuge mit frommem Gesang und Musik und allen Fahnen in die Kirche, wo der Bischof ein Hochamt zu Ehren des Heiligen Geistes zelebrierte, das durch den Hymnus Veni creator Spiritus abgeschlossen wurde. In der Sakristei gaben die Nonnen ihre Stimmen für die Äbtissin ab. Bischof Cyprian verlas vor dem Altar das Ergebnis des Votums, das in diesem Fall vorgegeben war. Ein von den Leubuser Mönchen und Trebnitzer Nonnen gemeinsam gesungenes Te Deum drückte den Dank an Gott für die glücklich vollzogene Wahl aus. Vor dem Altar überreichte Bischof Cyprian der neugewählten Äbtissin Ring und Stab sowie die heilige Regel, auf die sie ihren Schwur leisten sollte. Petrissa schwor kniend den Eid, ihre rechte Hand auf das Buch gelegt, nach bestem Willen und mit Gottes Segen, den sie ständig zu erbeten versprach, das Kloster wie eine Mutter zu leiten und zu betreuen. Danach leisteten alle Konventualinnen der Äbtissin ihren Schwur. Sodann überreichte der Bischof Mutter Petrissa die symbolischen Schlüssel des Klosters.

Danach begab sich der feierliche Zug: der Bischof, neben ihm die neugewählte Äbtissin, das Herzogpaar und die anderen, zurück ins Oratorium des Klosters. Petrissa nahm einer Fürstin gleich die Glückwünsche der Anwesenden entgegen. Als erste trat Herzogin Hedwig an sie heran, und beide Frauen umarmten und küßten sich herzlich. Danach segnete Abt Conradus, der geistliche Betreuer des Klosters, noch einmal die Äbtissin und gab ihr die Hand mit freundlichem Worte. Dann erst kam der Herzog an die Reihe, und nach ihm alle anderen, nach Amt und Würden.

Zum Abschluß überreichte der Abt der Äbtissin die wichtigsten Bücher, die jeder Konvent nach der Regel des Ordens besitzen mußte. Auch das ein symbolisches Tun, waren sie doch bereits im Besitz des Konvents: Einen Teil davon hatten die Nonnen aus Bamberg mitgebracht, den anderen die Leubuser Fratres gestiftet. Dennoch wurde die Übergabe zelebriert und die Bücher feierlich übergeben: das Missale, das Evangeliar und das Lektionar, das Psalterium, das Hymnarium, das Kollektenbuch, das Graduale, die Regel und das Kalendarium. Renata, die Bibliothekarin, die die kostbaren Schätze bisher gehütet hatte und in

Zukunft behüten sollte, nahm ehrfürchtig jedes Buch aus der Hand der Äbtissin in Empfang und legte es behutsam zurück auf den Tisch. Danach erfolgte die feierliche Einweisung der Nonnen in ihre Ämter. Jede von ihnen wurde von Abt Conradus aufgerufen und den Anwesenden vorgestellt, dazu ihr Amt genannt, das sie ausüben sollte. Nach diesen Anstrengungen durfte man sich auf ein wohlschmekkendes Mahl freuen. Auch dafür galten Vorschriften. Nur Fisch, kein Fleisch. Doch die geladenen Herren wußten, daß sie Wein aus den besonders gehüteten Beständen des Herzogs erwartete. Bester Wein, denn darin kannte sich Herzog Heinrich aus.

Das Kloster zu Trebnitz erblühte. Immer mehr Nonnen fanden sich in seinen Mauern ein. Zahlreiche Dörfer mit Zehnten und andere Schenkungen wurden dem Kloster zuteil. Immer wieder fanden sich wohltätige Christen, die, um ihr Seelenheil besorgt oder aus Dankbarkeit für von Gott erhörte Bitten, dem Kloster Besitz schenkten oder einzelnen frommen Frauen lebenslange Schenkungen zueigneten, die dem ganzen Kloster zugute kamen.

Auch der Ort Trebnitz blühte auf. Zahlreiche Siedler, Kaufleute und Handwerker siedelten sich hier an. Die Nähe des Klosters und der herzoglichen Gunst versprach gutes Leben. Bald wurden dem Ort erneut Marktrechte zuerkannt.

Doch vor allem verbreitete sich der Ruhm der frommen Frauen zu Trebnitz, die durch ihre Frömmigkeit und aufopfernde christliche Liebe dem Lande von unendlichem Segen waren. Von Trebnitz aus gingen weitere Klostergründungen in den östlichen Raum, wo es bisher keine Frauenklöster gegeben hatte.

Für Herzogin Hedwig wurde Trebnitz zum Ort ihrer geistigen Beheimatung. Sie verbrachte in seiner Nähe einen großen Teil ihres Lebens. Sie nahm am Leben des Klosters regen Anteil, und man sagte, sie übertraf an Frömmigkeit die Nonnen.

GLANZ UND SCHATTEN

Sie schien frei von dem Übel der Trägheit zu sein
(Papst Klemens IV., Bulle der Heiligsprechung der Herzogin Hedwig)

Herzogin Hedwig stand im Glanz, doch um sie dunkelten Schatten, wie es so ist im Leben, das seine unbegreiflichen Muster webt, die ein Sterblicher nur selten zu erahnen vermag. Der überall und immer anwesende Tod bedrängte sie. Der Tod der Alten, den man hinnahm, hinnehmen mußte. Die alte Fürstin Adelheid, die zurückgezogen in dem Haus lebte, das einst Jaroslaw mit seiner Schwester Agla bewohnt hatte, war still verstorben. Ein Begräbnis ohne Pomp ward ihr zuteil. Sie fand ihre ewige Ruhe neben ihrem Ehegatten in Leubus.

Bald darauf erfuhr Hedwig vom Tod ihrer Mutter. Auch diese Nachricht schmerzte sie kaum. Wie lange war es her, seit sie sich von ihrer Mutter verabschiedet hatte, fragte sie sich. Damals, als sie ins Kloster gebracht wurde. Oder noch früher, als ihre Mutter ein anderes Kind in den Armen wiegte, die schöne Agnes, und nur noch für sie Augen hatte. Sie hatte früh ihre Mutter verloren.

Einige Zeit danach starb auch ihr Vater. Es war wieder Ekbert, der sie von seinem Tod benachrichtigte. Da schien ihr die Welt um einiges leerer geworden zu sein. Sie hatte ihren Vater herzlich geliebt und sich unter seiner Obhut geborgen gefühlt. Auch in der Ferne. Aber er war als alter Mann gestorben und im Glanz seines Hauses verschieden. Hedwig hatte bei ihrem Abschied in Bamberg geahnt, daß es ein Abschied für immer war.

Doch dann überbrachte ihr eines Tages wieder ein Bote einen Brief von Ekbert, in dem der bischöfliche Bruder vom Tode ihrer Schwester Agnes berichtete. Das berührte sie auf eine ganz besondere Weise.

Wie denn das, fragte sie sich, Agnes, ihre jüngere Schwester, die Glanzvolle, die Schöne, vor kurzem dem König von Frankreich angetraut, für sie der Inbegriff des Glücks, Agnes war tot!? So zerbrechlich war Leben! Kurz flackerte die kindliche Eifersucht in ihr auf. Agnes, Mutters Lieblingstochter, der blondgelockte Engel, dem alles nachgesehen wurde. Sie hatte immer ihren Willen bekommen, auch da wo sie, Hedwig, zum Verzicht bereit sein mußte.

Näheres über Agnes' Tod erfuhr Hedwig von Ekbert, als er sie wieder besuchen kam, der unermüdlich die Familie Bereisende. Agnes hatte sich in ihrer unbekümmerten Selbstgefälligkeit in König Philipp August von Frankreich verliebt und er in sie, obwohl er mit Ingeborg von

Dänemark verheiratet war. Es war eine Liebe, wie sie die Troubadoure besangen, meinte Ekbert.

Ingeborg wurde verstoßen, und Agnes dem glanzvollen König angetraut. Auch von der Famlie leichtsinnig anvertraut worden, wie man es im Nachhinein sah. Der Bischof von Paris hatte dem verliebten Paar den Segen der Kirche nicht verweigert, seinem König nicht verweigern können oder wollen. Doch er bestand darauf – die vorherige Ehe sollte anschließend vom Papst aufgelöst werden. Auf königliches Geheiß hatten die geistlichen Herren eine nahe Verwandtschaft zwischen Ingeborg und Philipp herausgefunden, die so nahe war, daß man meinte glauben zu dürfen, der Papst werde sich zur Annullierung dieser Ehe bereiterklären. Dergleichen Vorkommnisse waren bekannt.

Doch die Sache war schwankend von Anfang an, so meinte der Vater. Nicht aber die Mutter. Die Mutter war stolz, ihre Tochter auf dem königlichen Throne zu sehen, wenn auch nur mit dem Vorschußsegen der Kirche. Schließlich akzeptierte auch Bertold von Andechs mit saurer Miene die vollendeten Tatsachen, denn eine halbwegs gekrönte Tochter war ihm lieber als eine Konkubine. Die Mutter aber sah ihre Träume bestätigt. Sie habe es immer gewußt: Agnes war eine geborene Königin. Das sah wohl jeder. Schön wie sie war.

Hedwig betrachtete die Miniatur von Agnes, die ihr Ekbert gebracht hatte. Ja, ihre Schwester war schön. Beneidenswert schön, gab sie zu.

Auch Philipp August gilt als außergewöhnlich schöner Mann, fügte Ekbert hinzu.

Ein schönes Paar und ein so kurzes Glück, bedauerten beide.

Doch der Segen des Papstes blieb aus, erzählte Ekbert weiter. Das Hin und Her dauerte einige Jahre. Ingeborgs Verwandte legten energische Proteste beim Papst ein. Einflußreich, wie sie waren, ließen sie es an Schreiben und reichen Gaben nicht fehlen. Zudem fühlten sie sich im Recht, sie traten für christliche Ordnung ein. Obwohl inzwischen eine kinderlose gegen eine mit zwei Kindern gesegnete Ehe stand.

Doch der Papst sprach über Philipp den Bann aus. Der stolze König von Frankreich scherte sich wenig darum. Er beugte sich nicht, er dachte nicht daran, denn er war mit der schönen Agnes glücklich. Er liebte seine Frau und seine beiden Kinder. Und fühlte sich durchaus nicht in dem Maße dem Papst zu Gehorsam verpflichtet, ihm sein Glück zu opfern. Warum auch? War seine Ehe nicht seine Angelegenheit? Die des Königs von Frankreich, nicht die des Papstes.

Also sprach Philipp die Bischöfe seines Landes mit einem staatlichen Dekret vom Gehorsam gegenüber dem Papst frei und erklärte sie zu seinen Staatsdienern, wie es früher üblich gewesen war.

Das war dem Papst zu viel. Er drohte, ganz Frankreich mit einem päpstlichen Interdikt zu belegen. Das entsetzte und spaltete die französiche Geistlichkeit, die sich mit wenigen Ausnahmen hinter ihren Ober-hirten und gegen den jungen leichtsinnigen Monarchen stellte, der es an Ehrerbietung oft hatte fehlen lassen.

Ob Hedwig wüßte, was ein Interdikt für ein Land bedeute, fragte Ek-bert und erklärte: Ein Land unter einem Interdikt sei ein Land, in dem die Glocken nicht läuten dürfen, in dem die Toten ohne Segen der Kir-che begraben, also verscharrt werden. Ein Land ohne Gottesdienst und ohne heilige Sakramente. Hinzuweisen sei an dieser Stelle, sagte Ekbert, daß Frankreich ein besonders christliches Land ist und seine Bewohner fromm sind. Die Vermutung lag nahe, die Herren hätten sich eher nach einem anderen Herrscher umgesehen, als ein Interdikt zu ertragen.

So sah sich König Philipp zum Einlenken gezwungen. Er liebte Agnes, aber auf seine königliche Würde für sie zu verzichten, fiel ihm nicht ein. Er gab nach. Er brachte seine Frau und seine Kinder in eine nahegele-gene Burg. Er versprach vor dem päpstlichen Legaten und den Bischö-fen, mit Ingeborg den Thron zu teilen. Agnes versprach er aber: niemals das Bett. Er werde ihr treu bleiben.

Das tröstete Agnes anscheinend nur wenig. Sie soll aus Gram über die Kränkung gestorben sein, aus Jammer über ihr ungewisses Schicksal. Vielleicht auch vertraute sie Philipps Treueschwüren nicht. Manche flü-sterten, sie sei von Leuten der Ingeborg vergiftet worden.

Wie dem auch sei, seufzte Ekbert, Agnes wurde ein königliches Be-gräbnis zuteil. Der König soll zu Fuß und vom Weinen geschüttelt hinter ihrem Sarg gegangen sein. Die Kinder betreue Philipp aufs liebevollste, sagte Ekbert, das habe er geprüft, er sei in dieser Angelegenheit eigens nach Frankreich gereist. Über deren Schicksal könne man beruhigt sein. Zumal Philipp mit Ingeborg keine Kinder hat.

Hedwig dachte: Wie das Leben so spielt! Auch in diesem Fall hatte Agnes ihren Willen bekommen. Doch an der ersten Härte ihres Schick-sals ist sie zerbrochen. Weil sie an Härte nicht gewöhnt war. Streng ur-teilte Hedwig über ihre Schwester Agnes. Deren Schicksal solle anderen zur Belehrung dienen, meinte sie. Denn wer nur an sich selbst denkt und an seine Vergnügungen, der kann leicht sein Leben verspielen.

Doch es dauerte nicht lange, da sah sich Hedwig von Schlesien selbst in arger Not. Sie spürte sich von unlösbaren Widersprüchen bedrängt. Sie befand sich in einem schier ausweglosen Zwiespalt. Sie brauchte Rat und Zuspruch. Und die fand sie weder bei ihrem Gemahl noch bei ihrem Beichtvater, sondern bei Petrissa, ihrer mütterlichen Freundin, denn es ging um Weibersachen.

Die Herzogin war nämlich zwischen zwei Pflichten geraten. Zum ei-nen nahm sie ihre Aufgaben als Fürstin gern wahr und stand gern neben ihrem Gemahl, bedacht auf höfischen Glanz wie auch besorgt um ihre Untertanen. Es beglückte sie, sich von allen geliebt zu sehen. Dagegen standen ihre Mutterpflichten. Da hatte sie Grund zur Sorge, sie hatte bereits zwei Kinder verloren, und Boleslaw, ihr ältester Sohn, kränkelte oft und war von der von ihm erwarteten ritterlichen Tüchtigkeit weit entfernt. Dabei sollte er bald an die Seite seines Vaters treten, um sich auf die Nachfolge vorzubereiten. War er dafür geeignet?

Und nun verlor sie auch ihre ungeborenen Kinder.

War es nicht ihre wichtigste Aufgabe, Mutter zu sein? Um Kinder zu gebären und aufzuziehen waren die Weiber da, das hatte man ihr stets gesagt. Und besonders fürstliche oder königliche Frauen, die kostbares Blut weiterzugeben hatten, um die Nachfolge der Herrscher zu sichern. Ihre Mutter hatte acht Kindern das Leben geschenkt und alle gesund aufgezogen. Sollte sie etwa eine schlechtere Mutter als ihre Mutter sein?

Ständig unterwegs, ständig Unbequemlichkeiten ausgesetzt, hatte ihre Gesundheit arg gelitten. Sie war zu streng zu sich. Auch wenn sie sich unwohl fühlte, auch wenn sie gesegneten Leibes war, gönnte sie sich keine Ruhe. Heinrich verlangte ihre Anwesenheit an seiner Seite, denn er brauchte sie. Er hatte sich an ihren Beistand gewöhnt. Meine Consors regni, schmeichelte er, meine Necessaria comes. Niemand vermochte so leutselig mit den Untertanen zu reden wie sie, sagte er. Niemand aufkommende oder vorhandene Streitigkeiten so zu schlichten wie die Herzogin. Also hielt sie es für ihre Pflicht, an seiner Seite auszuhalten bis zuletzt.

Erst wenn sie sich nicht mehr auf den Beinen halten konnte oder so krank fühlte, daß sie das Bett nicht verlassen konnte, gab sie den Kampf mit ihrer Schwäche auf. Aber da war es meistens schon zu spät. Die Schwäche überfiel sie plötzlich: Sie brach in Schweiß aus, ihr wurde übel und sie wußte, woran es lag. Sie blieb im Bett oder ließ sich ins Bett geleiten, noch in der Hoffnung, das Unglück könnte abgewendet werden. Doch bald spürte sie das warme Wasser zwischen den Schenkeln, das sie nicht halten konnte. Unter Tränen ließ sie sich das blutverschmierte Klümpchen zeigen, das sie, immer noch zitternd und fassungslos, anstarrte: eine menschenähnliche winzige Puppe, die ihr Leib zu halten, dem Leben zuzuführen nicht vermocht hatte. Dieses leblos Lebendige, dieses fast Leben oder vielleicht doch schon Leben, hätte ein Kind werden können. Sie hätte es geliebt wie die anderen Kinder. Sie betete und segnete das zu früh geborene Kind mit dem Zeichen des Kreuzes und erbat bei ihrem Hofkaplan ein christliches Begräbnis für das verlorene Kind.

Petrissa wurde herbeigerufen. Sie und Pinosa verrichteten das Notwendige an ihr. Sie mußte wie eine Wöchnerin versorgt werden. Ruhiges Liegen wurde ihr streng verordnet.

In den Tagen danach, während sie auf Petrissas energisches Drängen mit anderen Pflichten nicht belästigt werden durfte, zermartete sie ihren Kopf mit Fragen nach ihrer Schuld. Nach Gottes Willen bei diesen begonnenen und nicht vollendeten Leben. Vielleicht wollte Gott sie strafen. Aber wofür?

Warum verlor sie ihre Kinder? fragte sie sich und fragte Petrissa. Habe sie ihnen zu wenig Liebe geschenkt, zu wenig Zeit gewidmet? Aber: Wie sollte sie allen ihren Pflichten gerecht werden, wenn diese im Widerspruch waren? Sie war bereit, in der Ordnung zu stehen, in die Gott sie hineingestellt hatte. Aber verlangte Gott nicht zu viel von ihr? Wenn diese Wesen, die sie veruntreut hatte, von Gott zum Leben bestimmt gewesen waren, war sie schuldig. Aber sie war nicht leichtsinnig gewesen. Also war sie unschuldig schuldig?

Petrissa hörte ihre Klagen geduldig an. Der Schmerz der Fürstin schien ihr berechtigt, doch Antworten auf Fragen fand sie nicht. Sie betete mit ihr. Und empfahl ihr zu beten.

In ihren Gesprächen kamen beide Frauen zur Einsicht, daß Mutterpflichten vor allen anderen stehen. Im Gebären und Aufziehen von Kindern konnte niemand ein Weib ersetzen. Kinder waren eine dem Weib von Gott anvertraute Aufgabe, darin waren sich Fürstin und Äbtissin einig.

Und war es nicht schön, Mutter zu sein? Ja, es war das Schönste! Der Meinung waren beide. Petrissa sagte, die Männer beneideten die Weiber um das Gebären so sehr, daß sie in der Bibel versucht hatten, dies dem Mann zuzuschreiben. Eva soll aus der Rippe Adams entstanden sein. Darüber kann eine Frau nur lachen. Das haben sich die Männer ausgedacht, um den Mann über das Weib zu setzen und ihre Herrschaft zu festigen. Dessen waren sie sich beide sicher.

Diese Vermutung hatte Hedwig schon als Kind gehabt. Könnt Ihr Euch erinnern, Mutter Petrissa?

Doch damals wollte Petrissa nicht reden darüber. Ihr wart, Herrin, sagte sie, damals ein Kind und solltet das Glauben lernen. Zweifel können nur feste Menschen ertragen.

Aber jetzt waren sie sich einig: Die Mütter tragen das Leben weiter, damit die Menschheit besteht. Der weibliche Teil der Menschheit ist somit der wichtigste. Die Männer sind zu Hütern der Familie bestellt. So wollte es Gott. Doch damit habe der Allmächtige die Lasten des Lebens recht ungleich verteilt. Durch die Mutterschaft waren die Weiber auf die Obhut der Männer angewiesen und wurde ihnen die Möglichkeiten gegeben, sich das Weib unterzuordnen und die Welt nach männlichem Gutdünken zu gestalten. Und das sei den Männern nicht zum Besten gelungen, meinten beide Frauen. Männer waren Kämpfer und stritten ständig um Macht, um Besitz, ständig will einer stärker als der andere sein. Daher führen sie grausame Kriege.

Doch wie könnte es anders sein? Wie, wenn Frauen ihren Anteil an der Macht für sich einfordern würden? Dadurch sähen sie sich gezwungen, sich ihrer natürlichen Pflicht des Gebärens zu entziehen. Kaum vorzustellen: Die Weiber würden aufhören, Kinder zu gebären. Petrissa bekreuzigte sich: Welch gottlose Gedanken! Wo kämen wir hin! Das Leben auf Erden würde aufhören zu sein und erlöschen. Das konnte Gottes Wille nie und nimmer sein.

So wichtig sind die Mütter! Also: Beten und glauben, daß Sinn in Liebe und Leiden der Mütter liegt. Hedwig beschloß, dies zu beherzigen.

Und dennoch, kaum war sie gesund, drängte es sie wieder, sich in ihre fürstlichen Aufgaben zu stürzen. Heinrich verlangte es von ihr. Wieder saß sie lächelnd neben ihrem Gemahl in der Halle irgendeiner Burg und nahm an wichtigen Gesprächen teil, die der Fürst mit seinen Untertanen führte. Aufmerksam war sie dabei wie immer. Nur den Sessel, auf dem sie lange sitzen sollte, ließ sie von Demundis sorgfältiger herrichten und mit weichen Kissen belegen. Doch ihr Körper begehrte gegen ihre Strenge auf. Kopfschmerzen plagten sie. Oft konnte sie nächtelang nicht schlafen. Oder sie erwachte schreiend aus üblen Träumen.

Denn da waren noch die kalten Blicke Heinrichs, sein Schweigen. Er, der ihre Anwesenheit neben sich forderte und nicht daran dachte, sie zu schonen, grollte ihr dafür, daß sie ihre Kinder, die er von ihr erwartete, nicht austragen konnte. Vor den Leuten sprachen sie wie früher miteinander. Aber es war ein neuer Ton zwischen ihnen zu spüren, oder es fehlte im Vergleich mit dem früheren an etwas. Und besonders in der Zweisamkeit ihrer Kemenate, in der sie früher immer zu sich fanden, vermißte Hedwig die alte Vertrautheit, die gewohnte Zärtlichkeit. Hier machte sich das Schweigen am schmerzlichsten bemerkbar. Sein Schweigen legte sich auf sie wie ein schwarzes Tuch. Reglos lag sie neben ihrem Ehegatten, der nicht einmal ihre Hand suchte.

Sie verbat sich jede Klage, denn sie wußte: Er verstand sie nicht. Sie spürte den Riß, der sich zwischen ihnen auftat und unaufhaltsam vergrößerte. Sie fühlte sich zurückgewiesen, gekränkt, alleingelassen. Ja, sie war wieder allein.

Es dauerte lange, viel zu lange, viele lange Jahre, ehe sie begriff: Eine Frau konnte von einem Mann kein Verständnis erwarten. Sie war dafür da, verständnisvoll zu sein. Sie war die Gebende. Nehmen, das war Sache des Mannes. Er war Mann und sie Weib. Sie waren andere Wesen. Es gab keine Gleichheit zwischen ihnen. Erst, als ihre Söhne zu Männern herangewachsen waren, wußte sie, daß alle Männer wie Kinder waren und in der Gattin die Mutter suchten. Da wäre sie bereit gewesen, ihrem Mann alle Kränkungen zu verzeihen. In Gottes Namen! Doch da war es zu spät dafür.

Eines Tages, als Hedwig in Trebnitz weilte, wo eine wichtige Beratung zum Klosterbau stattfand, kam ein Eilbote aus Röchlitz angehetzt. Er meldete atemlos: Boleslaw ist tot! Der junge Herzog ist plötzlich gestorben.

Boleslaw tot? Ihr Sohn gestorben? Sie konnte es nicht fassen. Wo ist Herzog Heinrich?

Auch er sei benachrichtigt worden.

Ohne weitere Vorbereitungen warf sie sich aufs Pferd, die Getreuen hatten alle Mühe, ihr zu folgen. Die vorsorgliche Dienerschaft hatte eine Kutsche mitgenommen, in der konnte sich die vom schnellen Reiten ermüdete Herrin ausruhen.

Spät am Abend kam Hedwig in Röchlitz an. Jutta und Niko traten ihr entgegen. Sie führten sie durch die dämmrige Burg zur Bahre des Toten. Da lag ihr ältester Sohn Boleslaw auf der Bahre. Regungslos. Sein Gesicht leuchtete im Kerzenschein. Schmal und gelblich war sein Gesicht, ohne Lächeln. Die Hände gefaltet auf der Brust. Die Mönche von Leubus waren auch schon da. Die Brüder Konrad und Heinrich mit verstörten Gesichtern.

Boleslaw war tot. Ein hitziges Fieber hatte ihn plötzlich ergriffen, ihn geschüttelt und getötet. Unerwartet für alle. So war Gottes Wille. Den die Menschen nicht zu durchschauen vermochten. Amen. Die Mönche beteten und sangen.

Wieder kniete Hedwig vor einem toten Kind, es war das dritte Mal in ihrem Leben.

Boleslaw war ein verschlossener, abweisender Knabe gewesen, seinem Onkel Konrad ähnlich. Mißtrauisch und verschlossen, obwohl als Nachfolger von allen verwöhnt. Zurückhaltend auch der Mutter gegenüber. Er hatte es nie vermocht, fröhlich zu sein. Hatte er sein Schicksal in sich gespürt, fragte sich jetzt die Mutter. Sie weinte, und in ihr war wieder Aufbegehren gegen Gott.

Boleslaw wurde ein stilles Begräbnis zuteil. Er fand seine letzte Ruhestätte in Leubus neben seinem Großvater, dessen Namen er trug, neben der Großmutter und neben den beiden früh verstorbenen Mädchen Agnes und Sophie.

Hedwig zog sich für einige Wochen in ihren Wohnturm in Trebnitz zurück, um ihre Ruhe wiederzufinden. Sie betete stundenlang. Oft auch in der Nacht. Sie hielt die Andachtsstunden wie die Nonnen ein. Doch gegen aller Erwarten kehrte sie bald in ihr gewohntes Leben zurück. Sie nahm ihre Pflichten als Fürstin neben ihrem Gemahl erneut wahr. Doch die Herzogin hatte ihr Lächeln verloren. Das sahen alle.

Voller Angst betrachtete sie ihre Kinder, die ihr geblieben waren: Konrad, Heinrich und Gertrud. Sie war eine ängstlich besorgte Mutter geworden und bemühte sich, mehr Zeit als bisher mit ihren Kindern zu verbringen.

Da wurde ihr wie zum Trost ein Kind aus dem unfernen Böhmen gesandt: Anna, die Tochter des Böhmenkönigs, die mit Heinrich verlobt worden war, zur Annäherung beider Nachbarländer. Ein achtjähriges

Mädchen, das ihr ruhig und vertrauensvoll mit großen grauen Augen entgegensah. Hedwig beugte sich herab und küßte Anna auf die Stirn. Die Liebe, die sie sofort zu dem freundlichen Mädchen empfand, blieb eine Liebe fürs Leben. Sie nahm es als Zeichen der Hoffnung. Vielleicht hatte Gott sie genug geprüft.

In der Angst um ihre Söhne hätte Hedwig ihnen zumindest die Ritterspiele verboten. Waren sie nicht Vorbereitungen zum wirklichen Kampf, der tödlich enden konnte. Sie hätte ihren Söhnen gern verboten, das Schwert zu tragen. Aber sie wußte, dergleichen Begehren wäre vergeblich gewesen, niemand hätte sie verstanden. Am wenigsten der Vater. Aber es war ihr zumindest gelungen, für eine Zeit das Aufkommen der ritterlichen Spiele in Schlesien zu verhindern. Sie hatte sich hinter den Wunsch der Kirche gestellt, die die verderblichen Spiele nicht mochte. So waren sie mit ihrer kräftigen Unterstützung vom Fürsten und der Kirche verboten worden.

Doch das Jagen konnte sie den Jungen nicht verbieten. Das nicht. So nahm das nächste Unheil seinen Lauf.

Eines Tages waren die Bürger von Goldberg nach Röchlitz gekommen, um bei dem dort weilenden Fürstenpaar Hilfe zu erbitten. Ein Bär trieb nicht nur im Walde, sondern auch vor den Toren der Stadt sein Unwesen und machte die Wege unsicher. Eines Tages hatte das zottelige Tier sogar über den hohen Palisadenzaun geschaut, zum Entsetzen der Weiber und Kinder. Noch mehr Angst hatten die Bewohner der naheliegenden Dörfer, denen der Bär unliebsame Besuche abstattete. Besonders die Einheimischen fürchteten den Bären, den ihre Vorfahren als heiliges Tier verehrt hatten. Unter den Einheimischen galt es außerdem als böses Zeichen, wenn jemand von einem Bären getötet wurde. Sie hielten dies für eine Strafe der Götter des Waldes. Sie nannten den Bären nie beim Namen. Sie sprachen ehrerbietig vom Großen Honigesser und bekreuzigten sich dabei. Um den gefürchteten Herrn des Waldes freundlich zu stimmen, stellten sie Töpfe mit Honig in die Baumhöhlen neben seine Spur.

Die Dorfbewohner behaupteten, der Bären seien zwei. Ein Bärenpaar. Dem aber schenkten die Goldberger keinen Glauben. Sie wußten es besser, Bären traten nie zu zweit auf, so behaupteten sie.

Niko und die beiden jungen Herzöge Konrad und Heinrich waren sofort zur Bärenjagd bereit: welch eine willkommene Abwechslung! Nichts und niemand hätte sie von der Jagd auf den Bären abhalten können. Sie setzten sich zusammen, die Männer aus Goldberg, Niko und Radon von Röchlitz und die beiden Fürstensöhne, um die Jagd zu planen. Die Goldberger kannten die Spuren des Tieres und wußten, wo und wann der Bär auftauchen konnte. Geplant wurde wie für einen wirklichen Kampf.

Am Morgen des verabredeten Tages standen die jugendlichen Jäger frühzeitig bereit im Hof. Sie waren in feste Lederwämse gekleidet, schwere Rüstung war nicht üblich zur Jagd, ihre Köpfe bedeckten eiserne Halbhelme, unterm Kinn fest gebunden. Das Jagdhorn wurde geblasen. Freudig ritten sie aus.

Am Waldesrand ließen sie die Pferde unter der Obhut der Knechte. Niko von Würben, der die Jagd leitete, wies jedem seinen Platz zu, erläuterte die Aufgaben. Vorsicht sei geboten!

Der Bär sollte den Fürstensöhnen zugetrieben werden, damit diese ihre Jagdkunst bewiesen. Neben ihnen standen erfahrene Jäger. Mit denen hatte Niko Absprachen getroffen, wie sie die fürstlichen Söhne bei Gefahr schützen sollten. Nichts durfte ihnen zustoßen. Kein Haar durfte ihnen gekrümmt werden.

Das Horn schallte, die Hunde kläfften, und dazu klang das Ho-ho-Geschrei der Treiber. Und bald hörten die Jäger das Tier durch den Wald brechen, das Schnauben des verfolgten Tieres kam näher.

Da brach die braune zottelige Riesengestalt aus dem Gebüsch hervor. Ein außergewöhnlich großes Tier. Die rote Zunge hing ihm aus dem speicheltriefenden Maule, so hechelte es in Todesangst vor sich her.

Konrad und Heinrich hielten die Speere im Anschlag, die scharfen Messer im Gürtel. Sie warfen, und Heinrich traf. Der Bär brach mit Gebrüll zusammen.

Die Jäger stürzten sich auf das Tier, um ihm, wenn nötig, den Gnadenstoß zu geben. Heinrich zog seinen Speer aus dem Nacken des Tieres und zückte das Messer.

Konrad blieb abseits stehen. Er war enttäuscht, Heinrich hatte getroffen, nicht er. Er hatte den Helm von seinen blonden Haaren genommen und spielte mit seinem Messer.

Plötzlich brach ein zweiter Bär neben ihm aus dem Gebüsch hervor. Die Bärin, riefen die entsetzten Jäger. Ehe sie etwas tun konnten, stürzte sich das Tier auf Konrad und warf ihn zu Boden. Heinrich ergriff seinen Speer und wandte sich dem schnaubenden Ungeheuer zu. Der Bär hielt seinen Bruder mit einer Pranke fest und hob die andere zum Schlag. Sein riesiges Maul näherte sich mit gierigem Grunzen dem Gesicht seines Opfers. Heinrich schrie auf und warf seinen Speer. Und traf.

Das getroffene Tier brach zusammen und begrub unter sich den Fürstensohn. Im Nu waren alle zur Unglücksstelle und rissen das Ungetüm zur Seite. Unter ihm der Fürstensohn. Reglos. Zu spät. Das Blut des Tieres und des Jägers mischten sich in einer Lache. Konrad war tot.

Schweigend umstanden die Jäger den Toten. Aus dem Wald traten die Treiber mit ihren Knüppeln in den Händen und verstummten. Auch sie entblößten ihre Köpfe und bekreuzigten sich. Es war todesstill im Walde geworden. Nur die Hunde winselten leise.

Dann fügte man schweigend aus Ästen und Reisig eine Trage für den Toten. Heinrich ging wie im Schlaf hinter der Bahre seines toten Bruders. Was wird seine Mutter sagen? Was der Vater …

Als ob sie sich an den Schmerz gewöhnt hätte, nahm Herzogin Hedwig wenige Wochen nach diesem tragischen Ereignis wiederum ihre gewohnte Tätigkeit auf. Sie war wie versteinert.

Herzog Heinrich, der ihr Leiden sah, war wieder freundlicher zu ihr geworden, zudem hatte er sie neben sich vermißt. Er fürchtete, sie könnte wie nach dem Tod der Mädchen erkranken, und versuchte im Gespräch den alten zärtlichen Ton zu finden.

Doch jetzt hielt sich Hedwig zurück. Sie hatte irgendwann, als sie mit Heinrich im Burghof ein Gespräch führte, seinen Blick aufgefangen, mit dem er einem hübschen Edelfräulein nachsah, das bei ihr diente. Ein verlorenes Lächeln war um seinen Mund, ein Lächeln, das sie kannte, von dem sie dachte, es würde für immer nur ihr gelten. Ein Lächeln, das sie geliebt hatte und seit langem schmerzlich vermißte. Mit diesem Blick, mit diesem Lächeln sah er jetzt einer anderen nach. Sie wußte, daß Untreue den Männern zustand. Aber ihr Mann? Heinrich!

Heinrich murmelte: Verzeih, und ließ sie in der Mitte des Hofes stehen.

Das kränkte sie sehr. Darüber konnte sie auch mit Petrissa nicht reden. Was hätte ihr eine Nonne dazu sagen können. Sie setzte ihr Lächeln dagegen auf. Ein trotziges Lächeln. Was soll's! So war das Leben. Sie entfernte das Fräulein vom Hofe. Obwohl sie wußte, daß das nichts änderte.

In ihren einsamen Trauerstunden war sie zu neuen Einsichten gekommen. Sie war härter geworden. So manches wandelte sich unter ihrem neuen Blick. Manchmal schien es ihr, sie betrachte eine fremde Welt.

Das Geschwätz der großen Herren bei den Beratungen in der Halle ödete sie zunehmend an. Ging es doch fast immer um leicht durchschaubare Eitelkeiten. Ein jeder wollte sich vor den anderen setzen, sich über den anderen stellen. Wichtigtuereien verbargen sich hinter den meisten Reden, in denen es angeblich nur um das Wohl des Landes ging, um Reformen und Neuerungen. Einer wollte wichtiger als der andere sein. Sie sah nur Zank und Streit. Dadurch zogen sich die Gespräche oft ins Endlose, und so manches, was wichtig gewesen wäre, konnte nicht durchgeführt werden, wie es sich der Fürst wünschte, der die Gewogenheit der Herren brauchte und ihr Verhalten nur vorsichtig bremste. Männergehabe, dachte sie verächtlich.

Aber der Spott über das dumme Volk einte die Herren im Rate. Jede Gelegenheit wurde genutzt, um sich über die einfachen Leute lustig zu machen. Über die dummen Bauern. Hedwig empörte sich darüber und rügte die Herren laut. Nicht genug, daß man die Armen ausnütze, von ihrer Arbeit lebe, wurden sie noch geschmäht.

Manchmal frage ich mich, sagte die Fürstin mit gehobener Stimme, ob wir unter Christen sind, denn das sei wohl heidnisches Gebaren.

Dabei hatte sie selbst für den Anlaß dieser Belustigung am Hofe gesorgt. Denn auf ihr Drängen durften sich auch die einheimischen Bauern an den Fürsten selbst wenden, wenn ihnen Unrecht von seiten ihrer Herren widerfuhr.

Sie kamen selten, verschüchtert wie sie waren, aber sie kamen, barfuß oder in Holzpantinen, in groben Leinenkitteln und Hosen, die sie mit Hanfstricken zusammenhielten, und im Winter in Schafspelzen, die nach Stall stanken. Sie stolperten unsicher in die prächtige Halle hinein, weil sie nicht wußten, was sie erwartete. Und ihre Tolpatschigkeit verursachte bei den sich langweilenden Herren, die ja in ihnen Ankläger sahen, unbequeme Zeugen ihrer Machenschaften, böswillige Heiterkeit. Da sie aber wußten, die Herrin konnte der Unterstützung des Herzogs und der geistlichen Herren sicher sein, zügelten sie ihre plumpe Heiterkeit. Doch ironisch gekräuselte Lippen und bedeutsame Blicke konnte ihnen niemand verbieten.

So kam es zu einem denkwürdigen Ereignis, das die Mönche von Leubus festgehalten haben.

Die fürstlichen Herrschaften hatten beschlossen, nach einer gründlichen Herrichtung der Burg das Osterfest in Glogau zu feiern. Es war nämlich üblich, daß zu Ostern wie auch zum Weihnachtsfest der Fürst seine Getreuen und seine Ritter beschenkte und sie mit Kleidung und Rüstzeug versorgte, reiche Geschenke mit freigiebiger Hand verteilte und so treue Dienste belohnte. Die Kastellane dagegen legten einen vorzeigbaren Teil ihrer Abgaben zu Füßen des Herrn, oder, wie es in letzter Zeit immer öfter hieß: sie entrichteten einen Teil der fälligen Zinsen. Da häuften sich die Eichhörnchenfelle und Töpfe mit Honig auf dem teppichgeschmückten Podest und vieles andere mehr, was festgeschrieben war und oft auch einiges darüber hinaus.

Aber durch die Leutseligkeit des Herzogpaares, das oft unter dem Volk weilend immer wieder unterstrich, für alle Untertanen da zu sein, hatten auch einfache Leute Mut bekommen, mit ihren Gaben zu ihrem Herzog und der Herzogin zu kommen, besonders wenn sie persönlich Gutes von ihnen erfahren hatten.

Die meisten Herren sahen die Bauern besonders bei dieser Gelegenheit, die ihnen ihr ausschließliches Privileg schien, ungern in der Burg. Wozu sollte das dumme Volk Zugang zum Herzog haben. Was bringt uns das? Nur Ärger.

So hörte man auch diesmal hier und da ein unterdrücktes Auflachen, als in der Halle ein Bauer auftauchte, der sich unter vielen Verbeugungen dem Herzog mit einer Schüssel buntbemalter Eier in den Händen näherte.

Der Herzog, der bemerkt hatte, daß seine Gemahlin mit zusammengezogenen Brauen mißbilligend den Kopf über das Verhalten der Herren schüttelte, wandte sich dem Landmann ganz besonders freundlich zu. Er stand auf, stieg von seinem Podest herab und nahm eigenhändig die Schüssel mit den bunten Eiern in Empfang. Dann setzte er sich mit der Schüssel auf den Knien zurück auf den Sessel und nahm vorsichtig ein Ei nach dem anderen in die Hand und drehte es zwischen den Fingern. Er betrachtete aufmerksam die Malereien darauf und reichte ein Ei ums andere der Herzogin. Es waren wunderschön bemalte Eier. Auch der Herzogin gefielen sie sehr. Sie lobte sie laut.

Der Fürst nahm sie wieder aus ihren Händen entgegen und legte sie behutsam zurück in die irdene Schüssel. Er redete das Bäuerlein leutselig an. Er bedankte sich und fragte, ob er denn wüßte, was es wohl für eine Bewandtnis mit dem Bemalen der Eier zu Ostern habe. Der Bauer antwortete: O ja. In unserem Dorfe haben die alten Weiber immer im Frühjahr Eier bemalt. Immer. Solang sich die Ältesten erinnern können. So war es eben.

Und warum die alten Weiber?

Nun ja, weil die mehr Zeit haben als andere. Und dann fügte er geheimnisvoll hinzu, weil die alten Weiber vieles wissen und vieles können, was andere nicht wissen und können. Er räusperte sich verlegen.

Und warum malen sie zu Ostern diese bunten Eier? fragte der Herzog weiter.

Nun ja, Ostern, das ist Frühlingszeit. Da entschlüpft alles Leben dem Winter wie das Küken dem Ei. Im Frühjahr beginnt überall neues Leben. Und im Ei steckt neues Leben, sagte der Mann. Das kann jeder sehen. Jeder kann mit dem Ei das Wachsen in die Hand nehmen. Und mit guten Wünschen verschenken. Er war mutiger geworden und erklärte nun frei: Einer wünscht dem anderen mit dem bunten Ei, daß es ihm wachsen und gedeihen möge, in Haus und Hof, im Garten und im Feld. Darum schenkt einer dem anderen ein Ei. Mit guten Wünschen. Ein bunt bemaltes Ei, darüber freut sich jeder, jeder möchte das schönste haben. Und weil es bei ihnen im Dorfe die Bogudarka gibt, die die schönsten Eier malt weit und breit, hatten die Dorfältesten beschlossen, dem gnädigen Fürsten und seiner lieben Gemahlin einen Teller dieser schönen Eier zu überreichen. Die Bogudarka, die kann viel mehr …

Da unterbrach ihn Conradus von Leubus rasch und begann der Fürstin und dem Fürsten zugewandt zu erklären, daß das Schenken bemalter, übrigens gekochter Eier eigentlich ein heidnischer Brauch sei, ein uralter Brauch, auch bei den alten Römern bekannt, der jedoch von der Kirche toleriert werde, weil er unschädlich für den christlichen Glauben sei. Das Ei sei in der Tat ein Symbol des Lebens. Und somit konnte es auch in das christliche Fest einbezogen werden, als Zeichen der Auferstehung Christi. Die Kirche sagt dazu auch: Wie das Küken aus dem Ei solle der Glaube eines jeden Christen nach der Taufe aus dem Dunkel des Unwissens schlüpfen.

Der Bauer aber, der seine Befangenheit sichtbar überwunden hatte, ergriff, nachdem der geistliche Herr seinen Sermon beendet hatte, noch einmal das Wort und sagte schmunzelnd: besonders gern schenke man in seinem Dorfe einem jungen Weibe ein Ei oder gar mehrere, damit sie viele Kinder bekomme.

Da lachte der Herzog laut auf und überreichte die ganze Schüssel, die er bisher auf den Knien gehalten hatte, seiner neben ihm sitzenden Ehefrau. Und zu den Herren gewandt, die nicht recht wußten, was sie von dem ganzen Vorgang halten sollten, sagte er ernst: Meine Herren, mir ist es angenehmer, wenn mir ein Landmann einen Teller Eier darbringt, als wenn ein Reicher mir glänzende Gaben bietet. Denn dieser tut es von Herzen. Und dafür muß ich ihm dankbar sein.

Da die Herren über so viel Gnädigkeit nicht nur erstaunte, sondern auch unwillige Gesichter zeigten, stand der Fürst auf, stieg noch einmal vom Podest und reichte dem Bauern seine Hand. Ja, er nahm ihn beim Arm und geleitete ihn zum Hofmarschall, den er den Mann reichlich beschenken hieß.

Hedwig war glücklich über das Verhalten ihres Gemahls, und abends schliefen beide nach langer Zeit endlich wieder eng umschlungen in gegenseitiger Zärtlichkeit ein. Merkwürdig, dachte sie, wo war die Kränkung geblieben …

Neues Leben im Oderland

Ein Land entsteigt der Dämmerung
(Cosmus Flam)

Am nächsten Morgen, nach dem Kirchgang, begab sich das fürstliche Paar auf den Wall der Glogauer Burg, um das Entstehen der Mauer zu betrachten. Gute Arbeit wurde hier geleistet, stellte Heinrich fest. Der Graben ist entschlammt, die Wälle abgesichert, der Palisadenzaun ausgebessert, und nun diese Mauer, stark wie bisher keine im Lande.

Es war ein sonniger Frühlingstag, und beiden war frühlingsmäßig zumute, als seien sie aus einem Winterschlaf erwacht. Sie waren glücklich, wieder zueinander gefunden zu haben. Hedwig nahm Heinrich wie früher unter den Arm und fing an, auf ihn einzureden.

Wieder eine dieser wichtigen Angelegenheiten, die nicht bis zur nächsten Beratung warten können, stöhnte er. Welch eine anstrengende Frau! Diese klugen Frauen! Hätte ich doch ein dummes Weib an meiner Seite!

Dumme Frauen sind auch anstrengend, erwiderte Hedwig in dem gleichen Ton, wenngleich anders. Dumme Weiber sind gut für dumme Männer. Und du bist ein kluger Mann. Und im Ernst: Soll ich etwa vor diesen Herren mit dir reden und womöglich streiten mit dir. Nein? Na also. Die würden mich am liebsten gar nicht zu Worte kommen lassen, wenn ich dich nicht hätte. Eine Frau im Rat! Und dazu eine, die es wagt, ihre eigene Meinung zu äußern. Kleingeistige Männer hassen kluge Frauen, und erst recht, wenn sich eine erlaubt, klüger als sie zu sein. Auch wenn sie eine Heilige wäre, schreit alles in ihnen: ins Feuer mit der Hexe!

Du übertreibst, Hedwig, sagte Heinrich. Die Herren reden mit Achtung von dir.

Vor dir reden sie süß, sagte Hedwig, weil sie nicht wagen zu sagen, was sie wirklich denken, weil sie Angst haben vor dir, dem Herzog. Du weißt, so ist die Welt. Eine Frau hat den Mund zu halten. Wenn sie etwas bewirken will, muß sie ins Kloster gehen. Oder einen starken Mann neben sich haben.

Den hast du doch, Hadi, antwortete Heinrich und streichelte ihre Hand auf seinem Arm, was verlangst du von mir?

Wir haben lange nicht mehr geredet miteinander, Heinrich, antwortete Hedwig ernst. Und ich habe viel Zeit gehabt nachzudenken über die Menschen, deine Untertanen, und besonders über die Armut im Lande. Ich kam zur Überzeugung, ich müßte mich viel mehr um die armen Leute kümmern. Es ist nicht christlich, untätig zuzusehen, wie die Herren die Bauern ausnützen. Sie sollen ihnen nicht alles wegnehmen dürfen. Sie sind auch Menschen, wenngleich arm und oft dumm und träge. War Christus nicht ein armer und dazu ein verfolgter Mensch. Die Armen sind uns anvertraut, sie sind unsere schwächeren Schwestern und Brüder. Wir dürfen sie nicht im Elend verkommen lassen.

Doch um eine neue Aufgabe auf mich zu nehmen, fuhr sie fort, müßte ich zuvor dich, meinen Gemahl bitten, mich von einem Teil meiner bisherigen Verpflichtungen zu befreien und zwar von den Beratungen über Kriegszüge und den Ritterstand im allgemeinen. Ich verstehe ohnehin wenig davon, und ehrlich gesagt: mich widert die dabei zum Ausdruck kommende Art des Denkens an. Ich kann es nicht verstehen, warum es auch bei dir heißt: Wann kriegen wir Krakau und Kleinpolen fest in die Hand, wann und wie fällt uns Großpolen zu und dazu Kujawien, Masowien, das Preußenland und wer weiß was noch. So bald wie möglich die polnische Krone, danach trachtest du doch. Und schon meinem Vater hat dies gut gefallen. Dieser Konrad von Masowien, dieser brüllende Löwe, mit dem du mal säufst und ihn brüderlich umarmst und dann wieder Krieg führst mit ihm. Wozu? Du hast dein Land, er hat das Seine. Sieh mal, wie gut du dich mit den Ratiborer Verwandten verstehst. Hättest du damals Krieg um Oppeln begonnen, säße dir ein arger Feind im Nacken, so aber hast du ergebene Freunde in ihnen. Genauso könntest du dich mit Konrad vertragen. Ich will von euren Kriegen nichts wissen. Es gibt so viel wichtigeres zu tun, als dazu beizutragen, daß sich christliche Ritter die Köpfe einschlagen und dabei den armen Bauern die Felder zertrampeln.

Ich möchte mich um das Wohlergehen unserer Untertanen kümmern. Den kleinen Menschen helfen, damit sie besser leben. Du sollst davon den Gewinn haben. Nicht nur Verdienste im Himmel. Denn glückliche Menschen und dankbare Untertanen stützen den Herrn. Doch dazu müßte ich selbst die Dörfer bereisen, sehen, wie die Menschen leben, wie man helfen kann. Das kann man von den Zinnen der hohen Burg aus nicht.

Ach Hedwig, seufzte Heinrich, von der Notwendigkeit Kriege zu führen, verstehst du wirklich nichts, oder du willst nichts verstehen, du mußt es auch nicht verstehen, solang du mir vertraust. Aber dir als kluger Frau müßte es doch einsichtig sein: Jeder hat Feinde. Und wer den Feind nicht mit den Füßen tritt, der hat ihn bald an der Gurgel. Und auch das müßtest du verstehen: Lieber draußen Kriege führen als im eigenen Lande. Also muß man angreifen. Es geht immer darum, wer schneller und stärker ist. Und auch, um sich im Innern behaupten zu können, muß ein Fürst nach außen Stärke zeigen. Ich weiß nur eins: Mein Reich muß stärker und größer sein als das der anderen Herrscher. Nur so bin ich stärker als andere. Und meine Getreuen dienen mir gern. Und die Krone Polens, die stünde auch dir gut zu Gesicht. Du mußt einsehen: So ist das Leben. Das können wir nicht ändern. Oder möchtest du, daß ich Einsiedler werde. Manchmal denke auch ich, das könnte bequemer sein. Oder so wie heute, immerfort in der Sonne spazierengehen. Das wäre schön. Aber geht denn das. Das Leben verlangt anderes von uns.

Du willst dich um die armen Leute kümmern, sagst du. Das ist eine löbliche Absicht. Denen mal in die Schüsseln sehen. Ob die wirklich so hungern, wie sie klagen. Am liebsten würde ich mit dir reiten. Ich habe auch schon darüber nachgedacht: Wie könnte man das Sterben der Kinder und der Alten im Frühjahr verhindern, wenn die in den Hütten nichts mehr zu beißen haben. Wie sollen die Leute gesund sein und arbeiten, wenn sie nicht genügend zu essen bekommen.

Also, dabei sollst du deinen Willen haben. Gerne. Übrigens: Wie denn sonst. So ist es immer. Wir kennen uns doch. Letztendlich habe ich nichts zu sagen. Und du bekommst immer deinen Willen. Gott sei Dank, daß du eine kluge Frau bist und Vernünftiges von mir verlangst. Du meine Consors regni.

So redeten sie wieder im alten Ton.

Nur müssen wir nachdenken, wie das gehen soll, fuhr Heinrich fort. Von den wichtigeren Sitzungen des Rates kann ich dich nicht befreien, da mußt du dabeisein. Besonders wenn die Pfaffen mit ihrem Latein kommen. Und für deine Reisen übers Land müssen kundige Berater herangezogen werden und eine zuverlässige Begleitung zum Schutz. Wie wäre es mit dem alten Kosmas, fuhr Heinrich fort, der versteht das Land und die Leute, und er weiß auch, wie es woanders zugeht. Kosmas soll die Leute aussuchen und alles Notwendige richten. Dabei sein sollte auch Otto, der Hofkaplan, der ist dir sehr ergeben und klug. Und bei Gelegenheit kann er sich auch um diese Halbheiden kümmern, die nur selten ein Gotteshaus in ihren Siedlungen haben und zu ihren Bäumen beten, an die sie höchstens manchmal ein Kreuz oder ein Bild der Gottesmutter hängen. Doch ich bitte dich, denke daran, die meisten Dörfer gehören einem Herrn, der uns dient und mit dem wir es uns nicht verderben dürfen.

Das verspreche ich dir, sagte Hedwig, wenngleich nicht gern. Manchmal möchte ich diese selbstsüchtigen Kerle alle verjagen.

Die Begleitung, die sich in geziemender Entfernung hielt, sah, wie sich das Herzogpaar küßte.

Doch das, was Herzogin Hedwig bei ihren Ritten übers Land sah, machte sie nicht froh. Es war schlimmer als erwartet.

Sie kam meistens unangekündigt mit ihrem Troß in einer Siedlung an. Die Köter bellten wie zehn Trompeten vom Turm. Die Herzogin stieg vom Pferd und sah sich bald von Kindern umringt, dann kamen die Weiber und zuletzt die Männer.

Die Menschen lebten in ihren kleinen Siedlungen im Walde, die die Mönche so hübsch Villulas nannten. Doch es war wenig Hübsches am Leben dieser Dörfer, die manchmal ganz verborgen im Dickicht lagen. Die Leute lebten in kleinen schiefen Hütten, die sie Hatas nannten. Die schiefen Wände aus Holz und Lehm, das Dach mit Stroh und Reisig gedeckt. Ein notdürftiger Schutz vor Kälte und Tieren.. Von außen manchmal die Wände weiß bemalt, öfter umrankt von wildem Wein, Efeu und Holunder bis übers Dach, so daß so eine menschliche Behausung wie ein kleiner überwachsener Hügel aussah. Eine Bank vor der Tür. Neben dem Misthaufen der Brunnen. Und in den schmutzigen Pfützen Schweine und Kinder zugleich. Federvieh, Ziegen, seltener eine Kuh. Bienen schwärmten umher, aber auch viele lästige Fliegen. Ein Zaun um die Hütte herum oder keiner. Doch am Haus und am Zaun bunte Malven und Sonnenblumen mannshoch. Auf den Feldern hinter den Hütten Kraut und Getreide und was die Leute so zum Leben brauchten, von Blumen und Unkraut durchwachsen. Die Einheimischen waren träge und mühten sich nicht gern. Sie sammelten Beeren und Pilze und hofften im Winter nicht zu erfrieren oder zu verhungern.

Solang die Sonne schien, war so ein Dörflein im Walde manchmal wirklich recht hübsch anzusehen.

Schlimmer war es für die Herzogin und ihre Begleiter, wenn sie von einem plötzlichen Regen überrascht im Innern einer Hütte Unterschlupf suchen mußten. In dem kleinen Raum hausten Menschen und Tiere zusammen, nur mit einem Verschlag getrennt. Auch die Hütte des Dorfältesten, in die man die Herzogin und ihre Begleiter zumeist einlud, sah nicht anders aus. Ein Lehmboden, in der Mitte eine Feuerstelle, aus der der Rauch durch einen Kamin abzog, oder nur durch die kleine Tür, die ein mit Fellen verhangener Einschlupf war, selten ein winziges Fenster mit hölzernem Laden. Ein Tisch mit Bänken, grob zusammengefügt. Stroh in den Ecken. Die Menschen schliefen auf dem Boden, selten in Schlafkästen, mit Schafsfellen bedeckt.

Nicht nur der Fürstin fiel in einer solchen Hütte das Atmen schwer. Wie mochte es hier wohl im Winter sein, dachte sie.

Am liebsten setzte sie sich auf eine Bank vor einer Hütte und ließ sich vom Leben der Bewohner erzählen.

Sie sprach mit den Leuten ohne Naserümpfen, zu dem es mehr als einen Grund gegeben hätte. Diese Menschen machten sich kaum Gedanken über ihr Leben. Sie lebten fast wie Tiere, aber auch in halbtierischer Zufriedenheit. Nur über die Herren klagten sie. Wenn nicht diese Herren wären, die ihnen vom Wenigen noch das Notwendigste wegnahmen, würden sie ihr Leben ganz erträglich finden.

Die Männer klagten über die Abgaben, die der Herr von ihnen verlangte, die sie kaum aufbringen konnten. Sie selbst hatten wenig zu essen und mußten dem Herrn geben, was sie selbst dringend benötigten, für sich, für das Weib und die vielen Kinder: Getreide, Honig, Butter. Die Herren nahmen ihnen die Schafsfelle weg, die sie brauchten, um sich zu wärmen, die Federn der Gänse, aus denen sie Zudecken für die Kinder machen wollten, den Hanf, aus dem sie ihre armselige Kleidung sponnen. Die Herren nahmen, soviel sie tragen konnten. Diese gepanzerten und berittenen Herren! Wie sollte man sich ihrer erwehren, wenn die mit ihren Schwertern herumfuchtelten. Wenn die Herren nicht wären, könnte man leben, das war die Meinung der Leute.

Und wenn es eine schlechte Ernte gab, da war es an ihnen, den Dorfbewohnern, vor Hunger zu verrecken. Die Herren lebten trotz allem in Saus und Braus. Kaum ein Herr im ganzen Lande, von dem jemand etwas Gutes gesagt hätte.

Die Herzogin ermunterte auch die Weiber, forderte sie auf, ihr Leid zu klagen. Und die ließen sich nicht lange bitten und fingen an, laut zu jammern über Krankheit und Tod. Darüber, daß ihnen die Kinder starben. Von Schweinen und Hunden zu Tode gebissen. Oder weil sie zu wenig zu essen bekamen. Oder von Krankheiten aus der Luft. Sie klagten ihre Männer an, die sie schlugen. Besonders wenn sie zuviel des süßen Mets getrunken hatten.

Entsetzt war der Hofkaplan Otto. Die Bewohner glaubten noch an ihre Götter im Walde, obwohl sie getauft waren und meistens ein Kreuz im Dorfe stand oder sogar ein Kapellchen. Nur selten kam ein Pfarrer vorbei. Da mußte Abhilfe geschaffen werden. Aber wie?

Zum Abschied verteilte die Herzogin kleine Geschenke unter den Leuten und zog weiter.

Eines Tages, als sich der herzogliche Troß einem Dörflein näherte, schlug den Herrschaften lautes Gezeter und Geschrei entgegen. Als sie näherkamen, sahen sie, wie ein Bauer sein Weib mit einem Stock prügelte. Die Dorfbewohner umringten das sich raufende Paar, Weiber, Kinder und Männer standen herum, und manche lachten und feuerten sie an.

Der Mann bemerkte in seinem wütenden Eifer die neuen Zuschauer nicht. Hedwig sprang vom Pferd, wandte sich an Kosmas und bat ihn um sein bloßes Schwert. Sie nahm das schwere Ding in beide Hände, trat an den Mann von hinten heran und zerschnitt den die Hose haltenden Hanf, so daß der Mann vor allen mit nacktem Hintern dastand. Die Herzogin schlug ihn einige Male kräftig mit dem flachen Schwert auf das Hinterteil. Der Mann brüllte auf und fiel mit dem Gesicht auf den matschigen Boden. Unter bellendem Gelächter der Umherstehenden. Er richtete sich auf, drehte sich um und erstarrte. Jetzt sah er, daß er hohe Herrschaften vor sich hatte, und fiel wieder mit dem Gesicht in den Dreck. Und schrie: Gnade! Pomilowanie! Jasna gospodyni!

Da fiel auch das geprügelte Weib neben ihrem Mann der Herzogin zu Füßen und begann um Gnade für ihn zu flehen. Für den Mann, der sie soeben mißhandelt hatte.

Das war der Fürstin zuviel. Dummes Weib! sagte sie. Dumme Leute. Sie gab Kosmas das Schwert zurück und wandte sich ab. Sie stapfte zu ihrem Pferde zurück, und man ritt schweigend weiter. Dumm und arm hängt doch zusammen, dachte die Fürstin. Für diesen Tag war ihr die Lust an weiteren Gesprächen genommen.

Doch bald erkannte sie auf ihren Umritten: Noch schlimmer als das Leben der Dorfbewohner war das Leben der Armen auf den Wegen, der Obdachlosen, der Alten und Kranken, die sich durch Betteln am dürftigsten Leben hielten. Vor diesem Elend hätte die Fürstin am liebsten die Augen abgewandt, denn sie mußte sich ihre Ratlosigkeit eingestehen.

Eines Tages, als Herzogin Hedwig mit ihrem Troß in Richtung Neumarkt ritt, sah sie eine Bettlerin an einer Wegkreuzung sitzen. Das in Lumpen gehüllte Weib saß unter einem Baum, an dem man ein Kreuz mit dem Leib Christi befestigt hatte, einen aus Holz geschnitzten Christus mit ausgebreiteten Armen.

Die Herzogin ließ halten, als sie die Elendsgestalt erblickte, und stieg vom Pferde. Sie näherte sich dem Weibe unterm Kreuz. Eine von Geschwüren zerfressene Hand streckte sich ihr entgegen, ein von der Krankheit zerstörtes Gesicht wandte sich ihr zu. Die Fürstin redete die Elendige freundlich an. Die hob den Kopf, starrte sie mit weit aufgerissenen Augen an, in denen sich nichts mehr spiegelte. Unverständliche Laute drangen aus ihrem Mund. Dann entrang sich ihr ein pfeifender röchelnder Ton, Speichel mit Blut lief ihr übers Kinn. Plötzlich fiel sie mit dem Gesicht auf die Erde und blieb so mit ausgebreiteten Armen liegen.

Die Herzogin wollte sich zu ihr herabneigen, um sie aufzurichten, doch Otto riß sie am Arm zurück. Herrin, sagte er mit dunkler Stimme, faßt sie nicht an, seht Ihr nicht: das ist der Aussatz! Das Weib ist tot.

Sie ließen die tote Bettlerin im Staube liegen, mit ausgestreckten Armen, wie Christus über ihr. Otto versprach der Fürstin, für ein Begräbnis zu sorgen. Hedwig ging erschüttert zu ihrem Pferd zurück.

Dieses Bild, den Klageton der Sterbenden konnte sie nie vergessen. Wenige Jahre später ließ sie in der Nähe ein Hospital für aussätzige Frauen errichten, für das sie ganz besonders Sorge trug.

Mutter Petrissa, sagte Herzogin Hedwig, ich finde keine Ruhe, seitdem ich dieses Elend gesehen habe. Warum habe ich es bisher so nicht wahrgenommen?

Beide Frauen saßen sich am offenen Fenster des Refektoriums im Trebnitzer Kloster gegenüber. Die Herzogin, mit den Händen im Schoß, erzählte ihrer mütterlichen Freundin vom Tode der aussätzigen Frau unterm Kreuz.

Warum leiden Menschen so wie diese? fragte sie. Kam Christus nicht für alle Menschen auf die Welt? Kam er nicht besonders für die Armen, wie es im Evangelium heißt.

Und sie ereiferte sich: Die Obdachlosen, die Elendigen, die an Wegen und vor allen Kirchen hocken, armselige Häufchen, menschliche Reste, die nach Barmherzigkeit rufen, um Hilfe flehen, Bettler, Alte und Kranke, Krüppel und geifernde Idioten, Aussätzige, die ihre Hände nach Almosen ausstrecken. Scharen Unglücklicher, Ausgestoßener, rufen sie uns nicht an? So viele ziehen über das Land, bis sie verenden, irgendwo am Wegesrand. Und sie werden verscharrt, wie Hunde. Niemand fragt nach ihnen. Alte, von ihren Familien verstoßen, weil sie Mäuler zum Füttern waren und sonst unbrauchbar, andere, weil sie eine ansteckende Krankheit hatten, oder ganz einfach sich zur Arbeit nicht eigneten. Krüppel, bereits als Kinder verstoßen. Sie alle müssen an fremden Türen um eine Schüssel Brei betteln. Oft tagelang vergeblich. Man hetzt Hunde auf sie, und sie schleppen sich weiter. Sie verkriechen sich im Walde und suchen nach Beeren, nagen an Wurzeln, um nicht wahnsinnig vor Hunger zu werden. Im Sommer. Der Winter ist tödlich für sie, wenn sie kein Dach über dem Kopf finden. Unerträglich der Anblick so vieler Weiber unter ihnen, die ohne Hoffnung die Hand ausstrecken. Schmutzige kranke Weiber, denen sich kaum jemand zu nähern wagt. Die dennoch von Betrunkenen vergewaltigt werden.

Ich denke, sagte die Herzogin, vielleicht muß ich, wenn ich an Christus festhalten will, zu diesen Ärmsten der Armen gehen und leben wie sie. Warum soll es mir besser gehen als denen?

Wie könnt Ihr so etwas sagen, meine Tochter, rief Petrissa entrüstet. Die Rundliche, Mütterliche sah Herzogin Hedwig erschrocken an. Wie könnt Ihr so leichtsinnig reden, Herrin, Ihr seid von Gott dahin gestellt worden, wo Ihr steht. Bedenkt, Ihr könnt diesen Menschen helfen, als Fürstin könnt Ihr ihnen sehr wohl helfen, doch wenn Ihr im Elend sein solltet wie diese, Gott bewahre Euch vor diesem Gedanken, ist niemandem geholfen. Kaum jemand kann soviel Gutes bewirken wie Ihr. Gerade weil Ihr reich und mächtig seid. Geht hin und tut, wonach es Euch drängt. Helft den Armen, schützt sie vor der schlimmsten Not, seht das als Eure Aufgabe an. Aber gebt Euch nicht auf. Dies wäre nicht nach Gottes Willen. Nein, das nicht. Das kann Gott nicht wollen. Die Äbtissin ereiferte sich so sehr, daß sie leicht Speichel sprühte.

Ihr habt wohl recht, Mutter Petrissa, wie immer, antwortete Herzogin Hedwig, und beide Frauen schwiegen eine Weile.

Dann sagte Hedwig wie nur zu sich selbst: Denn wieviel Mut müßte ich dazu haben. Ich bin zu schwach, zu ängstlich, zu sehr an meine Bequemlichkeiten gewöhnt. Ich müßte zu viele verletzen. Heinrich ... die Kinder ... Andere aber haben den Mut. Die Beginen ...

Die Beginen sind Ketzerinnen, das wißt Ihr sehr wohl, Herrin, entgegnete Petrissa heftig. Sie werden von der Kirche nicht geduldet. Diese vorwitzigen Weiber, die alles besser wissen wollen! So manche Begine endete auf dem Scheiterhaufen.

Nicht jede, nicht jeder, der von der Kirche verworfen wird, ist verworfen vor Gott, warf die Herzogin entschieden ein. Gott sieht vieles anders als wir. Auch die Kirche ist eine menschliche, also eine fehlbare Einrichtung. Die Kirche soll die Lehre Christi verwalten. Wenn sie aber Suchenden und denen, die sich aufrichtig um die Wahrheit mühen, den Zugang zu sich versperrt, macht sie sich selber schuldig.

Uns stehen Zweifel an der Kirche nicht an, meine Tochter, erwiderte Petrissa entschieden. Besonders uns schwachen Frauen. Die Kirche muß durch Strenge die Lehre Christi schützen, und wir dürfen das nicht in Frage stellen.

Niemand soll für mich entscheiden dürfen, was die wahre Lehre Christi ist, sagte Herzogin Hedwig. Kann ich nicht selber lesen, was in der Heiligen Schrift steht? Kann ich nicht denken? Wozu hat mir der Herr meinen Verstand gegeben. Was ist die Wahrheit. Was ist die Wahrheit für mich. Das will ich wissen. Jeder muß seine Wahrheit suchen und dann zu seiner Wahrheit stehen. Denn das Suchen nach Wahrheit ist christliche Pflicht. Wieso sollen die kirchlichen Herren für mich entscheiden dürfen, was ich zu glauben habe? Sind sie nicht auch nur schwache Menschen, wie ich, wie Ihr? Sogar der Papst. Bei allem Glanz, der ihn umgibt. Auch er ist nur ein Mensch. Uns allen steht Demut an. Und wir alle müssen wachsam bleiben, damit das, was ständig in Bewegung ist, sich zum Guten wendet. Nicht zum Bösen. Alles schwankt ständig zwischen Gut und Böse. Dieser Bewegung eine Richtung zu geben, ist Aufgabe der Kirche. Eine unbewegliche Kirche wäre eine tote Kirche. Und Christi nicht wert.

Demut und Gehorsam ist erste Pflicht eines Christen und um so mehr einer Christin, meine Tochter, antwortete Petrissa beunruhigt. Ihr redet wie eine Ketzerin. Ich warne Euch, es ist besser, ketzerische Gedanken zu unterdrücken und sie nicht zu äußern, denn ich befürchte, man könnte Euch übelnehmen, was Ihr da sagt.

Meine Erfahrung ist, fuhr Petrissa entschieden fort: Der schwache Mensch muß in Zucht gehalten werden! Sonst kann er nicht gerade stehen. Nur eine Entwicklung seiner fehlerhaften Natur unter Zwang kann ihm helfen, besser zu werden und zu Gott zu wachsen. Eingebunden in strenge Gebote und Verbote kann er im Geiste wachsen. Aber man muß den Menschen so einschnüren, daß er nach oben wächst. Besser ein eingeengter Mensch, als ein Mensch, der ist, wie er ist. Denn ein Mensch, der ist, wie er ist, ist ein bedauernswürdiges Wesen ohne Würde und Scham. Seinen Trieben preisgegeben, wird er zum Opfer der Dämonen. Seht, wie sie nacheinander gieren, wie sie sich paarend umschlingen wie Tiere und dann enttäuscht abwenden voneinander. Ekel empfinden vor der Wollust. Scham vor der eigenen Nichtigkeit. Wie Schaum auf dem Wasser ist ein Mensch ohne Gott. Vergänglicher Schaum auf der Oberfläche. Der Mensch muß es lernen, sich zu überwinden, vergessen, wie er wirklich ist, nur so darf er hoffen, von Gott erlösungswürdig befunden zu werden.

Sie schwiegen.

Dann sagte Herzogin Hedwig: Ihr seid streng, Mutter Petrissa, zu streng. Ich verstehe Euch kaum. Lehrte Jesus Christus nicht das Gegenteil von dem, was Ihr sagt. Wollte er nicht die Befreiung des Menschen von dem Bösen bewirken, durch die Liebe Gottes zum Menschen. Jesus Christus will dem Menschen keine Gewalt antun. Jesus Christus lehrte Gott zu lieben und den Nächsten. Aber er läßt dem Menschen seinen freien Willen. Jesus Christus läßt ihm die Freiheit. Der Mensch selbst muß Gut oder Böse wählen. Sich selbst in sich überwinden. Aus sich selbst zu Gott wachsen. Aber vielleicht habt Ihr recht, Mutter Petrissa, auch in Eurer Strenge, recht wie meistens, und es liegt an mir, daß ich Euch nicht verstehe. Ihr seid im Kloster Gott näher als ich in der Welt.

Doch mir ist, als ob mich Gott hier und jetzt prüfen wollte. Warum sonst zeigt Er mir gerade jetzt dieses Elend, das ich zuvor auch sehen konnte und doch nicht sah. Und warum läßt er mich an nichts anderes denken, nur daran, und meinen Reichtum dagegenhalten, meine Bequemlichkeiten, und zu fragen: sind das nicht Fußangeln für mein Seelenheil? Versuchungen zur Sünde? Heißt es nicht im Vaterunser: Und führe mich nicht in Versuchung? Ich spüre: Gott will mich in Versuchung führen, er will mich prüfen und stellt mir die Frage: Kann sie das sehen und wegsehen? Und ich selbst frage mich: Darf ich dieses Leid sehen und wegsehen? Wandte sich Jesus nicht ab von dem Mann, der seinen Reichtum nicht lassen wollte, um sein Jünger zu werden. Sagte er nicht: Eher kommt ein Kamel durch ein Nadelöhr als ein Reicher ins Himmelreich. Mir ist bange um meine Seele, meine Mutter. Ich habe Angst um mich.

Meine Tochter, antwortete Petrissa streng, wieder einmal quillt Euer Gemüt über. Erlaubt, daß ich Euch sage: das Herz muß im Gleichklang mit dem Verstand verbleiben. Wie oft habe ich Euch das gesagt, sagen müssen! Besonders bei uns Weibern spricht oft das Herz zu laut. Ihr müßt vernünftig bleiben. Ihr habt auch bisher viel, sehr viel für die Armen in diesem Lande getan. Tut es weiter, denkt nach: Was könntet Ihr noch tun. Wie könntet Ihr noch besser helfen. Betet. Aber verliert nicht den Boden unter den Füßen.

Ach ja, seufzte Hedwig, vernünftig bleiben. Das Machbare tun. Nun ja. Da wäre beim kleineren Übel anzufangen. Den Dorfbewohnern wäre leicht zu helfen, indem man sie vor der übermäßigen Willkür der Herren schützen könnte. Diesem unchristlichen Eigennutz muß Einhalt geboten werden. Jeder dieser Herren will aus den armen Bauern herauspressen, was er nur kann. Um selbst nicht arbeiten zu müssen, quälen sie die, die schwächer sind als sie. Für nie eingehaltene Versprechen, sie zu schützen, nehmen sie ihnen das Notwendigste weg. Dafür kaufen sie sich ein Pferd, eine Rüstung, ein Schwert, ein Schild. Mit einem Wort: Auf Kosten der Bauern machen sie sich zu Rittern, und die ritterliche Rüstung, vor allem das Schwert, dient ihnen dazu, den Armen Angst einzuflößen mit diesem eisernen Popanz. Es wäre zum Lachen, wenn es nicht zum Weinen wäre. Die Frechen einerseits und die Dummen auf der anderen Seite. Die Leute müssen aus Angst vor den geharnischten Herren ihre mageren Erträge abgeben. Und wozu? Damit die sich gegenseitig morden können.

Das zum einen, aber zum anderen müssen die Bauern besser arbeiten lernen. Den Boden bearbeiten lernen. Der Boden, mit dem Krummholz geritzt, trägt nicht viel. Woher aber sollen sie wissen, wie das anders geht. Die Siedler aus dem Reich werden den Einheimischen zeigen, den eisernen Pflüg zu nutzen. Wie man den Boden bearbeitet, damit er fruchtbar wird, wie man die Arbeit organisiert. Das ist die Hoffnung. Und dazu wird sie das deutsche Recht vor der Willkür ihrer Herren schützen. Die schlesischen Bauern werden frei sein durch das deutsche Recht.

Aber meine Tochter, unterbrach sie Petrissa, Freiheit, das ist ein viel zu großes Wort für die Erbärmlichkeit des Menschen. Und erst recht für diese einheimischen Heiden. Aber auch die deutschen Bauern, denen man heute Freiheit verspricht und auch gibt, werden bald wieder in Unfreiheit verfallen, denn über ihnen stehen Stärkere als sie. Und in der Welt herrscht nunmal der Stärkere. Der Schlauere. Einer, der sich über andere setzt und sich das Beste nimmt. Das, was dem Starken gefällt, nimmt er sich zur Beute. So war es immer, und so wird es immer sein. Und dann bedenkt: die Ritter, sind denn die frei? Sie dienen auch ihrem Herrn, dem Herzog, und der hat den König oder den Kaiser über sich. Der Ritter Handwerk ist das Töten, und in der Schrift steht, wer mit dem Schwert ficht, wird vom Schwert fallen. Alle zusammen sind bedauernswert vor Gott. So ist die Ordnung der Welt.

Frei sein, sagt Ihr, fuhr Petrissa fort, Freiheit, das ist wieder so ein Ketzerwort. Seht Ihr nicht, daß man diese Halbwilden zuerst in eine Ordnung zwingen muß. Ohne Zwang können die nicht leben. Auch zum richtigen Gott zu beten, müssen sie gezwungen werden.

Verzeiht, das was Ihr sagt, Mutter Petrissa, klingt mir nicht christlich genug, erwiderte Hedwig. Die Armen sind Kinder Gottes. Und auch die Heiden sind verlorene Schafe, die wir Gott zuführen sollten. Wo bleibt die Liebe bei dieser Sicht. Ihr sagt: Die Ordnung, die sei gut. Der Mensch braucht die Ordnung, denn er ist schwach, das ist wahr. Aber die Liebe ist größer als die Ordnung. Ordnung kann töten. Zu oft wird im Namen der Ordnung getötet. Dieser oder jener Ordnung. Die Menschen denken sich immer eine Ordnung aus, um andere zu unterwerfen, zu knechten und die, die sich widersetzen, zu töten. Die Liebe dagegen, die christliche Liebe … Nur die Liebe befreit.

Ich frage mich, wie soll ich in dieser Ordnung leben, in die mich Gott hineingestellt hat, wie ich immer wieder zu hören bekomme, die mich mit Privilegien bedenkt, wofür ich Gott auch dankbar sein will. Einerseits. Die aber andererseits, wie ich immer deutlicher sehe, ungerecht ist, ja, unchristlich. Denn wie kann man eine Ordnung christlich nennen, in der die meisten Menschen hungern und nur die gut leben, die anderen die Früchte ihrer Arbeit rauben. Wie kann ich aufrichtig eine Ordnung christlich nennen und zu ihr stehen, in der der Herzog, mein Mann, seinen treuen Rittern Land schenkt mitsamt den Menschen, die da leben, immer gelebt haben. Wie kann man Menschen verschenken oder verkaufen. Wer gab wem ein solches Recht. Doch wohl nicht Jesus Christus, der selber ein Armer war. Nein, Petrissa, wir müssen uns fragen, ob wir nun Christen sind oder nur Nutznießer einer weltlichen Ordnung. Vielleicht sind wir, die Herrschenden, die Reichen, das größte Übel der Welt.

Ich spüre: Eine Ordnung, die mit der Liebe zu Christus und seinen Geboten im Widerspruch steht, kann nicht meine Ordnung sein. Es ist keine göttliche, sondern eine verwerfliche Ordnung. Mein Mann, Herzog Heinrich, erlaubt mir, mich umzutun, er stimmt mir zu in meinen Sorgen um die Armen. Er selbst hat Mitleid mit den Leuten. Aufrichtiges Mitleid. Aber die Einkünfte seiner Ritter sind ihm wichtiger als das Wohlergehen der Bauern. Ich darf den Leuten helfen. Aber seine Freunde darf ich dabei nicht verärgern. Also darf ich nicht wirklich helfen. So dreht sich alles sinnlos im Kreis. Die Bauern sind das eine, denen wäre leicht zu helfen, aber da sind ja noch die anderen, diese Ärmsten der Armen, die Obdachlosen, die Bettler, die Alten und Kranken, um die sich kaum jemand kümmert.

Ihr meint die Opfer Eurer armen Bauern, die Opfer der Opfer sozusagen, warf Petrissa fast spöttisch ein. Denn die sind es doch, die die ihrigen verjagen, wenn sie nicht mehr brauchbar sind. Die ihre Alten und Kranken und Krüppel verstoßen, wegwerfen wie unbrauchbare Gegenstände. Daran seht Ihr Herrin: Die Armen sind keineswegs bessere Menschen als wir. Glaubt mir, fuhr Petrissa fort, eines Tages werdet auch

Ihr, meine Tochter, die Widersprüchlichkeit alles Menschlichen erkennen und mit ihr leben lernen. Die Ordnung ist auch Liebe. Vor allem sie. Ein Riß geht durch alles, und wir können ihn nicht heilen. Wir müssen uns abfinden damit.

Nein, Mutter Petrissa, Hedwig schüttelte den Kopf, ich will nicht untätig zusehen, ich will helfen. Ich glaube, Gott verlangt von uns, gegen die Ungerechtigkeit zu kämpfen. Das Gute gegen das Böse zu setzen. Jeden Tag, jede Stunde, unentwegt, solang wir leben. Mit aller Kraft. Das ist unser Auftrag. Wozu sonst wären wir da. Wir müssen uns immer und immer mühen, besser zu sein, anderen zu helfen, anderen helfen besser zu werden und so das Leben zum Guten zu wenden. Nur so wächst der Mensch zu Gott. Gott lieben und die Menschen wie sich selbst. So sagte Jesus Christus zu uns. Er verlangt es von mir, ihm zu folgen. Ihr habt recht, Mutter, wenn Ihr sagt, Ordnung und Liebe gehören zusammen wie der Tag zur Nacht. Nur kann ich nicht begreifen, wenn ich dieses Elend sehe …

Ihr sollt nicht alles verstehen wollen, meine Tochter, unterbrach sie Petrissa, glauben sollt Ihr. Es genügt, daß Gott alles versteht. Demütig glauben sollt Ihr.

Ich träume, fuhr Hedwig nach einer Weile fort, von zukünftigen Zeiten, in denen es allen Menschen gutgehen wird. In denen jede Familie ein kleines Haus und genügend zu essen haben wird, warme Kleidung im Winter. Die Kinder nicht sterben werden vor Hunger … Und die Alten und Kranken versorgt sein werden. Ich denke, dann werden alle Menschen gut sein und zu Gott finden.

Oder erst recht jauchzend dem Teufel in die Arme springen, entgegnete Petrissa. Traut dem Guten im Menschen nicht, meine Tochter. Das Böse ist stärker in ihnen. Ihr seht es ja an unseren Reichen. Wer kann, macht seinen verderblichen Körper zum Götzen und vergißt darüber, daß er eine unsterbliche Seele hat. Sie streicheln ihre Bäuche, salben sich die Glatzen mit Rosenöl und vernachlässigen den Geist. Nur wenige sind auserwählt. Gott hat den Menschen im Widerspruch geschaffen, fuhr die Äbtissin fort. Die Seele des Menschen sehnt sich nach den Engeln, doch dem Leib nach ist er ein Tier. Und so ist der Mensch sich selbst, dem Besseren, ständig zur Qual, zur Last, zum Leid. Der verderbliche Leib schmerzt ihn, und die Seele, vermählt mit ihm, ekelt sich vor dem Fleische und fürchtet den Tod. Ich befürchte, die Welt wird eher untergehen, als daß Gerechtigkeit unter den Menschen wäre. Christus lehrt das zu ertragen, meine Tochter.

Jesus Christus lehrt uns, dies zu überwinden, meine Mutter, sagte Hedwig. Das ist seine Botschaft. Er kam, damit die Menschheit zum Guten wächst. Irgendwann werden die Menschen wie Engel sein. Daran glaube ich: So will es Gott.

Eines Morgens, als Herzogin Hedwig im Arbeitsraum neben der Halle der Liegnitzer Burg mit Ludolf, dem Verwalter, Angelegenheiten besprach, die in der nächsten Zeit zu erledigen waren, meldete der Knappe Kosmas an. Die Herzogin ließ den Getreuen bitten. Kosmas wollte sich nach seiner Verbeugung auf die Bank an der Wand setzen, um zu warten, doch die Herrin winkte ihn an den Tisch heran, unterbrach ihr Gespräch mit Ludolf und wandte sich dem Getreuen zu. Was gibt es, Kosmas, fragte sie.

Herrin, ich wollte fragen, wann Ihr zu den Siedlern fahren möchtet, die von Herzog Heinrich den Wald bei Goldberg zu roden bekommen haben. Vor zwei Wochen ist der Treck mit den Familien angekommen. Heute wäre ein guter Tag dafür. Die Sonne scheint ...

Ja, Kosmas, die wackeren Leute, seufzte die Herzogin, die sollten mir das Wichtigste sein. Und besonders diese, weil sie aus der Wettiner Gegend kommen. Aber heute geht es nicht, Kosmas, leider, laß mich sehen, wann ich reiten kann, sagte sie und zog ihr kleines Wachstäfelchen aus dem am Gürtel hängenden Säckchen hervor. Morgen, Kosmas, morgen will ich gern zu den Leuten reiten. Morgen früh nach dem Gottesdienst. Morgen wird das Wetter mit Sicherheit auch schön sein. Laß die Stute Gunda vorbereiten, sie soll nach dem Fohlen etwas Bewegung bekommen. Demundis soll selbstverständlich mitreiten. Aber die Siedler sollen nicht wissen, daß ich sie besuchen komme, ich will nicht, daß sie sich mit aufwendigen Vorbereitungen von der Arbeit abhalten lassen. Und ich möchte auch das Lager so sehen, wie es ist. Sie reichte dem Ritter lächelnd die Hand, die er ergriff und küßte. Kosmas ging, hinter ihm schloß sich der schwere grüne Samtvorhang.

Am nächsten Morgen nach dem Gottesdienst und einem kleinen Bissen in der Halle, den die Fürstin stehend einnahm – warme Milch und ein Stückchen Brot –, ritt der kleine Troß aus. Die Herzogin in ihrem grauen Mantel mit Kapuze, der Morgen im Mai war noch kühl. Kosmas führte den Troß an, er kannte den Weg. Und er hatte das Sagen. Ritter Ruprecht war auch dabei, der junge Ritter Andreas und noch einige bewaffnete Ritter. Dazu Demundis und zwei junge Dienerinnen.

Während des Rittes durch den maifrischen Wald hatte die Herzogin Zeit, ihren Gedanken nachzugehen. Sie kannte Hapert, den Lokator der neuen Siedlung, die sie besichtigen wollte. Sie war bei dem Gespräch zugegen gewesen, in dem sich der Mann dem Herzog empfohlen und ihn um Unterstützung des geplanten Siedlungswerkes gebeten hatte. Auch Abt Conradus von Leubus war damals dabeigewesen. Hapert, der Lokator, sollte wie üblich auch der Vogt, oder anders gesagt, der Schulze der neuen Siedlung sein. Es ging wie immer in ähnlichen Gesprächen um das gleiche. Wie viele Siedler anzuwerben waren, die Zahl der auszuschenkenden Hufen, der Siedlungsort und die Organisation der anfallenden Arbeiten. Und dann war von den Freiheiten die Rede, die den Siedlern zustanden. Und zuletzt hatte der Fürst alle Vorteile aufgezählt, die dem Vogt zukamen. Der Abt sprach von Privilegien.

Das Wort Freiheit fiel in diesen Gesprächen immer wieder. Denn, wie der Abt mit besonders feierlicher Stimme betonte: Teutonici liberi homini sunt! Die Hospites, unsere Gäste sind frei. Und Herzog Heinrich bekräftigte: Ja, bei uns sind die Siedler wahrhaftig freie Menschen. Bei uns zu siedeln, macht frei! Und fügte hinzu: Wir wissen, daß wir den Leuten etwas bieten müssen, damit sie zu uns kommen. Denn harte Arbeit erwartet sie hier: Sümpfe müssen getrocknet, Wälder gerodet, der Boden fruchtbar gemacht werden. Niemandem wird etwas geschenkt. Jeder muß sein Haus selbst bauen. Und alle zusammen eine Kirche errichten. Wir aber, so der Herzog, fügen alles zu einem sinnvollen Ganzen zusammen: Dörfer und eine Stadt in der Mitte. Ein Kloster in der Nähe, für den geistigen Beistand und die Hilfe beim Bauen der Häuser und Bebauen der Felder. Den Siedlern und ihren Kindern und ihren Kindeskindern soll es an nichts fehlen. Wir versprechen ihnen feierlich jeglichen Schutz.

Also, das Ius teutonicorum, warf Abt Conrad mit seiner hohen dünnen Stimme schnell ein, die süßen, milden Leges paternae sollen die Siedler schützen …

Ja, nahm der Fürst auf, das deutsche Recht, das die Siedler hier genießen sollen, haben wir aus Magdeburg von den dortigen erfahrenen Männern einholen und bei uns in Neumarkt bearbeiten lassen. Ein sehr vorteilhaftes Recht. Vor allem sollen die Siedler von dem ansonsten in Schlesien geltenden polnischen Recht ausgenommen sein. Und sie sollen hier um vieles besser als zu Hause leben. Das verspreche ich ihnen. In Gottes Namen. Amen.

Denn so ist es üblich in diesem Lande, fügte Abt Conradus hinzu, seit alten Zeiten. So stand es bereits in der Gründungsurkunde des Leubuser Klosters, das der ehrwürdige Fürst Boleslaw der Lange, Gott habe ihn selig, unseres gnädigen Fürsten Vater, nach seiner glücklichen Heimkehr nach Schlesien ad honorem Dei und für sein Seelenwohl, wie auch für den ewigen Frieden seiner Familie, errichten ließ. In diesem denkwürdigen Dokument verspricht der fromme Fürst: Alle Deutschen, die Klostergüter bebauen oder, vom Abt darauf angesiedelt, auf ihnen wohnen, sollen von allem polnischen Recht ohne Ausnahme für alle Zeiten frei sein. Und er wiederholte dies feierlich in lateinischer Sprache. Das war Anno Domini 1175. Seitdem leben in Schlesien deutsche Bauern, die freie Menschen sind und tüchtig arbeiten. Zum Wohle des Fürsten, zum eigenen Wohl und zu Ehren Gottes. Amen.

Der Abt sah Herzog Heinrich fragend an. Dieser bedeutete ihm nikkend, das Dokument vorzulesen, in dem die Rechte der Siedler aufgezählt waren. Die Siedler, las der Abt aus dem Lateinischen übersetzend, sollen den Boden des Grundherrn als Erbzinseigentum erhalten, Census hereditarius genannt. In diesem Fall soll jeder Siedler eine fränkische Hufe des gerodeten Bodens bekommen. Der jeweilige Bauer wird nur zu Zinsabgaben verpflichtet sein, und seine Kinder werden Grund und Boden erben und die gleichen Zinsen tragen. Jedoch in den ersten sieben Jahren sollen die Neusiedler frei von jeglichen Abgaben sein. Die darauf folgenden Abgaben sollen erträglich und dürfen nie drückend sein.

Herzog Heinrich unterbrach den Abt, indem er seine Hand auf dessen Arm legte, und fügte nachdrücklich hinzu: Und die Siedler sollen auch frei vom kirchlichen Zehnten bleiben. Der Abt blickte den Herzog vorwurfsvoll an, schwieg aber, denn in Anwesenheit Dritter schickte es sich nicht, dem Herrn zu widersprechen. Doch zeichneten sich bereits zu der Zeit in dieser Angelegenheit unterschiedliche Meinungen ab zwischen der Kirche und dem Herzog, die sich später zu einem langwierigen Streit ausweiteten.

Abt Conradus las mit saurer Miene weiter. Den Deutschen werde ihre Secura libertas zugestanden, das heißt, sie dürfen zu keinem Frondienst gezwungen werden, zu dem die einheimischen Bauern verpflichtet sind. Die Siedler sollen sich frei bewegen, sogar fortziehen dürfen. Nach ihrem freien Entscheid. Der Abt hob den Kopf und sagte dazu erklärend: Denn die im Lande lebenden Slawen sind Leibeigene ihrer Herren und zu Frondiensten und vielerlei Abgaben verpflichtet. Auch sind sie Adscripti glebae, das heißt, sie dürfen ohne Erlaubnis ihres Herrn das Dorf nicht verlassen. Manchmal dürfen sie sogar nur Frauen aus demselben Dorf heiraten.

Dazu hatte Hapert große Augen gemacht und dann spöttisch gelächelt.

Zudem gestehe der Fürst den deutschen Siedlern in ihren Dörfern eine eigene Gerichtsbarkeit zu, fuhr Abt Conrad fort, die der Schulze und die von den Bewohnern gewählten Schöffen ausüben sollen. Nur in schweren Fällen, die dem Judicium magnum unterliegen, bei Heimsuchung, das heißt bei Überfall im eigenen Hause, bei Notzucht und Wegelagerei werde der Herzog richten, und nur er allein. Auch sollten in jedem Orte lebensnotwendige Nahrungsmittel wie Brot und Fleisch jederzeit zu kaufen sein: Absque proclamato foro vendendi necessaria ac victualia liberam potestatem … Jedoch sollen die Siedler zur Landesverteidigung verpflichtet sein. Und er fing wieder an, lateinisch zu lesen.

Herzog Heinrich unterbrach ihn und sagte: Mit einem Wort, den Siedlern und vor allem ihren Kindern steht bei uns ein schönes Leben in Freiheit und Wohlstand bevor. Und um ihre Sicherheit werde ich mich sorgen. Mit Gottes Hilfe will ich unser Land vor Feinden bewahren.

Und er nickte dem Abt zu, bedeutete ihm mit einer kleinen Handbewegung zu kürzen und bat ihn, jetzt die Liste der Privilegien des Lokators vorzulesen, also die Vorrechte des Schulzen. Denn Schulze zu sein bedeutete, ein wahrer Herr zu sein unter den Seinen. Vor allem wurden ihm mehrere Hufen Boden zuteil, die für alle Zeiten von jeglichem Zins frei sein sollen. Er war nicht nur Richter, sondern er durfte in seinem Haus eine Gaststätte errichten und Lebensmittel verkaufen. Das sicherte ihm weitere Einnahmen zu. Die Errichtung einer Mühle wurde ihm zugestanden und die Einnahmen für das Badehaus. Wer im Dorfe Bäcker und Fleischer sein sollte, auch darüber entschied der Schulze.

Zum Schluß hatte Hapert, der das Unternehmen aus eigener Tasche finanzierte, von Herzog Heinrich Geld bekommen zur Unterstützung ärmerer Siedler und für außergewöhnliche Ausgaben. Für dieses Geld sollten mit dem Treck auch zusätzlich fünf Eisenpflüge aus Thüringen mitgebracht werden. Denn, wie Abt Conradus sagte, ein ordentlicher Aratrum teutonicale ist Goldes wert. Diese eisernen Pflüge sollten unter die Einheimischen vergeben werden, die die Mönche ebenfalls in deren Gebrauch einweisen sollen. Hapert erhielt zudem das Versprechen, daß die in der Nähe wohnenden Deutschen, vor allem die Goldberger, ihm und seinen Leuten, besonders am Anfang, in allem mit Rat und Tat beistehen werden. Und selbstverständlich die siedlungserfahrenen Mönche aus Leubus. Bis zur ersten Ernte werde das Dorf vom Herzog mit notwendiger Nahrung versehen.

Dieses Gespräch hatte vor ungefähr einem Jahr stattgefunden. Hapert mußte umsichtig gehandelt haben, nicht so wie manche andere, die zum Schluß nichts zustande brachten, oder sich mit dem herzoglichen Geld aus dem Staube machten. Denn auch das war schon vorgekommen.

Schon von weitem hörte Herzogin Hedwig Axtschläge, die wie emsiges Spechtklopfen klangen. Dazu das Kreischen der Sägen. Der herzogliche Troß näherte sich der Lichtung. Hedwig erfaßte eine freudige Neugier. Es waren nicht die ersten Siedler, die sie begrüßte, und es sollten nicht die letzten bleiben. Sie hatte sich vorgenommen, wann immer möglich dabeizusein, wenn neue Menschen ins Land kamen, die verunsichert waren, voller Angst vor der Zukunft und dankbar für ihre Anwesenheit. Doch es war auch immer wieder spannend für sie zu sehen, wie neues Leben entstand. Wie sich die Menschen tummelten, emsig und froh.

Die Neusiedler hatten anscheinend doch vom Kommen der Herzogin erfahren, denn zwischen den Bäumen über dem Weg hing eine Girlande aus Birkenzweigen und blühendem Flieder. Auf der Lichtung standen dicht nebeneinander etwa fünfzehn mit Planen bedeckte Wagen im doppelten Kreis, zu einer Wagenburg gefügt. So stellte man die Wagen unterwegs auf, gleich ob es ein Siedlertreck oder ein reisender Troß war. In ihnen schliefen Frauen und Kinder und die wehrhaften Männer, immer die Waffe bereit. Sie hatten vom Fürsten die Erlaubnis bekommen, Schwerter zu tragen, und die meisten hatten dazu selbstgemachte Bögen mit Pfeilen. Die Männer wechselten sich zur Wache ab. Dazu brannten Feuer die ganze Nacht lang. So hielt man es auch am Siedlungsort weiter, so lange, bis feste Häuser zu beziehen waren.

Die Wagen waren wie Nester auf Rädern, in die sich die Menschen abends verkrochen und die sie frühmorgens mit dem Sonnenaufgang verließen. Sie bargen alles, was die Familien mit sich hatten, Hausgeräte und Geschirr, Wäsche und Federbetten und auch landwirtschaftliche Gerätschaften. Ein großer Tisch unter einem Holzdach stand neben den Wagen, in der Nähe eine Feuerstelle, darüber ein großer eiserner Wasserkessel. Weiße Wäsche flatterte zwischen den Bäumen. Auf der frischgerodeten dunklen Erde um die Lichtung herum lagen Stapel gleichmäßig geschichteter geschälter Baumstämme. In einiger Entfernung war bereits mit dem Bau der Häuser begonnen worden. Dahinter eingezäunt die Weide für die Kühe. Daneben ein anderes umzäuntes Geviert für die Pferde.

Als die Weiber den Troß der Herzogin erblickten, schickten sie rasch die Kinder, um die bäumefällenden Männer herbeizurufen. Die an den Häusern Arbeitenden wuschen bedächtig ihre Gesichter und Hände in einem Holztrog, ehe sie sich ehrerbietig der Herrin näherten. Indes umgaben die Weiber die Herzogin, und eine versuchte sich vor der anderen Gehör zu verschaffen, so daß sich daraus bald ein Geschnattere ergab, dem Herzogin Hedwig belustigt zuhörte, obwohl sie kaum etwas verstehen konnte. Sie sah gern die jungen Gesichter um sich, die voller Eifer und Hoffnung waren.

Doch bald setzte sich Magda durch, des Vogtes Weib, sie drängte sich selbstbewußt vor die anderen, ergriff das Wort und begrüßte die Herzogin recht artig. Sie entschuldigte sich für den Wirrwarr. Doch ehe es zu einem Gespräch kam – die Herzogin hatte eben nach den Beschwernissen der Fahrt gefragt –, trat Vogt Hapert in den Kreis. Die Weiber wichen bereitwillig zurück, und Hapert beugte das Knie vor der Herrin. Hapert war ein Mann von kräftiger Statur, der mit seinem Aussehen Vertrauen und Respekt weckte und sichtbar an Gehorsam gewöhnt war, der aber auch höfisches Verhalten kannte, war er doch ein ritterlicher Mann. Hedwig nahm dies erneut mit Zufriedenheit zur Kenntnis, denn sie wußte, wie sehr das Gelingen einer Siedlung von der Person des Vogtes abhängig war.

Vogt Hapert erhob sich und bat Herzogin Hedwig höfisch zu Gast. Die Weiber hatten im Handumdrehen den Tisch mit weißen Leinentüchern gedeckt. Für die Herzogin war ein bequemer Sitz mit Lehne und Armstützen vorbereitet worden, mit einer prächtig gestickten Decke darüber. Schön wie mein Liegnitzer Thron, bemerkte die Herzogin lächelnd.

Hapert rückte der Herrin den Sitz zurecht. Und nach ihr nahmen auch die anderen Platz, eng nebeneinander auf den Bänken um den Tisch herum. Hinter ihnen standen die, die keinen Sitz bekommen hatten, vor allem Kinder. Herzogin Hedwig rief die Kleinen in ihre Nähe und forderte sie auf, neben ihr zu bleiben. Sie redete freundlich mit ihnen. Ein blonder Wuschelkopf mit strahlenden Augen fragte sie, warum sie keine Krone auf dem Kopf trage. Es war Haperts Sohn. Die Leute lachten. Doch die Herzogin antwortete ernsthaft, eine Krone trage auch eine Königin nur zu seltenen Anlässen, denn die sei zu schwer für jeden Tag, man bekäme leicht Kopfschmerzen vom täglichen Tragen einer Krone. Ein hübsches Kopftuch sei ihr lieber.

Zunächst wurde die Herzogin mit Brot und Salz bewirtet, wie es sich gehörte. Sie mußte von dem Brot nehmen, das zwar noch in einer Goldberger Backstube, aber nach eigenen, mitgebrachten Rezepten gebacken wurde, wie die Weiber erklärten. Die Fürstin fragte nicht, was der Unterschied zwischen diesem und jenem Brot war, denn sie wußte genau, es gab ihn nicht. Das Salz sollte Glück bringen. Auch danach wurden nicht mehr als Butterschnitten, Räucherfleisch und gekochter Käse mit Kümmel aufgetischt. Herzogin Hedwig ließ sich einen Becher Milch reichen, die noch warm von der Kuh war. Die Männer tranken Bier.

Und dann mußte die Fürstin sich anhören, was ihr die Leute zu erzählen hatten. Sie ließ sie reden. Aufmerksam und freundlich hörte sie ihnen zu. Denn jeder und jede hatten eine eigene Geschichte, einen eigenen Grund gehabt, von zu Hause wegzugehen, sich in die Fremde zu begeben. Raus aus der Enge hatten sie alle gewollt. Und alle hatten Hoffnungen mit sich gebracht, Wünsche und Vorstellungen vom Leben, wie es sein sollte in einem fremden Lande. Das ja so fremd nicht ist, wie einer einwarf, wenn es hier eine Herzogin gibt, mit der man sich in eigener Sprache unterhalten kann.

Dann sangen sie zusammen das Siedlerlied, das sie unzählige Male unterwegs gesungen hatten. Das Lied der Hoffnung: Nach Ostland wollen wir reiten, nach Ostland wollen wir mit. Frisch über die grünen Heiden, da ist eine bessere Stätt.

Vogt Hapert erzählte, daß er, nachdem er im Dienste seines Herrn, des Thüringer Landgrafen, fast ergraut war – in Wirklichkeit war er wohl etwas über dreißig Jahre alt, aber dennoch älter als die anderen –, am Hofe gehört habe, daß es in Schlesien die Möglichkeit gebe, sich dort ein Leben einzurichten, wie es einem gefiel. Man erzählte ihm, daß Herzog Heinrich von Schlesien tüchtige Leute suche, die sich in seinem kaum bewohnten Land niederlassen sollten, um es zu beleben und seinen Reichtum zu mehren. Großzügige Bedingungen würden den Siedlern vom Herzog geboten.

So begab er sich zu diesem schlesischen Fürsten, von dem er nur Gutes gehört hatte. Und er konnte sich selbst überzeugen, welch ein leutseliger und kluger Herr er war. Mit Handschlag wurde in Liegnitz die Absprache über die Errichtung eines Dorfes in Anwesenheit des Abtes von Leubus beschlossen. Auch die hier gnädigst anwesende Herzogin Hedwig von Schlesien sei bei diesem Gespräch zugegen gewesen, sagte der Vogt, wobei er aufstand und sich höfisch verbeugte.

Danach habe er sich daheim nach jungen Männern umgesehen, die gewillt waren und fähig genug schienen, ihr Leben fest in eigene Hände zu nehmen. Es war nicht schwer gewesen, sie zu finden, eher hatte die Auswahl Schwierigkeiten bereitet. Meistens waren es jüngere Bauernsöhne, die sich als Knechte verdingen mußten und gern die Gelegenheit wahrnehmen wollten, sich einen eigenen Hof mit eigenen Händen zu erarbeiten. Manche waren beweibt und hatten Kinder. Andere dachten daran, ein Weib für sich im neuen Land zu finden. Nur einmal vor der großen Fahrt hatte er alle zusammengerufen. Doch mit drei Getreuen hatte er sich dann ständig beraten. Allein hätte er das alles nicht geschafft. Denn alles mußte wohl durchdacht und besprochen werden. Die Vorbereitungen waren nicht leicht.

So war er zunächst mit einer Gruppe von Männern gleich nach der ersten Schneeschmelze nach Schlesien gefahren. Nur drei Weiber mit ihnen, die für sie kochen sollten und Ordnung halten. Diese Männer hatten den Wald rund um die kleine Lichtung gerodet. Für sich selbst hatten sie in den ersten Tagen mit Hilfe der Mönche von Leubus und der Goldberger ein kleines Blockhaus gebaut. Nach einigen Wochen – die Arbeit ging gut voran – ritt er, Hapert, zurück, um den eigentlichen Treck mit Männern, Weibern und Kindern zu holen und nach Schlesien zu geleiten. Der war erst jetzt bei warmem Frühlingswetter angekommen, so daß auch Weiber und Kinder ohne Schaden für ihre Gesundheit in den Wagen schlafen konnten. Und bis zum Winter werde man alle Häuser unter Dach haben. So Gott will. Amen.

Die lange Fahrt des großen Trecks nach Schlesien war beschwerlich gewesen, die ganze Zeit Wald und Wald. Nur hier und da kleine Siedlungen im Walde verborgen, meistens weitab vom Weg. Zum Glück hatte er den Weg bereits gekannt und gewußt, wo Wasser zu finden war, wo man rasten und wo man von den Einheimischen Milch kaufen konnte. Die reichte nicht für alle. Aber sie waren froh, wenn die Kinder von Zeit zu Zeit Milch bekamen. Ansonsten habe man wochenlang nur von trockenem Brot gelebt und geräuchertem Fleisch. Gekochtes Wasser dazu, selten Bier, das man in kleinen Fäßchen mitschleppte. Mehlsuppe für die Kinder. Die Kinder waren ungeduldig, einige wurden krank. Manche hatten ihre kleinen Kinder noch bei den Großeltern gelassen. Zwei Männer wollten ihre Weiber mit Neugeborenen erst kommen lassen, wenn die Häuser fertig waren. Kühe hatten sie nicht mit sich genommen, weil Kühe zu langsam sind, und mit ihnen der ganze Weg noch länger gedauert hätte. Und der Herzog hatte ihnen ja Vieh versprochen. Sehr schönes Vieh haben sie von den Herzoglichen bekommen. Und jetzt schmeckte ihnen die Milch doppelt so gut, die sie so lange entbehren mußten. Auch einige Schweine liefen schon um die Wagen herum, und Hühner gackerten wie in jedem Dorf.

Von Anfang an haben sich die Leute des Herzogs um uns gekümmert, fuhr Hapert fort. Und auch die Goldberger sind stets zur Hilfe bereit gewesen. Und die Leubuser Mönche. Nein, bereut hätte es noch niemand, hierhergekommen zu sein. Sie schauten ohne Angst in die Zukunft. Besonders jetzt, seitdem sie sich unter der Obhut einer so liebenswürdigen Fürstin wissen.

Und dann erzählte Magda, Haperts blondzöpfige, rundliche Frau, zunächst etwas befangen, sie habe in der ersten Nacht, in der sie auf ihrem neuen Platz schliefen, einen Traum gehabt. In diesem Traum hatte sie eine Schar von Engeln gesehen, die über der Lichtung schwebten und über die Wagen wachten. Ein wunderbarer Traum, den sie morgens allen weitererzählte.

Daraufhin ergriff wieder Hapert das Wort und schilderte, wie er sich das Dorf vorstellte. Er geriet ins Schwärmen. Und Hedwig sah, er freute sich aufrichtig über das schöne Stück Land, das ihm und seinen Leuten zugefallen war. Fische in den Flüssen, Wild in den Wäldern, Honig zur Genüge … Ein wahres Paradies, dieses Schlesien. Auf dem Anger soll eine Kirche stehen. Mit den beiden Nachbardörfern, die dazukommen sollen, müßte es genügend Seelen für einen Pfarrer geben. Ihnen, den Siedlern, war ja auch das Recht zugestanden worden, den Pfarrer selbst zu wählen. Dieser müsse aus der Heimat sein. Und Ordnung wollte Hapert unter den Seinen halten. Jedem solle es gutgehen. Aber alle müßten fleißig arbeiten. Denen, die unverschuldet in Armut fallen, durch Krankheit oder andere Not, Witwen und Waisen, werde man helfen. Er werde sich um die Seinen sorgen wie ein Vater, sagte Hapert selbstbewußt und sah sich in der Runde um. Und zuversichtliche Gesichter nickten ihm zu. Sie werden viel Arbeit und Mühe haben, aber ihren Kindern werde es besser gehen als ihnen. Und das wird der beste Lohn für sie alle sein. Und um Gottes Segen werden sie stets aufrichtig beten.

Es gebe einen Siedlerspruch, sagte Hapert: Den ersten der Tod, den zweiten die Not, den dritten das Brot. Doch in Schlesien werden sie mit Sicherheit nicht so lange aufs eigene Brot warten müssen. Hier fühle man sich umsorgt. Er habe Pläne zuhauf, fuhr Hapert eifrig fort. Er könne gar nicht alles erzählen, wie er sich dies und jenes vorstelle, denn das würde bis zum Abend dauern. Wie herrlich die Siedlung gelegen ist, kann wohl jeder sehen. Am Rande des Dorfes fließt ein Bach, das

Wasser wird sehr wohl ein Mühlenrad bewegen können. Er habe einen Mann dabei, der etwas vom Mühlenbau versteht. Überhaupt habe er darauf geachtet, Handwerker mitzunehmen. Einen tüchtigen Schmied, einen Schreiner und einen Bäcker und vor allem bauerfahrene Männer.

Herzogin Hedwig versprach, zur ersten Kindestaufe ins Dorf zu kommen, und verabschiedete sich von den hoffnungsfrohen Leuten.

Auf dem Rückweg summte sie leise Marienlieder vor sich hin. Dieses aufblühende Leben beglückte sie. Sie durfte es behüten. Was konnte es Schöneres geben. Sie streichelte den Hals der Stute Gunda und spielte mit ihrer Mähne. Sie durfte die Hoffnung haben, daß hier etwas entstand, das Jahrhunderte überdauern wird: Siedlungen freier Menschen, die nicht gequält und geschunden werden dürfen. Dafür wird sie sorgen mit all ihrer Kraft.

Sie sah das Land vor sich: Schlesien! Wie es aus dem Boden wuchs: Dörfer und Städte, Kirchen und Klöster. Von tüchtigen Menschen errichtet. Sie dachte aber auch an die in den Wäldern vor sich hinlebenden Einheimischen. Auch sie sollen in die Gunst des aufblühenden Lebens kommen. Auch ihnen soll es gutgehen. Sie sollen lernen, so zu leben wie die Neuen. Den Acker bebauen nach deren Art, den Eisenpflug benutzen. Mühlen bauen. Bäckereien, Brauereien. Oder noch besser: Die Einheimischen sollen sich mit den Neuen zusammentun. Mit ihnen zusammenleben, heiraten untereinander. Ja, so soll es sein. So werden die alten und neuen Bewohner zusammenwachsen und glücklich sein, zusammen ein neues Volk sein: Schlesier.

Schlesien … dachte sie. Das Land entsteigt der Dämmerung. Ihre Hand fand die kleine Figur der Gottesmutter, die sie immer an ihrer Brust trug, und sie betete dankbar: Heilige Gottesmutter, hilf mir, diesen Menschen zu helfen.

Von Hapertsdorf aus begab sich Herzogin Hedwig nach Röchlitz, um da nach ihren Kindern zu sehen, mit ihrer alten Freundin Jutta zu sprechen und sich etwas zu erholen, denn dazu war die kleine Burg da.

Abends, nachdem die Kinder zu Bett gebracht worden waren, setzten sich die beiden Frauen mit einigen Vertrauten an das wärmende Feuer in der Halle, um den ausklingenden Tag zu genießen.

Da übertönte ein heftiges Klagegeschrei in der Halle das ruhige Gespräch. Eine laute Weiberstimme verlangte in der Sprache der Einheimischen Zugang zur Herzogin. Man hörte die beschwichtigenden Stimmen der Ritter, die dem Weibe dies verwehren wollten. Die Fürstin schickte den Pagen, um den Vorgang zu klären. Der kam bald zurück und berichtete: Eine Alte, deren Sohn im Turm sitzt. Morgen soll er gehängt werden.

Gehängt werden? Die Herzogin zog die Brauen hoch. Ein Hauptverbrechen also. Und Jutta sagte ihr nichts davon? Frau Jutta errötete,

187

sie geriet in Verlegenheit. Sie wußte, die Herzogin würde sich für den Verurteilten einsetzen, und ihr Mann Radon, dessen Höriger der Gefangene war, werde in arge Bedrängnis kommen. Radon hatte das strenge Urteil gefällt. Daher hatte sie es der Herzogin verheimlichen wollen. Und jetzt kam dieses Weib …

Also, was wars? Ein schlimmes Verbrechen?

Nein. Das war es nicht. Der Junge hat gestohlen.

Gestohlen? Was?

Eine Schweinehälfte.

Eine Schweinehälfte, wunderte sich die Fürstin. Warum?

Er wollte das Fleisch zu seiner angeblich hungernden Mutter bringen, hat aber dabei das halbe Schwein bei Tage durchs ganze Dorf geschleift. Alle sahen ihn dabei, sagte Jutta. Denn dieser Junge ist ein Dummkopf. Ein Dorfdummer, ein Gupek, wie die Hiesigen sagen. Alle sahen es, und er mußte bestraft werden. Vor allem weil er das Schwein bei den Siedlern im Nachbarsdorf gestohlen hatte, mußte Radon streng sein zu ihm. Nach polnischem Recht war er dazu berechtigt, fügte Jutta eilfertig hinzu.

Die Herzogin sagte nichts dazu, obwohl Radon zum Verhängen der Todesstrafe den Fürsten hätte anrufen müssen, sie wollte Jutta vor den Leuten nicht kränken. Sie bedeutete dem Knappen, das Weib einzulassen.

Ein altes, in Lumpen gehülltes Weib stolperte herein, blieb einen Augenblick mit offenem Munde stehen, geblendet vom vielen Licht, oder weil sie nie im Leben so prächtig gekleidete Menschen gesehen hatte. Der Page führte sie zur Herzogin. Die Klagende warf sich ihr zu Füßen und versuchte, ihr die Schuhe zu küssen. Herzogin Hedwig hob die Alte auf.

Sag uns, was gibt es. Warum weinst du?

Sie wollen meinen Sohn töten, schluchzte das alte Weib. Morgen, morgen früh, meinen Sohn wollen sie töten, meinen einzigen Sohn. Erhängen wollen sie ihn. An einem Galgen. An einem Galgen! Rettet meinen Sohn, Herrin!

Warum will man deinen Sohn erhängen? fragte die Herzogin.

Er hat gestohlen. Weil er dumm ist. Die Leute sagen der Dumme zu ihm. Er ist dumm, aber ein guter Junge. Mein einziger Sohn. Ich war krank, und er wollte mir das Fleisch bringen. Deshalb hat er bei den reichen Fremden ein halbes Schwein gestohlen. Bei den Neuen, die genug haben von allem. Ein halbes Schwein. Weil ich geklagt habe, ich ihm gesagt habe, ach, hätte ich doch ein Stückchen Fleisch wie die, da wäre ich gesünder. Deshalb ist er hingegangen und hat gestohlen, das Schwein. Für mich, seine Mutter. Weil wir Hunger hatten. Ein halbes Schwein. Dafür soll er sterben. Oh, Ponbucku, Ponbucku!

Beruhige dich, sagte die Herzogin. In diesem Lande werden Urteile gerecht gefällt. Ich werde dafür sorgen, daß der Herzog die Angelegenheit deines Sohnes noch einmal prüft. Fürchte dich nicht. Geh nach Hause.

Die Alte starrte die Fürstin an, als begreife sie nicht. Dann warf sie sich ihr wieder zu Füßen. Idzta z Bogiem, sagte die Herzogin in der Sprache der Einheimischen zu ihr. Das Weib klammerte sich an die Füße der Herrin, so daß man sie mit Gewalt aufrichten mußte. Geht mir Gott. Die Herzogin befahl dem Pagen, der Alten in der Küche Essen zu geben und sie nach Hause zu geleiten.

Bedrücktes Schweigen herrschte danach in der Runde. Herzogin Hedwig fragte Jutta, wann Radon zu Hause zu erwarten sei. Das wußte sie nicht. Es konnte spät werden. Warten wäre sinnlos. Man ging schweigend auseinander.

Am Morgen nach dem Gottesdienst und dem Frühstück bat Herzogin Hedwig den Kastellan zu einem Gespräch. Der hatte ein verlegenes Gesicht, wußte er doch bereits von seiner Frau, worum es ging und was ihn erwartete.

Die Herzogin bat ihn zunächst um seine Darstellung des Vorfalls. Danach warf sie dem Kastellan übermäßige Strenge vor, ja, unchristliche Grausamkeit. Radon rechtfertigte sich und berief sich auf das polnische Recht, das in den slawischen Dörfern gelte. Für schweren Diebstahl darf die Todesstrafe verhängt werden. So sei es üblich, meinte Radon. Und dieser dumme Junge ist ohnehin nur zum Gespött der Dorfbewohner da, ein Nichtsnutz, zu keiner Arbeit zu gebrauchen. Und jetzt noch ein Dieb! Die Dorfbewohner wollen seinen Tod, sie haben ihn bei ihm angeklagt, denn er hat über das ganze Dorf Schande gebracht. Sie sagen: Was sollen die Neuen, die Siedler von uns denken?

Hedwig schüttelte mißbilligend den Kopf. Wo kämen wir hin, sagte sie, wenn wir das täten, was die Leute von uns verlangen. Ihr seid der Herr des Dorfes, Radon, und Ihr sollt wie ein Vater sein zu diesen armen Menschen. Ihr dürft sehr wohl ein milderes Recht walten lassen, wenn Ihr wollt. Niemand zwingt Euch, so harte Urteile zu fällen. Sie war bemüht, nicht ungeduldig zu werden, und fuhr fort: Im übrigen gehört diese Angelegenheit vor den Herrn, Herzog Heinrich. Aber um ihn nicht zu behelligen, bitte ich Euch, Radon von Röchlitz, laßt Milde walten.

Soll ich den Kerl ohne Strafe laufen lassen, Herrin, fragte Radon unwillig. Damit er und andere bald ähnliches tun?

Die Herzogin schüttelte lächelnd den Kopf. Aber nein, ohne Strafe soll der Bursche nicht ausgehen. Hört zu.

Und sie unterbreitete dem Kastellan ihren listigen Plan und bat ihn höflich, dem, was sie nachts ausgedacht hatte, zuzustimmen. Zum Ende ihrer Ausführungen schmunzelte der Kastellan und nickte mit dem

Kopf. Die Herzogin hatte ihn überzeugt. Radon bewunderte wie oft die Klugheit dieser Frau und ihre Gabe, ihren Willen durchzusetzen.

Danach ritten sie mit zahlreichem Gefolge zur Gerichtsstätte, wo bereits viele Schaulustige warteten. Der Verurteilte mit einem Strick um den Hals wurde zwischen zwei berittenen Knechten herbeigeschleift und schrie wie am Spieß. Der Herzogin tat der Junge von Herzen leid, aber sie sagte nichts. Von weitem hörte man das laute Klagen der Mutter, die man anscheinend mit Gewalt vom Geschehen fernhielt.

Radon führte die Herzogin höfisch zu dem für sie vorbereiteten Sitzplatz. Er stellte sich neben sie. Auf der anderen Seite ein Mönch, der dem Verurteilten zu einem christlichen Tode verhelfen sollte. Schöffen, wie bei den Siedlern üblich, waren nicht dabei, denn die leibeigenen Einheimischen hatten nichts zu sagen. Die Männer des Dorfes standen jedoch in einer Gruppe zusammen mit finsteren Mienen. Auf der anderen Seite die Siedler, die Geschädigten. Besser gekleidet und zuversichtlich. Sie grüßten die Herzogin laut und einstimmig, wie bei den Deutschen üblich. Die Leute mußten gehört haben, daß die Herzogin dabeisein werde, denn niemand zeigte Erstaunen über ihre Anwesenheit.

Die Knechte führten den armen Sünder zum Galgen. Wie ein Kalb zur Schlachtbank, dachte die Fürstin. Das Haar zerzaust, Hemd und Hose zerrissen, das Gesicht verquollen vom Heulen und Laufen, dazu tropfte ihm aus der Nase Blut. Jämmerlich sah der Sträfling aus. Er hielt den Kopf gesenkt und atmete schwer.

Radon erklärte laut und deutlich seine Schuld und verlas das Urteil: Tod durch den Strang. Der Angeklagte soll gehängt werden. Dann wandte er sich an die Versammelten und fragte, ob jemand etwas dazu sagen möchte.

Da trat einer der Siedler hervor und verneigte sich vor der Herzogin.

Ich heiße Kaspar, hob der Mann an, und bin ein Bauer aus Kunzendorf und dort einer der Schöffen. Wir haben beschlossen, sagte der Mann bedächtig, für den Verurteilten um Gnade zu bitten. Ich habe in meinem Leben viele Male zu Gericht gesessen, doch noch nie von einem so strengen Urteil gehört. Der Bengel, dieser Kindskopf, sagte er, mit einer Kopfbewegung in Richtung des Angeklagten weisend, hat Rutenstreiche verdient, zehn, zwanzig, meinetwegen hundert, aber niemals die Todesstrafe. Das ist die Meinung des Dorfes, das zu sagen, habe man ihm aufgetragen. Denn so wäre es nach deutschem Recht. Da er auch für den Geschädigten, der sein Schwager ist, spreche, falle er der mildtätigen Herrin, Herzogin von Schlesien, zu Füßen und bitte um einen Gnadenspruch. Sein Dorf wolle keine Feindschaft mit den Nachbarn eines halben Schweines wegen, fügte der Mann hinzu.

Herzogin Hedwig verbarg ihre Freude über die Rede des Mannes, denn sie wollte ihren Plan durchführen. Mit streng zusammengezogenen Brauen wandte sie sich an Radon von Röchlitz, den zuständigen Herrn, und bat ihn, seine Entscheidung zu treffen.

Den Kastellan hatte die Rede des Mannes verwirrt, und er sah die Fürstin ratsuchend an. Sie nickte ihm ermunternd zu. Da durchschaute er ihre Absicht und sagte streng: Recht ist Recht. Der Mann ist ein Einheimischer, und er soll nach dem Recht seines Landes verurteilt werden. Er hat gestohlen, und dafür ist Tod durch Erhängen ein gerechtes Urteil.

Die Herzogin nickte ernst und zuckte bedauernd mit der Schulter. Die Siedler traten enttäuscht zurück und berieten sich kopfschüttelnd untereinander.

Der Mönch begann seine Gebete über dem Verurteilten zu murmeln. Dann zogen die Knechte den Knienden an den Armen hoch und schleiften ihn zum Galgen. Plötzlich schrie der Verurteilte laut auf, begann zu schluchzen und hätte sich fast seinen Peinigern entrissen. Er wandte sich zur Herzogin, schrie und versuchte auf den Knien zu ihr zu rutschen, wobei sich der Strick so zusammenzog, daß ihm die Augen herausquollen.

Da erst hob die Herzogin die Hand und gebot den Knechten Einhalt. Sie trat an den Geschundenen heran und löste ihm eigenhändig den Strick. Den überreichte sie dem Kastellan und sagte zu ihm: Im Namen des Herzogs von Schlesien bitte ich Euch, Herr Kastellan, um Gnade und christliche Barmherzigkeit für diesen armen Sünder. Sie überlegte kurz und fügte hinzu: Dieser Bursche und Übeltäter soll bestraft werden. Er soll fortab unter Bewachung am Klosterbau zu Trebnitz arbeiten, Steine hauen und tragen. Er soll hart arbeiten. Denn Strafe muß sein. So ist es gerecht.

Geh, sagte sie zu dem Burschen gewandt, der zu ihren Füßen lag. Geh, bereue deine Sünden und tue nie mehr dergleichen. Und danke deiner Mutter. Der verdutzte Mönch bekreuzigte zuerst sich, dann aber auch den Sünder.

Herzogin Hedwig trat zu dem Siedler, der sich für den Dieb eingesetzt hatte, und reichte ihm die Hand. Die Deutschen umgaben sie mit freudigem Gerede.

Indes kam auch die Mutter des Geretteten herbeigelaufen, und die Weiber des Dorfes riefen, ein Wunder sei geschehen. Die Alte rief laut: Mein Sohn ist von den Toten auferstanden! Die Herzogin hat meinen Sohn ins Leben zurückgerufen. Lange danach erzählten sich die Leute von dieser Begebenheit. Und jeder schmückte sie aus, wie er nur konnte.

Herzogin Hedwig lächelte, wenn man sie fragte, wie es denn wirklich gewesen sei. Sie wollte darüber nicht reden.

Doch bald darauf sollte es ihr wirklich gelingen, das Leben eines Totgeglaubten zu retten. Es ging wieder um einen zum Strang Verurteilten, um einen Wegelagerer, der einen Kaufmann erschlagen hatte. Der Übeltäter hatte einen Reisenden überfallen, einen Kaufmann aus Frankfurt, ihm Geld und Waren geraubt und ihn, weil er sich zur Wehr gesetzt hatte, erschlagen. Dafür sollte er gehängt werden. Für dieses Verbrechen war die Todesstrafe die einzig gerechtfertigte, das wußte jeder. Und für Herzog Heinrich gab es in dergleichen Angelegenheiten kein Wenn und Aber. Wie sollte er je Ordnung schaffen in seinem Land, ohne den Menschen abschreckende Beispiele vor Augen zu führen. Für ihn als Fürsten war die Sicherheit der Straßen durch Schlesien ein erstrangiges Anliegen. Die Kaufleute zahlten Zölle und waren somit eine unverzichtbare Einnahmequelle. Sie hatten das Recht auf ungestörte Durchreise. Der Herzog mußte auf den guten Ruf seines Landes bedacht sein, den besonders die Kaufleute überall verbreiteten. Hedwig wußte, Heinrich war fest überzeugt, dieser Verbrecher hatte das strenge Urteil verdient. Zudem zürnte er diesem Mann, Przemko genannt, ganz besonders, denn der hatte zuvor zur Burgmannschaft von Breslau gehört. Es war also ein ehemaliger Ritter, ein Mann des Herzogs, und hatte dessen Recht mit Füßen getreten. Und dazu die ritterliche Ehre verletzt. Die strengste Strafe war ohne Zweifel auch aus diesem Grunde angebracht.

Um einer Einmischung seiner mildtätigen Ehefrau vorzubeugen, die ihm beim Verhängen schwerer Strafen immer wieder in den Arm fiel, hatte der Herzog die Gerichtsverhandlung streng geheimgehalten und beabsichtigte, das Urteil schnellstens vollziehen zu lassen. Doch er konnte nicht verhindern, daß die Angehörigen des Verurteilten sich zur Herzogin begaben und sie um Fürbitte beim Herzog anflehten. Um Gnade. Przemko habe vier kleine Kinder zu Hause, sagten sie, und diese nichts zu beißen. Der Ritter sei, nachdem er aus der herzoglichen Druzyna ausgeschlossen worden war, ins Elend gefallen. Przemko habe den Kaufmann nicht ermorden wollen, es sei eher Notwehr gewesen oder ein unglücklicher Zufall. Er wollte nur das Geld und die Ware des Kaufmanns. Er brauchte Geld für Brot für seine Kinder. Doch der Kaufmann und seine Begleiter waren bewaffnet, es war zu einem Kampf gekommen, und in diesem habe Przemko den Kaufmann erschlagen.

Herzogin Hedwig ließ die Sache untersuchen. Die Leute hatten die Wahrheit gesagt: Przemko war in der Tat nach einem Streit mit seinem Vorgesetzten aus dem herzoglichen Dienst entlassen worden und danach ins Elend geraten, weil er nicht in den Bauernstand zurückkehren wollte, um sich und seine Familie von seiner Hände Arbeit zu ernähren. So hatte er es mit Wegelagerei versucht. Wie viele andere auch.

Die Herzogin ließ sich den Räuber vorführen. Ein kräftiger Kerl war es, mit schwarzem krausen Haar und unstetem Blick. Man hatte ihm die Hände auf den Rücken gebunden und um die bloßen Füße Eisenketten gelegt, so daß er sich kaum bewegen konnte. Er warf sich vor die

Herzogin zu Boden und flehte laut heulend um Gnade. Der Herzog möge ihn zum Tragen der schwersten Steine in Trebnitz verurteilen, die schwerste Arbeit im Steinbruch, ja, bis zum Ende des Lebens, aber nicht den Tod.

Fürwahr, kein ritterlicher Mann, dachte Hedwig. Sie sagte nichts und wandte den Blick ab, obwohl sie der Kerl mit durchdringenden Blicken anstarrte, in denen sie die Todesangst las.

Meine Kinder, weinte der Mann. Habt Mitleid mit meinen Kindern.

Sie werde für seine Kinder sorgen, versprach ihm die Herzogin.

Da ließ er sich abführen.

Es ließ ihr keine Ruhe. Der Mann tat ihr leid. Sie überlegte, wie sie ihm helfen könnte. Denn er war schuldig. Und sie wußte, in diesem Fall werde Heinrich von Gnade nichts hören wollen.

Hedwig überlegte bitter. Dieser Kerl war Ritter gewesen, Töten war also sein erlerntes Handwerk. Woher sollte so ein Haudegen plötzlich Achtung vor menschlichem Leben empfinden? Er hatte menschliches Recht mißachtet. Die Gesetze seines Herrn, des Herzogs, übertreten. Er hatte die ritterliche Ehre mit Füßen getreten. Das aber war in ihren Augen zu wenig, um es mit dem Leben zu bezahlen. Zudem hatte er in Not und Eigenwehr gehandelt. Er war ein Dieb, ein Räuber, aber das Elend seiner Kinder hatten ihn dazu gebracht, und dann wurde er noch ungewollt zum Mörder.

Ihrer Meinung nach war er nicht schuldiger als viele andere, gehorsam mordende Ritter. Wie sollte sie das Heinrich erklären. In den Fragen lebten sie wie in anderen Welten. Aber sie wollte mit ihm reden. Doch diesmal begab sie sich ins Gespräch ohne die innere Überzeugung, die sie sonst bewegte und ihre Bitten unwiderstehlich machte. Und sie traf, wie erwartet, auf harten Widerstand.

Heinrich schüttelte den Kopf, ob sie das nicht verstehe, fragte er ungeduldig, dieser Mann habe die Rechte des Landes verletzt, dem guten Rufe des Landes groben Schaden zugefügt und ihn, seinen Herrn, dem er gedient hatte, frech beleidigt. Dieser Mann muß sterben, sagte Heinrich. Wo denkst du hin! Ich sehe nicht den geringsten Grund für Gnade. Nein, in diesem Fall nicht. Ich habe den festen Willen, anderen ein abschreckendes Beispiel zu geben, ein Zeichen zu setzen und werde mich nicht davon abbringen lassen. Auch von dir nicht. Der Wegelagerei muß ein Ende gesetzt werden. Je eher, desto besser. Wie viele Kaufleute sollen noch ihr Leben lassen. Und wie viele nach anderen Wegen als durch Schlesien suchen. Und er verbat sich unwirsch weitere Bitten in dieser Sache.

Am nächsten Morgen, als Hedwig langsam, wie es ihre Gewohnheit war, aus der Kirche kam, begegnete sie im Burghof ihrem Mann, der eben mit zwei Rittern redete. Hedwig trat zu ihnen, zur großen Verlegenheit der Männer, die gerade dabeiwaren, Bericht über die Erhängung des Przemko abzulegen.

Hedwig schossen die Tränen in die Augen, als sie hörte, was geschehen war. Denn zum einen tat ihr der Mann, der aufrichtig Reue gezeigt hatte, wirklich leid, zum anderen aber fühlte sie sich gekränkt, in den Augen der Leute herabgesetzt, weil sie durch ihre Anteilnahme Hoffnungen geweckt hatte.

Und sie hatte geglaubt, Heinrich werde doch noch nachgeben, wie immer. Wortlos, mit zusammengepreßten Lippen wandte sie sich ab, um ihre Tränen zu verbergen. Doch Heinrich sah, daß sie dem Weinen nahe war, und das konnte er nicht ertragen. Er hielt sie auf, nahm sie in die Arme und versprach ihr, dem Mann das Leben zu schenken, falls er noch zu retten sein sollte. Woran er nicht glaube.

Hedwig rief Ludolf herbei und befahl ihm, sofort den Erhängten vom Galgen zu holen. Schnell, schneller. Ludolf riß die Augen auf, widersetzte sich aber nicht, wußte er doch, es hatte keinen Sinn, der Herrin zu widersprechen. Er lief zu den Ställen, schwang sich eiligst auf sein Pferd und galoppierte davon. Im Vorbeigehen befahl er, einen Wagen zur Richtstätte fahren zu lassen, für den Mann, denn lebend oder tot würde er sich wohl kaum bewegen können.

Am Galgen traf er viele Leute an. Gaffer und die trauernde und jammernde Familie. Ludolf bahnte sich im Namen des Herzogs einen Weg durch die Menge und befahl dem Mann von der Wache, den Strick, an dem der Verbrecher hing, mit dem Schwert zu durchschneiden. Wonach man den Übeltäter vorsichtig unter schweigendem Erstaunen der Umherstehenden auf den Boden legte und die Schlinge am Hals lockerte. Jemand lief zu einem nahen Brunnen um Wasser, und sie begossen damit den Reglosen. Und – ein Wunder! Der Totgeglaubte öffnete die Augen, richtete sich auf und stand bald leicht schwankend auf beiden Beinen.

Die Leute staunten und folgten dem Wagen, auf dem man Przemko zur Herzogin fuhr.

Im Burghof fiel der gerettete Übeltäter der wunderwirkenden Frau zu Füßen und dankte ihr laut schluchzend und heulend fürs Leben. Auch er wurde nach Trebnitz beordert, um am Bau des Klosters zu arbeiten.

Dieses Ereignis beeindruckte alle zutiefst. Man ließ Messen lesen, in denen man Gott laut für die erwiesene Gnade dankte, für dieses Wunder der Auferstehung von den Toten. Und man verehrte Hedwig fortab wie eine Heilige, die Tote ins Leben zurückrufen konnte. Hedwig dankte auf den Knien für die offensichtliche Hilfe ihrer Engel.

Heinrich war verlegen, er hatte nachgeben müssen, aber er bewunderte die Beharrlichkeit und die, wer weiß, vielleicht doch Wunder bewirkende Kraft seiner Ehefrau. Er beschloß, künftig einsichtiger Urteile zu fällen, länger mit den Straffälligen zu reden und sich nach den

Umständen ihrer Tat und den Gründen, die womöglich zum Vergehen geführt hatten, zu erkundigen. Und er beabsichtigte, noch öfter als bisher Straffällige nach Trebnitz zu schicken, wo sie sich nützlich machen konnten.

Auch achtete der Herzog fortab mehr darauf, daß dort, wo die Herzogin vorbeikommen sollte, die Gefängnisse geprüft wurden. Mit Todesstrafen ging man bald in Schlesien viel achtsamer um als anderswo. Das sprach sich herum. Die Leute redeten darüber und auch darüber, daß Straffällige wie Kranke sich in besonderer Obhut der Herzogin befanden.

Und so war es in der Tat. Herzogin Hedwig war der Meinung, Straffällige litten zumeist an einer kranken Lebenssituation, die es ebenso wie eine Krankheit des Leibes zu heilen galt. Also kaufte sie Verschuldete aus, beschaffte für die, die im Verlies saßen, warme Kleidung, ließ den Gefangenen Speise und Trank reichen und verbot, sie grundlos zu schlagen. Der Herzog hatte zwar strengstens verboten, sie zu den Verbrechern zu lassen, und an dieses Verbot mußte sie sich halten, doch ließ sie sich oft Gefangene von den Wachen vorführen, redete mit ihnen, tröstete sie und war bestrebt zu helfen, wo sie nur konnte. Besonders aber kümmerte sie sich um ihre Familien.

Für Herzogin Hedwig war jeder vom Tode Gerettete wie ein vom Kreuze genommener Christus. Hedwig dachte oft an den grausamen Tod des Gottessohnes auf Erden. Das Mitleid mit dem Sohn Gottes, der die Liebe zu verkünden gekommen war und von den Menschen umgebracht wurde, rührte sie zu Tränen. Sie dachte an die Schuld, die die Menschen mit diesem Tode trugen. Alle Menschen, die haßvoll und grausam waren. Aber sie fand auch die schuldig, die sich zu wenig mühten, die Unachtsamen und Trägen, zu denen sie sich selbst zählte.

Sie erinnerte sich, daß sie sich bereits als Kind in Kitzingen gewünscht und gebetet hatte, Jesus möge nicht wirklich am Kreuze gestorben sein. Sie dachte, vielleicht hatte er die grausame Kreuzigung überlebt und führte noch lange danach in einem anderen Land ein stilles Leben bis zu seinem natürlichen Tod. Dabei mußte sie sich aber fragen: Was wäre das Christentum ohne das Wunder der Auferstehung? Der Auferstehung im Geiste, denn darum ging es doch. Um das geistige, also das ewige Leben.

Das Wichtigste aber blieb für sie die Lehre von der Liebe Gottes zu den Menschen, der Glaube an die trost- und hilfespendenden Engel, an die Fürbitte der Gottesmutter, in deren Obhut sie sich besonders empfand.

Aber sie wußte auch: Die Menschen sehnten sich nach sichtbaren Wundern, sie brauchten deutliche Zeichen. Wunder waren nötig, um die kindlichen Menschen von der Nähe Gottes zu überzeugen.

DIE ENGEL

Sie hatte eine lebhaftere Sehnsucht nach der Befriedigung
ihres Geistes als nach der Erquickung ihres Leibes

(Legenda maior de beata Hedwigi)

Als Hedwig sich wieder schwanger fühlte, dankte sie der Gottesmutter für das Wunder, das sie mit Gott und der Welt zu versöhnen schien. Diesmal, beschloß sie, sollte ihr nichts wichtiger sein als dieses Kind, das sie als gutes Zeichen empfangen hatte.

Auch Heinrich, der nach dem Tode seines Sohnes vergrämt umherging, richtete sich aus seiner Lustlosigkeit auf. Er nahm seine Frau in die Arme und küßte sie. Gott ist uns gnädig, Hedwig, meine Hadi, sagte er erleichtert. Und sie beteten wieder nebeneinander wie in früheren Zeiten. Hedwig beschloß, sich bis zu ihrer Niederkunft nach Röchlitz zurückzuziehen. Aber weil sie, die stets Tätige, nie Ruhende, sich ein Leben ganz ohne Aufgaben nicht vorstellen konnte, plante sie für die Zeit in der Röchlitzer Abgeschiedenheit, ihre Mädchen strenger als bisher in die Schule zu nehmen.

Denn inzwischen weilten in Röchlitz nicht nur Gertrud, die, inzwischen acht Jahre alt, vor kurzem mit einem der glänzendsten Herren des Reiches, Otto von Wittelsbach, verlobt worden war, Anna von Böhmen, Heinrichs anvertraute Braut, Viola von Röchlitz, Frau Juttas Tochter, dazugekommen waren zwei weitere Mädchen im gleichen Alter – Katarina und Ratzlawa, nunmehr Herzogin Hedwigs Ziehtöchter.

Katarina, ein Prußenmädchen, hatten Ritter des Deutschen Ordens vor einigen Jahren zu ihr gebracht. Damals ein kleines Ding mit großen angstvollen Augen, zitternd wie ein aus dem Nest gefallenes Vögelchen. Die Ritter, Lothar und Werner, verlegen ob des verwahrlosten Zustandes des Kindes, erzählten, sie hätten es doppelt, ja dreifach vor dem Tode gerettet. Man wisse ja, daß die wilden Prußen kleine Mädchen töteten, weil diese zum Kriegsgang nicht fähig waren. Dazu habe man diese Kleine bei ihrer Mutter, der erschlagenen Prußenkönigin, gefunden. Sie war kaum von ihrem Leichnam zu lösen gewesen. Die Knechte wollten sie neben ihrer Mutter töten. Das hatten sie nicht zugelassen. Drei Tage und drei Nächte hatte die kleine Wilde nur geweint und gewimmert, so daß sie ständig in Gefahr war, von den ungeduldigen Mannen erwürgt zu werden. Sie hätten ihr viel Mohn zu essen gegeben und sie damit beruhigt. Sie hatten sich der Kleinen erbarmt, sagten sie, weil sie an die mildtätige Herzogin Hedwig dachten, die wohl aus dem Heidenkind eine Christin machen würde, und gehofft, daß sie ihre gute Tat würdigen werde. So wurde Herzogin Hedwig das Kind übergeben. Die Ritter wurden für ihren christlichen Sinn und ihre Tat gelobt und wie erwartet reichlich belohnt entlassen. Die Kleine wurde gründlich gereinigt und angekleidet, bekam zu essen und schlief beruhigt in Hedwigs Armen ein. Die Namenlose mußte getauft werden, man wählte den Namen Katarina nach dem Kalender, der Patronin des Tages, an dem sie bei ihrer neuen Familie angekommen war. Katarina sah bald Hedwig vertrauensvoll als ihre neue Mutter an. Und wenngleich sie kein fröhliches Kind wurde, war sie doch lieb und brav.

Ratzlawa dagegen war die Tochter des Bischofs Ratzlaw, der diese übrigens herzlich geliebte Frucht einer unerlaubten Liebe und zudem Halbwaise zur Fürstin gebracht hatte mit der Bitte, sie zur Aufnahme ins Kloster vorzubereiten. Ein lebhaftes Wesen, hübsch, rothaarig und sommersprossig, das von dem sie oft besuchenden Vater über alle Maße verwöhnt wurde.

Zusammen waren die Mädchen entzückend wie ein frischer Blumenstrauß, auf dem man gern die Augen ruhen ließ. Die hübscheste unter ihnen war Viola, Juttas Tochter, ein munterer dunkelhaariger Lockenkopf mit großen blauen Augen. Woher sie wohl diese Schönheit hat, fragte sich Hedwig.

Für ihren Töchtergarten, wie Hedwig das lebhafte, hüpfende und kichernde Grüppchen nannte, war vor allem Jutta zuständig, der außerdem drei Fräulein zur Seite standen. Jetzt wollte Hedwig etwas für die geistige Bildung der Mädchen tun. Eigentlich war sie immer am liebsten Lehrerin, sagte sie zu Jutta. Erinnerst du dich an unseren ersten Winter in Liegnitz, als ich aus meinem Stundenbuch vorlas und viele zu meinen Vorlesungen kamen. Wie ich sogar vom alten Fürsten Boleslaw verlangte, das Gehörte wiederzugeben. Denn Lesen trägt nur Früchte, wenn sich die Zuhörenden merken, was ihnen vorgetragen wurde.

Herzogin Hedwig entwickelte einen Plan, nach dem sie die Mädchen unterrichten wollte, nach altvertrauten Kitzinger Mustern. An erster Stelle sollte über das Leben Jesu Christi gelesen und nachgedacht und Geschichten aus dem Leben der Gottesmutter erzählt werden. Und auch andere erbauliche Geschichten aus dem Leben der Heiligen. Lesen und Schreiben sollte geübt werden, und ansonsten wollte Hedwig den Mädchen Handarbeiten aller Art beibringen, vor allem Stickereien, in denen sie selber Meisterin war. Nicht, daß die Mädchen vorher keinen Unterricht gehabt hätten. Vor allem Frau Jutta hatte sie ins höfische Benehmen eingewiesen und gelehrt, was eine junge Frau wissen mußte, die in Zukunft einem vornehmen Haushalt vorstehen sollte. Und Frau Jutta war streng. Für geistige Unterweisungen waren von Zeit zu Zeit verschiedene Nonnen aus Trebnitz als Lehrerinnen nach Röchlitz beordert worden. In der Weihnachts- und Osterzeit übernahm auf Hedwigs Anweisungen der Hofkapellan den Unterricht mit entsprechenden Unterweisungen zum Fest. Doch all dies war recht unregelmäßig gewesen, und vieles blieb dabei im Argen. So machte sich Hedwig eifrig daran, die Lücken zu füllen. Und sie begeisterte die Kleinen. Mit Herzogin Hedwig machte das Lernen Spaß. Darüber waren sich die Fünf bald einig.

An diesem strahlend schönen Frühsommertag hatte die Herzogin angeordnet, alles für die Unterrichtsstunden unter dem Birnbaum vorzubereiten. Also war ein Tisch mit Bänken dort aufgestellt worden. Die Mädchen in ihren hübschen hellen Kleidern mit den gleichen weißen Spitzenkragen sahen wie große Blumen im frischen Grün aus. Eine wahre Augenweide. Wer sie ansah, mußte lächeln. Sie saßen still und neigten ernst und eifrig ihre Köpfe über ihre Stickereien. Es war ihnen aufgetragen worden, während der Arbeit über eine Geschichte nachzudenken, die ihnen die fürstliche Mutter zuvor vorgelesen hatte. Die Geschichte über das von Christus aus tödlicher Krankheit gerettete Mädchen. Nun sollten sie nachdenken darüber: Was machte das Mädchen aus Dankbarkeit für ihr neugeschenktes Leben? Und dann: Bin ich selbst dankbar genug fürs Leben? Wie will ich Gott für mein Leben danken? Auch die Herzogin stichelte eifrig mit goldenen und bunten Fäden in weißer weicher Seide. Sie stickte wieder an einer Altardecke. Denn davon gab es nie genug.

Da trat der Page zu ihr heran, verbeugte sich höfisch und meldete die Ankunft eines Gastes: Bischof Ekbert von Bamberg sei soeben eingeritten.

Was soll das bedeuten, dachte Hedwig beunruhigt. Sie stand auf, legte die Handarbeit zusammen. Ohne sich vorher angekündigt zu haben! Wie denn das? Einen Besuch besprach man üblicherweise lange zuvor. Ließ Boten voranreiten. War etwas Ungutes geschehen?

Sie werde den Herrn Bischof in ihrer Kemenate empfangen, sagte sie zu dem Pagen. Und zu den Mädchen gewandt, ordnete sie an, sie sollten ruhig in ihrer Arbeit fortfahren. Sie oder Frau Jutta kämen bald zu ihnen zurück.

Blaß und müde trat Ekbert ihr im Turmzimmer entgegen. Sein Gesicht war angespannt, der gewohnte Ausdruck einer leicht spöttischen Überlegenheit war aus seinen Zügen gewichen. Die Reisekleider verstaubt. Es war nicht schwer zu erraten, daß ihn ein außerordentliches Geschehen herbeiführte.

Seid gegrüßt, Bruder Ekbert, in Gottes Namen, was gibt's? fragte Hedwig. Sagt, was führt Euch so unverhofft zu uns. Sie streckte dem Gast beide Hände entgegen. Bruder, was ist mit dir?

Nichts Gutes, antwortete Ekbert.

Das sehe ich. Sie setzten sich.

Ich bin müde, antwortete er auf ihren fragenden Blick. Er legte seine Hände fest auf seine Schenkel, als müßte er sich festhalten, und fuhr fort: Ich bin ununterbrochen geritten. Ich bin auf der Flucht.

Auf der Flucht? fragte Hedwig. Es dauerte Augenblicke, ehe das Wort Boden in ihr gefunden hatte. Auf der Flucht? Warum, um Gottes Willen, sprecht!

Ekbert nickte und fuhr mühsam fort, als hätte er das Sprechen verlernt: Ich bin auf der Flucht, ich bin in Lebensgefahr … Ich bin ein Geächteter … Ich vermute, inzwischen wurde die Acht über mich verhängt. Du weißt, was das bedeutet: Jeder im Reich darf mich totschlagen wie einen Hund. Er sah bedrückt auf seine Hände herab.

Hedwig bekreuzigte sich. Was ist geschehen?

Hör zu, sagte Ekbert tonlos: Otto von Wittelsbach hat König Philipp von Schwaben ermordet! In meinem Haus, im bischöflichen Palas zu Bamberg, in meiner Anwesenheit. Königsmord! Königsmord in meinem Haus! Die Herren in Philipps Gefolge erhoben Anklage, ich und Heinrich, unser Bruder, seien mit dem Mörder verbündet gewesen. Mit ihm im Komplott gewesen, weil wir bei der Bluttat anwesend waren, weil wir die Tat nicht verhinderten. Königsmord und Beihilfe zum Königsmord werden mit der Acht geahndet, das weißt du wohl.

Hedwig schwieg, und Ekbert fuhr fort. Mühsam, langsam, nach Worten ringend. Philipp hielt Hof im bischöflichen Palas. Er war ein fröhlicher, argloser Herr, der gern für den unmündigen Staufer König war. Jung, aber verständnisvoll. Ein großzügiger Herr. Viele mochten ihn. Wir waren mit ihm befreundet. Aber er hatte auch viele Feinde. Doch gerade uns konnte niemand nachsagen, wir hätten je mit dem anderen, mit Otto dem Welfen, geliebäugelt, wie so manche. Denn du wirst es ja auch gehört haben, daß sich der Sohn Heinrichs des Löwen, Otto, unterstützt vom Papst, von deutschen Kirchenfürsten und von Richard Löwenherz von England, in Aachen zum deutschen König krönen ließ. Wir hatten also zwei Könige in Deutschland. Jetzt ist der eine tot.

Wie dir bekannt, fuhr Ekbert fort, wurde die Hochzeit unseres Bruders Otto mit Beatrix von Burgund mit großem Pomp bei mir in Bamberg gefeiert. Alles, was Rang und Namen hatte im Reich, war angereist, auch Walter von der Vogelweide war dabei, wie bei deiner Hochzeit. Ein Fest folgte dem anderen. Turniere, Tanz, Saufgelage … Wie üblich, wie damals. Wir, Heinrich und ich, immer in nächster Nähe des Königs. Man könnte sagen: unzertrennliche Kumpane. Und Otto von Wittelsbach stets mit von der Partie.

Wir hatten längst vergessen, daß es alte Rechnungen zwischen Otto und Philipp zu begleichen gab. Philipp hatte Otto seine Tochter zur Frau versprochen, dann aber das Mädchen mit einem Verwandten des Papstes, den er für sich und seine Partei gewinnen wollte, verheiratet.

Damit hatte er Otto schwer beleidigt. Doch ihn dann mit reichen Geschenken besänftigt, dachten wir. Wir hatten ihm eine neue Verlobte gesucht und gefunden. Deine Gertrud. Er schien über sein neues Verlöbnis hocherfreut. Je jünger die Braut, desto glücklicher der Bräutigam, sagte er dazu. Überall zeigte er stolz Gertruds Konterfei herum, er trug es in einem goldenen Medaillon an der Brust und lobte die Schönheit, die hohe Abstammung der kindlichen Braut. So dachten wir: längst vergessen der alte Gram. Doch irgendwie waren sich Philipp und Otto nicht grün. Manchmal spürten wir eine ungute Spannung zwischen ihnen. Wir dachten, vielleicht ging es immer noch um die alte Geschichte, oder es war etwas Neues dazugekommen. Bei irgendeiner Gelegenheit, an denen es allerdings nicht fehlte, konnten wieder böse Wort zwischen ihnen gefallen, die alten Wunden aufgebrochen sein. Vielleicht ging es um die Gunst einer Frau. Wir maßen dem keine Bedeutung bei. Aber es könnte auch sein, daß Leute Ottos des Welfen an ihn herangetreten waren. Wir wußten von nichts.

Wer hätte auch so Schreckliches ahnen können. Und erst recht Philipp nicht. Er war vertrauensselig wie selten ein König in seiner Lage. Er gab sich ungeschützt, weil er sich von seiner Umgebung geliebt fühlte. Er war ein glücklicher, liebenswerter Mensch und ein schöner Mann dazu, von den Frauen verwöhnt.

Und dann ... am frühen Vormittag, es wird gegen neun gewesen sein, gingen wir zusammen, fröhlich noch vom vorigen Abend, dabei gut ausgeschlafen, in die Gemächer des Königs, wie zuvor verabredet worden war. Heinrich war dabei, ich, Otto von Wittelsbach und einige andere dazu. Philipp ruhte nach einem morgendlichen Bad auf seinem Bett, nur mit einem Bettlaken um die Hüften, er ließ sich gerade von seinem arabischen Arzt massieren. Als er uns erblickte, schickte er ihn fort, richtete sich auf, wandte sich uns zu, begrüßte uns freundlich mit einem üblichen: Salve amici! Er warf sich seinen Mantel um die Schultern, zum Gespräch mit uns bereit. Wir sollten den Tagesablauf besprechen.

Plötzlich runzelte er die Stirn und sagte zu Otto: Du, lieber Freund, laß bitte das Schwert in der Scheide, dergleichen Spiele sind verboten im königlichen Gemach.

Wir alle erstarrten vor Entsetzen, als wir im selben Augenblick Otto auf den König zuspringen sahen.

Das ist kein Spiel, schrie er. Stirb! Wir sahen, wie er Philipp mit dem Schwert durchbohrte, das Blut spritzte hoch. Heinrich warf sich auf den Mörder, wollte ihn festhalten, vergeblich. Otto riß das Schwert aus der Brust seines Opfers, erreichte mit dem erhobenen blutigen Schwert in der Hand in wenigen Sprüngen das Fenster, schwang sich auf die Fensterbank und sprang in den darunter liegenden Garten.

Der Arzt war zur Stelle. Doch jede Hilfe kam zu spät. Philipp war tot. Der entstandene Tumult setzte sich bald im ganzen Palas fort. Es war, als sei die gesamte Welt in Aufruhr geraten. Ungeheures war geschehen! Vor unseren Augen! Königsmord! Der Hofmarschall eilte herbei, Philipps Leute. Alle schrien durcheinander, liefen herum, suchten den Mörder. Doch Otto war entkommen, verschwunden. Unter dem Fenster Spuren zweier Pferde.

Da kamen Fragen an uns auf, die wir dabeigewesen waren, an den Herrn des Hauses, an mich. Fragen kamen auf, böse Fragen, Anklagen wurden laut und immer dringlicher. Warum haben wir dies zugelassen, warum haben wir nicht den Mörder an der blutigen Tat gehindert, warum haben wir den Mörder entkommen lassen, fragten sie. Schimpften. Schrien, überschrien sich: Die Herren seien wohl blind gewesen oder wollten blind sein, oder vielleicht sogar in einem Komplott mit dem Mörder gewesen. Seien sie nicht mit dem Mörder gekommen? Ja, die Sache sei wohl abgekartet gewesen!

Und bald waren sich einige sicher: Ja, diese, der Hausherr und sein Bruder, seien am Mord beteiligt gewesen. Verkappte Anhänger Ottos des Welfen. Das wäre wohl klar gewesen, daß Otto versuchen werde, seinen Widersacher zu ermorden. Man kenne ja diesen König aus fremder Gnade. Zu allem bereit sei der! Einer schrie: Verräter, Mörder, ins Verlies mit denen!

Noch widersprachen andere dem heftig, mahnten zur Vernunft und stellten sich vor uns. Noch stritten sie, noch trauten sie sich nicht an uns heran, Noch hob niemand die Hand an die höchsten Herren des Reiches. An mich, einen Mann der Kirche, an Heinrich, einen Herzog besten Rufes. Aber wir kamen auch nicht zu Worte. Wir wurden nicht gefragt. Wer hätte unseren Beteuerungen geglaubt. Alle waren wie von Sinnen. Und in dieser Verwirrung, ehe sich die Sache geklärt hätte, wäre es um uns geschehen.

Wir warfen uns Blicke zu, Heinrich und ich. Wir wußten, bald könnte es für uns zu spät sein. Wir machten uns das Chaos zunutze. Ließen eilig die Pferde satteln und ritten mit kleinstem Gefolge davon. Wie durch ein Wunder ist uns die Flucht gelungen.

Das ist das Ende der Andechser, unser Ruf ist verloren, sagte Ekbert. Er sah zum Fenster hinaus und fügte hinzu: Wer weiß, was uns erwartet.

Sie schwiegen. Dann sagte Hedwig: Wie gut, daß unser Vater das nicht erlebt hat. Und sie fuhr nach einer Weile gefaßt fort: Jetzt aber, mein Bruder, mußt du ausruhen, essen, ein Bad nehmen, schlafen. Morgen sehen wir weiter.

Ekbert sah sie müde, aber dankbar an. Morgen oder übermorgen will ich weiterreiten. Nach Ungarn, zu unserer Schwester Gertrud. Schlesien ist zu nahe am Reich. Heinrich ist über Prag nach Ungarn geflohen. Dort werden wir sicher sein. Aber ich wollte nach dir sehen, weil es vielleicht das letzte Mal sein könnte. Wir reiten um das nackte Leben, Schwester.

Sie standen sich gegenüber, und Hedwig umarmte ihn, küßte ihn auf beide Wangen. Mein Bruder, mein liebster Bruder, es wird schon wieder gut werden. Vertraue Gott! Ihr seid doch ohne Schuld. Sei tapfer. Und: Lasse dir nichts anmerken vor unseren Leuten.

Als sie allein zurückblieb, war ihr, als wäre eben ein Sturm durch ihr Leben gerast wie durch einen Wald. Überall geknickte Bäume. Wie sollte es weitergehen? Sie hatte all die Jahre ihre mächtige Familie hinter sich gespürt, das hatte ihr Kraft gegeben. Sie war stolz gewesen auf ihre Familie. Ihr Bruder Ekbert war ihr fester Schutz gewesen. Und jetzt war er ein Flüchtender. Ein Geächteter. Sie ging in die Kapelle beten.

Abends kam Heinrich von Liegnitz angeritten. Sie saß mit ihm in ihrer Kemenate vor dem Fenster, durch das die Düfte des Gartens drangen. Sie waren allein. Und sie erzählte ihm das unglaubliche Geschehen.

Heinrich rieb sich die Stirn. Mitschuldig oder nicht? Er überlegte. Also Otto des Welfen Kampfgänger waren sie nicht. Wozu sollten sie den Fremden unterstützen, den doch keiner mochte, den düsteren Haudegen. Wozu, wenn sie bei Philipp in höchsten Gnaden waren, als seine engsten Freunde galten. Ständig reich von ihm beschenkt.

Dennoch: Otto von Wittelsbach hat dem Welfen einen Dienst erwiesen, er hat seinen Gegner getötet, nun ist der Welfe der alleinige König. Und er wird es denen, die ihm dazu verholfen haben, zu lohnen wissen. Auf keinen Fall wird er sie strafen wollen. Klar vorauszusehen: Bald wird die Gefahr vorbei sein. Doch Ekbert hat recht: er soll reiten, sich bis dahin in Ungarn in Sicherheit bringen. Und du, er nahm Hedwigs Hand in die seine, mach dir keine Sorgen, dein Bruder wird bald wiederkommen. Glaube mir.

Und Gertrud, sagte Hedwig. Unser Kind. Gott verzeih uns, wir haben unser Kind zur Verlobten eines Mörders gemacht. Gertrud hat sich so auf ihre Hochzeit mit Otto von Wittelsbach gefreut. Ich habe ihr das Leben im Reich in den buntesten Farben geschildert. Die Hochzeit mit einem so großen Herrn. Auch sie hat das Bild ihres Verlobten bei sich getragen.

Wie konnten wir das ahnen, sagte Heinrich, du darfst dir keine Vorwürfe machen.

Ekbert hat uns vor Ottos hitzigem Charakter gewarnt, unterbrach ihn Hedwig.

Aber gleichzeitig darüber gescherzt, sagte Heinrich, und ihn über alle Maßen gelobt. Sein goldenes Herz, seine Offenheit. Er kannte ihn nur als lieben Freund. Niemand konnte ein solches Unglück voraussehen …

Ja, wie kann so etwas überhaupt geschehen. Unter Freunden. Und ohne Grund. Aber wer weiß, vielleicht steckt doch mehr dahinter, als wir wissen. Wir sollten Gott danken, daß er unser Kind vor diesem Manne bewahrt hat.

Gertrud wird ins Kloster gehen, sagte Hedwig. Sie wird ins Kloster gehen müssen. Es wird nicht leicht sein für sie. Draußen begann eine Nachtigall ihren Gesang.

Im Bett suchte Hedwig die Arme ihres Mannes. Sie suchte und fand Geborgenheit bei ihm. Er nahm ihr die Furcht, das Kind unter ihrem Herzen könnte Schaden nehmen von der Aufregung des Tages.

Tage und Wochen vergingen. Eine bange Zeit. Doch im Herbst kehrten die Andechser Brüder aus Ungarn zurück und machten auf der Durchreise bei ihrer Schwester in Schlesien halt. Sie zogen beruhigt ihrem neuen Schicksal entgegen. Der Verdacht gegen sie war ausgeräumt worden und von der Acht keine Rede mehr. Otto von Wittelsbach aber war auf der Flucht erschlagen worden.

Ekbert hatte sein früheres überlegenes Lächeln wiedergewonnen, er durfte sein bischöfliches Amt zu Bamberg weiter versehen. Heinrich aber würde den Andechser Familienbesitz nicht zurückbekommen.

Hedwig war erfreut, ihre Brüder waren von einem schweren Verdacht befreit, wußte sie doch, sie hatten nichts Böses getan. Doch warum soll Heinrich seinen Besitz nicht zurückerhalten? Warum ist er zum Opfer der Ereignisse geworden? Und wie denn das – die Andechser Besitztümer sollen in die Hände der Wittelsbacher Familie kommen, das begreife sie nicht. In die Hände der Familie des Mörders?

Ekbert lächelte spöttisch: Die Wettiner wollten ihren Familienbesitz arrondieren, und der König willigte darin ein. So ist das Leben. Zerbreche dir darüber nicht den Kopf, meine kluge, aber dennoch weltfremde Schwester. Das ist Politik. Und Politik ist nichts für Frauen. Heinrich ist kein großes Unglück zugestoßen, er wird für sich und seine Nachkommen neuen Familienbesitz erwerben. Der König will ihm dazu verhelfen, so wurde ihm schriftlich beschieden. Die Burg Andechs ist ohnehin zerstört. Und er, Ekbert, werde dafür sorgen, daß Heinrich guter Besitz zugewiesen werde.

Mach dir also keine Sorgen, Schwesterchen, wiederholte Ekbert, die Andechser kommen mit Gottes Hilfe wieder zu neuem Glanz. Nur muß auch Heinrich endlich für Nachwuchs sorgen, heiraten, Otto und Heinrich müssen Söhne zeugen. Die Andechser brauchen männliche Nachkommen. Keine Nachkommen zu haben, ist schlimmer als den Besitz zu verlieren. Es wird schon werden.

Hedwig schüttelte den Kopf. Es schien ihr, als ob auch Ekbert mit dem Lauf der Dinge zufrieden sei. Sie verstand anscheinend wirklich zu wenig, und wo sie etwas zu erahnen begann, schreckte sie davor zurück. Nein, gerade jetzt wollte sie sich über die Schatten der Welt keine Gedanken machen. Sie wollte ihre Geborgenheit genießen. Den Schutz genießen, der ihr und dem Kind, das sie unter dem Herzen trug, geboten wurde.

In einem aber sollte sich Ekbert irren. Sowohl Heinrich als auch Otto von Andechs wurden nicht alt und hinterließen keine leiblichen Erben. Und das besiegelte das Ende der mächtigen Andechser Familie.

Im Reich wurde Otto der Welfe als König bestätigt und sollte bald von den kampfmüden Fürsten zum Kaiser gewählt werden. Er hatte die Tochter Philipps von Schwaben zur Braut genommen. Die unerträgliche Situation – zwei Könige in einem Land – war zu Ende.

In Röchlitz saß man zu der Zeit meistens in heiterer Stimmung zusammen, in der Halle oder im Garten, oder auch in Hedwigs Kemenate. Ekbert freute sich über Hedwigs sich rundendes Bäuchlein. Und Hedwig ließ sich gern von allen verwöhnen.

Jetzt konnte man über die überstandenen Aufregungen reden, ja, sogar lächeln darüber. Es war ja vorbei. Alles war gut geworden. Ja, es war alles alles gut.

Gertrud von Ungarn hatte ihrer Schwester in Schlesien reiche Gaben zukommen lassen. So war es üblich, und Gertrud war besonders freigiebig ihrer Familie gegenüber, sagte Ekbert. Jedoch die Üppigkeit der Geschenke verursachte bei Hedwig einige Verlegenheit. Sie ließ auf Verschwendungslust oder gar Prahlsucht schließen. Doch mit dergleichen Vermutungen hielt sie sich wohlweislich zurück. Sie bewunderte laut das Prachtstück unter den vielen Schätzen, eine wunderschöne goldene Krone, die, obwohl altertümlich und grob gefertigt, jedem der sie sah, Bewunderung entlockte. Eine Krone mit vielen kostbaren Steinen kunstvoll verziert.

Ekbert aber erklärte dazu verlegen, dies sei die berühmte Krone der Königin der Arpaden. Hunderte Jahre alt. Gertrud verschenkte sie, weil sie sich eine neue nach Burgunder Art hatte herstellen lassen. Zwar sandte sie dieses altehrwürdige Stück ihrer Schwester in Schlesien für einen gottgefälligen Zweck, sie wünschte sich, daß daraus ein Kelch für die Trebnitzer Kirche gefertigt werde, die sie selbst auch einmal gern besuchen würde. Dennoch ... Ekbert rieb sich die Schläfe: Man sollte wohl mit dergleichen alten Kostbarkeiten achtsamer umgehen ... Was sollen sich die Ungarn denken ...

Dazu dicke goldene Ketten und Armbänder mit bunten glitzernden Steinen und Perlen und wunderschöne gestickte Seide mit orientalischen Mustern für zwei prächtige Gewänder in dunkelgrüner und weinroter Farbe. Und Fehfelle für einen bodenlangen Mantel.

Gertrud macht mir Sorgen, fuhr Ekbert fort. Sie schenkt diese ehrwürdige Arpadenkrone weg, weil sie ihr altmodisch scheint. Sie hat keine

Achtung vor den Gefühlen ihrer Untertanen, die sie für wilde Menschen hält. Auch die ungarischen Würdenträger und Adeligen. Sie umgibt sich nur mit Deutschen, die sie in allem sichtbar bevorzugt zum offenen Unmut der anderen, der Einheimischen. Gertrud sammelt Gold und Edelsteine und stopft damit Truhen und Kästen voll. Und auch dadurch macht sie sich unbeliebt im Lande. Ich habe böse Blicke gesehen, die ihr galten. Die ungarischen Adeligen sind ihr nicht wohlgesonnen.

Und sie selbst, fragte Hedwig, wie ist sie?

Sie selbst, antwortete Ekbert, ist wenig königlich. Sie lacht laut, schimpft laut wie ein Ritter vom Lande und trinkt Wein wie die Männer. Dazu trägt sie aufreizende bunte Kleider, in denen sie manchmal wie entblößt wirkt, so daß die Herren rote Köpfe bekommen bei ihrem Anblick. Andreas, ihr Mann, liebt sie, er ist verrückt nach ihr, aber er ist zu schwach, das wilde Weib in ihr zu zähmen. Sie kümmert sich auch wenig um ihre Kinder, die den Bediensteten überlassen bleiben. Mich jammern sie. Ich werde mich um sie kümmern. Besonders das Mädchen, Elisabeth, ist schön von Gesicht, anmutig, lieb und scheint klug zu werden. Ich werde mich nach einer standesgemäßen Ehe für sie umsehen. Die Thüringer Landgrafen haben zwei Söhne im passenden Alter.

Nach der Abreise der Brüder trat wieder Stille ein in der Röchlitzer Burg, und der Alltag nahm seinen gewöhnlichen Lauf.

Zwei Wochen vor dem Weihnachtsfest begab sich das Herzogpaar mit großem Gefolge nach Glogau. Herzogin Hedwig hatte beschlossen, in Glogau ihr Kind zur Welt zu bringen, das sie mit Freuden unter dem Herzen trug.

Warum in Glogau? Das wußten nur sie und ihr Mann.

Hedwig gebar in der vorweihnachtlichen Zeit einen gesunden Knaben! Gottes Geschenk zum Fest der Geburt Christi für die betrübten Eltern, die bereits den Verlust zweier Söhne hatten hinnehmen müssen und zuvor zwei Mädchen verloren hatten. Gott war gütig und gerecht und trocknete die Tränen der Seinen. So groß wie die Freude des Fürstenpaares war auch die Freude der Untertanen. Es war, als frohlockte das ganze Land, überall sah man glückstrahlende Gesichter. Die Halle der Burg strahlte im Glanz unzähliger Kerzen, die in runden Leuchtern von den Decken herabhingen. Und auch die Fackeln im Hof strahlten heller als sonst. Die Glogauer Burg leuchtete weit ins Land, wie ein himmlisches Schloß. Die Helligkeit im Dunkel des Winters sollte für alle ein Zeichen der Freude sein.

Heinrich kniete vor dem Bett seiner Frau, wie das erste Mal, als sie ihm Boleslaw, den ersten Sohn, geboren hatte. Wieder sah er sie, die Mutter, die müde, aber glücklich entspannt in reich gestickten weißen Kissen lag, ehrfurchtsvoll an, wie eine Wundertäterin, Lebensgeberin. Wie eine

Gottesmutter, dachte er, sieht sie aus, die Mutter seines Kindes. Schön bist du, Hedwig, Hadi, meine Hadi, du siehst aus wie damals vor vielen Jahren, als du Boleslaw zur Welt gebracht hast. Hedwig, Hadi, alles, alles ist wieder gut. Und er küßte die Hände seiner Frau voller Ergriffenheit und gutem Willen, ihr gemeinsames Leben aufs neue zu gestalten. Er faltete die Hände in Dankbarkeit für Gottes Gnade.

Hedwig hob das noch zerknautschte rothäutige Gesichtchen in den weißen Spitzenkissen, das sie behutsam im Arm hielt, damit es der Vater betrachten konnte, und beide Eltern sahen auf ihr Kind wie auf das größte Wunder der Welt, das es auch war. Wie jedes Kind. Hedwig hatte in langen Gebeten beschlossen, sich diesmal mehr um ihr Kind zu kümmern als je zuvor. Sie wollte einige Jahre nur Mutter sein. Und, wenn es ein Knabe sein sollte, sollte er kein Ritter werden, sondern ein Geistlicher. Das hatte sie der Gottesmutter versprochen. Heinrich hatte nichts dagegen. Sie betete um Kraft, denn sie hielt sich für viel zu alt für ein kleines Kind mit ihren über dreißig Jahren.

Nach einigen Tagen erlaubte ihr Petrissa aufzustehen, aber nicht, ihre Kemenate zu verlassen. Der erste Gang der Mutter mit dem Kind nach draußen sollte in die Kirche sein. Zur Taufe. So war es üblich. Und an das Herkömmliche sollte man sich halten.

Die Taufe sollte am ersten Weihnachtstag gefeiert werden. Viele Gäste wurden erwartet. Es war schwierig, im Winter Feste zu feiern, konnte man doch in der kalten Jahreszeit keine Zelte errichten. Doch in Glogau gab es vor den Toren der Burg neuangelegte Klostergebäude, die genügend Raum für Gäste und deren Gefolge boten.

So kamen sie angereist, die Verwandten aus Schlesien, aus Masowien und Kujawlen, aus Groß- und Kleinpolen. Aus Thüringen und Sachsen. Auf großen Schlitten, in Unmengen von Pelzen vergraben. Die schnaubenden Pferde hinterließen dicke Atemwolken in der frostigen Luft, und um ihre runden Knuttel taute der Schnee.

Die Taufe fand in der Kirche vor den Toren der Burg statt. Unzählige Menschen erwarteten vor der Kirche das hohe Paar mit dem Kind und die prachtvolle Schar der Gäste. Und auch das hellerleuchtete Gotteshaus war menschenvoll. Erfüllt vom Gesang der Nonnen und der Mönche.

Hedwig schritt durch die Menschenmenge dem Altar zu, in einen Mantel aus silbernen Füchsen gehüllt, der bis zum Boden reichte. Pelzgefütterte Schuhe. Sie hatte die Kapuze des Mantels zurückgeschlagen, und man konnte ihr glückstrahlendes Gesicht bewundern. Über dem Haar ein weißes Tuch, von einem glänzenden Stirnreif zusammengehalten. Sie war schöner als je zuvor, in reifem mütterlichen Glanz. Neben ihr Heinrich mit stolz erhobenem Haupte und freudigem Lächeln. Bewunderndes Gemurmel begleitete das fürstliche Paar. Demundis trug das Kind. Neben ihr schritt Wladyslaw Odonicz, der Taufpate.

Das Kind lag still in seinem Tragekissen aus feinsten Seidenspitzen, mit Daunen gefüllt. Hedwig hatte ein Leinenläppchen mit Honig getränkt in das Kissen gesteckt, um es dem Kind zu saugen zu geben, wenn es anfangen sollte zu weinen. Es war nicht nötig. Das Kind lag still mit großgeöffneten Augen.

Bischof Lorenz von Breslau taufte den fürstlichen Knaben auf Wunsch der Eltern mit dem altehrwürdigen Piasten-Namen Mieszko. Das Kind blieb während der Zeremonie ruhig, auch als einige Tropfen Wasser das winzige Gesichtchen näßten.

Drei Tage lang dauerten danach die Festlichkeiten. Hedwig nahm das gesellschaftliche Treiben nur am Rande wahr. Sie redete mit den herausgeputzten freundlichen Frauen, sie lächelte den ihr huldigenden Herren zu, doch wann immer sie konnte, eilte sie zu ihrem Kind, um nach ihm zu sehen, um das Kind zu stillen. Diesmal war das Kind wichtiger für sie als all die Gespräche, bei denen sie sonst so gern anwesend war.

Heinrich rieb sich die Hände nach der Abreise der Gäste. Er hatte allen Grund zur Zufriedenheit. Er hatte mit seinen Gästen gezecht und nächtelang geredet und sie seinen Absichten gefügig gemacht. Das waren die Siege, für die er immer die Zustimmung seiner Frau erwarten durfte: Siege mit friedlichen Mitteln. Ja, er durfte zufrieden sein mit diesem Familientreffen, bei dem er einige wichtige Angelegenheiten vor allem in Großpolen geklärt und seine Position durch geschickte Verträge und Schenkungen gefestigt hatte. Wladyslaw Laskonogi-Stöckerbein war mit seiner Ehefrau unter den Gästen gewesen und sein quirliger Neffe Wladyslaw Odonicz, der Erzbischof von Gnesen und die Bischöfe von Posen und Breslau, Freunde und Gegner, wichtige Figuren in Heinrichs politischem Spiel. Heinrich hatte Wladislaw Laskonogi und Wladislaw Odonicz, den dieser als seinen Erben einsetzen wollte, vorerst aber gegen dessen Willen sein Erbe einbehalten hatte, versöhnend zusammengeführt und in familiären Umarmungen versinken lassen. Mit knallenden Backenküssen. Wie bei den Piasten üblich. Odonicz hatte kurz zuvor, nach harten Kämpfen mit Laskonogi, bei Heinrich Zuflucht gesucht und gefunden und von diesem das Kalischer Land erhalten, das sich Heinrich von Laskonogi vertraglich zueignen ließ. Jetzt schenkte Heinrich dem jüngeren Wladyslaw noch einige schlesische Kastellaneien dazu. Dazu bewirkte er auch die Versöhnung zwischen Laskonogi und dem Erzbischof Kiettlitz, der das Gnesener Erzbischofstum nach westlichen Mustern reformieren wollte, woran ihn Wladyslaw Laskonogi bisher gehindert hatte und dafür vom Papst gebannt worden war. Alle waren mit der Friedensmission Heinrichs hochzufrieden, die an die alte Tradition des Seniorats anknüpfte. Die Fürsten beugten sich seiner übergeordneten Autorität. Der reich beschenkte Odonicz ließ daraufhin seinerseits dem Kloster Trebnitz reiche Schenkungen zukommen. Er wußte, daß er die Großzügigkeit Heinrichs dem Einfluß seiner klugen und immer nach einem Ausgleich suchenden Frau verdankte, die auch er aufrichtig verehrte. Ihr aber war mit Schenkungen an das Kloster die größte Freude zu bereiten. Auch Heinrichs Einflüsse auf das Lebuser Land hatten sich durch Gespräche verstärkt.

Nach der Abreise der Gäste trat wieder Stille in der Glogauer Burg ein. Das herzogliche Gefolge begann sich zur Rückkehr nach Röchlitz vorzubereiten, wo man den Rest des Winters verbringen wollte. Die Lichter im Glogauer Schloß erloschen allmählich. Eine lange Kolonne bepackter und verpackter Schlitten, jeder von vier Pferden gezogen, zog über das verschneite frostige Land. Eine beschwerliche Reise besonders für die um ihr Neugeborenes besorgte Mutter. Doch alles war zuvor sorgfältig vorbereitet worden, auch die Übernachtungen.

Hedwig war froh, daß der Alltag in Röchlitz wieder seinen üblichen Lauf nahm und sie sich ausschließlich dem Kind zuwenden konnte. Auch Heinrich war nun öfter im Kreise der Familie als zuvor. Alles drehte sich um das neugeborene Kind. Nie war um ein Kind so viel Aufwand getrieben worden wie um dieses, bemerkte Jutta, aber sie fügte sich gern den Anordnungen der Herrin, die strahlend herabsah auf das Kind, das an ihrer prallen Brust saugte. Du wirst immer schöner Hadi, sagte Heinrich zu ihr und küßte ihr Haar. Abends hielten sie sich zärtlich umschlungen und waren glücklich.

Inzwischen war es März geworden, doch immer noch sehr kalt. Das Kind hatte sich erkältet, vielleicht beim Umwindeln verkühlt. Es bekam hohes Fieber und wurde von trockenem Husten gequält. Doch es weinte kaum. Es war ein stilles Kind. Hedwig schlief neben seiner Wiege. Und sie hielt seine Händchen in ihren, bis sie spürte: sie wurden kalt. Totkalt. Sie sah wieder in die erstarrenden Augen ihres Kindes.

Hedwig fiel vor der Wiege auf die Knie und blieb so liegen. Sie war wie versteinert vom Schmerz und fühlte sich von Gott verlassen. Sie hätte sich in einen einzigen Schrei verwandeln oder sich auf dem Boden wälzen oder wie ein Käfer in irgendeiner Ritze verschwinden wollen. Doch sie blieb reglos und stumm. Sie spürte, wie sich in ihr etwas Dunkles zusammenzog, wie sich Eisenkrallen ins Lebendige schlugen, in ihr Herz. So blieb sie liegen und war nicht zum Aufstehen zu bewegen. Man trug sie zu Bett.

Zunächst blieb Petrissa bei ihr und betete ununterbrochen über ihr. Man zündete Kerzen an, denn man befürchtete das Schlimmste. Der Burgkaplan wartete im Nebenraum, um zur rechten Zeit die Letzte Ölung zu erteilen. Heinrich verließ die Kemenate kaum. Er saß am Bett seines Weibes. Auch er fürchtete, sie zu verlieren.

Tagelang öffnete Hedwig ihre Augen nicht. Sie weigerte sich, Nahrung zu sich zu nehmen. Gegen ihren Willen flößte ihr Petrissa Kräuterwasser mit Honig ein, oder Milch. Ihr Zustand änderte sich kaum. Die Krankheit schien langwierig zu werden. Petrissa mußte ins Kloster zurück. Pinosa wurde ans Bett der Herzogin beordert. Und zwei Nonnen dazu. Auch Heinrich mußte nach Liegnitz zurück, zu seinen Pflichten. Er kam jedoch öfter als früher nach Röchlitz.

Der Zustand der Kranken besserte sich kaum. Ein merkwürdiges Nervenfieber, Petrissa und Adalbert von Leubus schüttelten die Köpfe. Niemand wußte, wie das enden würde.

Sie ist halbtot, flüsterte Jutta, wird sie überleben?

Die Kranke öffnete kaum die Augen. Und wenn sie sie öffnete, schloß sie sie sofort wieder, als wollte sie ihre Umwelt nicht sehen. Sie sprach nicht.

Die Nonnen pflegten sie geduldig. Sie ließ es mit sich geschehen. Wochen vergingen. Hoffnungslose Zeit.

Vielleicht waren es die Gebete, von denen sie ständig umgeben war, die Gebete der frommen Frauen von Trebnitz, die Gebete in allen Kirchen des Landes für die Gesundheit der Herzogin. Oder die Muttergottes, deren Abbild Herzogin Hedwig auch während ihrer Krankheit fest in der Hand behielt. Oder aber ihr starkes Herz, das noch nicht aufhören wollte zu schlagen. Eines Morgens richtete sie sich auf und blickte um sich wie von einer langen Reise zurückgekehrt. Sie betrachtete ihre Umgebung, als wäre sie ihr unbekannt. Sie war als Fremde in ihr Leben zurückgekehrt.

Sie ließ sich ankleiden und wollte sich in die Burgkapelle begeben. Doch sie schwankte und mußte sich setzen. Man zwang sie zurück aufs Lager. Und es dauerte noch einige Tage, bis sie wieder sicher auf den Beinen stand.

Ihr erster Gang führte sie dann doch in die Kapelle. Dort kniete sie lange vor der aus dunklem Holz geschnitzten Figur der Gottesmutter, die ihren toten Sohn auf dem Schoße hielt. Eine leidende Mutter wie sie selbst. Sie verweilte dort so lange und betete so versunken, daß die begleitenden Frauen sie mehrmals ermahnen mußten, auf ihre Gesundheit zu achten. Sie zwangen sie zurückzukehren in ihre Kemenate. Und dort wieder ins Bett.

Für einen der nächsten Tage hatte Hedwig Heinrich zu einem Gespräch gebeten in ihre Kemenate. Zu einem Gespräch zu zweit. Ohne die sie stets umgebenden Leute.

Sie saßen sich im Erker gegenüber, in der durch das offene Fenster hereinfallenden Sonne, mit dem Ausblick in den Garten, in das blühende Grün. Heinrich legte behutsam die Hand auf den Arm seiner Frau, zog sie aber zurück, als hätte er etwas Fremdes berührt. Hedwig sah ihn abweisend an, irgendwie durch ihn hindurch, daß ihm kalt wurde. Kalt bis ins Herz.

Hedwig, Hadi, sagte er bedrückt, wie ist es mit dir, sag, wie fühlst du dich? Ihr Anblick schnitt ihm ins Herz, sie war mager geworden und sah alt aus, als wären Jahre vergangen, nicht Wochen. Ihre Augen waren wie dunkle Steine. Als weilte sie noch bei ihren Toten, dachte er. Er war bereit, alles nach ihrem Willen zu tun, wie konnte er ihr sonst helfen.

Sie aber saß aufrecht vor ihm, die Hände im Schoß mit niedergeschlagenen Augen. Sie sah ihn kaum an, während sie zu sprechen begann.

Gott hat mich gestraft, sagte sie mit einer Stimme, die ihm fremd klang und noch tiefer erschreckte. Ihre Lippen zuckten und ihre Stimme schwankte: Gott strafte mich, und ich wußte nicht warum. Was will Gott von mir, habe ich mich unzählige Male gefragt, als ich so dalag und die Augen nicht auftun wollte, weil mir das Leben verleidet war. Alles tat mir weh. Ich verachtete meinen Leib, der kein gesegneter Mutterleib war. Warum, fragte ich mich. Warum raubt mir der Tod meine Kinder. Eins nach dem anderen. Habe ich nicht gebetet, an Gottes Willen gehangen. Habe ich nicht der Gottesmutter vertraut. Ich fragte mich: Was will Gott von mir?

Hör auf, Hedwig, unterbrach sie Heinrich, du hast zwei Kinder, du hast mich. Ich liebe dich. Was willst du mehr. Du bist bitter, denn du bist nach langem Leiden geschwächt. So ist das Leben. Mit der Zeit wird dein Schmerz vergehen. Wie jeder Schmerz.

Nein, entgegnete Hedwig schroff. Ich habe viel Zeit gehabt nachzudenken. Es geht nicht mehr um diesen meinen Schmerz. Es geht um etwas Größeres als mein Schmerz.

Ich hatte Träume. Gott hat mir Engel im Traum gesandt, Heinrich. Die Engel redeten mit mir in meinen Träumen, die halbwach waren. Schön war der eine Engel. Er war dir ähnlich als du jung warst. Sie streifte ihn mit einem Blick und lächelte traurig. Auch der zweite Engel war schön. Die Engel lehrten mich, im Leben zu lesen wie in einem offenen Buch, in meinem Leben und im Leben der Menschen. Jetzt weiß ich, ich hatte ein Leben voller Freuden, in Liebe und Geborgenheit. In angenehmer Bequemlichkeit. Ich habe mich wohlgefühlt in diesem Leben, wie unter einem warmen Federbett. Ich war träge und leichtsinnig, dünkelhaft und eigennützig.

Aber Hedwig, unterbrach sie Heinrich ungeduldig, was redest du? Du, die Nimmermüde, immer um andere Besorgte? Du warst weder träge noch leichtsinnig, weder hochmütig, noch dachtest du ausschließlich an dich. Das kann dir dein Engel nicht gesagt haben.

Das hat er auch so nicht gesagt, aber es war so gemeint. Jetzt weiß ich mit Sicherheit: Das Leben ist nicht dazu da, sich daran zu erfreuen. Mir hat es Freude gemacht, das Leben, wie ich es lebte, mein Leben. Zu viel Freude. Doch es war nicht das richtige Leben, weil es ein Leben fürs Leben war. Auch meine Gebete betrafen das Leben, ich betete für mein

Wohlergehen, für das Wohl meiner Familie, für unser Land, für die Menschen um mich. Das aber ist zu wenig. Ich nahm die Stimme Gottes in mir nicht mehr wahr. Meine Seele saß in einer Ecke in mir und bangte um mich. Jetzt aber will meine Seele aus ihrem Käfig hinaus, aus dem sie beengenden prunkvollen Leben heraus, aus dem unerträglichen Leib, der nur eine verderbliche Schale ist, ein unzuverlässiges Gehäuse auf Zeit. Meine Seele will fliegen! In Gott schweben wie die Engel.

Aber du bist kein Engel, Hedwig, sagte Heinrich erschreckt. Du bist ein Mensch und dazu ein Weib. Vergiß diese Träume! Du bist mein Weib. Was soll ich mit einem Engel. Ich brauche dich, wie du bist, wie du warst. Sei vernünftig, Hadi, bat er, Gott hat uns dieses Kind gegeben und es uns genommen. So viele verlieren ihre Kinder. Gott wird uns wieder Kinder schenken.

Und wird sie uns wieder nehmen, geben und nehmen, unterbrach ihn Hedwig. Nein, Heinrich, ich habe meinen Weg gefunden, den ich gehen will. Komm mit mir. Oder laß mich ziehen.

Er sah zum Fenster hinaus, die Düfte des Gartens drangen bis zu ihnen hinauf. Jetzt spürte er in sich den Schmerz, von dem seine Frau sprach, von dem sie meinte, sich befreit zu haben. Jetzt kam der Schmerz zu ihm. Der Schmerz, den sie ihm antat, indem er sie verlor. Er spürte, dieser Schmerz würde wachsen und alles in ihm übertönen. Er schwieg.

Das Leben ist eine Wanderschaft, fuhr Hedwig fort. Es ist uns gegeben, damit wir Gott suchen. Hinwachsen zu ihm. Hinauswachsen aus unserem einengenden Leben. Um das zu erkennen, brauchen wir den Schmerz. Ich weiß nicht, wie ich es dir sagen soll. Mir fehlen die Worte dafür. Ich spüre etwas in mir, ein Licht, mal heller, mal verschwindet es im Dunkel. Etwas wurde mir aufgetragen im Traum. Noch liegt mein Weg im Dunkel, aber ich ahne ihn. Ich will mich auf die Suche begeben. Heinrich, ich habe eine Spur gefunden. Einen kaum sichtbaren Weg. Einen schmalen Pfad nur. Ein schwankendes Licht. Aber es ist Licht im Dunkel. Es ist ein Weg, der mich von dir wegführt, Heinrich, und von meinem bisherigen Leben. Verzeih mir, wenn du kannst.

Heinrich schwieg, und Hedwig fuhr fort: Ich habe mein Leben gern gelebt. So wie es war. Ich wurde behütet als Kind, geliebt von einem Mann, den auch ich liebte, geliebt von den Kindern, von den Leuten. Bewundert für meine Klugheit. Von allen. Sogar von den geistlichen Herren. Ich empfand dieses Glück als eine Selbstverständlichkeit. Es war so einfach. ein braves Kind, dann ein braves Weib zu sein. Daß dieses Glück nicht genügte, daß es nicht das Richtige war für mich, ja, verwerflich, das wußte nur Gott. Vielleicht hätte ich im Kloster bleiben sollen, Heinrich. Vielleicht hätte ich dort das Verzichten gelernt.

Der Schmerz, die Engel halfen mir zu erkennen: Mein Glück, mein Lebensglück war nur eine Versuchung. Ich schwamm im Glück, während so viele andere unglücklich waren. Unzählige: Arme, Kranke, Hungrige, Ungeliebte, vom Leben Verstoßene. Die mit Aussatz geschlagene Frau, die vor meinen Augen verendete, die unter dem Kreuz starb wie Jesus Christus. Das war ein erstes Zeichen. Ich lebte auf der sonnigen Seite der Welt und betrachtete das Elend der Menschen von weitem, nicht ohne Mitleid, aber es betraf nicht mich. Als ich aber selbst vom Unglück geschlagen wurde, ich selbst ins Dunkle fiel, begann ich mich zu fragen: Warum sollte gerade ich glücklich sein, während andere leiden? Mit welchem Recht beanspruche ich Glück für mich? Und dann sah ich in meinen dunklen Träumen …, sagte sie und verstummte.

Nein, diese Träume konnte sie niemandem erzählen. Auch Heinrich nicht. Träume, die sie in ihrem Fieberwahn bedroht hatten und dann doch Trost spendeten.

Scharen elendiger Menschen umgaben sie in diesen Träumen. Feindselige Menschen. Die Elendigen verfolgten sie voller Haß, sie wollten sie töten, sie, die Reiche, die Satte, die mit Gold Geschmückte. Die Elendigen, über die sie hinweggesehen hatte. Sie tauchten auf aus dunklen Nebeln: geduckte Gestalten in schmutzigen Säcken, graue Decken über die Köpfe gezogen. Sie kamen angeschlichen: gebückt oder auf Krücken und Stöcke gestützt, auf Händen und Füßen gekrochen. Sie traten aus vielen Türen, krochen hinter Bäumen und Büschen hervor, aus Erdfurchen heraus. Manchen schienen unzählige Beine gewachsen zu sein, auf denen sie sich wie Käfer bewegten. Scharen wimmelnder Käfer. Schwärme schwarzer Krähen darüber. Die Krähen krächzten und fielen von oben herab. Sie mischten sich mit den Käfern. Ihr Krächzen, Schnaufen und Stöhnen, Wimmern und wütendes Grunzen hinter ihr. Sie kamen immer näher. Die nach Beute schmatzende Meute verfolgte sie gierig. Und dahinter am Horizont schwangen schwarze berittene Teufel ihre blanken Schwerter.

Die Verfolger zogen immer engere Kreise um sie. Näherten sich allmählich. Sie floh atemlos. Aber sie waren überall, umkreisten sie. Da ein Turm! Sie verbarg sich darin. Warf die wuchtige Tür hinter sich ins Schloß. Verriegelte die Tür. Doch ihre Verfolger brachen die Tür mit Leichtigkeit auf. Sie floh auf einer schwankenden Wendeltreppe immer höher. Die Treppe brach ab. Nun war es nur noch eine Leiter. Sie zog sich an Sprossen hoch ins Ungewisse.

Schon spürte sie den heißen Atem der Verfolger im Rücken. Spürte, wie sich mordgierige Hände nach ihr ausstreckten. Da erreichte sie die Zinne des Turmes und warf sich in die sich unter ihr ausbreitende Tiefe. Sie fiel weich ins grüne Gras. Sie war gerettet! War sie gerettet? Die von oben warfen ihr eine Truhe nach. Eine Truhe nach der anderen. Truhen mir ihrem Besitz. Sie öffneten sich in der Luft. Kleider spreizten sich wie große Vögel in der Luft. Ihr dunkelroter Mantel, der Fehpelz. Bauschig ihr grüngesticktes Kleid und noch eins aus weizengelber Seide. Perlen und Edelsteine fielen herab. Eine Truhe schlug neben ihr ein, und Flammen sprangen ihr entgegen. Höllisches Feuer umgab sie. Die Hölle war um sie ausgebrochen. Und durch das Feuer krochen die Bedränger auf sie zu. Wimmelnde Unwesen ringsumher. Und am Horizont harrten die schwarzgeharnischten Teufel auf ihren schnaubenden Pferden.

Da erschien am Himmel ein riesiges Weib, prachtvoll anzuschauen in Purpur und Gold. Lange goldene Haare umwehten seinen blutrot gefärbten verführerischen Mund und die unheimlich strahlenden Augen. Die Brüste des Weibes quollen üppig und frei aus dem glitzernden Kleid, und es spreizte die nackten Schenkel. Halbliegend stützte sich die Gestalt auf einen Arm, und in der anderen hielt sie einen goldenen Becher, aus dem sie zischenden, stinkenden Wein schüttete, es war der Unrat der Welt. Der Uterus des Weibes öffnete sich wie ein dunkles Tor. Und sie wußte in ihrem Traum: Das Weib war das allesverschlingende und allesgebärende Leben und der Tod zugleich. Da hinein zogen die Scharen blutrünstig krächzender Gestalten. Ihre Bedränger.

Es war leer um sie geworden. Grau, verödet, wie verbrannt lag die Landschaft um sie herum. Sie befand sich inmitten einer entsetzlicher Zerstörung. Es fröstelte sie.

Da erschaute sie ein neues Bild. Über ihr erschien die aussätzige Bettlerin, die vor ihren Augen gestorben war, gekreuzigt wie Christus. Die Elendige, der sie Mitleid erwiesen hatte, nahm eine Hand vom Holz und hielt sie über die qualvoll Träumende. Da fühlte sie das Figürchen der Gottesmutter in ihren Händen, und der Mantel der Himmelskönigin legte sich schützend über sie.

Sie sah Heinrich an und begann noch einmal: Meine Träume … Aber sie konnte sich nicht überwinden, sie zu erzählen.

Im nächsten Traum kamen die beiden Engel zu ihr. Der eine Engel nahm sie an die Hand und zeigte ihr Menschen auf ihren Wegen. Unendliche Menschenscharen, die vor sich hinzogen. Unzählige Gesichter, Gestalten, die durch Täler und über Berge zogen, durch Wälder und Felder wanderten, durch Dörfer und Städte und Burgen strömten, mit halboffenen Augen und schlaffen Mündern immer die gleichen, aber nie dieselben. Gesichter und Gestalten im Vorbeiströmen. Vergängliche Wesen. Die einen fielen, und andere standen auf. Arme und Reiche in ihrer Vergänglichkeit gleich. Elendige, sterbliche Menschen sie alle.

Der Engel sagte: Das sind Gottes Scharen, über denen der Herr wie die Sonne steht. Seitdem Gott die Menschen aus dem Paradies verjagt hat, ziehen sie so vor sich hin. Tage und Nächte, Jahre, Jahrhunderte, Jahrtausende. Armselige Wesen, die nichts über sich wissen Alle streben dem Ungewissen zu, der Unendlichkeit. Gott läßt einige Tropfen Sehnsucht nach Ewigkeit unter sie fallen und sieht zu, wie es wächst. Hier und da geht einem ein wenig Ahnung von Ewigkeit auf. Die sind die Erwählten.

Der andere Engel nahm sie an die Hand und zeigte ihr ein Tal, in dem die gleiche Menschenmenge wogte. Sie knäulten sich und schrien und ballten die Fäuste, sie zogen im gleichen Schritt und trugen Fahnen und sangen wütende Lieder. Sie zerrten Mißliebige auf Scheiterhaufen, legten anderen Schlingen um den Hals, stießen sie ins Wasser. Unzählige verbrannten, wurden erhängt, ertränkt. Sie töteten sich ständig und wuchsen wieder nach. Da glaubten sie nicht mehr an Gott und setzten blutrünstige Könige auf drei Weltenthrone. Und die begannen schreckliche Kriege. Berge von Toten türmten sich, die Meere röteten sich von Blut, Städte brannten, Menschen wurden aus ihren Heimstätten vertrieben. Nur glimmende Asche blieb. Nur wenige Menschen. Doch sie rafften sich wieder auf und erbauten neue Städte. Und es war Frieden zwischen ihnen. Doch dann wieder: ein Blitz, ein tausendfacher Schrei, und alles versank im Dunkel.

Und auch ihren dritten und letzten Traum erzählte sie Heinrich nicht.

Wieder kamen die Engel zu ihr und führten sie auf einen Berg. Und sie sah dasselbe Tal im milden Glanz. Frisches Grün erfreute das Auge, und Blumen verströmten lieblichen Duft. Die Menschen wandelten friedlich in hellen Gewändern. Sie sprachen über heitere Dinge, lasen aus goldenen Büchern und betrachteten schöne Skulpturen und Bilder. Manchmal sangen sie und musizierten. Andere gingen gern einer Arbeit nach. Sie errichteten Häuser aus Licht und Glas, die im Glanz der Sonne in allen Farben schimmerten. Sie bauten Flügel für alle, mit denen sie sich langsam von einer Stelle zur anderen bewegten. Sie besaßen unendliche Zufriedenheit.

Plötzlich sah sie sich selbst fliegen ins Licht wie einen weißen Vogel über dieser Landschaft. Die Engel hatten ihren Käfig geöffnet. Sie flog hinaus. Und sie wußte: Gott hat auch sie erwählt.

Dann aber versank auch dieses Bild. Ihr blieb die Sehnsucht nach dieser Helligkeit. Aber sie wußte, sie durfte das niemandem erzählen, denn Engelworte werden leicht zu Menschenworten und verlieren dadurch ihre Kraft.

Ich sah und hörte so manches im Traum, sagte sie zu Heinrich gewandt. Und danke Gott für den Schmerz, der mir Erkenntnis schenkte. Die Engel in meinen Träumen haben in mir die Sehnsucht nach einem anderen Leben geweckt

Was meinst du damit, was willst du tun, fragte Heinrich, der mit Befremden bemerkte, wie sich das blasse Gesicht seiner Frau gerötet und ihre Augen zu glänzen begonnen hatten. Er sah: Dieser Glanz, der einst ihm galt, hatte sich anderem zugewandt.

Heinrich, verzeih mir, sagte Hedwig. Jetzt legte sie ihre Hand auf seine. Ich habe beschlossen, mein Leben zu ändern. Zunächst will ich Gott das opfern, was mir am kostbarsten gewesen war: Meine Liebe zu dir. Ich habe dich zu sehr geliebt, Heinrich. Gott duldet keinen anderen neben sich.

Ich werde fortab das Leben einer geistigen Frau führen. Ich will streng sein zu mir und mein Leben Gott weihen. In aller Strenge will ich leben wie im Kloster. Ich will unserem gemeinsamen Lager fernbleiben, Heinrich. Ich habe lange darüber nachgedacht. Doch ich werde weiter neben dir leben. Dir zur Seite stehen. Als Landesmutter weiterwirken. Dem Volke, wo es nur geht, aus ganzer Kraft dienen und den Menschen in ihrem Elend helfen.

Du willst nicht mehr mein Weib sein, Hedwig, Hadi? Und ich, fragte Heinrich, was soll ich tun? Was ich fühle, kümmert deinen Engel nicht. Und auch dich nicht. Was hab ich dir getan? Wie soll das werden?

Heinrich, du hast mir mehr Liebes angetan, als ich es verdiene. Doch die Liebe zu dir, die Lust, mit der wir uns in die Arme nahmen, stört das Wachsen im Geiste. Deshalb will ich unserer Zweisamkeit entsagen und zusammen mit dir ein Gelöbnis der ehelichen Enthaltsamkeit ablegen. Im Dom zu Breslau. Vor dem Bischof.

Heinrich schwieg, und Hedwig fuhr fort. Höre mich an, Heinrich: Unsere Kinder brauchen mich nicht mehr wie früher. Bald wirst du Heinrich das Schwert verleihen und ihn fortab neben dir haben, ihn in die Regierungsgeschäfte einführen. Gertrud aber wird im Kloster zu Trebnitz den Schleier nehmen. Auch sie muß von Petrissa lernen, Äbtissin zu sein. Und wir, wir beide haben unser Leben gelebt. Wir sind alt, Heinrich. Es ist Zeit, an den Tod zu denken und an das ewige Leben.

Du hast an alles gedacht, sagte Heinrich bitter, nur an das eine nicht: Wie soll ich leben ohne dich, Hadi?

Ich will dich mitnehmen auf meinen Weg, antwortete sie. Wenn du bereit bist.

Heinrich schwieg. Dann fragte er: Tut es dir nicht leid um unser Glück, das du jetzt von dir weist, weil du meinst, in Gott Besseres gefunden zu haben. Ist denn die Liebe zwischen Mann und Frau nicht von Gott geschenkt. Heißt es nicht: was Gott zusammengefügt hat, sollen die Menschen nicht trennen? Ließen wir unsere Ehe nicht segnen vor drei Altären? Hast du mir nicht Treue geschworen vor Gott bis ans Ende deines Lebens? Du brichst dein vor Gott gegebenes Wort. Du tust mir weh, Hadi … Unsere abendlichen Gespräche, unsere Zärtlichkeiten … Warum soll ich unserem Glück entsagen. Weil du es dir wünschst und dein Engel? Er schüttelte den Kopf und sah zum Fenster hinaus.

Wir waren glücklich Heinrich, sagte Hedwig tonlos. Zu glücklich. Wenige sind so glücklich, wie wir es waren. Unsere gemeinsame glückliche Zeit hat sich erfüllt. Laß uns auch den schmerzhaften Weg gemeinsam gehen. Glaube mir, er führt zu Gott. Wir werden es lernen, nebeneinander zu leben. Viele vor uns haben der Liebe entsagt. Erinnerst du dich: Kaiserin Kunegunde, die Kluge und Schöne, und ihr Mann, Kaiser Heinrich. An ihrem Grab haben wir als Brautleute im Dom zu Bamberg gestanden und gebetet. Sie sollen immer in keuscher Ehe gelebt haben. Das hat uns Ekbert erzählt.

Heinrich blickte in den Garten hinunter. Dieses blühendes Grün. Immer wieder aufs neue grünendes Leben. Er hatte Ungutes befürchtet, fast erwartet, Hedwig werde ihn verlassen, um in ein Kloster einzutreten. Sie wollte bei ihm bleiben, aber sich ihm als Weib entziehen. Sollte er nicht froh sein, sie wenigstens auf diese Weise für sich zu behalten?

Er erhob sich und küßte sie auf die Stirn. Du tust mir weh, Hedwig, mein Weib, sagte er. Ich muß darüber nachdenken. Er stand auf und schloß hinter sich die Tür.

Jetzt blickte Hedwig zum Fenster hinaus. Auf die Blätter des Birnbaums legten sich Schatten aufziehender Wolken. Etwas in ihr lief Heinrich nach. Jetzt hätte sie gern alles widerrufen. Sich von ihm in die Arme nehmen lassen. Sich in seine Liebe fallen lassen. Geborgenheit erfahren. Vielleicht sollte sie sich ihm noch einmal anvertrauen. Doch sie verbat sich diese Gedanken. Sie wollte ihn gehen lassen, wie eine Mutter ihr Kind ins Leben entläßt: Wehmütig und mit guten Wünschen.

Sie ließ den Rosenkranz zwischen den Fingern gleiten. Ihre Lippen bewegten sich ohne Worte.

Die Entsagende

Als sie aber älter wurde und das Gelübde der
Enthaltsamkeit abgelegt hatte, verzichtete sie auf allen
weltlichen Schmuck und verschmähte alle Weltkleider
und bunten Stoffe. Sie kleidete sich in graues Tuch
und an Feiertagen in einfachen Kamelot

(Legenda maior de beata Hedwigi)

A m nächsten Tag ließ Herzogin Hedwig ihre Vertrauten, Demundis und Jutta, zu sich kommen, mit ihnen zwei Dienerinnen. Sie
trat mit ihnen vor ihre Truhen und bedeutete ihnen, sie auszuräumen.
Prachtvolle Gewänder, Kleider und Mäntel häuften sich bald auf den
Bänken, fielen zu Boden. Fließende Wogen edler Stoffe in gedämpften
Farben mischten sich zu herrlichen Gebilden: dunkelrote, dunkelgrüne
Seide, brauner und grauer Samt fügten sich zu künstlichen Landschaf-
ten zusammen, die zugleich Landschaften schöner Erinnerungen wa-
ren. Hier lugte ein Stückchen Seide des pflaumenblauen Kleides hervor,
das sie auf ihrer Hochzeitsreise getragen hatte, dort der reichbestickte
grüne Samt des Gewandes, vom Tag der Huldigung des Fürstenpaares.
Helle leichte Kleider in Farben wie der Sand am Oderstrand oder wie
Schilf oder wie Moos, Kleider, die nach Sommerwind rochen und nach
Sommerglück. Und wie hübsch diese Kleider gefertigt waren, wahre
Schmuckstücke. Modische lange Ärmel hingen von Stühlen herab, ge-
schlitzte Röcke, bestickte oder gesmokte Oberteile. Dazu Kopftücher,
Schleier, Stirnbänder und Gürtel, Spitzenkragen und auch seidengehä-
kelte Strümpfe, Schuhe aus feinstem Kalbsleder, Täschchen und weiße
Taschentücher mit Spitzenrändern. Das alles lag jetzt durcheinander
im durchsonnten Erker. Ein betörendes Chaos, dem die edlen Düfte
anhafteten, die die Herzogin besonders gern hatte: Veilchen und Rosenöl, Lavendel.
    Diese Pracht! Jedes Frauenherz hätte gejauchzt beim Anblick dieser
weiblichen Sehnsüchten schmeichelnden Fülle. Demundis und Jutta
warfen sich verzückte Blicke zu. Juttas Nasenspitze rötete sich, Demundis bekam brennende Ohren. Nicht nur, daß sie wie die meisten
Frauen gern in weichem Samt und seidig knisternder Materie wühl-
ten, deren Berührung von den Händen in den Kopf stieg wie süßer
Wein, sie glaubten auch in dieser Zuwendung der Herzogin zum Äu-
ßerlichen ein Zeichen der Genesung zu sehen. Mit Sicherheit, dachten
die Getreuen, wollte die Herrin ihre alten Kleider durchsehen, um wie

üblich langweilig gewordene zu verschenken und über neue nachzudenken.

Besonders Frau Jutta nahm es als langerwartetes Zeichen der Rückkehr ihrer geliebten Herrin und Freundin zum gewohnten Leben. Zudem meinte sie, die Fürstin habe es bitter nötig, sich um ihr Aussehen zu kümmern, das unter der langen Krankheit arg gelitten hatte. Sie wartete brennend darauf, darüber reden zu dürfen, und hielt eine Menge guter Ratschläge bereit. Ein Brei aus Quark und Honig konnte dem Gesicht die frühere Frische zurückgeben. Für die Haare Eigelb mit Apfelessig. Ein Pfefferminztrank dreimal des Tages. O ja, Frau Jutta wußte Bescheid. Im Handumdrehen würde sie die Fürstin dazu bringen, ihr Unglück zu vergessen. War es nicht bekannt, daß es für eine Frau keine bessere Medizin gegen Traurigkeit gab, als neue Kleider. Jutta dachte bereits daran, wen sie als Eilboten zum Hoflieferanten Ibrahim nach Breslau um Stoffe, Spitzen und Bänder schicken werde, und wen nach Trebnitz, um die geschicktesten Schneiderinnen zu holen.

Beide Hoffrauen dachten, was sie denken wollten, und bemerkten nicht, daß der Sinn der Fürstin nach ganz anderem stand.

Herzogin Hedwig widerte der prachtvolle Überfluß an. Schweigend überblickte sie das ihr unliebsam gewordene Chaos. Überlegte, suchte sich einige dunkelfarbige Stücke aus, einen schwarzen Samtmantel und einen aus dunkelgrauer Seide, einen Pelzmantel aus dunkelgrauen Füchsen, zwei dunkelgraue Kleider, ein seidenes und eins aus Samt, andere Kleinigkeiten. Das Notwendigste für fürstliche Auftritte. Das ließ sie in die alte Truhe legen, die sie noch aus Andechs hatte, auf deren Boden das Stundenbuch lag. Den Rest der schönen Gewänder schob sie achtlos zur Seite und sagte mit ihrer neuen, fremden Stimme zu den Frauen: Dies hier könnt Ihr, wem Ihr wollt, verschenken. Ich brauche es nicht mehr. Ich werde es nie mehr tragen.

Jutta und Demundis erstarrten. Sie hielten einen Augenblick den Atem an, dann sahen sie sich an, wagten aber kein Wort zu sagen.

Die Herzogin setzte sich auf eine der nun so prachtvoll gepolsterten Bänke, bedeutete mit einer Handbewegung den Dienerinnen sich zu entfernen und mit einem vagen Lächeln beiden Vertrauten, sich ihr gegenüber zu setzen.

Sie wandte sich ihnen zu und sagte: Meine Freundinnen, Ihr sollt wissen, daß ich fortab ein anderes Leben führen werde als bisher. Ich werde meinem bisherigen Leben entsagen und wie eine Nonne leben, wenngleich auch Herzogin bleiben. Ich hoffe, Ihr könnt mich verstehen. Seid Ihr bereit, mir zu helfen?

Frau Jutta und Demundis schüttelten verständnislos ihre Köpfe. Es hatte ihnen die Sprache verschlagen. Was konnte man auch zu solch einer Neuigkeit sagen, die gar nicht zu verstehen war. Denn wie sollte das gehen? Wie wollte die Herrin Nonne sein und Herzogin zugleich?

Die Herzogin ließ sich ihre Schatulle reichen. Sie öffnete den silberverzierten Ebenholzkasten mit einem kleinen silbernen Schlüssel, den sie immer bei sich trug. Ihre Blicke schweiften über das funkelnde Gewirr: Edelsteine und Perlen, Gold und Silber. Sie griff hinein in die Kostbarkeiten, nahm dies und jenes heraus, hob Ketten und Ringe gegen das Licht und ließ die Steine in der Sonne funkeln. Sie dachte an ihre Steinchen, die sie als Kind gesammelt hatte, und lächelte.

Die Frauen sahen: Die Fürstin nahm Abschied auch von diesen schönen Dingen. Besonders versonnen betrachtete Hedwig den Bernsteinschmuck, ihr Hochzeitsgeschenk. Den beschloß sie zu behalten. Sie sagte, daß sie ihre Kleinodien verkaufen werde, um aus dem Erlös ein Hospital für aussätzige Frauen errichten zu lassen. Bei Neumarkt. Demundis und Jutta bekamen je eine prächtige Perlenkette und mehrere silberne Armreifen mit bunten Edelsteinen. Doch man sah ihnen keine Freude an.

Dann trug die Herzogin ihnen auf, einfaches graues Tuch und grauen Kamelot zu besorgen und zwei Näherinnen aus Trebnitz zu holen, damit sie ihr neue schlichte Kleider nähten, ähnlich wie sie die Trebnitzer Nonnen trugen.

Danach entließ sie Frau Jutta und bat Demundis im größten Vertrauen, ihr ein Bußhemd aus Roßhaar zu besorgen und dazu eine Lederpeitsche mit vielen Riemen und Knoten daran, wie sie manche Mönche und besonders Einsiedler benutzten, um sich zu kasteien. Sie befahl ihrer Vertrauten zu schweigen. Demundis konnte ihre Tränen nicht halten. Die Herzogin verbat ihr zu weinen oder sich mit irgendeinem Zeichen oder gar leichtfertigen Bemerkungen zu verraten. Niemand sollte von ihren strengen Absichten erfahren, auch Herzog Heinrich nicht. Ja, vor allem er nicht.

Die Zeremonie der ehelichen Entsagung war schlicht. Das Herzogpaar wollte Aufsehen vermeiden, die Leute nicht beunruhigen, zu Getuschel keinen Anlaß geben. Nur das hohe Paar und einige Getreue fanden sich im Breslauer Dom ein. Es war ein Gottesdienst wie viele andere, als wäre der Anlaß kein ganz besonderer. Nach der Messe standen Hedwig und Heinrich vor dem Altar, vor Bischof Lorenz im violetten Ornat, und sprachen ihm eine Formel nach, die ihre Entscheidung, in ehelicher Enthaltsamkeit nebeneinander zu leben, bestätigte. Das bekräftigten sie mit der Hand auf der Bibel.

Mit gesenkten Köpfen und gefalteten Händen kehrte das Herzogpaar in sein Gestühl neben dem Altar zurück. Hedwig und Heinrich beteten nebeneinander wie immer. Sie saßen nebeneinander wie bisher, und doch war alles ganz anders geworden zwischen ihnen. Wie sollte es werden? Von Versprechen entbunden, in Versprechen verbunden. Geschieden und doch verheiratet.

Es war kühl in der Kirche, und nur wenige Kerzen brannten. Heinrich hatte sich dem Willen seiner Frau gefügt. Die Fragen, warum ist es so gekommen, was war seine Schuld daran, hatten sich in seinem Kopf und in seinem Herzen festgehakt. Sie waren Teil seines Schmerzes. Und der Schmerz ließ ihn nicht los. Er hatte nun vor Gott gelobt, auf sein Weib zu verzichten, das er doch liebte. Er hatte auf sie verzichtet, weil er sie nicht verlieren wollte. Er wußte, sie wäre von ihrem Entschluß nicht abzubringen gewesen. Er kannte ihren Ernst, ihre Beharrlichkeit. Es war das kleinere Übel, das sie gewählt hatte. Eine ungewisse Zukunft starrte ihm dunkel entgegen.

Als sie dann nebeneinander durch den Dom schritten, gefolgt von ihren Getreuen, sah er sie von der Seite an, wie so viele Male. Sie blickte vor sich hin. Abgezehrt und blaß in grauem Mantel, in einem grauen Kleid schritt sie neben ihm. In unfürstlichem Gewande, mehr einer Nonne ähnlich als einer Herzogin. Eine vertraute und nun doch fremde Frau. Sein gewesenes Glück. Es fröstelte ihn.

Seit ihrer Krankheit hatte er darüber nachgedacht, was er an ihr versäumt haben konnte. Es sollte alles anders werden, wenn sie wieder zu Kräften kommt, das hatte er unzählige Male Gott und der Gottesmutter gelobt. Er spürte seine Schuld. Hatte er nicht ihre Anwesenheit an seiner Seite seit langem für eine Selbstverständlichkeit gehalten, sein Weib als sein Eigentum, ja, als Teil seiner selbst angesehen. Und ihr lange nicht mehr gezeigt, wie in den ersten Jahren, daß er sie liebte. Aber er liebte sie doch, wenngleich anders als früher. Er hatte sich nie andere Weiber ins Bett geholt, wie es üblich war. Er hatte von Anfang an ihren kindlichen Liebreiz gemocht, ihre freundliche Art. Dann hatte er sich daran gewöhnt, ihr in allem zu vertrauen, ihr ruhiges Wesen und ihre Klugheit zu schätzen gewußt. Er wollte mit ihr ein Leben lang zusammenbleiben, bis zum Tode. Und jetzt war es ganz anders gekommen. Jetzt sah er ihr strenges Gesicht neben sich, ihren abwesenden Blick.

Er blieb allein mit seiner Bitternis. Sie hatte sich abgewandt von ihm, um Gott auf ihre Weise zu suchen. Gott war stärker als er. Dagegen konnte er nichts tun. Und so blieb er ein einsamer, verlassener Mann. Dieser Schmerz, fragte er sich, würde er je vergehen? Der Gedanke: diese Frau will eine Heilige werden, kam ihm und blieb. Er war kein Trost für ihn, er gehörte fortab zu seinem Schmerz.

Zur Bekräftigung des Ereignisses und um das Wohlgefallen Gottes und der Kirche zu erbitten, hatte das fromme Paar zuvor versprochen und urkundlich bestätigt, ein Hospital für aussätzige Frauen bei Neumarkt zu stiften.

Allmählich sprach es sich herum, Herzogin Hedwig habe beschlossen, auf höfischen Glanz zu verzichten, jedoch ihre Pflichten als Landesmutter zu wahren. Sie wollte wie eine arme Büßerin leben, dennoch Herzogin bleiben. Wie sollte das sein, fragte sich, wer das hörte.

Sie selbst sah gelassen die großen und kleinen Widersprüche auf sich zukommen und nahm sie an, als ihre Mühe des Lebens. Gott hatte ihr einen Platz im Leben geschenkt, auf dem wollte sie stehen. Aber sie wollte dem schönen Schein entsagen, der für sie nur noch ein trügerischer Schein war.

Die geistlichen Herren betrachteten das Tun der Herzogin mit gemischten Gefühlen. Sie priesen die Fürstin, in deren Leben sich die Vita activa und die Vita contemplativa im gottgefälligen Gleichgewicht hielten. Sie stellten die Ehe des Herzogpaares als leuchtendes Beispiel dar, weil sie die Enthaltsamkeit hochschätzten, und lobten ihr gemeinsames Tun zum Wohle des Landes. Sie waren aber auf die Freigiebigkeit der Herrin angewiesen, die immer wieder der Kirche zugute kam, und bei so manchem der eigenen Bequemlichkeit. Sie wünschten sich – so solle es bleiben, weil sie um ihre Pfründe bangten.

So bemerkten sie hier oder da, das Denken der Fürstin sei vom Geist der Zeit geprägt. Und so war es. Man hörte in den Jahren viel von den Armen in Christi, Pauperes Christi genannt, den Anhängern des Franz von Assisi, die die äußerste Armut als Voraussetzung fürs ewige Leben hielten, weil sie den Menschen dem leidenden armen Christus gleichstellte. Die Franziskaner, die sich zu der Zeit auch in Schlesien einfanden, lebten viel strenger als andere geistliche Herren und Mönche. Sie selbst wollten keinen Besitz, keinen festen Sitz haben, sie lebten vom Erbettelten. Wie die Hündchen Christi wollten die Franziskaner sein und predigten die Armut. Herzogin Hedwig hatte sich Herbord, einen von ihnen, zum Beichtvater gewählt. Manche führten ihre übermäßige Strenge auf seinen Einfluß zurück.

Der Herzogin aber gingen auch die Geschichten über die Beginen immer wieder durch den Kopf. Reisende erzählten darüber wundersame Mär. Mit Kopfschütteln. Herzogin Hedwig aber hörte ihnen begierig zu. Sie bewunderte diese mutigen Frauen, die sich im Reich, besonders im Rheinland, zusammenschlossen, sich selbst um ihren Lebensunterhalt und ein Dach überm Kopf kümmerten, die die Seelsorge für sich selbst zu tragen bestrebt waren, in Armut lebten, in Keuschheit und in Aufopferung für die Armen und Kranken, um nach dem Tode ein ewiges Leben zu genießen. Die meisten Beginengemeinschaften lebten ungeschützt, weil die Kirche die allzu selbständigen Frauen nicht dulden wollte. Die Beginen galten den strengen Kirchenmännern als Ketzerinnen. Hedwig hörte mit Schaudern, daß viele Beginen lieber den Tod auf dem Scheiterhaufen auf sich nahmen, als von ihrem erwählten Weg abzuweichen. Hedwig bewunderte diese Frauen vor allem darum, weil sie auf eigene, weibliche Art zu denken versuchten und den Mut hatten, den Unwillen ihrer Umgebung zu ertragen. Sie dachte, sie wäre gern wie diese, mit diesen. Sie fühlte sich ihnen geistesverwandt. Dennoch, ihr Weg war ein anderer.

Herzogin Hedwig war eine eigenwillige Frau. Sie wollte auf ihrem eigenen Weg die Nähe Gottes suchen und sich das ewige Heil für ihre Seele verdienen. Das hatte sie auf ihrem Krankenbett beschlossen. Sie wollte büßen. Für sich und für andere. Für ihre Hoffart und Bequemlichkeit, derer sie sich anklagte, für ihre Ichsucht und ihre Eitelkeit. Für diese ihre Verfehlungen hatte sie die Bestätigung ihres Beichtvaters eingeholt. Sie fand es aber auch notwendig, für die Vergehen ihrer Familie zu büßen und für die Sündhaftigkeit ihres Standes. Sie wollte wie Jesus Christus büßen für das Böse in der Welt.

Und weil sie andererseits Zugeständnisse an das bequeme und ehrenvolle Leben, das sie gern ganz von sich gewiesen hätte, auf sich nehmen mußte, gelobte sie sich, um so härter sich selbst gegenüber zu sein. Hart und streng zu sich wollte sie sein, doch liebevoll zu ihren Mitmenschen. Sie wollte strenger zu sich sein als die Nonnen, strenger als die Mönche, so streng, wie man es bei den Bettelmönchen sah. Ihr Leben sollte fortab Beten und Fasten sein und Dienst an den Armen und Kranken.

Mit der ihr eigenen Entschlossenheit traf die Herzogin die notwendigen Anordnungen. Ihre Schlafkammer sollte einfacher als die für die Hofleute sein. Sie wünschte, auf dem Boden zu schlafen, auf gewöhnlichen Schaffellen, ohne Kissen unter dem Kopf, nur mit einer dünnen Wolldecke zugedeckt. Ihr Raum sollte auch im Winter nicht beheizt werden. Außer dem Lager sollte sich in ihrer Schlafkammer nur ein Gebetpult befinden, kein Schemel, kein Spiegel, keine Truhe. Bei Tisch sollte ihr nur Wasser und trockenes Brot gereicht werden. Wer hätte sich getraut, der strengen Herrin zu widersprechen. Doch die Leute redeten: Die Herzogin will leben wie eine Bettlerin. Kann das gutgehen? Man rätselte hinter ihrem Rücken. Anderes blieb ihnen verborgen.

Daß sich die Herzogin kasteite, wußte anfangs nur Demundis. Als die treue Dienerin ihrer Herrin die Peitsche mit Riemen und Knoten überreichte, leuchteten Hedwigs Augen auf. Sie griff nach dem Schmerzensinstrument wie ein Kind nach einem lang begehrten Spielzeug. Und in der Nacht, als alle schliefen, züchtigte sie sich mit den Riemen, bis sie das Blut den Rücken herunterrinnen spürte.

Ein Bußhemd aus Roßhaar verletzte bei jeder Bewegung ihre vom Peitschen ohnehin wunde Haut. Ihr war der Schmerz willkommen, er sollte ihren Geist wachsam halten. Denn ihre Seele sollte durch den Schmerz angespornt werden, zu Gott zu wachsen. Sie sagte zu Demundis, sie wolle den Esel Leib züchtigen, den Kerker der Seele.

So dauerte es nicht lange, bis sie wieder erkrankte. Sie fieberte, und ein heftiger Husten schüttelte ihre dürre Gestalt.

Als sie sich nicht mehr aufrechthalten konnte, wurde wieder Petrissa herbeigerufen. Sie kam mit Pinosa, denn die Äbtissin mußte zurück ins Kloster, das sie für längere Zeit nicht verlassen durfte. Man konnte nicht wissen, wie lang die neue Krankheit der Herzogin dauern werde.

Heinrich war entsetzt, als er von der erneuten Erkrankung seiner Frau hörte. Er trat an ihr Bett, denn sie lag nun wieder in einem schönen bequemen Bett. Petrissa, die Mütterliche, hatte das bequeme Lager fast schnaubend vor Wut angeordnet: Daunenkissen unter den Kopf und unter den Rücken der Kranken. Daunendecken in reich bestickten feinen Leinenbezügen.

Der Kranken war ihr Elendsgewand genommen worden, man hatte sie gebadet und ihre eiternden Wunden mit Salbe versorgt. Ein weißes, weiches Leinenhemd wurde ihr über den Kopf gezogen. Darüber ein prachtvolles Seidenhemd, das die fürsorgliche Demundis gegen den Willen ihrer Herrin aufbewahrt hatte. Zuerst sollte die Erkältung, eine Lungenentzündung, mit Wärme und Kräutern geheilt werden. Heißer Wein mit Honig wurde der Kranken gereicht. Die an ihrem übertriebenen Eifer gescheiterte Asketin wurde gefüttert. Zunächst mit Milchspeisen. Für später hatte Petrissa Hühnerbrühe und gekochtes Fleisch verordnet. Leichte Kost, allmählich verabreicht, damit sich der durchs Fasten geschwächte Magen wieder an die übliche Nahrung gewöhnen konnte.

Heinrich saß an Hedwigs Bett, suchte aber nicht mehr wie früher ihre Hand. Beide schwiegen. Irgendwann brachte er Gertrud und Heinrich zur Mutter. Die halbwüchsigen Kinder sahen verlegen auf sie herab. Sie blieben eine Weile, dann gingen sie traurig und ratlos.

Aber Herzogin Hedwig widersetzte sich Petrissas Anordnungen nicht. Sie ließ sich von Pinosa und Demundis pflegen und nahm auch die stärkenden Speisen zu sich. Sie aß, wie Petrissa befohlen hatte, langsam, mit kleinen Bissen. Es war allen sichtbar, sie wollte gesund werden. Sie wollte leben. So kam sie bald zu sich.

Als sie wieder sitzen konnte, sagte sie zu ihrer mütterlichen Freundin mit schwachem Lächeln, als wollte sie sich entschuldigen: Er bockte, der Esel Leib. Diesmal war er stärker, oder schwächer als ich.

Hoffentlich werdet Ihr fortab weniger töricht sein, meine Tochter, brummte Petrissa unwirsch. Wir haben gebetet für Euch. Von wegen: Esel Leib! Der Leib ist kein guter Herr, aber er ist ein treuer Diener. Und es geziemt sich, für einen Diener zu sorgen. Ihr müßt einen mittleren Weg suchen für Euch, meine Tochter. Denn es ist keine christliche Art, sich durch übermäßige Strenge den Tod zu holen. So dient Ihr Gott nicht. Haltet Euch gesund, so wie Ihr es für die Armen wünscht.

Christus sagt: Liebe den Nächsten wie dich selbst. Das heißt aber auch umgekehrt: Liebe dich selbst wie die andern. Der Mensch darf auch sich selbst lieben und den ihm von Gott geschenkten Leib pflegen, damit er ihm diene. Wenngleich in Maßen.

Herzogin Hedwig schwieg. Sie gab Petrissa recht.

Nun hatte sie wieder viel Zeit für sich, sie saß in einem Sessel und las in ihrem Stundenbuch.

Eines Tages ließ sie sich eine Wachstafel reichen und einen Stift und begann zu schreiben: Kein Fleisch! Wenig Fett! Sonntag, Dienstag und Donnerstag Fisch und Milchspeisen. Sonnabend und Montag getrocknete Hülsenfrüchte. Mittwoch und Freitag trockenes Weizenbrot und Kräutergetränke. An großen Feiertagen zweimal Fisch und Milchspeisen und verdünntes und gekochtes Bier. Äpfel, Birnen und Pflaumen. Frisch und gedörrt. Zu den von der Kirche gebotenen Fastenzeiten wollte sie nur Brot mit Asche zu sich nehmen und abgekochtes Wasser. Aber das schrieb sie nicht auf, dafür war noch Zeit. Demundis brach ohnehin über diesen Speisezettel in Tränen aus. Sie mußte alles dreimal wiederholen und mit der Hand auf dem Stundenbuch versprechen, sich daran zu halten und mit niemandem darüber zu reden. Ja, jedem Gerede widersprechen. Um sie zu trösten, sagte die Herzogin: Ich bin sicher, Demundis, daß ich so genährt stark und gesund sein werde. Ein Mensch soll weder zu viel noch zu wenig essen. Die Speisen sind zur Erhaltung des Lebens da, Übermaß beschwert den Körper, besonders fette Speisen. Und das Fleisch toter Tiere belastet den Geist mehr, als es den Körper stärkt.

Vorsichtig, zunächst nur für kurze Zeit, hatte Hedwig das Bett, später die Schlafkammer verlassen. Als sie sich gesund genug fühlte, führten sie ihre ersten Schritte wieder in die Kapelle der Burg. Dort dankte sie der Gottesmutter für ihre Genesung und versprach, fortab in allem vernünftiger zu sein. Sie wollte mehr Klugheit walten lassen und sorgsamer mit ihrer Gesundheit umgehen. Doch sie war fest entschlossen, den einmal gewählten Weg einzuhalten, wenngleich sie sich gezwungen sah, ihn mit kleineren Schritten zu begehen.

Sie betete zwar wie zuvor einige Male in der Nacht, gönnte sich jedoch zwischendurch auch einige Stunden Schlaf auf einem Strohsack, der sie vor Kälte vom Boden schützte. Wenn es aber sehr kalt war, bedeckte sie sich mit einer Federdecke. Sie trug weiter das rauhe Hemd, verzichtete aber darauf, sich zu peitschen. Sie fastete streng, doch nie über ihre Kräfte hinaus.

Aber sie kleidete sich grau und schmucklos wie eine Nonne. Ein einfaches weißes Tuch bedeckte ihren Kopf. Und sie trug keine Schuhe. Sie ging mit bloßen Füßen umher. Auch im strengen Winter. Nur zu festlichen Gelegenheiten zog sie ihre standesgemäße, wenngleich schlichte Kleidung aus der Truhe.

Darüber, warum die Fürstin barfuß einherging, erzählten sich die Leute folgende Geschichte. Das herzogliche Paar verbrachte die Weihnachtszeit alljährlich in Glogau, um sich in Trauer ihres dort geborenen und so bald verstorbenen Kindes zu erinnern. Am Weihnachtsmorgen, als Herzogin Hedwig allen voraus in die Kirche eilte, fand sie die Tür zum Gotteshaus noch verschlossen und vor der Tür eine junge Mutter mit ihrem Kind im Arm sitzen. Die Herzogin sprach sie an, erhielt aber keine Antwort. Sie faßte sie an der Schulter und erschrak zutiefst – sie war kalt und steif. Tot! Tot! Erfroren!

Hedwig begann zu zittern und zu weinen. So entweihen wir Christen das Fest der Geburt Christi! rief sie dem sich nähernden Gefolge entgegen. Weihnachten, das Fest der Mutter und des Kindes! Das Fest der Hoffnung und Liebe! Und wir lassen Mutter und Kind vor den Türen des Gotteshauses verkommen! Vor Kälte sterben, weil unsere Herzen eiskalt sind! Sie weinte und kniete vor der Armen nieder und küßte ihre blaugefrorenen schmutzigen Füße.

Tränenüberströmt warf sie sich danach für viele Stunden vor den Altar der Gottesmutter. Als sie aufstand, hatte sie sich gelobt, fortab auch mit bloßen Füßen umherzugehen, wie die ärmsten der Armen. Ohne Schuhe! Auch im Winter! Wieder gab es Streit mit Heinrich, der diese neue Härte nicht dulden wollte. Hedwig versuchte ihn zu überzeugen. Die meisten armen Menschen hätten keine Schuhe für den Winter, sagte sie, und lebten dennoch. Anscheinend gewöhne man sich an die Kälte. Heinrich schimpfte und flehte. Da versprach sie ihm, vor ihm nie ohne Schuhe zu erscheinen.

Heinrich war ratlos. Er sah nur das eine: Seine Frau war unbelehrbar geblieben, und er bangte, eines Tages würde sie wieder erkranken und sterben. Er machte ihr Vorwürfe. Mal zornig, mal betrübt, bat er sie Vernunft anzunehmen. Mal beschloß er, zu allem zu schweigen, dann wieder sie zu bestrafen. Was ihm, dem Ehemann, trotz allem wohl zustand. Denn so war es üblich.

Hedwig wollte ihn nicht noch mehr beunruhigen und hatte sich einige Listigkeiten ausgedacht, um ihn und ihre Umgebung zu täuschen. Sie ließ sich bei gemeinsamen Mahlzeiten manchmal auch etwas Fleisch auf den Teller legen. Sie rollte es hin und her auf dem Teller, schob es scheinbar in den Mund, ließ es dann aber heimlich unter den Tisch fallen, wo es die Hunde verzehrten. Ähnliche Vorsicht ließ sie beim Trinken walten, denn sie hatte fest beschlossen, nur Wasser zu trinken statt Wein. Das war wieder etwas, was sich für eine Fürstin nicht schickte. Demundis saß ständig neben ihr zu Tisch und hatte sie davor zu bewahren, entdeckt zu werden.

Manche versuchten sogar, sich in die Unstimmigkeiten zwischen den Herrschaften einzumischen und böswillig Öl ins Feuer zu gießen. Verleumder und Zuträger, die am bösen Gerede ihren Vorteil witterten, gab es überall und immer zur Genüge.

So hatte ein gewisser Peter von Chmielno, den Hedwig seit langem verdächtigte, am Hofe Heinrichs für Konrad von Masowien und andere polnische Herren zu kundschaften, sie vor dem Herzog angeklagt. Peter, ein ungehobelter Mann mit unruhigen, in Fettwülsten schwimmenden Äuglein, der weder Ritter noch Kanonikus war und sich auf undurchschaubare Weise bei Hofe eingeschlichen hatte, meldete dem Herzog, daß die Herzogin, sobald sie mit ihren Frauen allein speise, nie Fleisch aß, nur Brot mit Asche. Nie Wein trank, sondern nur Wasser. Als Heinrich, der dem Geschwätz des plumpen Verleumders Glauben schenkte, unerwartet in den Raum trat, in dem die Herzogin mit ihren Frauen speiste, hatte Demundis bereits ein Zeichen des Knappen erhalten und mit der Fürstin Teller und Kelche getauscht. Heinrich trank aus Hedwigs Kelch, und er trank süßen Wein. Verlegen bat er seine Frau um Entschuldigung.

Um so wütender war er über den Verleumder. Er rief die Wache und ließ den üblen Gesellen holen. Auf die Knie, heischte er ihn an, als er hereintrat, du verderbter Lügner! Für dein giftiges Geschwätz lasse ich dir die Augen ausstechen, die lügnerische Zunge ausreißen, ja, aufhängen lasse ich dich!

Da mußte sich Hedwig doch noch für den verabscheuungswürdigen Diener verwenden und um Gnade für ihn bitten, obwohl sie froh war, daß er nun vom Hofe entfernt werden sollte. Mein Herr und Gemahl, sagte sie zu Heinrich, dieser Mann, der sich nicht nur mit dieser einen Verleumdung schuldig gemacht hat, verdiente es längst, bestraft zu werden. Dennoch wäre die Todesstrafe zu streng für ihn. Ich bitte Euch: Lasset ihm die Zunge ausreißen, mit der er so oft gesündigt hat, und zehn Jahre Steine am Bau in Trebnitz tragen. Und lasset Sorge tragen dafür, daß er nie mehr Zugang zu Hofe erhält. Das aber laßt, so bitte ich Euch, als Strafe genug sein.

Im Gespräch danach machte sie ihrem Mann Vorwürfe, daß er solch erbärmlichen Leuten Glauben schenkte gegen sie. Gleichzeitig nutzte sie die Gelegenheit, um erneut ihren Standpunkt zu erklären und fragte: Was soll denn Übles daran sein, wenn ich Wasser trinke statt Wein, übrigens meistens schmackhaften Kräutersud. Damit schade ich meiner Gesundheit nicht. Vielmehr schaden sich die, die zu sehr dem die Vernunft benebelnden Trank zusprechen. Damit war Heinrich gemeint, der in letzter Zeit dem Wein über das übliche Maß hinaus zusprach.

Heinrich lachte auf, er nahm ihre Hand und küßte sie. Er sagte: Hedwig, du bleibst doch meine Hadi, auch wenn du eine Heilige sein willst. Du wirst immer nur du selbst bleiben und mich armen Sünder belehren wollen. Ich sage dir: Ich mag den süßen Wein, denn nur der ist mir von der Süße des Lebens geblieben, seitdem du mich verlassen hast. Er sagte es leichthin, und es war das erste Mal seit langer Zeit, daß sie so miteinander sprachen wie früher. Darum bat Hedwig, noch einige Hofleute aus ihrer Umgebung entfernen zu dürfen, die ihr nicht vertrauenswürdig genug waren.

Schmähsüchtige, sagte sie, sind vor Gott hassenswürdig, daher sollte man diese als Hausgenossen nicht dulden. Denn verleumderische Reden, die in gleicher Weise die Seelen der Hörenden wie der Sprechenden verwunden, sollte man meiden wie die Pest und den Biß der Schlangen, weil sie ein Werkzeug des Teufels sind. Und sie fügte hinzu: Die Anwesenheit böswilliger Menschen vergiftet die Luft.

Aber es gab auch Wohlmeinende, die sich zum Wohl der Fürstin einmischten und doch von ihr zurückgewiesen wurden. So sprach eines Tages der von allen geschätzte Magister Ägidius, ein hoher kirchlicher Würdenträger, die Herzogin vor allen zu Tisch versammelten Gästen an. Er tadelte laut das ständige Fasten der Herzogin, das er als übertrieben und ihrer Gesundheit schadend bezeichnete.

Da antwortete ihm Hedwig schlicht und fest: Ehrwürdiger Vater, ich esse, was mir genügt! Das gefiel allen sehr. Besonders aber Heinrich. Magister Ägidius aber hatte das Nachsehen.

Auch der ehrwürdige Abt Günther von Leubus, der meinte, großen Einfluß auf die Herzogin zu haben, wurde enttäuscht. Er ließ für sie Schuhe aus erlesenem Leder mit langen Schäften nähen und überreichte ihr diese eines Tages freudig mit der Bitte, sie zu tragen, in Gottes Namen, damit sie ihrer Familie und dem Lande in Gesundheit erhalten bleibe.

Herzogin Hedwig bedankte sich, wie es sich gehörte. Bald aber sah man, mit welcher frommen Listigkeit die Herzogin seine Bitte umging. Sie trug die Schuhe wie versprochen, jedoch über den Arm gelegt, und ging weiter mit bloßen Füßen umher.

Aber alle sahen auch, je strenger die Herzogin zu sich selbst war, desto größer wurde ihre Sorge um die Armen und Kranken. Sie fand es dringend notwendig, sich um die Menschen zu kümmern, die ohne Hilfe elendig umgekommen wären.

Sie selbst bediente vor jeder Mahlzeit bei Tisch dreizehn Arme, die sie an Christus und seine Apostel erinnern sollten. Sie aß nicht früher, ehe diese nicht gespeist woden waren. Doch dieses bildhafte und bedeutungsreiche Tun genügte der Herzogin nicht. Sie richtete Armenküchen ein, in denen Bedürftige täglich ihre Suppe bekamen und ihr Stück Brot. So vor allem in Trebnitz, wo die Armenversorgung Boguslaw, dem tüchtigen Verwalter von Schwoine oblag. Andere Armenküchen befanden sich in Neumarkt, in Breslau und Liegnitz, in Glogau und Goldberg. Und auf ihre Anregung hin entstanden immer neue.

Auf das Geheiß der Fürstin wurden Herbergen für Obdachlose und Hospitäler für Kranke aller Stände an verschiedenen Orten errichtet. Von Zeit zu Zeit kam die Fürstin selber vorbei, um nach dem Rechten zu sehen.

Überall, wo sie hinkam, umgaben sie Scharen von Bettlern. Demundis trug stets ein Säckchen mit Münzen bei sich, die sie unter die Armen verteilte, manchmal sogar händevoll unter die Menge warf. Dadurch entstand Gedränge, das die Fürstin beängstigte. So ließ sie zu, daß Demundis sie vor übermäßiger Belästigung schützte. Listig lockte die treue Dienerin die Bettler woanders hin, ließ sie dort versorgen, damit die Fürstin unbehelligt ihres Weges ziehen und ungestört beten konnte.

Herzogin Hedwig war nun gern und oft allein. Sie suchte einsame Stätten auf. Nicht nur die Kirche war der Raum, in den sie sich zum Nachdenken zurückzog. Sie verweilte oft und gern im Walde oder wandelte in sommerlichen Nächten unter dem Sternenhimmel, den sie als das größte Gotteswunder ansah. Sie brauchte die Stille und das Gebet, um Kraft zu haben für ihre Strenge gegen sich selbst und für ihre unermüdliche Tätigkeit für die anderen.

Aber sie suchte die Abgeschiedenheit auch, weil sie sich noch immer der Ängste in ihr erwehren mußte. Die Abgründe ihrer Angstträume taten sich nicht selten wieder auf. Sie fühlte sich oft von bösen Wesen bedroht. Dagegen half nur das Gebet.

Jahre gingen ins Land. Mit der Zeit gewöhnten sich die Leute an den Anblick der Herzogin mit bloßen Füßen, die grau gekleidet einherkam, den Kopf mit einem einfachen Tuch bedeckt, die inmitten ihrer bunt und prächtig gekleideten Hoffrauen aussah wie eine dunkle Eule zwischen Pfauen, die mit ihren buntschillernden Federn prahlten.

Doch wer mit ihr sprach, bemerkte, daß ein wundersames Leuchten von ihr ausging, und sie durch inneren Glanz alle höfische Pracht bei weitem übertraf. Die Leute sagten, von der Herzogin gehe ein Leuchten aus wie von einem Himmelsgestirn. Es war ihr gütiges Lächeln, das tief aus ihr strahlte und sie mit einem hellen Schein umgab. Als ob ein Engel lächelte. Als ob der Himmel durch sie hindurchstrahlte. So sahen es die, die ihr begegneten.

Den meisten galt die Herzogin bereits zu dieser Zeit als eine heilige Frau. Bald nannte man sie im ganzen Lande Mutter der Armen.

Das freute sie, als sie das hörte: Mutter der Armen! Diese Ehrung wollte sie sich redlich verdienen.

Das Leben der frommen Herzogin verlief nun auf zwei Bahnen. Einerseits war sie entrückt, in Stille und Einsamkeit um ihr Seelenheil bemüht, andererseits den Menschen aufmerksam zugewandt und unter den Menschen anwesender auf eine besondere Art.

Man bemerkte mit Erstaunen, wie diese Frau, die kaum etwas aß und viel weniger schlief als andere Sterbliche, die dürr war und zerbrechlich aussah, mehr aushielt als so manch starker Mann. Sie lebte nach dem Tagesablauf der Nonnen und zog sich wie diese einige Male am Tage zum Gebet zurück. Nie sah man sie untätig, man erzählte sich Wunder von den vielen großen und kleinen Aufgaben, die sie auf sich genommen hatte.

Herzog Heinrich, der bei seinen Leuten keinen Widerspruch duldete und oft laut schimpfte, wurde zahm neben seiner Frau. Er wußte selbst nicht, warum er leiser mit ihr sprach und vor ihr den Kopf neigte. Er gab ihr in allem recht und befolgte ihre Ratschläge vertrauensvoll. Jetzt mehr als zuvor. Denn ihr Rat, der früher klug war, war jetzt weise, wie aus einer Helligkeit von oben. Und eigenartig wirksam.

Heinrich sah deutlicher als andere Menschen, daß seine Frau auf eine besondere Art zwischen Himmel und Erde stand. Sie lebte in Gott. Manchmal schien sie ihm wie eine leuchtende Säule, die das Dach des Himmels über ihnen allen hielt. Ihre Kraft gab auch ihm Kraft. Das nahm er dankbar an. Und ließ sich zügeln von ihr. Er, der leicht aufbrauste, hier und da zu unüberlegtem Handeln neigte, besonders zur kriegerischen Grausamkeit, folgte seiner Frau. Seine Frau hielt ihn zur christlichen Gerechtigkeit an und zur Demut. Und wenn ihm auch dadurch manch rascher Vorteil entging, fiel ihm anderes wie durch ein Wunder zu.

Viele erfuhren Gutes von Herzogin Hedwig. Dennoch wurden die Leute seltsam verlegen in ihrer Anwesenheit, denn wenngleich sie sanft und gütig mit ihnen sprach, spürten sie ihre Strenge und ihre Kraft, die ihnen unheimlich schien. Niemand hätte es gewagt, ihr zu widersprechen. Sich ihr vertraulich zu nähern, verbat sich von selbst. Nie vergaß sie ein Versprechen. Wenn sie befürchtete, etwas könnte ihr entfallen, schrieb sie es auf ihr Wachstäfelchen, das sie immer bei sich trug. Man erzählte sich, daß sie, die selber wie eine Bettlerin gekleidet umherging, sich um die Kleidung ihrer Dienerinnen sorgte. Wenn diese schliefen, sah sie nach ihren Schuhen und Kleidern, und wenn sie Mängel bemerkte, ließ sie diese bald beseitigen.

Aber auch Wundersames wurde von ihr erzählt, man sagte, nichts könne sich vor ihr verbergen. So erfuhr es Chwalislaw, der Kämmerer, dem unter anderem die Obhut über die gläsernen Kelche anvertraut worden war, die Herzogin Hedwig aus Andechs nach Schlesien mitgebracht hatte, kostbare Gläser aus dem Heiligen Land. Er hütete sie sorgsam, bis er eines Tages in Versuchung gebracht wurde: Wandernde Händler boten ihm viel Geld für die Kelche der Herzogin. Er versteckte die Gläser, begab sich zur Herzogin, warf sich laut klagend über ihren angeblichen Verlust auf die Knie und bezichtigte sich der Unachtsamkeit.

Als er aufsah, bemerkte er, daß ihn der Blick der Herrin auf eine besondere Weise durchdrang. Die hohe Frau sah durch ihn hindurch. Und sie sah alles. Steh auf Chwalislaw, sagte die Herzogin. Geh, und bringe die Kelche zurück in die Truhe. Dann komme zurück zu mir. Ich will dir vergeben. Aber tue nie wieder dergleichen. Chwalislaw wagte nicht zu antworten und brachte die Kelche eilig in die Truhe zurück.

DIE ERWÄHLTE

Durch ihre Demut lehrte sie, daß das Glück niemanden
übermütig machen, durch ihre Sanftmut,
daß das Widerwärtige den Menschen nicht
allzusehr niederschmettern solle

(Legenda maior de beata Hedwigi)

Wie früher fuhr Herzogin Hedwig einmal in der Woche, solang das Wetter günstig war, mit dem Wagen zu ihren Kranken. An diesem Tag schien die Sonne, obwohl es weit in den Herbst hineinging, in manchen Bäumen nur noch die schwarzen Krähen hingen und die welken Blätter überall unter den Füßen raschelten. Der Wagen stand wie jeden Freitag im Burghof zu Liegnitz zur Abfahrt bereit. Hubert, der Knecht, richtete das Geschirr der Pferde. Anna und Johanna, die jungen Nonnen aus Trebnitz, die sich Herzogin Hedwig für dieses Jahr zum Krankendienst ausgewählt hatte, saßen auf mit Decken belegtem Stroh, die zwei Kästchen mit Arzneimitteln zwischen ihnen. Auf die hatten sie sorgfältig zu achten.

Neben dem Wagen warteten Kosmas und seine Ritter, ohne die Herzog Heinrich seiner Frau nicht erlaubte, übers Land zu fahren. Denn der Herzog war von der Gutmütigkeit aller seiner Untertanen und ihrer unbedingten Liebe zur mildtätigen Herrin nicht im gleichen Maße überzeugt wie diese. Er meinte, böse Menschen gebe es überall und immer und sagte: Den Geschützten schützt der Herrgott.

Die Herzogin näherte sich dem Wagen, ihren alten grauen Wollmantel mit Kapuze über die Schultern gelegt, Demundis folgte ihr mit dem kleinen Reisesack in der Hand. Hubert verneigte sich tief. Die beiden Mädchen erhoben sich und grüßten die Herrin mit hellen Stimmen. Herzogin Hedwig grüßte zurück in Gottes Namen, stieg übers Treppchen in den Wagen und setzte sich zu den Mädchen. Hubert legte das Treppchen auf den Wagen und schwang sich auf den Kutscherbock. Die Pferde zogen an. Während sie übers morgendliche Land durch die Wälder fuhren, sangen alle zusammen Lieder zu Ehren der Mutter Gottes. Dann schwiegen sie wieder.

Herzogin Hedwig hing ihren Gedanken nach. Diesmal ging es zum alten Simon. Der war ein tüchtiger Mann gewesen und ein guter Christ, geachtet von allen. Jetzt aber lag er elend zu Bett und litt entsetzliche Schmerzen, wie Jutta von Röchlitz sie durch einen Boten wissen ließ, mit einer kurzen Beschreibung seines Leidens. Sein Ende nahte. Der alte Simon war Schulze im Dorfe gewesen, das er mit seinen Leuten, die wie er aus Sachsen kamen, errichtet hatte. Sein Sohn Simon hatte das Amt seit einiger Zeit von ihm übernommen. Man nannte das Dorf wie üblich nach dem Schulzen Simondorf. Es war ein ansehnliches Dorf. An die zwölf Familien hatten ihre Häuser rund um ein hübsches Kirchlein und ein Wirtshaus errichtet. Simon hatte eine Einheimische geheiratet und zehn Kinder mit ihr, die alle lebten. Hedwig seufzte, welch ein glücklicher Mensch!

Vor Simons Haus gab es ein lautes Gemenge. Die Ritter Ruprecht und Andreas, die vorgeritten waren, hielten ein altes, hageres Weib an den Händen fest. Simon der Jüngere und sein Weib stritten laut mit ihnen, sie wollten das Weib befreien. Als sie die Herzogin Hedwig erblickten, ließen sie von dem Weibe ab. Die Herzogin stieg schnell vom Wagen und trat zu der Gruppe. Das Weib rieb sich die Handgelenke und blickte zur Erde.

Wer bist du, fragte die Herzogin. Das Weib richtete sich auf, hob den Blick und sah sie mit dunklen und aufmerksamen Augen an. Die Herzogin erschrak fast vor diesem kraftvollen Blick.

Mila heiße ich, Herrin, sagte sie ohne Scheu. Sie nennen mich das Weib aus dem Walde, manche sagen auch – die Hex. Sie lächelte.

Simon trat verlegen dazu und sagte: Wir wußten nicht, Herrin, wann Ihr zu uns kommt, und unser Vater klagte Tag und Nacht über starke Schmerzen. Die da, die Mila, hat schon vielen geholfen, und so haben wir sie zu unserem Vater geholt.

Das hast du gut getan, Simon, sagte Hedwig zu dem Mann, und wandte sich dem Weibe zu: Mila, du hast einen schönen Namen und kluge Augen, warte auf mich, ich will nach dem Kranken sehen, und danach will ich reden mit dir.

Herzogin Hedwig lächelte, und Mila lächelte zurück. Irgendwie merkwürdig – wie eine Freie, wie eine der Herzogin Gleiche.

Simon schlief, als die Herzogin in den Raum trat, in dem ein großer Ofen Wärme ausstrahlte. Man hatte den Kranken aus der Schlafkammer in diesen Raum gebracht, in dem sich das ganze Leben der Familie abspielte, damit er unter den Seinen sterbe. Der Alte lag abgemagert und mit leidvollem Gesicht in den weißen Kissen seines Bettes in der Ecke der Stube, aber er atmete ruhig mit geschlossenen Augen: er schlief. Bei dieser Krankheit, die den Betroffenen pausenlos plagte, ein Wunder. Oder Zauberei. Simons Weib erklärte, der Kranke sei nach Milas Saft eingeschlafen. Die Herzogin stellte fest, es wäre sinnlos ihn zu wecken. Sie verließ den halbdunklen, stickigen Raum und bedeutete den Leuten, sie mit Mila alleinzulassen. Sie setzte sich zu ihr auf die Bank in die Sonne. Mila lächelte ihr zu, und Herzogin Hedwig bemerkte, daß sie starke weiße Zähne hatte.

Du lebst im Wald, Mila, fragte sie.

Ja, Herrin, antwortete das Weib ohne Scheu.

Warum lebst du allein im Walde und nicht unter den Menschen, fragte die Herzogin weiter.

Mila runzelte die Stirn: Leicht gesagt, schwer gesagt. Sie wiegte ihren Kopf. Das war vor vielen, vielen Jahren. Ich war schön. Sie legte den Kopf zurück und schloß die Augen in der Sonne. Sie lächelte und erzählte langsam mit tiefer Stimme in der weichen nuscheligen Sprache der Einheimischen: Alle Männer wollten mich haben, aber heiraten wollte mich keiner. Denn ich war anders als sie alle. Einer der Neuen baute mir ein festes Haus aus Holz im Walde. Und er liebte mich in diesem Haus. Als dann sein Weib starb und seine Kinder und er vor Verzweiflung in die weite Welt zog, zeigten die Leute im Dorfe mit den Fingern auf mich. Ich hätte einen bösen Zauber geworfen auf den Mann, auf sein Weib und seine Kinder, sagten sie. Eine sagte, ich sei wohl eine Hexe. Das glaubten ihr die anderen. Sie haben mich, als ich ins Dorf kam, verjagt. Mit Steinen und Mist beworfen und verjagt. Ich durfte nicht mehr ins Dorf kommen. Das war vor vielen, vielen Jahren. Sie sah vor sich hin und fuhr fort: Jetzt kommen sie zu mir in den Wald und bitten mich um Hilfe. Auch die Neuen. Und ich helfe ihnen gern. Sie lächelte in der Sonne und schwieg.

Herzogin Hedwig sah sie von der Seite an und fragte: Du kannst heilen, Mila?

Und Mila antwortete: Ich kann vieles heilen, aber nicht alles. Wenn man lange im Walde lebt, bekommt man Augen und Ohren des Waldes. Man bekommt einen anderen Verstand und ein anderes Herz. Die Kräuter sagen mir selbst, gegen was sie helfen. Ich kenne sie alle, die Pflänzlein, die guten und die bösen. Auch die bösen sind oft gut, wenn man sie richtig nimmt. Ja, auch die, besonders die sehr giftigen. Ja, die giftigen sind oft die besten, in kleinen Mengen. Dann schwieg sie wieder.

Die Herzogin fragte: Bist du getauft, Mila? Das Weib antwortete zögernd: Wohl ja, Herrin, aber ich habe den Gott der Christen längst vergessen. Im Walde leben die Götter des Waldes.

Mila, entgegnete Herzogin Hedwig, so darfst du nicht reden. Kannst du noch das Vaterunser?

Mila schwieg, und die Herzogin sagte eindringlich, kennst du dies: Vater unser, der Du bist im Himmel, geheiligt werde Dein Name, zu uns komme Dein Reich, Dein Wille geschehe …

Mila schwieg. Dann sagte sie leise: Warum: Vater unser und nicht Mutter unser? Der Wald ist wie ein Mutterbauch. Das Leben wächst im Walde und stirbt in ihm. Der Wald ist mir Vater und Mutter. Ich fühle mich im Walde geborgen. Welches Reich Gottes soll ich mir wünschen, mein Reich ist der Wald.

Du verstehst das nicht, sagte die Herzogin streng. Kein Mensch darf leben wie ein Tier im Walde.

Sie stand auf. Auch Mila erhob sich. Mila, sagte die Herrin streng, du kommst mit mir in meine Burg, und ich werde dich das Vaterunser lehren. Ich werde dir erzählen vom Gott der Christen, der unser Vater ist im Himmel, der uns liebt, und der uns hilft zu leben, hier und jetzt und in alle Ewigkeit. Und von seinem Sohne, der für uns Menschen am Kreuze gestorben ist. Amen.

Doch Mila stand ruhig und heiter vor der Herrin und sagte: Und wenn ich nicht will! Ich habe mein Leben im Walde gern. Wollt Ihr mich zwingen, den Wald zu verlassen, Herrin?

Die Herzogin stand vor dem Weib, das eine Hexe sein sollte, sah in ihr altes, schönes Gesicht und suchte nach Worten. Sie zuckte mit den Schultern, sie war nicht gewöhnt, daß man ihr widersprach.

Dann sagte sie bittend: Mila, komm mit mir in meine Burg. Du wirst mir von den Kräutern des Waldes erzählen. Und ich werde dich das Vaterunser lehren.

Mila, die mit niedergeschlagenen Augen vor der bittenden Herzogin stand und ihre bloßen Füße bemerkte, die wie ihre schmutzig unter dem langen Rock hervorsahen, hob lächelnd den Blick und sagte leise: Nun, so will ich denn mit Euch gehen, Herrin.

Viele Wochen weilte dann das Weib aus dem Walde bei der Herzogin. Sie schlief in einer Kammer neben der Kammer der Herrin. Beide redeten oft und lange miteinander. Die Herzogin schrieb vieles auf, was ihr Mila über heilende Kräuter sagte, und die lachte über die Buchstaben auf dem Papier: Die schwarzen Zeichen wimmeln ja wie Mäuse in der Scheune.

Doch das Vaterunser wollte sie nicht erlernen. Ja, sagte sie, wenn ihr die Herzogin das Gebet des Herrn vorsagte. Ja, ja, so ist es! Aber sie war nicht dazu zu bewegen, die Worte zu wiederholen.

Die Herzogin gab sich alle Mühe, dieses Gebet, das alles enthielt, um den Menschen zu stützen, Mila beizubringen. Sie versuchte es immer wieder. Vergeblich. Sie versuchte es auch mit anderen Lehren des christlichen Glaubens.

Höre, Mila, sagte sie. Du sollst Gott ehren und die Menschen lieben wie dich selbst.

Das weiß ich, antwortete die Frau.

Ja, sagte die Herrin selbst erstaunt, das tust du, Mila.

Und als ihr die Herzogin vom Tode Jesu erzählte, sagte Mila betrübt: Ja, ich weiß, die Menschen sind grausam.

Aber Jesus ist danach von den Toten auferstanden, fügte die Herzogin hinzu.

Das berührte Mila, und sie fragte bewegt : Auferstanden, als was?

Als Mensch, antwortete Hedwig erstaunt über diese Frage, in seiner vorherigen Gestalt.

Ach, sagte Mila enttäuscht, ich würde lieber ein Vogel sein.

Warum?

Um den Menschen zu entkommen, braucht man Flügel, sagte sie und fuhr fort: Euer Herr Jesus, Herrin, von dem Ihr sprecht, war wohl nicht richtig tot. Deshalb konnte man ihn retten.

Hedwig schwieg bestürzt, denn sie erkannte darin ihren eigenen kindlichen Gedanken. Aber sie antwortete fest: Nein, Mila, Jesus war wirklich tot und ist, wie er war, auferstanden. Danach glaubten ihm seine Jünger seine Botschaft und folgten ihm

Mila schwieg, dann sagte sie: Aber sie sind keine besseren Menschen geworden durch Jesus.

Aber Jesus Christus, der Erlöser, zeigt uns allen den Weg, bessere Menschen zu werden, antwortete die Herzogin.

Mila schüttelte ungläubig ihren Kopf und sagte: Euer Gott, Herrin, ist weit wie die Sterne am Himmel. Ich verstehe ihn nicht. Meine Götter sind bei mir, sie streicheln mich: der warme Wind, der Sonnenschein, der Regen. Sie flüstern mir zu in Quellen und Flüssen. Sie lächeln mich an durch die Gesichter der Blumen. Und ich kann reden mit ihnen. Ich weiß auch, sie strafen mich, wenn ich unachtsam bin, wenn ich ihre Gebote übertrete. Auch ich entbiete jeden Tag meinen Göttern ehrfürchtig meinen Gruß und danke ihnen fürs Leben.

Eines Tages war Mila verschwunden. Und Herzogin Hedwig ließ sie nicht suchen.

Die besondere Sorge der wohltätigen Herzogin galt den Kindern. Während ihrer Fahrten übers Land sah sie sich besonders aufmerksam nach verlassenen oder auffallend klugen Kindern um. Elternlose Mädchen nahm sie bei sich auf oder übergab sie den Nonnen in Trebnitz. Die bereiteten sie fürs Leben vor, für den Ehestand, oder führten sie dem Klosterleben zu. Die Trebnitzer Nonnen hatten ständig Mädchen unter ihrer Obhut. Die frömmsten und klügsten durften im Kloster bleiben, ihr Leben Gott weihen, das bedeutete für die meisten eine große Ehre. Gegen alle Bedenken Petrissas ließ Herzogin Hedwig Mädchen jeglichen Standes ins Kloster aufnehmen. Nicht nur Adlige wie üblich, sondern auch Mädchen bürgerlicher und sogar bäuerlicher Herkunft. Auch machte sie keine Unterschiede zwischen deutschen oder einheimischen Mädchen.

Die klugen Bürschlein, die sie hier und da entdeckte, schickte sie in die Schulen, um sie zu Dienern der Kirche ausbilden zu lassen. Denn es gab noch immer zu wenig Geistliche im Lande. Immer mehr Menschen kamen nach Schlesien, und alle brauchten geistliche Hirten. Man durfte die Gläubigen nicht ohne kirchliche Obhut lassen. So regte die Herzogin das Errichten von Schulen in den größeren Städten an, die sie auch kräftig förderte. In denen wurden begabte Knaben unterrichtet. Solche Schulen entstanden bereits in Breslau, in Liegnitz und Glogau, in Neiße, Namslau und Goldberg und in einigen anderen Orten. Die begabtesten Schüler wurden zum Studium nach Rom, Padua oder Paris geschickt, das von der Fürstin aus ihrer Schatulle bezahlt wurde.

Manche, die durch die Fürstin aus einfachen Familien, aus strohgedeckten Hütten ans Licht der Wissenschaft geführt wurden, gelangten noch zu ihrer Lebzeit zu großer Berühmtheit.

Der berühmteste unter ihnen war der weltweit bekannte Vit aus Großburg bei Breslau, Vitelo genannt, der ein wichtiges Werk über das Sehen, über Optik, geschrieben hat, für das er weltweit bekannt wurde. Dafür hatte er viele Bücher in lateinischer, griechischer, ja sogar in arabischer Sprache lesen müssen. Nach seiner Rückkehr nach Schlesien diente er einige Jahre der Herzogin als Hofkaplan zu Liegnitz. Er nannte die Fürstin seine Mutter im Geiste. Und erzählte der immer Neugierigen viel von seinen Reisen und Studien.

Diesen Veit oder Vit und später Vitelo hatte die Fürstin wie ein eigenes Kind ins Herz geschlossen. Der Pfarrer von Großburg hatte sie bei einem Besuch im Dorfe auf die ungewöhnliche Begabung des Zehnjährigen aufmerksam gemacht. Der Junge wuchs in ärmlichen Verhältnissen auf. Sein Vater, der Schulze des Dorfes gewesen war, ein Mann aus Thüringen und tüchtig wie drei, war kurz nach der Geburt des Kleinen von einem gefällten Baum erschlagen worden. Seitdem quälte sich die Mutter redlich, aber recht ärmlich als Heilerin und Hebamme durch. Daher kannte sie die Fürstin: ein tüchtiges kluges Weib, mit dem sie oft sprach und ihm half, wie sie konnte.

Der Pfarrer erzählte, wie er den Jungen, der ihm zur Messe diente, in einer Ecke der Sakristei über dem Meßbuch sitzend entdeckt hatte, das er aufbewahren sollte.

Was starrst du in das heilige Buch, schimpfte er ihn an, das du doch nicht lesen kannst. Du wirst es noch schmutzig machen.

Ich habe die Hände gewaschen, antwortete der Kleine. Und ich kann manche Zeichen lesen, auch manche Worte, fügte er herausfordernd hinzu. Und auf des Pfarrers Geheiß las er den Anfang des lateinischen Textes aus dem heiligen Buche.

Wie denn das, fragte sich der Pfarrer. Ist es ein Wunder oder ein Zauberstück? Doch der Kleine erklärte, ihn treuherzig anschauend, er habe ihm, als er die Messe las, aufmerksam zugehört und danach die gehörten Worte mit den geschriebenen verglichen. Von Anfang an, immer mehr, inzwischen habe er sich manche gemerkt. Leider verstehe er nicht, was gemeint sei. Daraufhin hatte der Pfarrer ihm den Anfang des Textes übersetzt, und das Kerlchen habe sich ihn nach einem Mal gemerkt. Dieses Kind ist ein Wunder Gottes, sagte der Dorfpfarrer, und gehört in Eure Hand, Herrin. So sah es auch Hedwig. Veit sah sie mit seinen großen Veilchenaugen an, und sie strich ihm über die weizenblonden Locken. Und dazu ein so schönes Kind, dachte sie. Sie ließ den Jungen zu den Prämonstratensern nach Breslau bringen, die die beste Schule im Lande hatten. Sie erkundigte sich oft nach ihm und erfreute sich zwei Jahre seiner Gegenwart als Hofkaplan in ihrem Gefolge, ehe ihn sein Orden zum weiteren Studium nach Italien schickte.

Auch andere Scholaren suchten von Zeit zu Zeit die wohltätige Fürstin auf, hier und da, wo sie gerade weilte, in Liegnitz, Breslau, Röchlitz oder anderswo. Ein zukünftiger Kleriker konnte immer auf ihre Unterstützung hoffen. Sie teilte Kleidungsstücke und Silber an die Studenten aus und ließ sie reichlich mit Lebensmitteln versorgen. Denn wenngleich die meisten arm waren, galten sie doch unter den Hilfesuchenden als eine besonders begünstigte Gruppe. Die Herzogin achtete in ihnen ihren zukünftigen Stand. Das sprach sich bald herum, und die Studenten ließen sich gern verwöhnen von der hohen Frau. Sie waren ihr dankbar und bewunderten sie, das aber hinderte sie nicht, Spottreime auf ihre Strenge und übermäßige Frömmigkeit in Umlauf zu setzen.

Eines Tages hörte Herzogin Hedwig, wie einer der Scholaren hinter ihrem Rücken auf lateinisch sagte: Gott bewahre uns vor einer Strenge, wie sie diese Frau übt. An diesem Hofe geht es ja den Bettlern besser als der Herzogin selbst. Er war überzeugt, die Herzogin verstehe ihn nicht. Sie aber wandte sich um und antwortete: Iniuria non fit volenti! Was soviel bedeutete wie: Wer es so sieht, dem geschieht kein Unrecht. Die Studenten sahen sich beschämt an, verneigten sich und verschwanden.

Viele behielten die Hilfe der Herzogin in dankbarer Erinnerung, auch als sie schon in Amt und Würden waren. So erzählte Ratzlaw, später Kanonikus in Gnesen, wie er von der Fürstin von Schlesien als armer Scholar versorgt worden war. Er war ein Schüler ohne Geld und Gut, als er in Breslau studierte, berichtete er, und hatte sich einige Male mit seinen Freunden an den Hof der Fürstin in Röchlitz oder Lissa begeben und war jedes Mal mit einer Achtelmark Silber beschenkt worden. Er und auch ein gewisser Wladislaw, ebenfalls ein späterer kirchlicher Würdenträger, berichteten, unzählige Bettler und andere Hilfeheischende am Hofe der Herzogin gesehen zu haben, denen allen geholfen wurde. Ein Magister Hermann, Kanonikus zu Glogau und Pfarrer zu Schweidnitz, wußte zu berichten, daß die Fürstin kaum den hundertsten Teil ihrer Einkünfte für sich gebrauchte, alles andere aber zum Wohl der Kirche und der Armen nutzte.

Zu der Zeit förderte das Herzogpaar auch zahlreiche kirchliche und wohltätige Einrichtungen in Schlesien. Da war vor allem das Aussätzigenhospital bei Neumarkt, das sich in besonderer Gunst der Herzogin befand. Freilich war das Kirchlein daneben klein, wenngleich der Gottesmutter geweiht, doch das Spital selbst war reich ausgestattet worden mit Einkünften. Zudem sandte die Fürstin persönlich mehrmals in der Woche Geld, Fleisch und Wildbret, ebenso Kleidung und andere zum Leben notwendige Dinge für die kranken Frauen.

Herzog Heinrich schenkte auf Bitten des Abtes Witoslaw vom Breslauer Sandstift dem Augustiner Konvent ein Stück Land in Breslau zwischen den Bächen Ohle und Odricza für einen Hof und einen Garten, damit sie dort eine Kirche zum Heiligen Geist und ein Hospital zur Aufnahme von Armen, Kranken und Fremden mit Gottes und des Herzogs Hilfe errichten könnten. Dazu bekamen die Mönche einige zehntenpflichtige Dörfer. Weiter verhalf der Herzog der Propstei der Augustiner Chorherren in Naumburg am Bober, die arm waren, durch reiche Schenkungen zu einem besseren Leben. Die Mönche erhielten zinspflichtige Dörfer und 120 Hufen unbebauten Landes, die sie besiedeln sollten. Dazu Einkünfte aus Fischereien und Mühlen in der Umgebung wie auch aus der Bienenzucht. Auch die Templerkommende bei Oels, besonders verdient bei der Besiedelung des Landes, ist von dem Fürstenpaar reich beschenkt und ausgestattet worden.

Ganz besondere Aufmerksamkeit der Herzogin galt seit Jahren dem Klosterbau in Trebnitz, der erstaunlich rasch voranging. Der Glockenturm stand zuerst, und die Glocke teilte mit festem Klang den Tag ein. Auch die Mauern der Klostergebäude standen fertig. Doch der Bau einer Kirche und dazu einer stattlichen, wie diese sein sollte, brauchte seine Zeit. Wie die geistlichen Herren sagten: Auch Rom war nicht an einem Tag entstanden.

An die künstlerische Ausstattung der Kirche war Jahre zuvor gedacht worden. Auch Ekbert, Bischof von Bamberg, nahm gelegentlich an den Gesprächen teil. Er reiste noch immer wie früher gern nach Schlesien. Der Steinmetz, den er nach Trebnitz zu schicken versprach, war derselbe, der sein Bildnis auf einer Relieftafel des Bamberger Doms gestaltet hatte. Da sehe er allerdings wie ein Lebkuchenmann aus, scherzte er.

Dieser Steinmetz, erzählte dazu Ekbert, war anfangs kein überragendes Talent, aber eifrig und arbeitsam, so hatte man ihn für einige Jahre auf Reisen geschickt, sich bei nachahmungswürdigen Meistern umzusehen. Er war in Frankreich und Burgund und hielt sich längere Zeit in Reims und Straßburg auf, um die Bauart dortiger Kathedralen kennenzulernen. Nach seiner Rückkehr arbeitete er noch eine Zeitlang in Bamberg unter der Führung eines alten Meisters, und es erwies sich, daß er viel gelernt hatte, so daß ihn Ekbert nach Naumburg schicken konnte, wo er für die Gestaltung des Domes benötigt wurde. Zwischendurch hatte er den Künstler beauftragt, das Grabmal der Wettiner Großeltern, Dedo und Mathilde, zu errichten. Meister Kunibert sei nun einer der begehrtesten Künstler seiner Zunft, sagte Ekbert und fügte hinzu, der Meister solle nach dem Abschluß der Arbeiten in Trebnitz bald wieder nach Naumburg zurückkehren, denn dort werde er dringend gebraucht.

Noch ist er nicht da, spottete Herzogin Hedwig, und schon wird seine Rückkehr gefordert.

Doch der Steinmetz kam rechtzeitig angereist. Ein etwas merkwürdiger Mensch, gekleidet wie ein Mönch, der er auch gewesen war, wie er auf Nachfrage der Herzogin erklärte, und gern weiter wäre, doch habe man ihn seiner künstlerischen Tätigkeiten wegen, die ständige Ortswechsel erforderten, von der Regel entbunden. Dennoch lebte er wie ein Mönch, wie es sich bald erwies. Hedwig gefiel das durchgeistigte Gesicht des Künstlers. Ein blasses, rundlich weiches Antlitz, über das manchmal merkwürdige Zuckungen liefen. Dazu wache, durchdringende Augen. Doch Kunibert stotterte und stöhnte auf merkwürdige Weise, wenn er etwas Wichtiges sagen wollte. Manchmal zeigte sich Schaum auf seinen Lippen, und sein ganzer Körper geriet in eigenartige Zuckungen. Dieses Leiden weckte Hedwigs Mitleid und Zuneigung. Der Künstler nahm die freundliche Aufmerksamkeit der Fürstin mit erstaunter Dankbarkeit wahr, und bald erwies er der Herrin eine ungewöhnliche Ergebenheit.

Meister Kunibert hatte eine Menge Zeichnungen mitgebracht, die er zunächst nur vor der Herzogin ausbreiten wollte. Dies habe er so in Reims gesehen, sagte er, und jenes in Heisterbach, und so wollen die Meister die Stifterfiguren im Naumburger Dom gestalten. Da er kaum etwas näher erklären konnte, mußten die Zeichnungen für ihn sprechen. Vor allem auf die Stifterfiguren versuchte er die Aufmerksamkeit der Herzogin zu lenken. Und dabei wurde er fast gesprächig. Er wolle, sagte er mit Überzeugung, das schlesische Herzogpaar auf ähnliche Weise in Trebnitz darstellen. Diese Figuren wolle er aufs schönste gestalten. Er werde sich mühen wie um sein Seelenheil, versicherte er. Große Figuren sollten es sein an den inneren Wänden des Gotteshauses. Seine Augen leuchteten. Die Herzogin hob nachdenklich die Brauen, sagte aber nichts. Es oblag vor allem ihr, wie das Bauwerk, dessen Mauern nun festgefügt standen, künstlerisch ausgestaltet werden sollte. Herzog Heinrich hatte das Frauenkloster immer als die Angelegenheit seiner Frau betrachtet. So berief die Herzogin mit unermüdlichem Eifer ihre Berater ein: den Baumeister Jakob, den Abt Conradus von Leubus, und vor allem auch Petrissa und von ihr ausgewählte Nonnen. Manchmal war der Bischof von Breslau dabei, und oft wurden auch die Meister herbeigeholt. So saß man viele Male um den Tisch im Wohnraum des kleinen Castrums zu Trebnitz oder im Refektorium des Klosters, um gemeinsam zu beraten.

Die Ankunft des Steinmetzes hatte die Gespräche belebt und ihnen eine neue Wendung gegeben. Kunibert versuchte auch in dieser Runde auf seine wortkarge Weise für Gestalten der Stifter, der Herzogin Hedwig und des Herzogs Heinrich im Innern der Kirche zu werben. Er hatte sich diese Figuren in den Kopf gesetzt, sie waren anscheinend sein Traum, den er zu seinem Lebenswerk erklärt hatte. Doch es kam anders, als es sich Kunibert, der Künstler, erträumte.

Während einer der zahlreichen Besprechungen erklärte Herzogin Hedwig mit der ihr eigenen liebenswürdigen Entschlossenheit, die keinen Widerspruch duldete: Figuren des Stifterpaares kämen innerhalb der Trebnitzer Kirche nicht in Frage. Die Kirche werde zu Ehren Gottes und der Gottesmutter errichtet. Nicht zu Ehren der Stifter. Sie solle der Andacht der Gläubigen dienen, zudem sei sie als Klosterkirche den Regeln der Schlichtheit verpflichtet. Es gebe auch andere Gründe. Mit einem Wort: Der Herzog und sie wünschten sich, nicht in der Kirche dargestellt zu werden.

Die Versammelten wußten, daß, wenn die Fürstin in diesem Tone sprach, sie sich ihre Worte gut überlegt hatte und daß es niemandem gelingen werde, sie von ihrem Entschluß abzubringen. Kunibert, der die Fürstin nicht so gut kannte, versuchte etwas zu entgegnen, begann aber fürchterlich zu stottern und war den Tränen nahe.

Sie, die Herzogin, die sonst immer alles freundlich und wohlwollend unterstützte, die bisher alles annahm, was er als neuartig und zeitgemäß anpries, lehnte diese Figuren ab, die als die allerneueste Errungenschaft der kirchlichen Baukunst galten. Und die anderen wagten kein Wort für ihn und seine Pläne einzulegen, obwohl sie in vorangegangenen Gesprächen zustimmend mit den Köpfen genickt hatten. Kunibert fühlte sich verletzt, verschmäht und verraten und saß stumm mit gesenktem Kopf da.

Nach der Versammlung trösteten Abt Conrad und der Bischof von Breslau den betrübten Künstler, beide versuchten ihm klarzumachen, daß es keinen Sinn habe, der Herzogin zu widersprechen, wenn sie so entschieden ihre Meinung äußere. Man habe nicht nur einmal die Erfahrung gemacht, daß da, wo ihre Art der Frömmigkeit und ihre besondere Bescheidenheit zum Ausdruck kamen, sie nichts von ihren Ansichten abbringen könne. Im übrigen sei im Innern einer Klosterkirche des Ordens, der sich den Regeln von Cîteaux verpflichtet fühlt, ausdrücklich Schlichtheit geboten, um die Andacht der Betenden nicht zu stören. Meister Kunibert hörte sich das alles an. Als ob er das nicht wüßte. Aber er wußte auch, wie oft diese Anweisungen übertreten wurden. Tagelang ging er grübelnd umher. Denn der Meister war auf seine Art eigensinnig und dachte nicht daran aufzugeben, wußte er doch, was in der Welt üblich war, was sich für ein Gotteshaus schickte. Er, der weitgereiste Künstler, werde es doch noch den hinterwäldlerischen Schlesiern beibringen, was neuzeitliche Kunst bedeutete. Kunibert war entschlossen, der Herzogin, die er aus ganzem Herzen verehrte, ein Denkmal für alle Zeiten zu setzen. Ihr Abbild gehörte seines Erachtens in die Kirche, die ihr ihre Entstehung verdankte und um die sie sich kümmerte, wie er es bisher nirgendwo gesehen hatte. Doch wie sollte er dies bewirken? Gegen ihren Willen? Kunibert war ein frommer Mann und flehte jeden Abend in dieser Angelegenheit die Gottesmutter an, seine Schutzpatronin, und war überzeugt, sie werde ihm helfen.

Die weiteren Beratungen verliefen friedlich und in voller Übereinstimmung. Die Herzogin und Kunibert nahmen an ihnen teil, und nichts erinnerte an den unangenehmen Vorfall. Zunächst ging es um die Gestaltung der Portale. Es war klar, daß das Hauptportal der Kirche zu Ehren der Muttergottes zu gestalten sei. Dies sollte bereits eingangs seinen eindeutigen Ausdruck finden. Die beiden Bilder der Nebenportale sollten die Darstellung des Hauptportals ergänzen. Alle drei durften schöne Schautafeln sein, um die Gläubigen auf den Gottesdienst einzustimmen. So war es üblich.

Doch wie die drei Tympanons aussehen sollten, darüber war man sich noch nicht klar. Sogar Herzog Heinrich wurde zur Beratung herangezogen, obwohl er als nicht allzu bibelfest galt. Das Ergebnis langer Beratungen war der Entschluß, die Gestaltung Meister Kunibert zu überlassen, der seine Ideen zunächst mit Abt Conradus, dem Gelehrtesten in der Runde, besprechen sollte.

Kunibert lächelte listig. Nach nicht langer Zeit unterbreitete er der Versammlung wunderschöne Zeichnungen. Die drei wichtigsten Blätter waren bunt ausgemalt. Der Meister legte die Pergamentbögen auf dem Tisch und befestigte die Ecken sorgfältig mit Steinen. Nachdem alle die kunstvollen Skizzen bestaunt hatten, nahm man wieder um den Tisch Platz, und Abt Conradus begann sie mit seiner hohen dünnen Stimme feierlich zu erklären.

Das Tympanon des Hauptportals solle die Krönung Marias darstellen, denn: gloriosa virgo Maria typum ecclesiae gerit, quae virgo et mater exstitit. Christus krönt seine Mutter, das solle das Bild darstellen. Daneben kniende Engel. Dieses Bild solle aber auch, fügte Conradus hinzu, die göttliche Vermählung Christi mit der Kirche bildhaft machen. Und auch, wie man sehe, Maria als Regina angelorum darstellen.

An den Seitenportalen dagegen sollten Bilder aus dem Alten Testament angebracht werden, die die wichtigste Darstellung symbolhaft unterstützten. Das Portal rechts vom Haupteingang solle Salomon und die Königin von Saba zeigen. Bekanntlich hatte sich die Königin aus fernem Lande nach göttlicher Weisheit gesehnt und den weiten Weg zu Salomon nicht gescheut. Zudem, erläuterte Conradus, sei bekannt, daß die Kirchenväter seit langem der Meinung waren, die Königin von Saba sei auch als Sponsa Christi, die Braut, also die Ecclesia, die Kirche, zu verstehen. So bei Paulinus von Nola nachzulesen.

Das biblische Paar auf der anderen Seite solle gleichermaßen die Trauzeugen der göttlichen Vermählung Christi mit der Kirche andeuten: Bethsabe, die dem harfespielenden David zuhöre. Und auch Bethsabe sei sowohl als symbolhaftes Bildnis der Mutter Gottes anzusehen wie auch als Braut Christi. Die Versammelten fanden Gefallen an den gemeinsamen Vorschlägen des Abtes und des Künstlers. Kunibert wurde beauftragt, zunächst die Modelle der Reliefs in Lehm zu gestalten.

Stilles, aber emsiges Werken herrschte in Kuniberts Werkstatt. Man hatte für ihn ein Holzhaus gebaut, das aber so große Fensteröffnungen mit Glas hatte, wie es sie sogar im herzoglichen Haus nicht gab, denn ein Bildhauer brauchte Licht für seine Arbeit. Meister Jakob hatte Kunibert zwei künstlerisch begabte Gehilfen zugeordnet, einen jungen Mönch und einen Konversen, die sich beide glücklich schätzten, unter einem so erfahrenen und weitgereisten Meister arbeiten zu dürfen und daher voller Eifer waren. Kunibert mußte ihre Arbeiten planen und überwachen. Die kunstvollen Ausarbeitungen der Einzelheiten wollte er selbst übernehmen. Dann versammelte man sich wieder unter der Leitung der Herzogin in Kuniberts Werkstatt, um die Entwürfe zu betrachten. Sie wurden für gut befunden, und der Meister durfte sie ausführen.

Einige Wochen später lud der Bildhauer erneut in seine Werkstatt ein: Eines der Tympanons sei fast fertig und zu besichtigen. Sogar Herzog Heinrich war dazugekommen, doch er unterstrich ausdrücklich, daß seine Gemahlin in den Angelegenheiten das Sagen hatte und er sich mit einer beratenden Stimme begnügen wolle. Meister Kunibert erklärte den versammelten Herrschaften, er habe zuerst das westliche Seitenportal, das Bethsabe und David darstelle, in Arbeit genommen. Er bat bescheiden um gnädige Beurteilung des begonnenen Werkes.

Drei Steintafeln, die zu dem Relief zusammengefügt werden sollten, standen an die Wand gelehnt. Noch waren die Teile des Ganzen roh in Stein gestaltet und ohne Farbe. Zum einen König David, der auf einer Kithara spielte. Eher einem Minnesänger ähnlich als dem biblischen König. Daneben Bethsabe, freundlich lächelnd dem Betrachter zugewandt. Die Herrschaften betrachteten das Kunstwerk eine längere Weile. Es war schön anzusehen. Mehr Geist als Stein, flüsterte Conradus. Andererseits war man voller Befürchtungen, denn alle sahen sofort: Bethsabe trug deutlich Herzogin Hedwigs Züge, König David war Herzog Heinrich ähnlich. Kunibert hatte sich nicht an die Absprache gehalten, er hatte eigenmächtig seinen Wunsch, das Stifterpaar darzustellen, wahrgemacht, wenngleich auf diese verschleierte Weise.

Da auch die Herzogin schwieg, unterbrach Herzog Heinrich die Stille und sagte fröhlich: Gut gemacht, Kunibert, hervorragend! Ihr seid ein großer Künstler. Na ja, und ich als König David, warum nicht. Man sah, die Darstellung machte ihm Spaß, ja, sie schmeichelte ihm anscheinend. Hervorragende Arbeit, lobte er. Und wie Er die Finger gemacht hat, wie lebendig, er betrachtete belustigt seine Hand. Ja, das ist Kunst! Macht weiter so, Kunibert, sagte der Fürst, und unsere Dankbarkeit wird groß sein wie Euer Werk. Und er sah seine Frau fragend von der Seite an. Herzogin Hedwig aber stand schweigend da. Schon begannen die Umherstehenden, Schlimmes zu befürchten. Doch die Herzogin, die Kuniberts gutgemeinte Absicht durchschaute und den Künstler nicht kränken wollte, hielt sich mit Tadel zurück. Sie sagte nur, sie wünsche sich, daß über der Gestalt der biblischen Königin deutlich geschrieben stehe, wer sie sei, nämlich Bethsabe. Und nach einer Weile des Schweigens fügte sie hinzu, sie meine, es wäre besser gewesen, wenn Königin Bethsabe von der Seite zu betrachten wäre. Kunibert antwortete nicht, in seinem Gesicht zuckte es, doch er neigte zustimmend den Kopf. Denn hatte er auch Lob erhofft, so mußte er auch Vorhaltungen, ja Schelte, befürchtet haben.

Die Herzogin sah, wie er an sich hielt, um nicht in Klagen auszubrechen. Und um ihn zu trösten, sagte sie, er hätte sich doch eine schönere und vor allem jüngere Bethsabe aussuchen sollen, denn eine solche sei in der Bibel gemeint.

Daraufhin antwortete der Künstler ohne Stottern, als habe er zuvor lange darüber nachgedacht und seine Antwort eingeübt: Ich bitte um Vergebung, Herrin, daß ich Euch widersprechen muß: Bethsabes Gesicht ist voller Güte und Klugheit. Und geistige Schönheit ist schöner als die schnell verblühende Schönheit der Jugend.

Die Anwesenden wunderten sich mehr über die glatt hervorgebrachten Sätze als über die Aussage selbst. Und auch Herzogin Hedwig schwieg erstaunt.

Nach diesem Besuch der Herrschaften wurde das Tympanon endgültig fertiggestellt. Die Platten zusammengefügt. Die von der Fürstin verlangte Inschrift eingemeißelt. Und das ganze Bild mit kostbaren Farben bemalt. So prangte es bei der nächsten Betrachtung zur Bewunderung der Herrschaften in herrlich leuchtenden Farben. Rot und Gold waren die Rosetten und Kronen. Der Hintergrund tiefblau. Davids Mantel kupfergrün, sein Rock mennigrot, der Thron und das Instrument schwarz, der Mantel Bethsabes karminrot, deutlich ein anderes Rot als Davids Tunika. Ihr Unterkleid weiß. Als ergänzende dritte Figur hatte der Künstler eine weitere Frauengestalt ins Bild gebracht. Deren Mantel war grünlich-blau wie bei David, ihre Haare geflochten und unter dem Kragen des Mantels versteckt wie bei der Königin.

Abt Conradus sagte verständnisvoll lächelnd, er wolle darauf hinweisen, daß diese Gestalt der Dienerin Bethsabes als allegorische Figur des Trebnitzer Klosters gedacht sei. Da man ja nun wisse, daß sich Kunibert erlaubt hat, die Stifterin des Klosters in der Gestalt Bethsabes darzustellen, dürfe er wohl dies ergänzend hinzufügen. Diese Dienerin hatte deutlich Ähnlichkeit mit Gertrud, Hedwigs Tochter, die als Nonne im Trebnitzer Kloster lebte und zur Nachfolge Petrissas ausersehen war, das sah man. Und alle waren über die klugen und versöhnenden Worte des Abtes erfreut. Doch man vermied es, über weitere Ähnlichkeiten der dargestellten Figuren Betrachtungen anzustellen.

Anno Domini 1219 wurde das Gotteshaus zu Trebnitz eingeweiht, schrieben die Mönche in ihren Annalen. Zu der Feierlichkeit waren viele hohe Gäste nach Trebnitz gekommen. Allein sechs Bischöfe waren anwesend.

Herzogin Hedwig war glücklich, sie hatte ein großes Werk vollbracht. Sie hatte ihr Versprechen eingelöst, das sie Petrissa fast noch als Kind gegeben hatte, und war der Verantwortung gerecht geworden, die sie mit dem Herbeirufen der Nonnen nach Trebnitz auf sich genommen hatte. Diesen frommen Frauen stand für ihr Gelübde der Keuschheit, Armut und Gehorsam ein Leben in Geborgenheit und Sicherheit zu, das ihnen der feste Bau des Klosters und der dazugehörenden Kirche gewähren.

Doch nicht nur Erfreuliches berichteten die Chronisten. Dem Elend im Lande war schwer beizukommen, trotz aller Bemühungen. Im Vorfrühling starben ständig unzählige Alte und Kinder, da in vielen Hütten nichts mehr zu essen war. Ehe das erste eßbare Grün sprießte, Blätter und Blüten, dann Kohl in den Gärten und Beeren im Walde wuchsen, starben die Schwächsten. So geschah es alljährlich. Besonders schlimm aber war die Hungersnot im Jahre 1226, über die sogar die Chroniken ausführlich Zeugnis geben. Die Ernte im Vorjahr war spärlich gewesen, und der Frühling ließ außergewöhnlich lange auf sich warten. Der Hunger kam wie immer zuerst zu den Armen. Die Ritter in ihren Burgen und die reichen Bürger hatten genug gespeichert, aber nicht das Volk. Auch in den fürstlichen Scheunen und Kammern fand sich Eßbares zur Genüge.

Als die Herzogin das heraufziehende Elend sah, ließ sie zuerst die Vorräte von Schawoine, das ihr Eigengut war – 400 Hufen besten Bodens –, ausräumen und verteilen, desgleichen in Jauer bei Ohlau, in Domnitz bei Wohlau und in der Kastellanei Lähn, deren Einkünfte auch ihr gehörten.

Weil das diesmal aber nicht reichte, bewirkte sie beim Herzog, daß alle Kastellaneien zur Hilfe fürs Volk verpflichtet wurden. Eßbares sollte überall verteilt werden. Hier und da, meistens in Trebnitz am Markte oder auch in Liegnitz, war die Fürstin selber dabei, wenn vom Wagen herab Brot und Getreide gereicht wurde, auch Fleisch und Käse, Fett und Salz. Alles, was es gab und zum Überleben notwendig war, wurde verteilt. Doch Achtsamkeit war geboten. Einige, die frech genug waren, standen erneut an, obwohl sie bereits ihren Teil bekommen hatten. Die ließ die Herzogin beiseitenehmen und mit Ruten bestrafen, denn sie schadeten anderen.

Leider waren die Vorräte eher verzehrt, als die Not andauerte. Der Hunger langte nach seiner Beute. Der Tod schwebte über dem Schlesierland. Die Herzogin, die allen helfen wollte, sah ein, sie hatte nur wenigen helfen können. Das nahm sie betrübt zur Kenntnis. Doch obwohl so viele wie nie dem Hunger zum Opfer gefallen waren, ging das Leben im Lande bald weiter. Menschen starben, und neue Menschen wurden geboren, so drehte sich das Rad des Lebens.

Herzogin Hedwig wurde sich bewußt, daß für sie der Herbst des Lebens anbrach, doch längst noch nicht die Zeit sich auszuruhen. Im Gegenteil, es blieb vieles zu tun.

Ekbert hatte mehrmals angeregt, sie solle ihre Erfahrungen als Heilerin festhalten, und ihr verschiedene Schriften zu diesem Thema mitgebracht. So beschloß sie, ein Arzneibuch für das Trebnitzer Kloster schreiben zu lassen. Heiler, die Nonnen und andere Kundige der Medizin sollten ein Buch haben, in dem alles, oder besser gesagt: so viel man wußte über Krankheiten des menschlichen Leibes und Möglichkeiten zu helfen, nachzulesen war.

Bei seinem letzten Aufenthalt in Schlesien hatte ihr Ekbert ein Arzneibuch mitgebracht, das der bekannte Heilkundige Bartholomäus aus dem Lateinischen ins Deutsche übersetzt hatte. Auf dieses Buch wollte sie sich stützen, es mit ihren Notizen ergänzen und kopieren lassen. Auch hatte sie bereits zuvor einiges aus den Schriften der Hildegard von Bingen in der Hand gehabt. Die phantasievollen und philosophischen Aufzeichnungen dieser klugen Frau gefielen ihr in vielem, in manchem allerdings weniger. Das schmale Buch des Bartholomäus, das sich auf knappe sachliche Hinweise beschränkte, schien ihr nützlicher. Bartholomäus schrieb in überschaubarer Ordnung über die Beschaffenheit des menschlichen Körpers und dessen Erkrankungen, und führte die Heilmittel dagegen auf. Somit war es genau das Buch, das ein Heiler oder eine Heilerin brauchten, um helfen zu können. Dieses Buch mit ihren eigenen Ergänzungen abzuschreiben, hatte sie der Trebnitzer Skribentin Renata aufgetragen.

Es war wie immer früh am Morgen, als Herzogin Hedwig ins Skriptorium eintrat, wo die Schreiberin Renata seit einer Stunde an ihrem Pult saß und die Buchstaben einen nach dem anderen von der Vorlage abmalte. Renata hatte eine wunderschöne Handschrift, für die sie sogar von den Leubuser Mönchen hochgelobt wurde. Weiche Bögen, Striche, die ihre Enden zart aushauchten … Renatas Buchstaben singen zu Ehren Gottes, meinte die Herzogin.

Die Herzogin setzte sich auf einen Schemel neben die Skribentin, der hier immer für sie bereitstand, weil sie sich hier am wohlsten fühlte, wie sie oft sagte. Sie ließ sich das Geschriebene vom Vortag vorlesen oder besprach mit Renata kleine Änderungen und Ergänzungen des Textes oder die Arbeit für den nächsten Tag. Die beiden Frauen, Herzogin Hedwig und Renata hatten sich mit den Jahren herzlich befreundet. Renata war die jüngste und schönste unter den Nonnen gewesen, als diese nach Trebnitz gekommen waren. Die ist doch viel zu schön fürs Kloster, hatte Hedwig damals besorgt gedacht. Aber Renata liebte die Bücher mehr als die Männer. Die aber erröteten, sobald sie die schöne Nonne erblickten. Und so mancher hatte versucht, sie für sich zu gewinnen und dem Klosterleben zu entreißen. Vergeblich. Renatas Liebe galt ihrem Bruder, der als Ritter des Templerordens in Oels diente und später die dortige Kommende leitete. Sie waren sich bis ins späte Alter in zärtlicher geschwisterlicher Liebe zugetan.

Renata war wie die Herrin in die Jahre gekommen. Sie trug beim Schreiben ein Metallgestell mit zwei geschliffenen Augengläsern auf der Nase, das ihr ständig herabrutschte, obwohl sie es mit Bindefäden an den Ohren befestigte. Und sie litt an häufigen Kopfschmerzen, die ihr manchmal die eine oder die andere Hälfte des Gesichtes verzerrten. Dieses Leiden kannte auch die Herrin. Herzogin Hedwig hatte zwar dafür gesorgt, daß die Bibliothek eine Bodenheizung bekommen hatte, die besser war als in anderen Räumen, und man mußte hier auch im strengen Winter nicht frieren, doch das ständige Sitzen und der ununterbrochene Aufenthalt im geschlossenen Raum schadeten der Gesundheit. Renata erlaubte sich nur selten Rundgänge im Klostergarten, zu denen sie Hedwig immer wieder aufforderte. Ihre Arbeit war ihr wichtiger als alles andere. Doch mit der Zeit merkte sie: Die Nonnen, die im Garten arbeiteten oder als Lehrerinnen oder als Heilerinnen tätig waren und mehr Bewegung hatten, waren gesünder als sie.

Vor einigen Tagen hatten sich beide Frauen über einem Rezept für jugendliche Schönheit lächelnde Blicke zugeworfen. Honig mit Quark und Rosenöl hilft gegen Runzeln, las Renata. Ihnen half das längst nicht mehr, und es wuchsen ihnen nicht mehr graue Haare darüber als sie schon hatten. Sie fanden es wohltuend, frei zu sein von den Versuchungen der Jugend.

Renata war in ihrer Arbeit nach der Beschreibung des menschlichen Leibes und seiner Krankheiten bei den Heilmitteln angelangt, und zwar bei der Heilkraft der lieblichen Pflanzen. Am Tage zuvor hatte sie die Rezepte mit Lilien beendet.

Und an diesem Morgen begann sie mit dem Satz: Ein Veilchenkranz um den Kopf lindert die Folgen von Trunkenheit.

Wie schön, sagte Herzogin Hedwig spöttisch, stelle dir einen alten Trunkenbold mit roter Nase mit einem Veilchenkranz auf der Glatze vor.

Was steht da noch über Veilchen, wollte sie wissen.

Renata lächelte und las weiter: Der Trinker solle auch Veilchen riechen, auch das hilft. Oder ein Veilchenbad nehmen. Dann blätterte sie in dem Buche und las: Veilchen sind kalt und feucht im ersten Grade. Es gibt dreierlei Veilchen, die einen weiß, die anderen dunkel, die dritten bunt. Sie alle haben viel Kraft zu heilen in den Blüten, in den Blättern und in den Wurzeln. Veilchen sind gut gegen Cholera, gegen Leberleiden und gegen Gelbsucht. Man mache Sirup aus Veilchen, das hilft gegen verschiedene Leiden. Bei Entzündungen binde man Veilchen auf die kranke Stelle. Gekocht und getrunken helfen Veilchen gegen krankes Zahnfleisch. Veilchen mit Myrrhe gekocht, des Nachts auf müde Augen gelegt, tut gut gegen Augenschmerzen. Veilchenblätter zerrieben und mit Honig gemischt sind gut gegen schwärende Wunden am Kopf. Die Wurzeln zerstampft mit Essig helfen bei Schmerzen der Milz und der Leber. Veilchen helfen auch bei Podraga. Veilchenblätter und Wurzeln in Wasser gekocht und getrunken helfen Kindern bei Husten. Veilchenöl, gemacht wie Rosenöl, ist gut gegen verschiedene Beschwerden. In die Ohren gegossen, heilt es Ohrenschmerzen. Getrunken ist es gut gegen Spulwürmer. Gegen Geschwülste im Gesicht. Auch wer ins Gesicht geschlagen wurde, dem tut Veilchenöl gut.

Ich rieche fast die Veilchen im Walde, sagte die Herzogin. In die Initiale malst du wohl Veilchen hinein?

Ja, Herrin, antwortete die Skribentin, das dachte ich auch.

Lies mir noch vor, was Bartholomäus über die Zubereitung von Rosenöl schreibt, bat Herzogin Hedwig, ich will es mit meinem Rezept vergleichen.

Hier steht, sagte Renata, während sie im Buch blätterte, wie es bei einem gewissen Pallidus zu lesen ist, den Bartholomäus unter anderen Großen als einen großen Meister der Kunst des Heilens lobt: Man nehme ein Pfund Baumöl und dazu ein halbes Pfund Rosenblätter, und tue es in ein Glas, und stelle es für sieben Tage in die heiße Sonne. Danach ist das Öl gut für mannigfaltiges Heilen.

Sehr richtig, sagte die Herzogin, nur frage ich mich, wird das Öl in der Sonne nicht ranzig? Nach meinem Rezept soll das Öl im warmen Schatten stehen und das vierzehn Tage lang. Und was steht da weiter, fragte die Herrin und nahm das Buch vorsichtig selbst in die Hand. Hier, ich sehe: Die Dinge, die einen edlen Geschmack haben, sind: Lilien, Rosen und Veilchen, Myrte, Aloe und Sandelholz. Weiter die heilenden Pflanzen wie Basilikum, Wermut, Minze, Kürbis, Fenchel, Pfeffer, Knoblauch. Der Stein Lasuli …

Die wichtigsten Bestandteile der Heilmittel nach Bartholomäus, nahm Renata auf, sind Wein, Essig, Honig, dazu mischt man die heilenden Kräuter. Für Umschläge rührt man einen Brei aus Weizen oder Roggenmehl an und mischt die heilenden Pflanzen darunter.

Ja, das kennen wir, unterbrach die Herzogin, gekochtes Wasser statt des Weines genügt manchmal auch. Übrigens ist, um den Pflanzen ihre Heilkraft für längere Zeit zu erhalten, gebrannter Wein besser als Wein. Oder das scharfe Wässerchen, das hier die Leute aus gegorenem Korn machen. Doch im großen und ganzen beschreibt Bartholomäus die Heilkraft der Pflanzen, so wie ich sie kenne, nicht anders. Ja, das Wissen ist von den Alten zu uns gekommen. Ähnliches habe ich als Kind in Kitzingen gelernt und später in verschiedenen Büchern gelesen. Aber auch Mila, das Weib aus dem Walde, hat mir dergleichen erzählt.

Auch Bartholomäus beruft sich auf die großen alten Lehrer, sagte Renata. Hier steht, was Pythagoras gesagt hat, von dem Bartholomäus meint: ein Heide, aber ein sehr kluger Mann. Und hier Hippokrates über Knoblauch: Gegen Siechheit im Bauch, Knoblauch mit Salz gekocht, abgestanden trinken und dabei fasten.

Herzogin Hedwig rümpfte die Nase: Knoblauch hilft, aber er riecht übel. Sie bat: Lies mir etwas Angenehmeres vor.

Und Renata blätterte im Buch und las weiter: Galenus, der als erster den Wein gemacht hat, spricht: Der Wein macht den zornigen Mann wohlgemut, den traurigen froh, den gierigen milde. Dieser weise Mann sprach, daß der Wein den Leib und die Seele bessere.

Ach, sagte Herzogin Hedwig unwillig, was hast du nur heute mit den Trinkern und dem Weine. Ein Lob der Trunkenheit! Das ist weder klug noch nützlich. Ein wenig Wein tut gut, aber zu viel Wein ist schädlich. Dieser Galenus war wohl selbst ein Trinker.

Aber weiter schreibt Batholomäus doch Übles über die übermäßige Trunkenheit, versuchte Renata ihren Fehler gutzumachen: Trunkenheit wird zum schrecklichen Dunst, der das Gehirn umgibt, wie der Nebel die Sonne. Die Trunkenheit verrenket die Seele und den Leib, sie raubt dem Menschen den Verstand. Dem Trunkenen salbe man den Kopf mit Rosen oder Veilchenöl und gebe ihm Kürbissaft zu trinken. Gegen Versuchungen der Trunkenheit gebe man Wermut.

Herzogin Hedwig lächelte, winkte aber ab. Sie machte einen müden Eindruck.

Renata bemerkte das und sagte: Das hier ist recht hübsch: Eine andere Krankheit ist die Liebe, die ist schwerer als andere Krankheiten. Wer daran erkranket, der schließt die Augen nimmer, sein Sinn ist unstet geworden. Seine Gesichtsfarbe ist bleich, und er ist schwermütig. Zu der Krankheit kommt es, wenn man sich vergeblich sehnt nach Liebe. Gegen die Krankheit trinke man wohlgemachten Wein und höre Saitenspiel gegen die Traurigkeit. Der Kranke soll auch reden mit denen, die ihm lieb sind.

Aber auch das fand nicht so recht den Gefallen der Herrin. Sie nahm das Buch wieder an sich, blätterte darin und las: Aderlassen bei Krankheiten, die im Blute sind. Krankheiten aus dem Harn lesen, das können wir auch. Sie legte das Buch zurück auf das Schreibpult. Aber ich könnte es immer wieder lesen. Am liebsten lese ich das, was ich gut kenne. Wie mein Stundenbuch – so oft ich es lese, ist es mir immer wie neu. Doch für heute genug. Sie rieb sich die Stirn. Wie es morgen weitergeht, weißt du ja. Ich habe noch einiges zu tun. Dieses Arzneibuch müßte einige Male abgeschrieben werden, fügte sie hinzu. Ein Buch ist zu wenig. Am liebsten würde ich dieses Exemplar für mich behalten. Mal nur die Initiale schön aus und denke über die erste Seite nach. Ein Bild mit einer Heilblume, oder ein blühender Kräutergarten. Laß dir etwas Schönes einfallen für den Anfang.

Sie erhob sich, setzte sich aber gleich wieder. Lies mir noch einmal über Nierensteine vor, an denen Herzog Heinrich so schmerzlich leidet, bat sie Renata. Lies, vielleicht weiß ich etwas nicht, was ihm noch helfen könnte. Nicht vom Entstehen der Krankheit, sondern wie man Steine heilen kann.

Renata blätterte im Manuskript und las: Wer da Steine in den Lenden hat, oder in der Blase …

Ja, das lies.

Der Kranke solle sich hüten vor dem Weibe.

Allerdings, unterbrach sie die Herzogin, das habe ich ihm auch geraten. Aber der Herr ist alt und trotzdem durchaus nicht weise. Er will den Jüngling spielen. So sind die Männer.

Renata sah sie erstaunt von der Seite an, denn obwohl es am Hofe alle wußten, im Kloster erzählte man sich dergleichen Neuigkeiten nicht: Herzog Heinrich lebte seit einiger Zeit mit einem jungen Weibe in Krossen zusammen, mit dem er bereits zwei Kinder hatte.

Sie las weiter: Der Kranke soll wenig essen. Er soll sich niemals satt essen. Besonders abends nicht. Er soll guten Wein trinken und Eselmilch. Er soll Zickleinfleisch essen, aber wenig. Man soll den Kranken für zwei, drei Stunden in ein Wasserbad setzen und ihm zu trinken geben. Fenchelsaft und Apfelsaft und Hagebuttensaft.. Und viel warmes Wasser mit Kamille gekocht ebenso. Ein Zwiebelbad tut gut. Man soll ihm auch geben all die Dinge, die den Harn treiben, das ist Spica, Ladanus, Aromaticus eppesame, Petirsilge samen, Cassio fistula, Balsamen rinde, und die Frucht, die da wächst auf dem Zypressenbaume. Und wenn der Kranke den Stein hat in der Blase, so soll er in einem Bad von

Filipendula sitzen und Wasser trinken, in dem die Wurzel von Filipendula gekocht wurde. Vor dem Schlafe soll man dem Kranken den Leib mit Wermutsaft reinigen und Wermutsaft zu trinken geben. Ein Hundefell um die Lenden tut gut. Wenn alles nicht hilft, muß der Sieche geschnitten werden.

Das genügt, Renata, unterbrach sie die Herzogin und legte der Nonne kurz ihre Hand auf den Arm. Da habe ich ja noch einiges mehr oder etwas anderes, zum Beispiel Basilikum auf die Blase legen … Zäpfchen aus Kräutern … Aber gegen Ärger und Sorgen ist kein Kraut gewachsen. Nur Beten hilft. Und unser Herzog hat Sorgen zuhauf. Und mit dem Beten nimmt er es nicht mehr so genau. Ja, ja, die Männer, fuhr sie fort. Wir Frauen müssen mehr ertragen als die Männer, doch wir sind geduldiger im Leiden und beharrlicher im Gebet. Sie erhob sich seufzend: Hab Dank, Renata, sagte sie. Ich wünsche dir Gottes Segen für den ganzen Tag.

Deo gratias, Domina, antwortete Renata. Sie erhob sich und setzte sich erst, als sich die Tür hinter der Herrin geschlossen hatte. Dann beugte sie sich wieder über ihre Arbeit.

Von Jerusalem an die Weichsel

*In Zeiten großer Betrübnis hatte sie einen männlich starken
und ausdauernden Mut und zeigte ein freundliches Antlitz,
so bewies sie durch die Tat, daß jede Beschwerde
durch Geduld zu besiegen ist*

(Legenda maior de beata Hedwigi)

Herzog Heinrich von Schlesien konnte zufrieden sein mit seinem
Lebenswerk, er hatte, von allen bewundert und hochgelobt, von
Anfang seiner Herrschaft an jahrzehntelang mit viel Klugheit und
Ausdauer zunächst sein Reich nach westlichen Mustern geordnet,
nach wohldurchdachten Plänen die alten Kastellaneien neu organisiert, die Ansiedlungen nach deutschem Recht in Städten und Dörfern
in geregelte Bahnen geleitet, die Landwirtschaft, das Handwerk und
den Handel gefördert und das Gerichtswesen gründlich umgestaltet.
Die Bevölkerung war während seiner Regierungszeit um ein Mehrfa-
ches gewachsen. Abt Peter von Heinrichau errechnete, daß nunmehr
auf einen Einheimischen sieben Neusiedler kamen. Der Herzog ließ
Straßen instandsetzen und neue bauen und diese vor Raubrittern
schützen. Doch vor allem ließ er es an Zuwendungen für Kirchen
und Klöster nicht fehlen. So hatte er sich die Gewogenheit der geistlichen Herren, den Respekt seines Gefolges, den Gehorsam seiner Ritterschaft und die Dankbarkeit und Anhänglichkeit seiner Untertanen
wohlverdient.

Daß er sich, seiner Stärke bewußt, gleichzeitig nach der Erweiterung
seines Territoriums umsah und sich in zahlreiche Streitigkeiten mit seinen Nachbarn verwickelte, gefiel seiner Gemahlin durchaus nicht, aber
mit der Zeit hörte sie auf ihn zu ermahnen. Früher hatte sie ihm Vorhaltungen gemacht. Sie sagte zu ihm: Du hast ein schönes und reiches
Land, mach dieses glücklich und laß anderes sein. Er aber hatte dazu
immer den Kopf geschüttelt und geantwortet, sein Anspruch auf ganz
Polen nach seinem Großvater Wladyslaw, der den Titel des Herzogs von
Polen und Schlesien trug, sei berechtigt, und er, Heinrich, tue genau
das richtige, nach der Vereinigung Polens zu streben. So sei es im Sinne
seiner Vorfahren. Er war überzeugt, daß es den Polen gutgehen werde
unter seiner Herrschaft. Die Zeit ist danach, sagte er. Auch die polnischen Fürsten rufen Siedler aus dem Westen ins Land. Auch sie wollen
ein besseres Leben. Was sollte sie dagegen einwenden. Also schwieg sie,
denn sie wußte: So war die Welt. So waren die Männer und ihr großes

Spiel, die Politik. Und sie war klug genug, Unabänderbares nicht ändern zu wollen.

Doch Heinrich war von sich selbst aus mehr Schachspieler als Krieger. Er verstand es, geschickt zu taktieren und besänftigend auf seine schwierigen polnischen Verwandten einzuwirken. Auch ihnen gegenüber ließ er es an Großzügigkeit und zur gegebenen Zeit an Geld und Gaben nicht fehlen. Zudem war ihnen Schlesien ein Beispiel des Wohlstandes, so daß er ihr Vertrauen hatte und oft um Rat gebeten wurde oder um Streitereien zu schlichten. So war ihm wie von selbst die Rolle des Seniors unter den polnischen Fürsten zugefallen.

Seine Einflüsse reichten im Nordwesten bis an die Spree und im Südosten über die Karpaten hinweg bis nach Ungarn. Heinrich von Schlesien hatte nach langen Bemühungen und Kämpfen Großpolen unter seine Obhut und in Krakau und Kleinpolen Einfluß genommen, dazu beriet er vormundschaftlich und in bestem Einvernehmen die verwitwete Fürstin Viola, die im benachbartem Fürstentum Ratibor und Oppeln für ihre unmündigen Söhne Regentin war.

Dennoch war es kein leichtes Spiel. Zunächst hatte Herzog Heinrich lange Zeit zwischen Wladyslaw Laskonogi-Stöckerbein und Wladyslaw Odonicz, dem Odosohn, zu vermitteln, die beide windig und unzuverlässig waren und jahrzehntelang im Streit um Teile Großpolens lagen, später aber wurde er sogar in harte Kämpfe mit Konrad von Masowien verwickelt, obwohl er zuvor mit diesem seinem Vetter Fäßchen besten burgundischen Weines ausgetrocknet hatte und sie sich nicht nur einmal in weinseliger Stimmung umarmt und brüderliche Treue für ewige Zeiten geschworen hatten. Sie hatten zusammengehalten und zusammen gekämpft und so manche wichtige Sache gemeinsam erledigt. Und dann waren sie doch aneinandergeraten.

Doch zunächst wurden die Kämpfe mit Wladyslaw Odonicz, den Heinrich zuvor väterlich in Schutz genommen und bei sich in Schlesien Aufenthalt geboten hatte, härter als erwartet. Wladyslaw Laskonogi hatte zunächst Odonicz, seinen Neffen, für den er die Vormundschaft ausgeübt hatte und den er als seinen Erben ansah, nach einem Streit vertrieben, doch nach einer Schlichtung durch Heinrich ihm einen Teil seines Besitzes – Kalisch – zugestanden. Das aber genügte dem streitsüchtigen Jüngling nicht. Er verbündete sich mit dem slawischen Herzog Schwentopelk von Pommern und Danzig, wobei er dessen Schwester Helinga heiratete. Mit Schwentopelk eroberte er die Grenzburg Usch und später Posen und das ganze Kalischer Gebiet. Das war dann doch Laskonogi zu viel. Er beschloß, seinen ärgerlichen Neffen zu enterben. Diesen gerechten Entschluß unterstützten Heinrich und Leszek der Weiße von Krakau und Kleinpolen. Wladyslaw Odonicz drohte mit Krieg. Da riefen die Fürsten und Oheime Odonicz zu einem Gespräch nach Gonsawa, um zu versuchen, den Streit gütlich und ohne Blutvergießen beizulegen. So verlangte es Heinrich. Odonicz versprach zu kommen. Dann aber schlug er, zusammen mit Schwentopelk, hinterlistig auf die Versammelten ein. Leszek der Weiße wurde erschlagen. Heinrich entkam schwerverwundet wie durch ein Wunder, von seinem Getreuen Ritter Peregrin von Wiesenburg in Sicherheit gebracht.

Hedwig war fassungslos, als sie das von ihrem Mann, dessen Wunden sie pflegte, hörte. Wie? Wladyslaw Odonicz, fragte sie, das kann doch nicht sein, dieser freundliche Jüngling. Hatte er nicht noch vor kurzem die Laute schlagend zu ihren Füßen gesessen und leise mit sanfter Stimme gesungen, schön wie ein Minnesänger. Sie schüttelte den Kopf.

Doch es kam noch ärger. Die Ereignisse überschlugen sich. Der Krakauer Thron verblieb nun so gut wie herrenlos, denn Leszek der Weiße hatte einen unmündigen Sohn hinterlassen, für den die Mutter, Grzymislawa, mehr schlecht als recht regierte und selbst nicht wußte, was sie wollte. Den setzte nun Laskonogi zu seinem Erben ein und übernahm für ihn die Vormundschaft. Das unterstützte gerechterweise Heinrich, ohne dabei eigene Vorteile aus dem Auge zu verlieren. Doch da trat Konrad von Masowien auf den Plan. Auch er fühlte sich befugt, die Vormundschaft über den unmündigen Boleslaw in Krakau zu übernehmen. Auch für ihn war die alte Königsstadt Krakau und dazu Kleinpolen ein Leckerbissen, denn auch er dachte inzwischen daran, Polen unter seiner Herrschaft zu vereinigen.

Laskonogi, der sich von Odonicz und Konrad bedroht sah, war bald außerstande, die Regentschaft in Krakau auszuüben. Heinrich, mit ihm verbündet und gut befreundet mit dem Krakauer Wojewoden Greif-Grzyfita, sprang ein, wo er nur konnte und schlug sich tapfer. In zwei Treffen besiegte er Konrad im Felde. Doch dieser überfiel ihn hinterrücks während einer Kirchenfeier in Spytkowice und nahm ihn verwundet gefangen. Heinrich war Gefangener Konrads in Plock. Und dazu verwundet!

Und das wollen christliche Ritter sein! sagte Hedwig bitter, als sie die Nachricht hörte. Heinrich, ihr Sohn und die mit ihm verbündeten böhmischen Vetter Boleslaw, Sobieslaw und Burzywoj rasselten mit den Schwertern. Sie waren von Spytkowice weit weg gewesen und jetzt voller Wut. Wie junge Jagdhunde lechzten sie nach Blut. Hedwig aber sagte entschieden nein zu Heinrichs des Jüngeren Plänen, sofort nach Plock aufzubrechen und seinen Vater mit Gewalt zu befreien. Dieser Kampf zwischen christlichen Fürsten und nahen Verwandten mußte verhindert werden. Sie selbst wolle nach Plock fahren, um Heinrich freizubitten, erklärte sie. Sie kannte Konrad und seine aufbrausende Art, seine Härte, die bald in Milde und Großzügigkeit umschlagen konnte, wenn man ihn geschickt ansprach. Sie wußte auch, daß sie immer einen guten Einßuß auf Konrad gehabt hatte und sein Ansehen und sein Vertrauen genoß. Und dann war zu bedenken, was wäre, wenn sich dieser Streit zu einem Krieg ausweiten sollte.

Darüber machten sich die jungen Herren keine Sorgen. Sie liebten den Kampf, nicht aber das Nachdenken. Nach kurzem Überlegen unterbreitete ihnen Herzogin Hedwig ihren friedlichen Plan. Heinrich, seine Getreuen und ihre Ritterschaft sollten sie nach Plock begleiten, sich aber friedlich verhalten und in gemäßer Entfernung vor Konrads Burg ihre Zelte aufschlagen. Ein stattliches Lager sollte es sein dürfen. Für jeden Fall. Stärke zu zeigen war angebracht, und schließlich wäre es dumm, auch einen üblen Ausgang der Bemühungen auszuschließen. Hedwig beabsichtigte nicht, in eine Falle zu tapsen. Soviel verstand sie vom Leben und vom Krieg. Sie aber werde sich mit friedlichem Gefolge zu Konrad begeben, um ihn zum Einlenken zu bewegen. Und dann feiern wir ein Versöhnungsfest, fügte sie zuversichtlich hinzu. Die jungen Herren willigten ein. Die Vorbereitungen zur Reise wurden angeordnet.

Es war Frühling, die beste Zeit, übers Land zu reiten. Und Herzogin Hedwig saß auf, obwohl man eine Kutsche für sie und für den verwundeten Herzog mitführte. Aber sie, die diese Ritte durch Wald und Feld immer so sehr gemocht hatte, sah sich kaum um, sang nicht wie früher, sie hing ihren trüben Gedanken nach. Die Herzogin mußte sich diesmal doch Sorgen um die große Politik machen. Sie befürchtete vor allem, die Preußenmission des Deutschen Ritterordens könnte durch diesen unseligen Streit gefährdet sein.

Sie erinnerte sich, wie oft die Herren in dieser wichtigen Angelegenheit zusammensaßen, zuletzt zum Fest der Einweihung der Trebnitzer Kirche: Heinrich und Konrad mit Bischof Christian von Preußen und Hermann von Balk und anderen polnischen Herren wie Leszek der Weiße von Krakau, die Kastellane Sobieslaw von Breslau und Stephan von Bunzlau, die Bischöfe von Breslau, Posen, Kujawien und Halberstadt dazu. Sie berieten, wie dem Übel der kriegerischen heidnischen Preußen Einhalt zu gebieten wäre. Die Preußen wollten sich dem Kreuz nicht beugen und überfielen ständig die nachbarlichen Landschaften, brandschatzten, mordeten und plünderten, so daß sich ganze Landstriche entvölkerten. Davon, dort neue Siedlungen zu gründen, konnte keine Rede sein, die Gegend war unsicher. Das beklagte vor allem Konrad bitter, denn Masowien fiel immer wieder den Heiden zum Opfer. Die Herren beschlossen, Gespräche mit Kaiser und Papst aufzunehmen, um sie der Ansiedlung des Deutschen Ritterordens an der Weichsel geneigt zu machen. Herzog Heinrich machte seine Einflüsse im Reich geltend. Hermann von Balk hatte die Zusagen des Hochmeisters Hermann von Salza mit sich gebracht, der einen neuen Sitz des Deutschen Ordens an der Weichsel in Erwägung zu ziehen bereit war. Zu Kreuzzügen gegen die Prußen wurde in der ganzen Christenheit aufgerufen.

Diesen Heiden war nicht anders als durch Krieg beizukommen, das sah Herzogin Hedwig ein. Sie wußte, auch die Kirche unterstützte den Kampf mit den Heiden. Es war christliche Pflicht, gegen die Heiden zu kämpfen. Dennoch bat sie, die Frau, die auch in diesem erlauchten Kreis Gehör fand, inständig, doch vor allem das Bekehren, nicht das wütende Töten im Sinne zu haben. Das versprachen die Herren bereitwillig, wenngleich nicht mit voller Überzeugung. Im stillen hatte Hedwig ihre Bedenken gegen diesen Krieg nie ganz überwunden. Denn wenn es auch einerseits eine gute Tat war, Heiden dem Christentum zuzuführen, war Töten gegen die obersten Gebote Gottes. Drohte nicht Christus selbst den Gewalttätigen, sagte er nicht: Wer mit dem Schwert kämpft, wird durch das Schwert umkommen. Andererseits war es Bernhard von Clairvaux, der im Rufe der Heiligkeit stand, der zu den Kreuzzügen gegen die Wenden aufgerufen hatte, der die Ritterorden guthieß und mit seinem gewaltigen Wort unterstützte. Mönch sein und Ritter zugleich, das sollte die löbliche Synthese des Christen sein, meinte nicht nur Bernhard, sondern auch andere kirchliche Würdenträger. Mit Feuer und Schwert Ungläubige dem wahren Glauben zuzuführen. Der Kampf gegen die Prußen sollte nicht weniger verdienstvoll sein als der Kampf gegen die Sarazenen zur Verteidigung des Grabes Christi.

Das Kreuz in der einen und das Schwert in der anderen Hand, dieser Widerspruch war unlösbar für Hedwig. Doch beschloß sie wieder einmal, sich auf ihre weibliche Bescheidenheit zurückzuziehen: Sie war eine Frau und mußte sich in diesen Dingen kein Urteil anmaßen. So war die Ordnung der Welt. Und sie konnte so vieles nicht durchschauen. Mehrmals zogen bunte Scharen kampflustiger Ritter aus aller Herren Länder auch durch Schlesien gegen die heidnischen Prußen. Heinrich, der alte Fürst, Heinrich, sein Sohn, waren mit dabei. In gehobener Stimmung waren die Krieger von den Treibjagden gegen die Wilden zurückgekehrt. Mit glänzenden Augen erzählten sie vom großen Morden und schlugen sich stolz in die Brust. Sie hatten nicht nur mit den Prußen aufgeräumt, sondern auch gegen Jadwinger und Litauer gekämpft, die wie diese Heiden waren. Doch Hedwig, die ihren prahlerischen Reden aufmerksam zuhörte, bekam auch die Besorgnis mit, die in ihren Reden schwang: Sie hatten nichts bewirkt. Unzählige der Heiden waren getötet worden, doch nur wenige bekehrt, und die Überlebenden hatten sich in den Wäldern versteckt und waren nun erst recht gefährlich wie verwundete Wölfe.

Da half nur starkes Vorgehen, wie es einzig der Deutsche Ritterorden zusichern konnte. Der Orden sollte sich so schnell wie möglich an der Grenze zum Prußenland ansiedeln, um die Prußen zu befrieden und zu bekehren. Dem Orden kam die dringliche Einladung entgegen. Er war seit längerer Zeit bestrebt, von Akkon aus in einem christlichen Lande Fuß zu fassen. Die Niederlassung in Ungarn zur Abwehr der heidnischen Kumanen war gescheitert. Und Konrad von Masowien versprach, den Orden reich mit Land und Privilegien auszustatten, ihm das Kulmer Land zu übereignen und ihm alle weiteren Eroberungen im Prußenland zum Besitz zu überlassen.

Hermann von Salza, belehrt durch die Unstimmigkeiten in Ungarn, hatte sich vom Kaiser und vom Papst Unabhängigkeit von den polnischen Fürsten bestätigen lassen. Der Orden sollte ein selbständiger Staat sein, nur dem Papst und dem Kaiser untertan. Hermann von Balk, der Ordensmeister in der neuen östlichen Ballei sein sollte, war ein christlicher Herr und hatte klare Vorstellungen von der Zukunft des Ordenslandes. Den prußischen Adligen werde man Besitz und Privilegien belassen, Willige sogar in den Orden aufzunehmen. Vor allem aber war die Besiedlung des Landes voranzutreiben. Das Ordensland sollte ein Musterland wie Schlesien werden. Ein Land des Friedens, der Ordnung und des Fortschrittes.

Von Jerusalem an die Weichsel! Welch ein Bogen der Geschichte! Das fand Hedwig erfreulich. Sie begrüßte es, daß der Deutsche Orden, der neben den Templern und Johannitern als dritter christlicher Ritterorden einen guten Ruf besaß, sich nun in Schlesiens Nachbarschaft ansiedeln sollte, zur Kräftigung des Christentums und somit auch zur Stärkung ihres Landes. Hand in Hand hatten Heinrich von Schlesien und Konrad von Masowien an diesem Vorhaben gewirkt. Und nun entzweite sie dieser Streit um ein Land – um Kleinpolen mit Krakau –, das weder dem einen noch dem anderen gehörte.

Bevor sich die Fürstin von Schlesien selbst auf den Weg zu Konrad von Masowien begab, hatte sie die Lage erkunden und vorbereiten lassen. Sie hatte sich nach einem Gesandten umgesehen, und ihre Wahl war auf Bischof Lorenz von Breslau gefallen. Der Bischof, obwohl ein älterer Mann, war daraufhin mit einem Eiltroß nach Plock gereist und hatte das Begehren der Fürstin, durch persönliches Erscheinen Frieden zu stiften, Herzog Konrad vorgebracht.

Konrad von Masowien zeigte sich zunächst abweisend und unversöhnlich und erhob Anklage gegen seinen Vetter Heinrich, der ihm in der Tat stets Gefährte und Freund gewesen war, ihn dennoch verraten habe. Ja, böswillig verraten habe. Wollte er doch die Vormundschaft für den unmündigen Boleslaw benutzen, um Krakau zu besetzen, um sich dann zum Ersten unter Gleichen ausrufen zu lassen, zum Senior der polnischen Fürsten. Um sich zum Schluß die Krone Polens aufzusetzen! Das bedeutete: Sich ihnen allen vor die Nase zu setzen. Nein, so war Freundschaft seinerseits nicht gemeint gewesen. Darum werde er diesen Griff nach einem Übermaß an Macht des lieben Vetters nicht dulden. Er fauchte wie ein wütender Kater. Seine dünnen schwarz-silbernen Haare hoben sich von seinem Kopfe, was der Bischof mit einigem Erstaunen bemerkte.

Bischof Lorenz redete daraufhin eifrig auf Herzog Konrad ein, bis er rot im Gesicht wurde und ihm kleine Schweißperlen von der Stirn die Nase entrangliefen. Er gab Konrad vor allem zu bedenken, daß auch die Kirche zu seiner nicht nur unritterlichen, sondern auch frevelhaften Tat – der Überfall hatte an einem geweihten Ort stattgefunden – Stellung zu nehmen sich gezwungen sehe. Es sei klar, er habe Herzog Heinrich an einem Ort, der der Obhut der Kirche unterstand, hinterlistig überfallen und den Wehrlosen unritterlich gefangengenommen. Man werde ihn, den Frevler, wenn er nicht nachgeben sollte, mit Verlaub, mit dem kirchlichen Bann belegen müssen. Denn, wo käme man hin, wenn man derartige Willkür unter christlichen Herren dulden wollte. Er wolle ihn auch darauf aufmerksam machen, so Bischof Lorenz, daß er wahrscheinlich genau das Gegenteil des Beabsichtigten erreicht hatte, jedenfalls keine Freunde durch sein Verhalten gewonnen, sondern seinem Ansehen unter den anderen polnischen Fürsten in Polen geschadet habe. Heinrich von Schlesien dagegen sei in ihren Augen zum Märtyrer und Helden der Vereinigung Polens geworden.

Und ob er sich Gedanken gemacht habe, was im Fall eines Krieges mit dem Schlesier auf ihn zukommen würde, fragte der Bischof. Er müßte doch wissen, daß Heinrich der Jüngere und seine böhmischen Vettern nur auf Krieg warteten, um ihre ritterlichen Tugenden glänzen zu lassen. Er wisse doch Bescheid, habe er doch selbst Söhne.

Doch vor allem habe ihm Herzogin Hedwig aufgetragen, ihn an die Prußenmission zu erinnern, die durch einen Krieg zwischen Schlesien und Masowien zu Schaden kommen würde, wenn nicht zu Bruche. Das habe ihm die Herzogin in ihrer frommen Ernsthaftigkeit aufgetragen: Denn wenn sich die polnischen Vettern untereinander schlagen, wie können sie Vertrauen wecken bei den Herren des Deutschen Ordens. Die Heiden sind der eigentliche Feind! Daran solle er denken. Das dürfe besonders er, als nächster Nachbar der gefährlichen Prußen, nicht aus dem Auge verlieren. Wie wolle er denn seinen Masowiern ein friedliches Leben gewähren, wenn sie von den Prußen, den Jadwingern und den Litauern ständig überfallen werden. Wie soll sich das ändern, wenn er sich noch von der anderen Seite Feinde schaffe, wo er zuvor die besten Freunde hatte. Er solle sich doch bitteschön erinnern, mahnte der weißhaarige Bischof, wie oft ihm Heinrich von Schlesien in seiner

Not gegen die Heiden geholfen, in seiner Sache Waffen getragen hatte. Herzog Heinrich habe mit dem Deutschen Orden, mit Papst und Kaiser durch seine deutschen Verwandten Verhandlungen geführt, um den Deutschen Ritterorden an die Weichsel zu rufen. In Konrads Land, zu Masowiens Schutz. Und dafür jetzt diese unchristliche Undankbarkeit.

Der Bischof hielt inne, denn er sah, wie sich Konrads Züge erweichten, wie er sich mit den Fingern die Stirn rieb, und fragte, um ihm Zeit zum Überlegen zu lassen, nach dem Befinden des Herzogs, der ja nun, weiß Gott, kein Jüngling mehr war und dazu, wie man hörte, verwundet. Wie schwer sind seine Wunden? Herzogin Hedwig macht sich tiefe Sorgen um ihren Gemahl.

Um ihren Gemahl? spottete Konrad.

Vor Gott und der Welt sind die beiden ein engelsgleiches Ehepaar, antwortete der Bischof entschieden. Und die große Sorge der Fürstin um ihren Ehemann, ihre aufopfernde Hilfsbereitschaft seien wohl der beste Beweis für ihre eheliche Liebe.

Konrad schwieg daraufhin.

Herzogin Hedwig, die von Eurer christlichen und fürstlichen Gesinnung hoher Meinung ist, Konrad von Masowien, schmeichelte der Bischof – wie ihm die Fürstin aufgetragen hatte –, will den Weg nach Plock auf sich nehmen, die Mühen der weiten Reise trotz ihres hohen Alters und zarter Gesundheit nicht scheuen. Sie will Euch, Konrad von Masowien, um Gnade für ihren fürstlichen Gemahl bitten. Und um Frieden, für beide Länder – Schlesien und Masowien –, den sie bitter nötig haben. Das hat mir unsere Herzogin ans Herz gelegt, Euch auszurichten.

Konrad blickte verlegen zu Boden, und Stille trat ein zwischen den beiden Herren.

Dann ergriff Konrad von Masowien das Wort. Ihr fragt, Ehrwürden, nach Heinrich von Schlesien. Ihr sagt es. Ja, ich habe bisher nur Gutes von ihm erfahren, wir haben uns geliebt wie Brüder. Und wie wir gesoffen haben zusammen! Verzeiht, Ehrwürden! Wie sollte es Heinrich bei mir ergehen. Es geht ihm gut. Den Verhältnissen gemäß.

Und seine Wunden? warf der geistliche Gesandte besorgt ein.

Seine Wunden sind nicht schlimm und heilen. Er ist unter Christen. Und wenn er etwas magerer und bescheidener geworden ist, so soll er doch Gott danken dafür. Die Herzogin braucht sich keine Sorgen zu machen um ihren Gemahl. Doch wird es mir eine große Ehre sein, die Herzogin von Schlesien in meinem Haus begrüßen zu dürfen. Die hohe Frau soll mir willkommen sein! Ich werde mich glücklich schätzen, sie als meinen Gast zu ehren, wie es ihr gebührt. Ich kenne keine Frau, die ich mehr bewundern würde als sie. Welch eine kluge und dabei herzliche Frau. Wie könnte ich mich nicht freuen über diesen Besuch.

Doch sagt, Ehrwürden, dürfen wir ihr die Mühen der Reise zumuten? Bei Frauen spricht man ja bekanntlich nicht übers Alter, aber jung ist die Fürstin schon lange nicht mehr. Und wie ich höre, schwächt sie sich noch immer mit Fasten und Beten.

Fasten und Beten stärken die Fürstin, entgegnete der geistliche Herr. Sie ist gesund und stark im Geiste. Ich sage Euch, Konrad von Masowien, um diese Frau ist eine besondere Kraft, ein Glanz. Man spürt die Engel in ihrer Nähe.

Konrad von Masowien unterdrückte ein Grinsen und sagte: An sicherem Geleit durch mein Land soll es nicht fehlen. Auch die Quartiere unterwegs werde ich bestens vorbereiten lassen.

Aus dem weiteren Gespräch ging klar hervor: Konrad hatte eingesehen, daß sich ihm eine Möglichkeit bot, auf ehrenvolle Weise aus einer leichtsinnig angezettelten Lage herauszukommen. Er hatte begriffen, daß feindseliges Beharren auf Krieg ihm nichts Gutes bringen konnte, nur neue Bedrohungen für die Zukunft. Der Bischof rieb sich beim Weine die Hände. Sein Auftrag war bestens erfüllt. Er durfte sich auf den Rückweg begeben.

So war der Weg für Fürstin Hedwig von Schlesien nach Plock geebnet worden.

Nun war sie angekommen mit zahlreichem Gefolge, hatte das wohlvorbreitete Quartier in der Vorburg bezogen und sich zur abgesprochenen Zeit mit ihrem Gefolge auf Konrads Burg begeben.

Der Fürst von Masowien kam der Fürstin von Schlesien bis weit vor die Zugbrücke entgegen.

Vor dem Zug schritten unbewaffnete, buntgekleidete Pagen mit Bannern der schlesischen Piasten. Nach ihnen kamen weitere, die zwei große, silbern beschlagene Truhen aus dunklem Holz mit kostbaren Geschenken trugen. Darinnen Felle grauer Eichhörnchen und herrlich getriebenes Tafelsilber. Und einige verzierte Gläser, die seit kurzem in Schlesien hergestellt wurden. Vor der Herzogin schritten einige Hoffräulein einher. Ihnen folgte die Herzogin selbst, zu ihrer Rechten Anna, ihre freundlich lächelnde Schwiegertochter, zur Linken die schweigsame Katarina, Hedwigs Ziehtochter. Beide junge Frauen waren herrlich anzusehen. Anna trug ein purpurrotes Kleid und einen pflaumenblauen Mantel darüber, mit goldenen und silbernen Vögeln und Blumen über und über bestickt. Ihre Stirn zierte ein von Edelsteinen funkelndes Band. Katarina hatte ein blaßgrünes Kleid an, darüber einen honiggelben Mantel und ein silbernes Stirnband mit Perlen. Hedwig, etwas größer als beide und schlanker, war in einem schlichten schwarzen Kleid aus feiner Wolle, über den sie einen grauen Samtmantel, mit schwarzem Fehpelz besetzt, gelegt hatte. Ihren Kopf bedeckte ein weißes Tuch, von einem schmalen schmucklosen goldenen Reifen gehalten, auf der Brust ein goldenes Kreuz. Die strenge Schönheit der Fürstin fiel durch die Schlichtheit ihres Gewandes ins Auge. Auch das war wohlbedacht. Der Herrin folgten andere Hoffrauen, und hinter ihnen schritten bedächtig einige geistliche Herren. Erst danach folgte Heinrich der Jüngere mit seinen Getreuen, in festlicher, nicht kriegerischer Kleidung, wenngleich nicht ohne Schwerter.

Konrad ließ die Spitze des Zuges an sich vorbeiziehen, nahm lächelnd die zahlreichen Verbeugungen entgegen, trat auf Herzogin Hedwig zu, nahm deren beide Hände in seine und küßte sie inbrünstig. Er war noch immer ein schöner Mann, hochgewachsen und schlank, wenngleich ergraut. Mit dunklen wachsamen Augen im blaßgelblichen Gesicht, die manchmal lauernd wirkten. Höfisch, ja fast mit übertriebener Höflichkeit, bot der Fürst von Masowien der schlesischen Fürstin seinen Arm und geleitete sie über die hölzerne Brücke und den nicht großen Hof bis in die Halle der Burg, unentwegt auf sie einredend, der in schöner Rede Gewandte.

Herzogin Hedwig atmete auf, als sie in der Halle Heinrich erblickte, der vor dem Kamin stand und über dem Feuer seine rechte Hand wärmte, die linke hing verbunden in einer Schlinge. Und auch um seine Stirn lag ein weißer Verband. Sein Anblick war für sie nicht nur beruhigend, sondern auch das Zeichen der Versöhnung.

Ehe sie ihren Mann begrüßte, ergriff sie dankbar Konrads Hand, erst dann nahm sie Heinrichs Rechte und legte die Hände beider Männer ineinander.

Haltet Frieden, seid Freunde, bat sie herzlich, in Gottes Namen! Dann erst erkundigte sie sich bei Heinrich nach seinem Befinden.

Die größte Sorge machten ihm seine Nierenschmerzen, die sich im kalten Kerker verschlimmert hatten, wie er klagte. Die Verwundungen seien geringfügig und waren gut behandelt worden.

Konrad und seine älteste Tochter, die die Hausfrau vertrat, überboten sich in Gastfreundlichkeiten. So wurde, was als schwierige Mission begonnen hatte, zu einem wahren Familienfest. Die Zusicherungen gegenseitiger Freundschaft nahmen kein Ende. Um die einmal gestörte Verbundenheit zu festigen, verlobte Hedwig zwei ihrer Enkelinnen mit Söhnen Konrads. Darüber freute sie sich aufrichtig. Ehen seien bei weitem das beste Mittel der Politik, der Meinung war sie immer, sie stärkten die Verbundenheit und verhinderten den Haß.

Konrad lud seine Verwandten zum Verbleiben ein, Hedwig aber drängte auf baldige Heimkehr. Heinrich hatte Ruhe und Pflege nötig nach all seinen Erlebnissen. Der Tod seines Freundes und Getreuen Peregrin von Wiesenstein und die Demütigungen der wochenlangen Gefangenschaft bedrückten ihn. Hedwig wollte ihn in Röchlitz gesundpflegen.

Hedwig und Heinrich waren nun wochenlang zusammen wie früher, aber wie selten in den letzten Jahren. Die Gelegenheiten zu Gesprächen waren ihnen beiden willkommen, wenngleich sie sich zunächst befangen gegenübersaßen.

Eines Nachmittags, als beide in der Kemenate der Fürstin saßen und die Düfte des Gartens wie so oft durch das offene Fenster strömten, schickte sich Heinrich zu einer wichtigen Erklärung an. Sie sah es und lächelte. Was konnte er ihr mitteilen, wovon sie nicht wüßte.

Er sagte verlegen: Ich bin glücklich, Hedwig, daß wir wieder reden miteinander wie früher. Ich danke dir, daß du da bist. Ich bin Gott dankbar für dich. Es war mutig, wie du mich aus der Höhle des Bären, dieses Konrads, herausgeholt hast, fuhr Heinrich fort. Da zeigtest du dich wieder als starkes Weib. Du sollst wissen, ich liebe dich auch heute noch. Verzeih mir den Schmerz, den ich dir zugefügt habe.

Gott wird uns unsere Sünden verzeihen, Heinrich. Bald werden wir vor ihm stehen. Und Gott sieht vieles anders als wir.

Ich muß dir bekennen, fuhr er in großer Verlegenheit fort, ich fühle mich schuldig. Ich habe dich gekränkt. Du bist meine angetraute Frau ... Und ich ...

Ich weiß, was du mir sagen willst, Heinrich, sagte sie, wie sollte mir dies verborgen geblieben sein all die Jahre. Jetzt, wo deine Kinder, die du mit der anderen Frau hast, fast erwachsen sind, möchte ich nichts mehr darüber hören. Deine Erklärungen, Rechtfertigungen wären heute sinnlos für uns beide. Was kann man daran ändern. Du hast dir vor Jahren eine andere Frau ins Bett genommen, weil du dich einsam fühltest. Es war dein gutes Recht. Und wie du bist, hast du sie liebgewonnen. Du liebst sie und ihre Kinder. Was ist da noch zu sagen.

Ich habe dir wehgetan ... fuhr Heinrich verunsichert fort. Du hast recht, es ist nichts zu ändern daran. Doch möchte ich, daß du weißt: Es tut mir leid. Deinetwegen.

Hedwig wehrte schroff ab: Nein, nein, sagte sie. Ich hatte dich alleingelassen. Du tatest recht daran, dir eine andere Frau zu nehmen. Und ich ... Ich habe es verwunden. Ich wußte, ich war auf dem rechten Weg. Es tat damals weh, ich hätte dich gern immer neben mir gehabt. Aber Gott wollte es anders. Heute weiß ich, diesen Weg kann jeder nur für sich gehen. Ich habe gebetet für dich, Heinrich, für dein Glück. Ich hoffe, du warst glücklich.

Ich bin kein Heiliger, Hedwig. Das wollte ich dir zu meiner Entschuldigung sagen. Ich bin ein Mensch, ein Mann, also kein Engel wie du.

Auch ich bin kein Engel, antwortete Hedwig, die wie immer aufrecht dasaß, die gefalteten Hände im Schoß. Gut, daß du es so sagst: Du bist ein Mensch. Du bist ein sehr menschlicher Mensch. Ein Mann mit allen Schwächen, aber auch mit schönen menschlichen Eigenschaften.

Aber du irrst, wenn du meinst, ich sei stärker als andere. Es wurde mir auferlegt. Ich mußte mir mehr Mühe geben als andere, und ich weiß nicht warum. Es war oft schwer für mich, sehr schwer ...

Sie ist immer noch schön, dachte Heinrich. Wie eine sorgsam getrocknete Rose sieht sie aus. Vielleicht, sogar auf eine besondere Weise schöner als früher. Sie strahlt von innen. Um sie ist Licht.

Sie schwiegen. Dann sagte Hedwig: Auch ich habe dir zu danken, Heinrich, ich war und bin stark durch dich. Du hast mich immer geschützt. All die Jahre habe ich mich unter deiner Obhut fühlen dürfen. Das danke ich dir. Nach kurzem Zögern fuhr sie fort. Du hättest ja wie viele andere meine Frömmigkeit verhöhnen, den Eifer der Gottessucherin zur unerwünschten Laune erklären, mir meine Frömmigkeit als unstandesgemäß verbieten können, als nicht schicklich für eine Fürstin, störend für dich und deine Sache. Du hattest sogar das Recht, mich zu strafen dafür, daß ich nicht so bin, wie eine Fürstin zu sein hat. Wie es üblich ist. Aber du hast immer zu mir gestanden, Heinrich. Du hast mich immer in allem, was ich tat, gestützt. Für dich war und bin ich deine Frau. Trotz allem: deine Frau. Dieses Gefühl hast du mir immer gegeben. Ich verdanke dir meine Geborgenheit. Dafür bin ich dir dankbar und Gott dankbar, daß er mir dich gab.

Denn sieh, ich weiß sehr wohl, es könnte auch anders sein, fuhr sie fort. In diesen Tagen habe ich einen Brief von Ekbert bekommen, in dem er über Elisabeth von Thüringen berichtet. Auch sie, die junge Witwe, lebt seit längerer Zeit als Religiosa. Doch Ekbert befürchtet: Sie wird scheitern daran, weil sie ungeschützt lebt. Seitdem ihr Mann sein Leben im Heiligen Lande verloren hat, fühlt sie sich von allen verlassen, ja, bedroht. Ekbert sorgt sich um sie und um ihre Kinder. Auch ihre Schwiegermutter scheint ihr nicht wohlgesonnen. Ekbert schreibt, die Familie nehme ihr übel, daß sie einen Teil ihres Wittums leichtsinnig an Arme verschenkt habe, für den anderen Teil ein Beginenkloster errichten will, mit strenger Regel.

Du weißt, daß die Beginen von der Kirche nicht geduldet werden. Also fanden sie Unterstützung bei der Kirche. Elisabeth befindet sich unter dem Einfluß ihres Beichtvaters Konrad von Marburg, der als hart und grausam gilt und von den Adligen des Landes als unerbittlicher Ketzerverfolger tödlich gehaßt wird. Ein gefährlicher Mann für sie, kein Freund. Ekbert versucht Elisabeth vor ihm zu schützen. Dieser Konrad quält sie, demütigt sie, er soll sie sogar züchtigen. Geb Gott, daß es Ekbert gelingt, sie ihm zu entreißen. Sie soll krank sein, man soll ihr die Kinder genommen haben, seitdem sie mit den Armen lebt. Manche nennen sie eine Heilige. Für mich ist sie traurig, diese Art der Heiligkeit, mit der sich ein junges Weib zu Tode schindet. Elisabeths Schicksal legt tiefe Schatten auf meine Seele. Wie waren sich beide, Elisabeth und ihr junger Gatte, so zärtlich zugetan. Sie war so schön, erinnerst du dich, als sie bei uns waren, auf der Durchreise aus Ungarn?

Mich hat Petrissa vor schädlichem Eifer bewahrt, fügte Hedwig nachdenklich hinzu. Und du und die Kinder. Die Vernunft hat mich bewahrt. Ich habe meinen Weg gefunden, einen guten Weg für mich, den mittleren Weg.

So redeten sie miteinander wie früher, aber Hedwig wollte ihn nicht halten, sie wußte, er gehört zu seiner neuen Familie. Sie mußte vernünftig sein. Sie stand auf und reichte ihm lächelnd die Hände. Schön, daß du da warst, Heinrich, sagte sie. Schade, daß du nicht länger bleiben kannst. Achte auf deine Gesundheit, du bist kein junger Mann mehr. Lasse dich ausheilen, ehe du wieder reitest. Laß dir den Kräutersud gegen deine Nierenschmerzen reichen. Und vergiß nicht: Kranke Nieren brauchen viel Wärme.

Hab Dank, Hedwig.

Behüt' dich Gott, Heinrich.

Leb wohl ...

Neun Jahre später starb Heinrich von Schlesien in Krossen. Die Mönche schrieben seinen Tod unter dem Datum 19. März 1238 in ihre Annalen ein.

Wieder läuteten die Glocken im ganzen Land. Sie läuteten den Tod eines großen Piastenfürsten ein, eines von seinen Untertanen geliebten und auch von Gegnern geachteten Herrschers.

Heinrich von Schlesien, den man den Bärtigen nannte, weil er nach deutscher Mode einen wohlgeformten Bart trug, war ein erfolgreicher Herzog gewesen. Er hatte von seinem Vater Boleslaw Schlesien übernommen, ein Land zwischen dem deutschen Reich und Polen, und war bestrebt die weitsichtigen Gedanken seines Vaters, des Heimkehrers, zu verwirklichen. Er hatte Schlesien zu nie dagewesener Blüte gebracht und durch besonnene Politik und Kämpfe sein Territorium vergrößert. Er wußte, daß er seinen Erfolg nicht nur seiner eigenen Klugheit und Tüchtigkeit verdankte, sondern auch dem Beistand seiner in den letzten Jahren allgemein als heilig verehrten Frau, die ihm stets zur Seite gestanden hatte. Besonders aber hatte er seine Erfolge der Bevölkerung Schlesiens zu verdanken, deren Zahl zu seiner Zeit fast ums zehnfache gestiegen war. Die Siedler, die deutschen Bauern, Handwerker und Kaufleute, füllten des Herzogs Schatullen, und das erlaubte ihm, seine Pläne zu verwirklichen. Der große Fürst von Schlesien konnte vor seinem Tode zufrieden auf sein Lebenswerk zurückblicken und zuversichtlich in die Zukunft schauen. Das Land, das er seinem Sohne Heinrich dem Jüngeren, den die Geschichtsschreibung später den Frommen nannte, überließ, hatte alle Chancen, in Zukunft eine eigenständige Rolle in Europa zu spielen. Heinrich von Schlesien hinterließ ein großartiges Werk und war doch in Unfrieden mit der Kirche aus dem Leben geschieden.

Der Trauerzug nahm einen langen Weg von Krossen nach Trebnitz. Man hielt sich länger in Glogau und Leubus auf, wo feierlicher Gottesdienst zu Ehren des Toten gehalten wurde. Glocken läuteten allenorts, wo er vorbeikam. Wehende schwarze Trauerfahnen mischten sich mit den Fahnen des schlesischen Fürstentums, den schwarzen Adlern im blauen Feld. Schwarze Fahnen wehten um den schwarzbehängten Wagen, mit dem der Sarg des Fürsten von sechs schwarzgezäumten Pferden gezogen wurde. Dumpfe Klänge von Posaunen und Pauken mischten sich mit den Trauergesängen der Mönche und Nonnen. Schaulustige sammelten sich wie üblich an den Wegesrändern.

Heinrich der Jüngere schritt mit entblößtem Haupt hinter dem Sarg, schrieben die Mönche. Ihm folgten wichtige Würdenträger und die engsten Getreuen. Anna und die Kinder in einer Kutsche, denn der Weg war weit. Nach ihnen das Gefolge, Ritter und Vertreter aller Stände, unzählige Menschen begleiteten den Zug.

Doch Bischof Thomas von Breslau war nicht im Trauerzug zu finden, und auch andere geistliche Herren waren nicht gekommen zur letzten Ehrung des Landesherrn, dem sie so viel zu verdanken hatten. Und auch die kirchlichen Würdenträger aus Gnesen hatten dem großen Schlesier das letzte Geleit verweigert.

Herzogin Hedwig erwartete den Sarg mit den sterblichen Resten ihres Gemahls vor dem Portal der Trebnitzer Kirche. Ihr Sohn faßte sie unter den Arm und geleitete sie vor dem Sarg bis vor den Altar. Hier hielt Abt Conrad von Leubus die feierliche Totenmesse für seinen Herzog, dem er treugeblieben war. Trotz seines Alters hatte er den langen Weg von Leubus nach Trebnitz zu Fuß zurückgelegt.

Die Anwesenden kannten den Grund der Abwesenheit der hohen Geistlichkeit. Heinrich von Schlesien war unter der Bannandrohung der Kirche verstorben. Er hatte sich geweigert, im Streit mit der Kirche nachzugeben.

Das nahm Herzogin Hedwig mit Bitternis wahr. Fast hätte die Kirche dem von allen geliebten und geachteten Fürsten, dem sie so viel verdankte, ein Begräbnis in geweihter Erde verweigert.

Dabei ging es um weltliche Dinge. Der Papst hatte auf Drängen des Gnesener Erzbischofs und des Bischofs von Breslau Heinrich von Schlesien mit dem Bann gedroht. Es ging um den Zehnten, den die Kirche nach polnischer Geflogenheit auch von den deutschen Siedlern forderte. Der Fürst aber hatte ihnen zuvor fest versprochen, sie vor derartigen zusätzlichen Abgaben, die im Reich nicht üblich waren, zu schützen. Zumal manche, die ex nihilo siedelten, in den ersten Jahren von von jeglichen Abgaben verschont wurden. Wie hätte er sein Wort brechen können. Heinrich stellte sich mit gutem Recht vor seine Leute, die ihm vertraut hatten. Jahrzehntelang ging dieser Streit hin und her. Die Unnachgiebigkeit der Kirche, der es um Macht und Geld ging, brachte auch Hedwigs frommen Gleichmut ins Wanken.

Doch dem Gnesener Bischof ging es um mehr: Man befürchtete den wachsenden Einfluß der Deutschen in Schlesien und Polen. Die kirchlichen Würdenträger in Großpolen sahen in dem deutschgesinnten schlesischen Fürsten, der ein polnisches Land nach dem anderen unter seinen Einfluß brachte, eine Gefahr für ihre Einkünfte, die leichter von den gefügigen Polen einzubringen waren, als von den selbstbewußten Deutschen. Denn es war klar, daß Heinrich von Schlesien, wenn er Polen vereinte, überall die Geflogenheiten der Deutschen einführen würde.

Auf Heinrich den Jüngeren kamen die gleichen Probleme zu. Bischof Thomas von Breslau drohte bereits in einem Brief auch dem Sohn und Nachfolger Heinrichs mit Exkommunikation und dazu mit der Exhumierung des Leichnams seines Vaters, wenn dieser in den strittigen Angelegenheiten nicht im Sinne der Kirche nachgeben sollte. Heinrich hatte seiner Mutter das Schreiben vorgelesen. Und auch sie war bestürzt und ungehalten über das weltliche Gehabe der Kirche. Sie hatte bereits in dieser Angelegenheit Gespräche geführt. Sie würde es noch einmal versuchen müssen.

Aber sie befürchtete, wenig ausrichten zu können, denn ihr war bekannt, daß die Kirche überall hart und unerbittlich einen Machtkampf focht, der dem Auftrag der Kirche widersprach. Welch eine Undankbarkeit! Waren es doch nicht nur in Schlesien die Fürsten und Könige, die durch ihre Freigiebigkeit der Kirche zu ihrer Stärke verholfen hatten. Und jetzt wuchs sie den weltlichen Herren über den Kopf und griff nach Macht in weltlichen Belangen. Die Kirche weckte in Hedwig zwiespältige Gefühle. Sie war eine gläubige Christin, ließ sich aber eigene Gedanken nicht verbieten. Sie sah eine große Kluft zwischen dem Auftrag der Kirche, die die Lehre Jesu Christi seit mehr als tausend Jahren wirksam bewahrte, und dem weltlichen Gehabe der Würdenträger, das den Fürsten im Streben nach Macht und Geld nicht nachstand.

Die Klöster, die Mönche und Nonnen, das waren nach ihrer Überzeugung die wahren geistigen Säulen des Christentums. Die Ordensleute, die demütig jedem Eigennutz entsagten und durch den Dienst am leidenden Nächsten nach ihrer menschlichen Erfüllung strebten. Sie, die Enthaltsamkeit, Armut und Demut gelobt hatten, verwirklichten die Lehre Christi. Ihr Mann Heinrich hatte die Kirchen und Klöster gestützt und gefördert wie selten ein Fürst. Sie hatte ihn oft dazu angehalten. Und nun dieser Undank. Das schmerzte die fromme Frau.

Aber so ist das Leben, sagte sie sich. Wie eine Taubenfeder in der Luft ist das Leben des Menschen. Sie stand vor dem Sarg ihres Gemahls, der so lange nicht wirklich ihr Gemahl gewesen war, und erinnerte sich an ihren Traum. Sie hatte in ihrem Traum Heinrich in Verklärung gesehen. Er hatte ihr zugelächelt. Nun war er über allem Streit.

Auch sie hatten die Ereignisse vor seinem Tode schwer bedrückt. Aber nicht nur sein Streit mit der Kirche. Nein, Heinrich hatte sie mehrmals vor seinem Tode gebeten, sie möge zu ihm kommen! Er hat sie gebeten. Einige Male Eilboten zu ihr gesandt. Heinrich wollte sie in seinen letzten Stunden bei sich haben. Aber wie konnte sie nach Krossen kommen? In Krossen gehörte er einer anderen Frau, mit der er viele Jahre zusammen war. Sie war nicht hingefahren. Hatte sie sich nicht längst verabschiedet von ihm. Sie hatten sich friedlich getrennt. So sollte es bleiben. Heinrich hatte vor langer Zeit ein anderes Leben gewählt. Warum sollte sie ihn jetzt dieser Frau und ihren Kindern streitig machen? Sie war seine Frau im Geiste. Und vor Gott. Das genügte ihr.

Und es war gut so. Sie spürte, wie sie ermüdet vom Kerzenschimmer, dem feierlichen Gesang der Nonnen und Mönche und dem Wohlgeruch des Weihrauchs in ihren Traum zurückglitt. Sie gab sich den Bildern hin. Heinrich hatte ihr zugelächelt in ihrem Traum. Wie damals ... wie in Andechs, als sie ihn das erste Mal gesehen hatte, wie in Röchlitz in der Zeit, als sie ihm Kinder gebar und sie gemeinsam um ihre Kinder bangten. Und als sie ihm als seine Consors regni zur Seite stand. Sie sah alle seine Gestalten, die sie kannte, an sich vorbeiziehen. Sah ihn als Jüngling und Herrscher, erfolgreich nach außen und müde an ihrer Seite ruhend. Als alten Mann mit leidenden Gesicht. Heinrich. Er war der Mann ihres Lebens gewesen. Geliebt, geachtet, dann gemieden und doch geachtet und doch geliebt. Sie war immer mit ihm verbunden gewesen, wenngleich stets auf andere Weise. Auch in der Entfernung. Wie ein Engel Gottes sah Heinrich sie an in ihrem Traum. Und sie wußte, er wartete auf sie.

Er hat ihr verziehen, sie hat ihm verziehen. Und sie durfte hoffen, Gott hat ihnen beiden verziehen. Denn sie haben sich gemüht in ihrem Leben.

Andere Gestalten mischten sich unter ihre Bilder. Sie sah ihre Schwestern Gertrud und Agnes, und ihr Leben. Ihre Nichte Elisabeth. Ihre Eltern. Den alten Fürsten Bolesław und Adelheid. Ihre verstorbenen Kinder. Ein sanftes Drängen und Schweben der Toten war um sie wie Wolken, wie zartfarbige Menschenschimmer. Helle und Leichtigkeit. War das der Himmel?

Sie verspürte Sehnsucht nach Flügeln. Sie wußte, auch ihr Leben näherte sich seinem Ende. Bald würde sich auch für sie das geheimnisvolle

Tor öffnen. Auch für sie war es an der Zeit zurückzublicken. Sie sah sich am Ende ihres Weges.

Sie weinte nicht. Warum sollte sie weinen?

Nach dem Zeremoniell umringten sie Trebnitzer Nonnen, um sie zu trösten. Enttäuscht sahen sie ihr ruhiges Gesicht. Vorwurfsvoll zeigten sie ihre Tränen. Und sie verstanden sie nicht, als sie zu ihnen sagte: Weinet nicht, meine Lieben, es schickt sich nicht zu weinen, wenn Gott waltet. Gott hat die Menschen als sterbliche Wesen geschaffen. Das ist sein Gesetz: Der Mensch ist zum Tode geboren. Doch glaubet: Auch zum ewigen Leben. Vita mutatur, non tollitur.

Die Nonnen schluchzten weiter. Denn so war es üblich. Auch Gertrud, die Äbtissin, sah ihre Mutter vorwurfsvoll an. Ja, besonders sie. Ihre Tochter. Hedwig wußte, Gertrud werde erneut und mit Nachdruck fordern, sie solle ins Kloster eintreten. Jetzt erst recht – als Witwe. So schickte es sich, werde sie sagen. Sie würde dem Kloster den Glanz ihres Rufes verleihen und auch ihre Heiligsprechung nach ihrem Tode fördern. Und nicht zuletzt sollte sie dem Kloster ihre Güter verschreiben. Sie wußte, was auf sie zukam.

Aber sie würde sich ihrem Willen nicht fügen. Sie hatte gute Gründe dafür. Zum einen war ihr Verhältnis zu ihrer Tochter seit je kein gutes. Gertrud hatte ihre frühe Enttäuschung, ihre durch grausame Umstände gelöste Verlobung mit Otto von Wittelsbach nie verwunden. Obwohl sie damals gerade acht Jahre alt gewesen war, warf der Königsmörder Schatten auf ihr weiteres Leben. Von einer anderen Verlobung konnte nicht die Rede sein. Das Klosterleben wurde ihr gegen ihren Willen aufgedrängt. Das lastete sie der Mutter an. Der ehrwürdigen Petrissa war es zwar gelungen, die Fürstentochter in Demut Gott zuzuführen, das Klosterleben geduldig anzunehmen, doch ihre Einstellung zur Mutter zu ändern, gelang ihr nicht. Gertrud begehrte gegen ihre von allen anderen verehrte Mutter auf. Sie neidete ihr ihre Stärke und den Ruf der Heiligkeit. Dem war nicht abzuhelfen, klärende Gespräche lehnte sie ab. Die Mutter sah darin eine unverständliche Kleinherzigkeit ihrer Tochter.

Hedwig lebte in Trebnitz in ihrem kleinen Castrum, und sie lebte streng nach den Regeln der Ordensleute, sie fastete und betete eifrig. Aber auf ihre Selbständigkeit zu verzichten, fiel ihr nicht ein. Sich ihrer mürrischen Tochter zu beugen, war unvorstellbar für sie. Sie wußte sehr wohl, wie sehr sie ans Herrschen gewöhnt war, nicht ans Dienen. Sie war gewöhnt zu befehlen, widersprechen durfte man ihr nicht. Das war zur Genüge bekannt. So würde sie das Leben des Konvents empfindlich stören durch ihre Anwesenheit. Dennoch, nach ihrem Tode wird Gertrud und das Kloster das Gut Schawoine erhalten. Und sie wird bis dahin in der Nähe des Klosters leben, aber ihre Freiheit wahren.

Ja, sie wußte, es war für sie an der Zeit, gefaßt dem Ende entgegenzusehen und den zurückgelegten Weg zu betrachten.

Halt und Trost schenkte ihr die Familie ihres Sohnes. Ihre Schwiegertochter Anna und ihre zehn Kinder. Die beiden Frauen liebten sich außergewöhnlich seit je, das nahm man auch in der Umgebung wahr. Anna hatte ein sanftes Wesen, und mit Heinrich verband sie aufrichtige Liebe. Sie war eine gute Mutter und eine gehorsame Schwiegertochter. Hedwig fühlte sich beglückt durch sie und ihre Kinder und zeigte ihrer stillen Tochter ihre Dankbarkeit.

Heinrich und Anna waren zusammen aufgewachsen und wußten, daß sie füreinander bestimmt waren. Sie entwickelten bald eine bemerkenswerte Ähnlichkeit. Beide waren mit der Zeit rundlich geworden, und ihre runden braunen Augen blickten zufrieden. Doch bei Heinrich, der jahrzehntelang die Geschäfte neben seinem kraftvollen Vater führte, hatte sich mit der Zeit ein mürrischer Zug um den Mund gelegt. Die Mutter sah es mit Besorgnis. Lange, zu lange mußte Heinrich darauf warten, die Herrschaft im Lande zu übernehmen. Er war inzwischen weiß Gott kein Jüngling mehr. Ja, schnell läuft die Zeit. Für sie blieb er immer ein junger Mann.

Die Liebe zu Annas Kindern vergoldeten Hedwig den Herbst ihres Lebens. Mit ihren Enkelkindern verbrachte sie mehr Zeit, als sie mit ihren eigenen verbracht hatte. Sie spielte mit ihnen und beaufsichtigte die Kinderfrauen, wenn sie zu Bett gebracht wurden. Sie betete mit ihnen. Ja, man erzählte sich, wie sie die ganze Schar mit sich führte und sie nacheinander im heilsamen Wasser der Trebnitzer Kirche wusch.

Doch war sie zu nachsichtig mit ihnen. Das nahm ihr sogar die sanfte Schwiegertochter übel. Hedwig liebte die vier Mädchen, die als erste zur Welt gekommen waren, doch über alles Bolko, den ältesten unter den Knaben, der zur Nachfolge vorgesehen war. Ein reizendes lockenhaariges Kind. Bolko genoß es seit je, verwöhnt zu werden. Er hatte eine besondere Gabe, die Aufmerksamkeit aller auf sich zu lenken. So ahmte er das Verhalten dieser oder jener Person so geschickt nach, daß man meinte, diese vor sich zu sehen. Leider verhöhnte er auch allzu gerne die Schwächen oder gar Gebrechen so mancher. Vor allem aber konnte er die Art zu reden eines jeden nachahmen. Und da sich am Hofe verschiedene Sprachen mischten, das Schlesische, das Deutsche und das Polnische oft zum Lachen vermischt umherschwirrten, erhielt er besonders dafür Beifall wie ein fahrender Sänger. Man sollte ihm diese Possen verbieten, ärgerte sich der Vater, es schickt sich nicht für ihn. Es wird ihm von selber vergehen, schlichtete die Großmutter.

Doch Hedwig durfte sich auch über ihre Pflegetöchter freuen. Sie waren alle gut versorgt. Die rothaarige Ratzlawa hatte es im Konvent nicht gehalten, sie hatte einen reichen Goldschmied in Breslau geheiratet, der sie einmal gesehen hatte und nicht vergessen konnte. Der Vater gab nach. Sie gebar viele Kinder. Katarina, die eine gesuchte Paramentestickerin geworden war, hatte den stattlichen Boguslaw von Schawoine geheiratet und verdiente nach seinem Tode mit ihrer Hände Arbeit viel Geld. Am erstaunlichsten war es Viola ergangen, Frau Juttas einziger Tochter. Um sie hatte Kasimir von Oppeln und Ratibor geworben und Viola in den Fürstenstand erhoben. Kasimir war zwar ein älterer Herr, aber er wurde noch vier Mal Vater. Viola regierte nach seinem Tode zehn Jahre überaus gescheit für ihre unmündigen Söhne. Sie und Heinrich standen ihr in allem hilfreich zur Seite.

Hedwig lächelte: Ja, sie hatte viel Leid erdulden müssen in ihrem Leben, aber es hatte sich doch alles zum Guten gefügt. Sie durfte dankbar sein für ihr Leben. Und sie dankte der Gottesmutter für ihre Obhut.

Die Mongolenschlacht bei Liegnitz

Sie war ein starkes Weib

(Klemens IV., Bulle der Heiligsprechung der Herzogin Hedwig)

Nemo ante mortem beatus esse potest, pflegte Abt Conrad von Leubus mit dünner Stimme und erhobenem Zeigefinger zu wiederholen. In der Sprache des Volkes hieß dies, man soll den Tag nicht vor dem Abend loben.

Herzogin Hedwig durfte einen friedlichen Lebensabend erwarten, doch drohende Wolken zogen gegen Schlesien auf, gegen Polen und Böhmen, vor allem aber gegen Ungarn. Am Rande des Abendlandes drohte Gefahr aus dem Osten. Ein Reitervolk aus Asien, Mongolen genannt, oder anders Tataren, hatte vor Jahren die mächtigen Städte der Rus zerstört und das Land unterworfen. Rjasan, Novogorod und Kiev, die reichen Städte fielen ihnen zur Beute. In der Schlacht bei Kalka wurden die russischen und kumanischen Fürsten vernichtend geschlagen. Damals brachten Flüchtlinge die Kunde bis nach Schlesien. Jetzt hörte man erneut, die Mongolen schwärmten aus und bedrohten weitere Völker. König Bela von Ungarn rief um Hilfe.

Wer sind diese Mongolen, wandte sich Herzogin Hedwig an Abt Conradus, der alles wußte. Warum ziehen sie in den Krieg gegen unbekannte Völker? Was treibt sie um? Damals und jetzt wieder.

Die Mönche von Novogorod schrieben uns vor Jahren, antwortete Abt Conradus, um der Christen Sünden willen kamen unbekannte Völker, von denen niemand weiß, wer sie sind und woher sie kommen, was ihre Sprache ist und zu welchem Glauben sie sich bekennen. Gott allein weiß, wer sie sind und woher sie kommen.

Das nützte wenig. Mit der Zeit aber verdichteten sich die Gerüchte, und das Bild der Feinde trat deutlicher hervor. Die Mongolen seien ein Reitervolk, das sich den Krieg als Lebensziel erkoren hatte, erzählten die Flüchtlinge. Man nennt sie Tataren, Ausgeburten der Hölle. Ihr großer Fürst, Dschingis Khan, der Schmied genannt, hatte eine Heeresmacht errichtet, groß und unschlagbar, und mit ihr zahlreiche Nachbarvölker unterworfen. Seine Söhne und Enkel führten seine Eroberungen weiter. Die mongolischen Reiter waren grausam und schnell auf ihren kleinen Pferden. Straff geordnet waren die Tataren, wußten die Kundschafter zu berichten. Sie kämpften in Zehnerschaften, die in Hundertschaften und Tausendschaften geordnet den Heeresführern bedingungslos untertan waren. Vergehen der Krieger: Feigheit vor dem Feind, Ungehorsam wurden mit dem Tode bestraft. Bei den Christen übliche Regeln des Kampfes galten bei ihnen nicht. Die Heiden schreckten vor Tücke und hinterlistigem Überfall nicht zurück.

Wie sehen sie aus? Kleinwüchsige Menschen sind es, gelbgesichtige Menschen mit geschlitzten Augen, sagten die, die sie kannten. Nur mit Fellen bekleidet, auf struppigen Pferdchen, mit denen sie wie verwachsen scheinen. In der Nachhut führen sie Filzzelte mit sich und ihre Weiber und Kinder, dazu unüberschaubare Herden von Pferden. Sie nähren sich von rohem Pferdefleisch, das sie beim Reiten unter sich weichschlagen. Wenn sie sonst nichts zu essen haben, begnügen sie sich mit Wurzeln und kauten Baumrinde. Sie kämpfen mit Pfeil und Bogen, Lanzen und krummen Säbeln. Ja, sogar mit Fangseilen, als wären ihre Gegner nicht Ritter, sondern wilde Tiere. Schnell waren die Tataren und grausam. Den Besiegten wurde keine Gnade gewährt. Ihr mächtiger Schwarm wälzte sich mordend und brennend über die Länder. Niemanden schonten sie. Niemand konnte ihnen widerstehen. Die kleinen Reiter mordeten nicht nur Ritter im Kampf, sondern auch Weiber, Kinder und Greise. Schlimm erging es denen, die lebend in ihre Hände fielen, die quälten sie oft grausam zu Tode. Den Besiegten schnitten sie die Ohren ab, sammelten sie in Säcke, um sie ihren Führern vorzuzeigen. Noch schlimmer waren diejenigen dran, die lebend von den Heiden mitgeschleppt wurden. Die wurden gezwungen, ihren heidnischen Götzen zu huldigen. Denn sie waren Heiden, keine Christen, die Tataren. Sie schändeten Kirchen und vernichteten Klöster. Für sie gab es nur einen Gott im Himmel und auf Erden: den Khan. Der dünkte sich der wichtigste Herr auf Erden, er war der Fürst der mächtigen goldenen Orda und Kaiser der Welt, groß wie der Ozean.

Auch in Liegnitz wurde bekannt, daß der Dschingis Khan Schreiben an die westlichen Fürsten sandte, in denen er ihnen die freiwillige Unterwerfung und Ämter an seinem Hofe anbot. Sogar Friedrich, den Kaiser des Römischen Reiches deutscher Nation, forderte der Khan auf, sich ihm zu unterwerfen. Er solle nach Karakorum kommen, um ihm zu huldigen, dafür dürfe er an seinem Hofe ein Amt übernehmen, ließ ihn der Khan wissen. Mönche berichteten: Launig antwortete der Herr der Christenheit, er verstehe sich gut auf das Abrichten von Raubvögeln und wäre daher wohl am besten zum Falkenier des Khans geeignet. Der Kaiser nahm die heraufziehende Gefahr nicht ernst. Er lebte in Sizilien und hatte sich zum König von Jerusalem krönen lassen. Selten weilte er in Deutschland, und fremd waren ihm die östlichen Ränder des Reiches. Ganz anders war sein Sinn als der seines Großvaters Friedrich Barbarossa. Er lag im Streit mit dem Papst. Und führte mit ihm Krieg.

Das war wichtig für ihn. Aber auch der Papst hüllte sich zunächst in Schweigen.

Herzogin Hedwig nahm dies alles zur Kenntnis und fürchtete sich. Wenn die Kundschafter die Wahrheit sprachen, und warum sollten sie lügen, werden die Schlesier einer ihnen vielfach überlegenen Macht gegenüber stehen. Schlesien ist verloren, dachte sie, nur ein Wunder kann uns retten. Und sie ging in die Kapelle um zu beten.

In der Nacht wachte Hedwig auf aus schrecklichen Träumen. Sie träumte Blut und Flammen. Krieg, Krieg wie ihn keiner kannte, Krieg in ihrem friedlichen Lande. Schrecklicher, ungewöhnlicher Krieg. Sie sah sich über Bergen von Toten, über nie gesehene Schlachtfelder schreiten. Sie sah die Oder voller Blut. Flammen in Burgen und Dörfern und Städten. In einem ihrer Träume sah sie ihren Sohn Heinrich, der sein blutüberströmtes Haupt in den Händen hielt.

Die getreue Demundis erwachte vom Schrei ihrer Herrin und eilte an ihr Lager. Die Fürstin erzählte ihr erschüttert ihren Traum. Ich spürte den Tod meines Sohnes wie einen Stich in meinem Herzen, klagte sie. Sie haben ihn getötet. Die Heiden. Wie ein Vögelchen ist mein Sohn von mir geflogen.

Demundis versuchte sie zu beruhigen. Herrin, sagte sie, noch ist Frieden im Lande. Die Gefahr ist fern. Gott wird uns vor dem Schlimmsten bewahren. Ihr solltet nicht allen Träumen vertrauen. Manche Träume sind nur zur Verwirrung frommer Gemüter gesandt. Glaubt nicht an böse Träume, Herrin.

Aber die alte Herzogin schüttelte betrübt den Kopf und bat ihre Dienerin, niemandem von ihrem Traum zu erzählen, ganz besonders ihrer Tochter Anna nicht. Anna, die Sanftmütige war zu schonen, die Kinder zu schützen, das Land vor dem Untergang zu retten. Aber wie?

Die alte Herzogin machte sich Sorgen um ihren Sohn. Kaum hatte er die Führung des Landes übernommen, sah er sich und sein Land tödlich bedroht. Was war zu tun? Sie wußte keinen Rat. Auch der alte Fürst wäre im Anblick dieser Gefahr ratlos gewesen. Sie sah: Heinrich tat, was ihm oblag. Er schickte Boten ins Reich, mit Schreiben über die drohende Gefahr und Bitten um Hilfe. Zu den Fürsten. Zum Kaiser. Zum Papst. Alle, die von den schlesischen Botschaftern die Kunde von den Grausamkeiten der Heiden hörten, waren entsetzt, doch zur Hilfe bereit waren nur wenige.

Sind denn alle mit Blindheit geschlagen, fragte man sich am Liegnitzer Hofe. Sahen sie nicht, daß auch ihnen die gleiche Gefahr drohte.

Der Kaiser vertröstete die östlichen Fürsten auf später. Er war mit der Belagerung Faenzas beschäftigt, einer kleinen Festung bei Bologna, die von Leuten des Papstes gehalten wurde. Fremd und gleichgültig waren ihm die östlichen Regionen der Christenheit. Fern, sehr fern schien ihm die mongolische Gefahr. Eine von vielen in der Welt. Um Hilfe gebeten winkte er ab.

Der Papst ging auf seine Art auf die Bedrohung der Christenheit ein. Er ließ in allen Kirchen bis weit in England und in Italien, in Frankreich und auch in Spanien ein Schreiben verlesen, in dem er verkündete, daß er voller Schrecken sei und voller Angst, daß durch dieses Volk der Christenname vertilgt werden könnte. Betet, lautete seine Botschaft. Tut Buße. Ergreifende Worte. Doch nicht Worte, sondern Taten waren vonnöten. Ein Aufruf zum Kreuzzug gegen die Tataren hätte Hilfe versprochen. Aber der blieb aus. Nur vereinzelt zogen Grüppchen ruhmsuchender Ritter mit ihrem Gefolge heran.

Wer denn, um Gottes Willen, fragte sich Hedwig, soll die Heiden aufhalten. Nur sie allein, die Schlesier, die Ungarn, die Böhmen und die Polen? Nur sie! War nicht die ganze Christenheit in Gefahr?

Hedwig bangte um ihre Familie, sie sorgte sich um ihr Land, aber sie sah auch die Gefahr für die Christenheit. Nach ihnen werden andere den Heiden zum Opfer fallen. Sie sah das ganze Kaiserreich schwimmen in Blut. Die Tataren werden weiterziehen: Thüringen, Sachsen, Bayern und Franken erobern. Gen Burgund und Frankreich ziehen. Rom, die ehrwürdige Heilige Stadt erobern und vernichten. Tod und Verderben droht dem Reich Christi auf Erden! Sie sah das Ende der Welt kommen.

In Schlesien wuchs die Angst. Heinrich ging blaß und grübelnd umher, schloß zu Beratungen hinter sich die Türen. Die Herren aus Böhmen und Polen und die Ritter des Deutschen Ordens aus dem Kulmer Land gingen ein und aus. Stundenlang berieten die Herren. Bis tief in die Nacht sah Hedwig die Kerze in Heinrichs Kammer brennen. Oft sah sie ihn auf den Knien in der Kapelle. Drückende Verantwortung lag auf ihm. Eine Last, wie sie sein Vater nicht gekannt hatte. Die alte Fürstin sorgte sich und mußte schweigen. Heinrich verbat sich den Rat seiner Mutter unter den kriegberatenden Herren. Er sprach mit den Frauen nicht über den bevorstehenden Kampf und auch nicht über seine Pläne. Er werde sie schützen bis zum letzten Atemzug, versprach er. Das glaubten sie ihm. Krieg sei Sache der Männer, sagte er wie einst sein Vater.

Warten und beten, das blieb den Frauen im Krieg. Doch die Herzogin wußte sich Kunde zu beschaffen, und denken konnte man ihr ohnehin nicht verbieten. Nur, was nutzte es?

Sie hörte sich um und machte sich ihr Bild. Mit wessen Beistand konnte Heinrich zählen? Die polnischen Herren waren wie immer schwankend. Die Großpolen wollten sich gemeinsam mit dem schlesischen Fürsten verteidigen. In Krakau wollte man versuchen, aus eigener Kraft zu bestehen. Mit Wenzel von Böhmen hatte Heinrich einen Vertrag geschlossen, in dem sie sich gegenseitig Hilfe versprachen. Böhmen schien nach Ungarn am ehesten bedroht. Der Hochmeister des Deutschen Ordens, Poppo von Osterna, die Vetter Boleslaw von Mähren und Mieszko von Ratibor sollten die Anführer der Kampfhaufen sein. Auf die war Verlaß. Als feste Stützen galten die in Schlesien lebenden Ordensritter, die Templer, die Johanniter und die Ritter des Deutschen Ordens, die den Krieg gegen die Heiden gelobt hatten. Doch vor allem war den schlesischen Rittern zu vertrauen, die ihr eigenes Land zu verteidigen hatten und todesmutig dem Kampf entgegensahen: Die Rothkirchs, Vater und drei Söhne, die von Falkenberg, Thilo von Strachwitz, Dietrich von Zedlitz mit Söhnen, die von Borschnitz und von Wilczek, Timo und Gebhart von Wiesenburg, Stephan von Würben, Petrus von Kutza, Thomas Peters, Klemens von Glogau, Johannes und Klemens von Janowitz und so viele andere. In den Kampf ziehen sollte auch das Volk. Die Bürger, die Bauern. Die Siedler waren den Umgang mit dem Schwert gewöhnt, die Knappen von Goldberg geübt im Schwingen der Streitäxte.

Hedwig und Anna redeten nicht viel miteinander. Sie sahen sich an, nahmen sich in die Arme, berührten beruhigend ihre Hände. Sie verstanden sich seit je ohne Worte. Sie beteten zusammen Tag und Nacht, flehten die Gottesmutter an, das Land vor dem drohenden Verderben zu schützen. Was konnten sie sonst tun? Sie wußten, Liegnitz war eine starke Burg wie sonst keine. Unlängst zur Festung ausgebaut, mit festen Mauern aus Stein. Ein sicherer Schutz. Zwei hohe Türme, ein tiefer Graben. Die Vorburg befestigt. Vorräte reichlich vorhanden. Haufen von Steinen zur Abwehr. Die Mongolen stürmten bei ihrem Vormarsch feste Burgen nicht, hatte die alte Fürstin gehört. Dennoch hatten sie, wie man hörte, danach so manche Festung belagert und erobert.

Wenn sich aber Heinrich mit seinen Leuten in der Burg einschließen würde, was wäre mit denen, die ihm zugeströmt waren und noch kommen sollten. Für so viele Ritter und ihre Pferde war kein Platz in der Burg. Und den Feinden wäre damit der Durchgang gewährt, der Weg ins Reich geöffnet.

Hedwig war überzeugt, es war Heinrichs christliche Pflicht, die Heiden aufzuhalten. Sie wußte, das brauchte sie ihm nicht zu sagen. Er war ihr Sohn. Sie verstanden sich auch ohne Worte. Heinrich wird dem Feind entgegentreten. Doch sie fragte sich – wird er vor dem Feind bestehen? Wird die Notgemeinschaft der verschiedenen Ritter im Felde standhalten? Dieser zusammengewürfelte Kampfhaufen? Ritter verschiedener Sprachen. Werden sie dem Feldherrn gehorchen? Zusammenhalten? Kämpfen und im ungleichen Kampf siegen?

Asia ante portas, sagte Abt Conradus mit seiner dünnen Stimme, der schlohweiße Greis. Das ist das Ende der Welt! Und er bekreuzigte sich viele Male. Gott sei uns gnädig! Conradus, der alt war und gottergeben, sorgte sich nicht um sich, er betete für das Land und die Menschen. Auch er fürchtete um das Schicksal der Christenheit. Gnade uns Gott. Amen. Asia ante portas, jammerte der verzweifelte Greis.

Die Kundschafter meldeten: Die Gefahr nähert sich! Die Mongolen rückten in unerhörter Schnelligkeit vor.

Heinrich schlug abends in der Halle vor dem Kamin vor: Die beiden Frauen und die Kinder sollen die Liegnitzer Burg verlassen. Mit den Trebnitzer Nonnen nach Krossen gehen, in die weitest im Westen gelegene schlesische Burg, von da aus könnten sie im schlimmsten Fall weiter ins Reich fliehen. Hedwig und Anna warfen sich kurze Blicke zu, sie hatten alles zuvor besprochen und antworteten beide: Nein! Wenn sie nicht in Liegnitz bleiben dürfen, der Kinder wegen können sie das verstehen, sagte Hedwig, wollen sie nach Röchlitz gehen, in die kleine Burg im Walde. Röchlitz wäre noch sicherer als Liegnitz, doppelt und dreifach geschützt. Auch mit einer neuen Mauer umgeben. Dazu die dichten Verhaue ringsumher, die kein Mongole zu durchbrechen vermochte. Die Mongolen wagten sich nicht in die Wälder, die ihnen, den Steppenmenschen, unheimlich sind, das haben die Flüchtlinge immer wieder erzählt: Im Walde war man am besten geschützt vor den Heiden.

Heinrich stimmte zögernd zu. Bolko und Mieszko sollten in Liegnitz bleiben, das hatten sie von ihrem Vater erbeten, von dem sie nicht lassen wollten. Der Feind werde diese Festung nicht einnehmen können, daran wollten alle glauben.

Als dann aber die Knaben baten, den Vater in den Kampf im Felde begleiten zu dürfen, hörten sie ein entschiedenes: Nein! Darüber ließ Heinrich nicht reden mit sich. Bolko war ein zwölfjähriger Knabe, dem erst in zwei Jahren das Schwert verliehen werden sollte, und viel zu schwach, um vom Roß aus das Kampfschwert zu schwingen. Mieszko, der Jüngere, gab bald nach, aber Bolko, der immer seinen Willen zu bekommen wußte, murrte weiter. Soll ich nicht bald zum Ritter geschlagen werden? Soll ich nicht bald kämpfen dürfen? Habe ich das Hauen und Stechen nicht zur Genüge gelernt? Wozu das alles, wenn ich mich jetzt, wo es wirklichen Kampf gibt, nicht bewähren darf?

Dieses eigenwillige Kind! Die Großmutter seufzte.

Bolko jammerte: Wenn ich schon auf das Schwert verzichten soll, laßt mich doch wenigstens das Banner der Piasten tragen oder das Schlachthorn blasen, oder die Trommel rühren. Das kann ich doch. Dafür werden immer Knappen in meinem Alter genommen. Aber nicht Fürstensöhne, antwortete der Vater barsch. Und er blieb bei seinem Nein.

Die Mönche von Leubus und Heinrichau sollten in die Liegnitzer Burg kommen, um während der Schlacht zu beten und nach der

Schlacht die Verwundeten zu versorgen. Und vielleicht, wenn nötig, in äußerster Gefahr die Burg verteidigen. Sie sollen die Knaben in ihre Obhut nehmen.

Hedwig sah in den Augen ihres Sohnes den Glanz, den sie so oft in den Augen der Männer gesehen hatte, die in den Kampf zogen.

Schlag auf Schlag trafen die Nachrichten ein. Die Mongolen in Polen eingefallen. Sandomir und Chmielnik fielen. Krakau erobert und verbrannt. Der geschlagene und verwundete Verteidiger der Stadt Sulewoj mit seinen Rittern auf dem Wege nach Liegnitz.

Heinrich wartete auf Wenzel, seinen Schwager, Freund und Verbündeten, der über eine viermal größere Streitkraft als er verfügte. Er sandte Boten zu Wenzel mit Nachricht über die nahe Gefahr. Er wartete vergeblich auf ihn. Sein Warten sollte vergeblich bleiben.

Am Abend vor dem Aufbruch saß die Familie nach dem Essen am Kamin zusammen. Bedrückung lag auf der sonst so fröhlichen Runde. Die Kleinen waren weinerlich. Und auch die Mädchen hatten gerötete Augen.

Anna legte Heinrich ein prächtiges Schwertgehänge auf die Knie, das sie zusammen mit Hedwig gestickt hatte. Auf blauer Seide rote Rosen mit silbernen Blättern und im Blättergeranke der schlesische schwarze Adler. Mit Gottes Segen und allen unseren guten Gedanken, sagte sie leise.

Heinrich küßte seiner Frau die Hand, strich zerstreut über die Rosen und Blätter der Schärpe, dann legte er sie über die Stuhllehne hinter sich und wandte sich Bolko zu.

Höre zu mein Sohn, sagte er ernst, höre aufmerksam zu, Bolko, was dir dein Vater zu sagen hat. Er zögerte einen Augenblick, ehe er fortfuhr: Uns steht ein schwerer Kampf bevor. Ein starker Feind bedroht unser Land und unser aller Leben. Wenn ich fallen sollte, mein Sohn, wirst du, der Älteste, Herzog von Schlesien sein statt meiner. Du wirst die Geschicke des Landes lenken müssen und die Sorge für die Leute tragen. Du wirst die Mutter und die Großmutter beschützen und trösten und dich um die Geschwister kümmern müssen. Groß ist diese Last, und deine Schultern sind die eines Knaben. Du wirst stark sein müssen, mein Sohn, sagte Heinrich. Stärker als du bist. Trage, was immer Gott dir auferlegen mag, wie ein ritterlicher Christ. Wie es sich für einen Piasten gebührt.

Gott behüte uns, entfuhr es Anna, und sie bekreuzigte sich. Was sagt Ihr da, mein Gemahl! Und auch Hedwig bekreuzigte sich erschrocken.

Heinrich erhob sich und winkte Bolko zu sich herbei. Kaum zur Schulter reichte dem Vater der Knabe. Heinrich küßte Bolko auf die Stirn und segnete ihn mit dem Zeichen des Kreuzes. Dann begab sich die Familie in die Kapelle, um zu beten. Hedwig und Anna dachten das Gleiche: Wie könnte Bolko, das verspielte Kind, die Nachfolge des Vaters antreten? Wie könnten sie Heinrichs Tod ertragen?

Am nächsten Morgen stand der Troß der Herzoginnen im Burghof bereit. Klemens von Glogau führte ihn an. Schwer geharnischt und bewaffnet die Ritter in ihren grauen Mänteln. Eine so waffenstrotzende Begleitung hatten die Frauen noch nie.

Sie standen vor der Kutsche, als Herzog Heinrich an sie herantrat. Er sah übernächtigt aus. Die Augen gerötet und die Lider geschwollen. Ein Zucken lag um seinen Mund. Heinrich küßte Anna, die ihre Tränen nur mit Mühe zurückhielt, obwohl er dies sonst in Anwesenheit der Leute nie tat, weil es sich nicht schickte. Er küßte seiner Mutter die Hand und umarmte sie herzlich. Dann half er den Frauen in den Wagen, hob die Kinder eins nach dem anderen hinein, liebkoste die Kleinen. Bolko und Mieszko standen neben dem Vater mit ernsten Gesichtern.

Es war eng im Wagen mit den Kindern, aber die Frauen wollten alle zusammen haben. Sie versuchten zum Abschied zu lächeln. Hedwig segnete ihren Sohn mit dem Zeichen des Kreuzes. Die Pferde zogen an, die Kutsche rollte laut rumpelnd über die Steine des Hofes, über die hölzerne Zugbrücke. Die Kinder freuten sich über den Anblick, der sich ihnen bot. Vor der Burg, auf dem weiten Platz, standen Zelte in allen Farben, wie eine Stadt geordnet. Die farbigen Wimpel auf den Zelten, die vor ihnen aufgepflanzten prächtigen Banner flatterten im frischen Frühlingswinde. Und was es darauf alles für Wappen gab! Hier rote Türme über einer Mauer auf weißem Feld, da ein gekrönter Adlerkopf auf rotweißem Hintergrund, daneben ein schwarzer Hirschkopf auf rotem Feld, ein schwarzer Hirsch mit rotem Geweih auf goldenem Hintergrund, oder ein weißes Horn und rotes Geweih auf blauem Feld. Hier ein Eberkopf, dort drei Fische, da zwei Löwen. Elchgeweihe, und sogar ein Schachbrett waren dabei. Die Kleinen freuten sich über die bunten prächtigen Bilder. Die Älteren lasen aus ihnen die Geschlechter ab wie aus einem Buche.

Auf dem Platz kampierten Ritter, Knappen und Knechte. Aber auch Bürger und Bauern hatten sich hier eingefunden. Sie alle waren zur Rettung des Landes unter die Fahnen des Herzogs geeilt. Weit sichtbar die weißen Mäntel mit schwarzem Kreuz der Ritter des Deutschen Ordens. Weiße mit roten Kreuzen der Templer, schwarze mit weißen Kreuzen der Johanniter. Dazwischen die farbigen, reichverzierten Umhänge der polnischen Herren, die aufwendige Kleidung und bunte Federn auf den Helmen wie sonst kaum jemand liebten. Auch aus Kiew geflohene Ritter waren darunter in ihrer fremdländischen Tracht. Ein buntes Gewimmel. Hier und da putzten Knechte die Rüstungen der Herren. Ritter und Knechte bewegten die Pferde. Andere übten Stiche und Hiebe mit Schwertern und Lanzen.

Daneben probten die Truppen der Bauern und Bürger die Kampfordnungen unter der Obhut erfahrener Kriegsleute aus dem Reich. Diese armen Menschen, unerfahren im kriegerischen Tun, nur mit Streitäxten bewaffnet, nur mit eisernen Kappen auf den Köpfen, sollten den Rittern vorangeschickt werden. Das hieß für die meisten: In den sicheren Tod! Kaum einer von ihnen durfte die Hoffnung haben, seine Lieben zu Hause wiederzusehen.

In der frischen Morgenluft schallte das Klirren der Schwerter und Schilder, Lachen und Rufen, Kommandostimmen, das Wiehern der Pferde, jemand blies die Trompete, einige probten ein Kampflied. Eine angeregte Stimmung, ja, beinahe eine fröhliche Erregung lag über dem Lager. Eher, als erwartete man ein Fest, nicht den sicheren Tod so vieler Männer.

Da trat Mieszko von Ratibor und Oppeln an den Wagen der Herzoginnen heran. Er sei mit seinen Rittern erst in den frühen Morgenstunden angekommen, sagte er, und man sah ihm den langen Ritt an. Mieszkos sonst so fröhliches Gesicht sah bekümmert aus. Sulewoj sei von Krakau mit ihm gekommen und viele polnische Ritter, die dem Kampf um Krakau entkommen waren. Wlodimir, Sulewojs Bruder sei auch gefallen. Krakau verbrannt. Die hatten nur hölzerne Mauern. Seine Mutter Viola habe ihm Grüße für die Herrinnen aufgetragen, sie sei in Sicherheit in Ratibor, ließ sie sagen, so Mieszko. Viola habe sich mit treuen Rittern und dem ihr ergebenen Kanzler Sebastianus in Ratibor eingeschlossen. Man habe bereits einen Mongolenangriff abgewehrt. Doch es war nur ein Spähtrupp.

Die Tataren vor Ratibor? Die Frauen sahen Mieszko fragend an. Abgewehrt?

Ja, antwortete er, ihm wurde gesagt: Plötzlich waren sie da, kaum konnte man in der Eile die Tore schließen. Doch blitzschnell wie gekommen, waren sie wieder weg. Die Hauptmacht ist wohl nicht mehr weit, sagte Mieszko besorgt. Aber wer weiß, fügte er hinzu, als er das Erschrecken der Frauen bemerkte. Vielleicht kommen sie gar nicht. Unberechenbar wie sie sind. Wichtig sind feste Mauern, fuhr Mieszko fort. In Ratibor wurden sie eben erst neu errichtet. Der alte Holzzaun war morsch. Und sie haben dort einen tüchtigen Bürgermeister, Kollin genannt. Der hat die Arbeiten geleitet. Man kann wohl sagen: Gott sei Dank! Die jetzige Befestigung ist rundum aus Stein. Davor tiefe Gräben. Die Festung Ratibor ist so stark wie die Liegnitzer Burg.

Viola ist in Ratibor geblieben, sagte Herzogin Hedwig. Mutig, mutig. Das gefällt mir.

Mieszkos Gesicht verfinsterte sich. Seine Mutter war nicht davon abzubringen, in der Festung zu bleiben, antwortete er. Er wollte sie mit nach Liegnitz nehmen, da wäre sie sicherer, meinte er. Aber seine Mutter habe sich an das Regieren gewöhnt. Sie ist – mit Verlaub – starrsinnig. Viola wollte ihre Getreuen in der Not nicht verlassen. Und die Belegschaft ist glücklich über die Anwesenheit ihrer geliebten Herzogin, sagte Mieszko. Die würden sich lieber in Stücke zerhauen lassen, als daß ihrer Fürstin ein Haar gekrümmt würde.

Hedwig sah, er hatte Angst um seine Mutter, es war aber auch etwas Neid in seinen Worten. Viola war überaus beliebt unter den Leuten. An den jungen Herrn mussten sie sich erst gewöhnen.

Mieszko schnaubte durch die Nase und fuhr fort: Anders in Oppeln. Dort hat man die Burg und die Stadt verlassen. Die Befestigungen sind alt. Eine halbe Mauer. Sie wurde lange gebaut und ist nicht fertiggeworden. Die Leute sind in die Wälder gezogen. Da sitzen sie hinter Verhauen. Es ist noch kalt für die Alten und die Kinder. Aber die Mongolen meiden den Wald, sagt man. Wenn wir, so Gott will, das Unheil überstehen, will ich zuerst feste Mauern um Oppeln bauen. Die Breslauer haben, wie er hörte, fuhr Mieszko redselig fort, ihre Stadt selbst verbrannt, um sie nicht in die Hände der Heiden fallen zu lassen. Ein Jammer, dieser Krieg.

Herzogin Hedwig reichte Mieszko die Hand und wünschte ihm Gottes Segen. Auch Anna verabschiedete den Sohn ihrer Freundin mit feuchten Augen.

Gott behüte uns alle. Wer weiß, wer überlebt. Mieszko wünschte zum Schluß eine gute Fahrt, als ginge es um einen Ausflug in den Wald, und verschwand in der bunten Menge.

Die Kinder waren inzwischen unruhig geworden. Die Pferde zogen an. Klemens von Glogau ritt voraus und machte den Weg durch die Menge frei.

Beide Frauen wußten, daß Eile geboten war. Der wohlbekannte Weg wurde diesmal zur quälenden Fahrt. Durch den Wald ging es zu Pferd. Die Kinder saßen bei den Rittern auf. Einige Male durchs Dickicht hindurch, auf dem Pfad, der hinter ihnen wieder versperrt wurde.

Warten und Beten. So verging die Zeit in der kleinen Burg. Lange Tage. Jeder Bote aus Liegnitz wurde von Hedwig und Anna mit Zittern empfangen.

Ohne Wenzels Hilfe sind wir verloren, sorgte sich Anna. Wenzel von Böhmen hat eine starke Armee. Er wird bald kommen. Sie vertraute ihrem Bruder.

Wenzel soll über fünftausend Ritter verfügen, zählte die alte Herzogin nach, Heinrich hat tausend bis zweitausend Streiter. Die Kundschafter sagten, der Mongolenführer Kaidu sein mit einer Zehntausendschaft in Polen eingefallen. Für Wenzel wäre es eine Kleinigkeit, sich ihnen zu widersetzen. Aber Heinrich? Seine Kräfte sind schwach, bangten die Frauen.

Zuerst hatte sich Wenzel um seine Grenze zu Ungarn gesorgt, und nun sind die Heiden in Polen eingefallen, aber sie stehen auch in Ungarn. Heinrich hatte Wenzel Hilfe versprochen. Er war zur Hilfe in Böhmen bereit. Jetzt mußte er sich auf Wenzels Hilfe verlassen. Wenn Wenzel nicht kommt, könnte es Heinrich übel ergehen. War auf Wenzel Verlaß?

Wenzel wird kommen, versicherte Anna.

Aber wann?

Zur rechten Zeit. Anna glaubte an die Zuverlässigkeit ihres Bruders.

Dann erreichte die Frauen in der kleinen Burg die langbefürchtete Nachricht: Die Mongolen waren da! Herzog Heinrich will ihnen entgegentreten.

Wann? Ist Herzog Wenzel da?

Nein, noch nicht.

Die beiden Fürstinnen verbrachten angstvolle Stunden in der Röchlitzer Kapelle. Auf den Knien.

Spät in der Nacht traf Klemens von Glogau in der kleinen Burg ein. Er kam vom Schlachtfeld. Mit einer Handvoll von Rittern.

Hedwig und Anna liefen ihm bei Fackelschein entgegen. Klemens schwankte vor Schwäche und sank weinend den Fürstinnen zu Füßen. Herzog Heinrich ist tot, stieß er heiser hervor.

Beide Frauen beugten sich entsetzt über den Bewußtlosen. Herzogin Hedwig rief nach den heilkundigen Mönchen und nach Verbänden. Die Mönche trugen ihn in die Halle und legten ihn auf eine Bank.

Klemens blutete am Kopf und sein linker Arm hing schlaff herab. Die Mönche versorgten ihn, und Herzogin Hedwig flößte ihm eigenhändig gebrannten Wein ein. Sie wollte mehr hören.

Klemens schlug noch einmal die Augen auf und flüsterte heiser: Alle tot, alles verloren. Er lallte nur noch, ehe er zurück in Ohnmacht fiel: Fürst Heinrich tot, alle tot ... Den Fürsten gesucht, nicht gefunden ... Die Mongolen weg ... Hierhergekommen. So wollte es der Herr...

Mehr erfuhren die Frauen an diesem Abend nicht von ihm. Doch es war genug. Die Frauen sahen sich fassungslos an: Heinrich war tot. Die Mongolen weg? Wie denn das, gesiegt und geflohen? Fast wären sie sofort auf das Schlachtfeld geeilt, um Heinrichs Leichnam zu suchen. Doch sie kehrten in die Kapelle zurück, um zu beten. Bis zum Morgengrauen war zu warten. Weinen und Beten. Bangen.

In der Morgendämmerung standen die Herzoginnen mit übernächtigten Gesichtern auf dem Hof und fragten nach Klemens. Man holte ihn. Klemens sah elend aus, hielt sich aber auf den Beinen. Er blickte umher. Es schien, als kehre er mit Mühe in die Wirklichkeit zurück.

Die Frauen setzten sich zu ihm auf die Bank und drängten: Sprich! Klemens! Wie war es?

Und Klemens berichtete: Am Morgen vor der Schlacht nahm Herzog Heinrich in der Liebfrauenkirche zu Liegnitz am Gottesdienst teil, den Bischof Thomas von Breslau zelebrierte. Den Fürsten begleiteten seine nächsten Getreuen und so viele Herren wie das Gotteshaus faßte. Vor der Kirche wurden für die Scharen der Ritter und Mannen an zwei Altären Messen gelesen. Als Herzog Heinrich aus dem Kirchenportal trat, herrlich anzuschauen in glänzender Rüstung, über die er einen prächtigen Mantel trug, den federgeschmückten Helm in der Hand, jubelten ihm, dem Feldherrn, die versammelten Herren, Ritter und Mannen zu. Herzog Heinrich schien siegesgewiß.

Der Tag war kühl. Der Wind fegte Wolken über den blauen Himmel und löste einen Ziegel vom Kirchendach. Der fiel herunter und streifte des Fürsten entblößten Kopf und zerbarst vor seinen Füßen. Die, die das sahen, hielten den Atem an. Ein übles Zeichen! Still war es auf dem Platz vor der Kirche geworden. Doch der Herzog wandte das Zeichen klug zu seinen Gunsten um. Er wischte mit der Hand die Blutspuren weg, zertrat den Ziegel so, daß das Knirschen weit in den Reihen der Streiter zu hören war, und sagte laut: So werden wir die zertreten, die da kommen und uns Böses antun wollen. Gott wird uns schützen, wie er mich eben geschützt hat. Gott ist mit uns in diesem Kampf, sagte er, und die Menge jubelte ihm erneut zu. Herzog Heinrichs Scharen brachen laut singend auf. Mit Trommeln und Trompeten. Mit wehenden Fahnen. Dem Feinde entgegen.

Auf einer Anhöhe, die man bisher das Gute Feld nannte, kam es zu der fürchterlichen Schlacht. Kaum hatte sich das christliche Heer in Kampfhaufen geordnet, waren die Heiden da. Mit lauten Hohoho-Schreien kamen sie an. Pfeile, dicht wie eine schwarze Wolke, jagten ihnen voraus. Die mähten einen Teil des Fußvolkes nieder, das den Rittern voranschritt.

Über die Toten hinweg ritten die Heiden. Hauend und stechend im Ritt auf die, die sich noch regten. Auch Boleslaus von Mähren, der einen der Haufen anführte, wurde erschlagen.

Doch der sie überragende Wall der gepanzerten Ritter auf hohen gepanzerten Rossen hielt die Heiden auf. Blankes Eisen starrte ihnen entgegen. Spitze Lanzen, scharfe Schwerter sausten auf ihre Köpfe nieder. Ein heftiger Kampf entbrannte. Die Tataren scheuten den Tod nicht. Unzählige fielen.

Der Kampf ging hin und her. Doch da! Plötzlich ergriffen die Heiden die Flucht! Ein so rasches Ende des Kampfes hatten die Christen nicht erwartet. Einige stürzten den Feinden nach. Andere sahen sich erstaunt und erleichtert um, öffneten das Visier. Rufe, Lachen wurde hörbar. So schnell gesiegt! Mirakel, riefen die einen. Ein Wunder! Cud! schrien die anderen. Denn sie glaubten, ihren Sieg zu sehen.

Herzog Heinrich aber und seine Getreuen befürchteten eine List der Heiden, von der sie gehört hatten, der Herzog versuchte, die Ordnung zu halten, er ließ die Trompete zum Sammeln blasen, er sandte Eilboten zu den Kampfhaufen, er rief verzweifelt: Stehenbleiben! Stojcie! Doch seine Befehle gingen im Getümmel unter.

Da bemerkten die christlichen Kämpfer entsetzt: Die Tataren kamen wieder! Blitzschnell brausten sie heran. Nicht nur von daher, wohin sie verschwunden waren, sondern auch von der anderen Seite. Von allen Seiten kamen sie und drangen mühelos in die gelockerten Reihen ein. Ein schwerer Kampf begann. Ein ungleiches Ringen. Gegen jeden Christen kämpften zehn Heiden. Die schwere Rüstung behinderte die Ritter, sie konnten sich kaum der wendigen Feinde erwehren. Und nicht Mann gegen Mann verlief der Kampf, wie gewohnt, jeder Ritter sah sich von Gegnern bedroht, die auf unübliche Weise kämpften, denen die ritterlichen Regeln nichts galten. So mancher wurde hinterrücks mit Schlingen oder Hakenlanzen vom Pferd gerissen und auf der Erde erstochen. Keine Bitte um Gnade der Liegenden wurde erhört.

Bald sah man nur noch vereinzelte christliche Ritter in den Wogen der kleinwüchsigen Reiter mit letzter Kraft kämpfen. Nur die Getreuen um den Fürsten hielten stand. Die scharten sich wie ein Igel um den Herrn, blanke Schwerter starrten dem Feind gegen. Die das sahen, faßten wieder Mut. Der Kampf ging weiter.

Wieder zogen sich die Mongolen zurück, doch diesmal traute dem keiner.

Da erschien am Rande des Feldes ein riesiger Drachenkopf, der Feuer und Rauch spie. Ein Drache! Ein Teufelswerk! Beißender Rauch umhüllte Ritter und Pferde. Den Rittern wurde übel vom giftigen Rauch, sie husteten und glaubten zu ersticken hinter den geschlossenen Visieren, ließen Schild und Schwert fallen, sanken benommen vom Pferde. Sogar Pferde gingen in die Knie.

Fürst Heinrich rief laut auf schlesisch: Gorko nam se stalo! Heiß ist uns geworden! Doch er kämpfte weiter und mit ihm seine Getreuen.

Immer kleiner wurde die Schar um den Herzog und um die schlesische Fahne. Die Fahne wurde von einem zum anderen gereicht. Noch saß der Fürst auf seinem Pferde. Die letzten Getreuen um den Fürsten hielten stand. Da fiel die Fahne, und der Fürst stürzte vom Pferd. Klemens von Janowitz hob ihn auf seins. Vergeblich, der Fürst konnte sich nicht mehr halten. Sie zerrten ihn vom Pferd. Die Schlacht war verloren, wer konnte, versuchte zu fliehen.

Klemens von Glogau weinte. Triumphierendes Johlen bestätigte den Sieg der Tataren, fuhr er fort. Danach begannen die Heiden, alle zu morden, die sich noch regten. Sie beraubten die reichen Herren ihrer Schwerter und Kleider. Furchtbares Gemetzel!

Plötzlich riefen schrille Pfiffe die Tataren zusammen. Sie verschwanden wieder wie ein Spuk vom Felde des Todes.

Einige sagten, Fürst Heinrich sei mit einem Schwertstreich getötet worden, andere behaupteten, daß man den Herzog vor dem Tode verhöhnt und ihn zur Huldigung eines gefallenen Tatarenhäuptlings gezwungen hatte. Andere meinten, Herzog Heinrich wurde enthauptet.

Mir ist es gelungen, zu entkommen. Hierherzukommen. Wie es mir der Herr vor seinem Tode aufgetragen hatte. Gott schenke seiner Seele das ewige Leben. Amen.

Sie bekreuzigten sich.

Die Frauen weinten fassungslos.

Und Wenzel von Böhmen, fragte ihn Herzogin Anna. Was ist mit meinem Bruder geschehen?

Bis zum Ende der Schlacht hat niemand den böhmischen Fürsten gesehen, antwortete Klemens.

Als Klemens von der Absicht der Herrinnen hörte, auf die Walstatt zu eilen, um den Leichnam des gefallenen Herrn zu suchen, war er entsetzt und bat, Vernunft zu wahren. Ein Schlachtfeld sei kein Anblick für Frauen. Und ehe sich die Lage nicht geklärt habe, dürfe er nicht zulassen, daß sich die Herzoginnen aus der kleinen Burg herauswagten. Er sei zum Schutz der Herrinnen da. Und er müsse sie auch vor ihnen selbst schützen. Er werde, versprach er mit Tränen in den Augen und beschwörend erhobenen Händen, alles tun, um den Leichnam des Fürsten zu finden, ihn zu bergen und ihn in die Liegnitzer Burg zu bringen. Doch ehe man nicht wüßte, ob der Weg nach Liegnitz frei sei, dürften sie die kleine Burg nicht verlassen. Er werde einige Ritter auf Kundschaft ausschicken.

Da er Widerspruch in den Augen der Frauen sah, fuhr er in strengem Ton und mit fester Stimme fort: Ich bitte um Vergebung. Mein gefallener Herzog, Gott sei seiner Seele gnädig, er bekreuzigte sich wieder, hat seine Gemahlin und seine Mutter meiner Obhut empfohlen. Diesen Auftrag werde ich erfüllen, so gut ich kann, mit allen meinen Kräften, bis zu meinem Tode. Es ist Krieg. Und Krieg ist Sache der Männer. Während des Krieges müssen sich auch die hohen Frauen den Rittern fügen. Ich, Klemens, übernehme das Kommando über Röchlitz, und Eure herzoglichen Hoheiten haben sich meinen Anordnungen zu fügen. Zunächst senden wir einen Spähtrupp aus. Dann werden wir weitersehen.

Die Frauen sahen sich an. Sie verstanden sich wortlos wie immer. Sie nahmen zur Kenntnis, sie mußten sich den Anordnungen des Getreuen beugen, jeder Widerspruch war vergeblich. Zudem sahen sie ein, Klemens' Starrsinn war vernünftig. Er hatte recht.

Doch sie von ihrer Absicht abzubringen, vermochte nichts und niemand. Beide wollten auf die Walstatt. Sie fürchteten nicht den eigenen

Tod. Sie setzten sich auf eine Bank im Hofe. Was blieb ihnen übrig. Warten. Wieder warten.

Sie froren und mit ihnen ihre Begleiterinnen. Herzogin Hedwig konnte weder sich noch ihnen helfen. Die Frauen bewegten die Perlen des Rosenkranzes zwischen den Fingern.

Liegnitz. Nach Liegnitz, murmelte die alte Fürstin. Wir wissen ja nicht einmal, ob Liegnitz steht. Vielleicht ist auch die Festung gefallen, und wir sind die einzigen Überlebenden im Lande. Ich sehe nicht ein, warum wir uns schonen sollten.

Klemens indes spähte umher. Wen konnte er auf Kundschaft schicken? Wie viele Ritter waren fähig das Schwert zu halten. Die, die sich im Hof eingefunden hatten, sahen allesamt elend aus. Sie hielten sich kaum auf den Beinen. Kaum einer, der nicht einen Verband an sich trug. Ein Anblick des Jammers.

Die Mönche hatten die ganze Nacht die Hände voll zu tun gehabt. Sie hatten die Verwundeten ins Waschhaus gebracht, ihre Wunden gereinigt und verbunden, ihnen Kräutertränke gegen das Gift eingeflößt und allmählich alle Verwundeten in der Halle auf Stroh zur Ruhe gebettet. Andere zur ewigen Ruhe. Die lagen in einer Reihe unter der Mauer.

Was konnte Klemens mit diesen Überlebenden anfangen. Einer hatte anscheinend den Verstand verloren, er schritt hin und her und fuchtelte mit den Armen, als kämpfte er weiter, ein anderer sprach wirr vor sich hin. Einige knieten in sich versunken und beteten. Manche hockten und starrten stumm mit gläsernen Augen vor sich hin. Andere erbrachen sich noch immer in den Ecken des Hofes. Klemens sah keine fünf Mann, denen er eine Aufgabe anvertrauen, die er ausschicken könnte. Es war zum Verzweifeln. Blieben die, die noch schliefen. Er wandte sich um und wollte sich in die Halle begeben.

Da kam unerwartet willkommene Hilfe herbei: Konrad von Röchlitz mit einigen Männern. Des Fürsten Notar, der nie Krieger sein wollte, jetzt gegürtet mit dem Schwert. Auch Konrad von Röchlitz, Frau Juttas Sohn, fiel den Fürstinnen zu Füßen und weinte. Als er sah, daß sie vom Unglück wußten, meldete er, Mieszko von Oppeln und Ratibor habe das Kommando in der Liegnitzer Burg übernommen und sandte ihn mit zwanzig Rittern in die kleine Burg, um den Fürstinnen Geleit nach Liegnitz zu gewähren. Die Pferde warteten vor der Przesieka.

Konrad bestätigte: Die Mongolen sind abgezogen. Die Umgebung von Feinden frei, der Weg nach Liegnitz sicher. Wenzels Leute schützen den Weg.

Wenzels Leute? fragten die Fürstinnen gleichzeitig. Also ist Wenzel da. Wann ist er gekommen?

Konrad zuckte mit den Schultern. Morgens in der Früh. Einige Stunden nach der mörderischen Schlacht.

Warum so spät?

Böswillige meinen, sagte Konrad, Wenzel habe den Ausgang des Kampfes in den naheliegenden Wäldern abgewartet. Aber man sollte dem keinen Glauben schenken, durch den Mund der Leute spricht Bitternis und Verzweiflung.

Anna preßte die Lippen zusammen.

Also ist in Liegnitz noch Leben, warf Herzogin Hedwig ein. Wie geht es den Knaben? Was ist mit Mieszko und Bolko? Sind sie unversehrt?

Konrad antwortete: Sie leben, aber man hat Bolko in Gewahrsam nehmen müssen, Mönche sind bei ihm. Zuerst wollte er unbedingt in den Kampf. Fast hätte er sich von der Mauer gestürzt. Dann versuchte er sich ein Schwert in die Brust zu bohren. Mit Mühe wurde es ihm entrissen. Mit gefesselten Händen brachte man ihn in eine Kammer, und nach einem Kräutertrank schlief er ein. Auch Mieszko liegt zu Bett und wird von Mönchen bewacht. Ihn hat man wimmernd im Keller gefunden. Mieszko redet wirr im Fieber.

Hedwig schüttelte den Kopf. Warum? Was haben die Kinder vom Kampf gesehen?

Konrad sah zu Boden und wiederholte: Die Knaben leben und sind nicht verletzt. Des Herzogs Leichnam sei noch nicht gefunden.

Hedwig sah ihn aufmerksam an. Konrad verbarg etwas vor ihnen. Sie sagte aber nichts. Sie erklärte Konrad ihre und Annas Absicht, den Leichnam des Fürsten auf der Walstatt zu suchen. Konrad bekreuzigte sich. Warf Klemens einen Blick zu. Doch Klemens hatte jetzt nichts mehr gegen das Verlassen der Burg einzuwenden.

Man brach sofort auf. Klemens und Konrad voran. Auch die Hoffrauen wollten sich nach Liegnitz zurückbegeben.

Langsam, zu langsam ging es durch den unwegsamen Wald. Als sie aufsaßen, trieben sie die Pferde an. Sie ritten an stöhnenden Verwundeten vorbei, die sich des Weges schleppten und um Hilfe riefen. Die sonst so mitleidigen Frauen beachteten die Unglücklichen nicht. Sie eilten dem Felde des Todes zu.

Endlich erreichten sie die Walstatt. Das Feld, auf dem die Ernte des Todes lag. Ein Leichenfeld. Auf der dunklen zerstampften Erde lagen die Toten, wie sie gefallen waren. Manche fest ineinander verkrallt. Andere in sich verkrümmt. Auf dem Rücken in den Himmel starrend mit gebrochenen Augen oder mit dem Gesicht zur Erde. Leiber mit blutenden Wunden. Köpfe vom Leibe getrennt. Glieder ... Arme und Beine ... leblose Körper ... Berge von Toten. Christen und Heiden zusammen in ihrem Blut. Unzählige junge Männer lagen da, tot, verstümmelt, mit verzerrten Gesichtern. Hier und da regte sich einer, versuchte sich aufzurichten. Andere krochen wie Tiere auf allen vieren. Rufe um Hilfe, Stöhnen und Schreien. Überall Blut ...

Klagende Menschenstimmen mischten sich mit dem schaurigen Wiehern verendender Pferde. In den kahlen Bäumen das Krächzen der Krähen, die sich fraßgierig sammelten.

Und darüber ein kühler Aprilhimmel. Weiße Wolken im strahlenden Blau.

Gebückte Gestalten huschten über das Feld. Mönche, die sich zwischen den Liegenden bewegten, sich über noch Lebende und Tote beugten, die, die noch gehen konnten, stützten und wegführten, Schwerverwundete auf Bahren wegtrugen. Tote auf Wagen luden. Auf knarrende Leiterwagen, die mit Ochsen bespannt langsam übers Feld zogen. Am Rande des Feldes schaufelten Männer die Gruben.

Ein Priester ging mit dem Kelch des Allerheiligsten umher, um die Sterbenden auf ihrem Weg in die Ewigkeit zu stärken und die Toten zu segnen. Ein Knabe trug vor ihm das Kreuz und schwang ein leises Glöckchen.

Stumm vor Entsetzen suchten beide Frauen den geliebten Toten. Auch sie neigten sich über Tote und stöhnende Verwundete. Sahen Toten in verzerrte Gesichter, wendeten verstümmelte Leiber, erwehrten sich Hilfeheischender, rissen sich ankrallende Hände von ihren Kleidern. Ihre Hände waren bald voller Blut, die Kleider zerfetzt und blutverschmiert.

Hedwig und Anna nahmen blutige Gewänder in die Hände, wendeten Schilder, betrachteten Schwerter und Helme ... Hier und da erkannten sie etwas, was dem oder jenem, den sie kannten, gehört hatte. Sie suchten weiter. Suchten Spuren, die auf den einen Toten hinweisen konnten. Sie suchten auf Stoffetzen bekannte Stickereien, auf blutigen Hemden. Das Wappen an Mänteln, an Schildern und Schwertern und Helmen. Viele der prächtigen Schwerter, Schilder und Mäntel hatten die Heiden mit sich genommen. So war die Hoffnung gering, Heinrichs Mantel zu finden, sein Schwert, sein Schild oder vielleicht das prächtig gestickte Schwertgehänge, das beide am kleinsten Stückchen Stoffes erkannt hätten.

Aber Herzogin Hedwig sah auch: Zwischen den christlichen Rittern lagen die anderen, die Heiden. Auch in ihren gelben kindlich kleinen Gesichtern und geöffneten geschlitzten Augen malte sich der Todesschmerz, auch ihren Händen war das mörderische Eisen entfallen. Gleich waren sich Christen und Heiden im Tode.

Alles Menschen zum Gotterbarmen. Es war wie in ihren dunklen Träumen, denen sie vor Jahren entkommen war.

Und wieder schrie es in ihr: Herr, Gott, warum hast du uns verlassen!

Die kalte Frühlingssonne schien unberührt darüber, als höhnte sie dem menschlichen Jammer. Gott war weit weg.

Warum hast du uns verlassen, Herr! Wo warst du, Gott, als dieses geschah? Herr, Gott, wenn du die Menschen liebst, wie wir glauben, wie konntest du den Tod zulassen so vieler dir ergebener Männer, unserer Söhne und Gatten und Väter, die in deinem Namen den Heiden entgegengetreten waren, um den Glauben an dich zu verteidigen? Warum hast du sie nicht beschützt, diese Getreuen, die dir dienten? Die sich den Heiden entgegenstellten, um dein Reich auf Erden zu verteidigen. Du aber hast sie verlassen. Du hast uns verlassen.

Und diese Heiden ... Diese kleinen gelben Menschen, sind das nicht auch Gottes Kinder ... Weinen nicht auch Mütter um sie?

Da lagen sie zuhauf, die sich gegenseitig abgeschlachtet hatten. Söhne verzweifelter Mütter, Gatten trauernder Witwen, Väter kleiner Kinder ... Tot. Tot. Alle tot! Feind und Freund zusammen in ihrem Blut. Menschenkinder waren es, die da lagen. Und sie sah, wie im Traum Scharen weinender Mütter über das Feld des Todes schreiten.

Gott hat uns Mütter verlassen, empörte sich Hedwig. Er nimmt den Müttern die Kinder, die sie in sich getragen, in Schmerzen geboren, die sie gehegt und geliebt haben. So viele Mütter und Frauen weinten über diesem Feld des Todes.

Endlich fanden die Suchenden Herzog Heinrichs Pferd. Sie erkannten es an seinem herrlichen hellgrau schimmernden Fell, es lag ohne Gezäume. Offen des Tieres gebrochene Augen, eine klaffende Wunde in seiner Brust. Doch sie wußten, Heinrich hatte auf Klemens von Janowitz' Pferd weitergekämpft. Da fanden sie auch Klemens' Pferd, auf dem Herzog Heinrich seinen Tod gefunden hatte.

Und in der Nähe entdeckte Anna Heinrichs Leib. Der Kleidung beraubt. Nackt. Nackt lag der Körper des Fürsten auf der schwarzen blutgetränkten Erde, ein Leib ohne Kopf, merkwürdig weiß die Haut.

War es sein Leib? Wo war der Kopf? Doch Anna erkannte den Körper ihres Mannes an untrüglichen Zeichen. Hier habe ich ihn zum Abschied geküßt, rief sie und kniete nieder, beugte sich über seine Brust.

Hedwig nahm ihren Mantel von der Schulter und warf ihn über den Leichnam ihres Sohnes. Die Leute sollten den Herrn in seiner Blöße nicht sehen. Nur die nackten Füße blieben sichtbar. Am linken Fuß hatte Heinrich sechs Zehen. Daran erkannte Hedwig untrüglich ihren Sohn.

Doch wo ist Heinrichs Kopf, die Frauen sahen sich unter Tränen an. Sie blickten umher, bereit weiterzusuchen.

Da trat ein Ritter an sie heran, beugte das Knie und begann mit zitternder Stimme und niedergeschlagenen Augen: Herrinnen, wir haben gesehen, wie die Heiden ein blutendes Haupt auf einer Lanze gespießt mit sich führten mit grausigem Geschrei. Alle sagten, es wäre der Kopf des Fürsten gewesen. Gott sei uns gnädig. Der Ritter bekreuzigte sich.

Ein zweiter fiel auf die Knie neben ihm und bestätigte die grausige Kunde: Die Tataren hatten des Fürsten blutigen Kopf unter fürchterlichem Gejohle vor den Mauern der Liegnitzer Burg geschwungen. Zum Entsetzen aller, die das sahen. Und auch er bekreuzigte sich.

Die Frauen sahen sich an und senkten die Köpfe. Was war zu tun ... Sie standen vor dem Leib ihres geliebten Toten. Und wußten nicht: Was war mit Heinrichs Haupt geschehen?

Herr, Gott, warum hast du uns verlassen?

Hedwig spürte Entsetzen und Schmerz. Nur Entsetzen und Schmerz. Ihre alten Wunden öffneten sich in ihr. Die vergessene Krankheit, die Dunkelheit drohte sie wieder zu verschlingen. Sie fürchtete, wieder in Abgründe zu stürzen. Nur Schmerz und Entsetzen. Sie glaubte, in Ohnmacht zu fallen oder zu sterben.

Herr, Gott, schrie es in ihr, warum hast du uns verlassen ... Warum läßt du, Allmächtiger, diese Grausamkeit zu?

Gleichgültiger Gott! Oder ist das Böse stärker als du? Treuloser Gott! Du hast nicht nur uns verlassen, sondern auch Christi Mutter, die voller Schmerz unter dem Kreuz ihres Sohnes gestanden hat. Du sahst von oben herab, als man ihn kreuzigte. Er nannte dich Vater. Er rief, mein Gott, mein Vater, warum hast du mich verlassen? Und du halfst ihm nicht! Konntest du nicht deine Engel zu Hilfe schicken? Damals und heute? Achtloser Gott! Warum trittst du blühendes Leben mit Füßen. Hattest du es nicht selbst gesät?

Sie sah die Bilder ihres Lebens an sich vorbeiziehen, in denen sie Tote beweinte. So viele Male: der Tod. Nur Tod und Verderben, dieses Leben!

Da fand ihre Hand zu dem kleinen Figürchen der Gottesmutter, das sie stets bei sich trug, und sie spürte plötzlich, wie sie ein Lichtstrahl durchdrang, der sie mit Erde und Himmel verband. Sie spürte sich der Erde zugehörig und dem Schmerz und zugleich dem Himmel zuwachsend. Sie konnte wieder beten.

Heilige Gottesmutter, betete sie. Du hast den Tod deines Sohnes, Jesus Christus, erlitten, hilf mir den Tod meines Sohnes ertragen. Und sie spürte: Die Gottesmutter umgab sie mit tröstender Liebe, nahm sie in die Arme wie eine Mutter ihr Kind. Hedwig sah, wie die Hohe Frau über der grauenhaften Walstatt schwebte und weit ihren himmlischen Mantel ausbreitete. Sie selbst fühlte sich entrückt und spürte, wie sie den Boden unter den Füßen verlor. Sie schwebte.

Sie sahen sich in die Augen, beide schmerzvollen Mütter.

Hedwig blickte auf das Todesfeld herab wie die Gottesmutter. Und sie wußte: Wir müssen annehmen, was uns auferlegt wird von Gott dem Herrn, dessen Absichten wir nicht durchschauen. Menschen haben Menschen dieses angetan. Menschen haben Christus gekreuzigt, und Menschen haben Heinrich, ihren Sohn, erschlagen. Menschen töten sich wie wilde Tiere. So sind wir Menschen.

Und sie betete: Herr, Gott! Du wirfst uns in eine grausame Welt, die wir nicht verstehen, in der wir schuldig werden und leiden. Und uns nichts bleibt, als die Hände auszustrecken zu dir und dich anzuflehen: Herr, Gott! Erbarme dich unserer Seelen, die dich ahnen, die sich sehnen nach dem Licht. Amen!

Und sie sprach in Demut: Vater unser ... Du, der du bist ... Dein Wille geschehe ... Herr! Erbarme dich unser. Erlöse uns, Herr!

Dann blickte sie in das schmerzvolle Gesicht Annas und sagte zu ihr: Gott ist größer als unser Schmerz. Amen.

Amen, antwortete Anna erstaunt, durch Hedwigs Worte merkwürdig getröstet.

Und zu den Leuten gewandt, sprach Herzogin Hedwig laut und fest: Ich danke Gott, daß er mir einen solchen Sohn gegeben hat, der mich allezeit liebte und seine Familie in Ehren hielt, der jetzt für die ganze Christenheit sein Leben opferte, Gott zu Ehren. Er ist mit Gott unserem Herrn vereint. Amen!

Amen! antworteten die Leute, von denen einige laut weinten und sich ihrer Tränen nicht schämten.

Dann hoben die Getreuen den Leichnam auf eine Bahre und legten ihn auf einen Wagen, auf den sie zuvor ihre Mäntel geworfen hatten. Beide Herzoginnen folgten mit gesenkten Köpfen, den Rosenkranz zwischen den Fingern bewegend. Die Schlacht auf der Walstatt bei Liegnitz fand am 9. April Anno Domini 1241 statt. Über ihren Verlauf berichtete Johannes von Janowitz, der überlebte und den Dominikanern in Ratibor beitrat. Die Mönche hielten die Ereignisse in ihrer Chronik fest.

DIE LETZTEN GESPRÄCHE

Daher erhob sie oft ihre Augen zum Firmament, damit sie
durch den Anblick der Sternenpracht um so lebhaftere
Sehnsucht nach der Heimat des Himmels
in ihrem Geiste entflammte

(Legenda maior de beata Hedwigi)

Schlesien lag darnieder. Das Reich der schlesischen Piasten hatte ein
jähes Ende gefunden. Alles Mühen der großen Fürsten um ein starkes Schlesien war vergeblich gewesen. Die Mongolen hatten weite Teile
des Landes verwüstet. Zerstörung und Tod allenorts. Es gab kaum jemanden, der nicht Tote, Verschleppte oder Verstümmelte zu beweinen
hatte.

Noch schlimmer für die Geschicke des Landes war der Tod des Fürsten. Heinrich der Jüngere, den man später den Frommen nannte, hatte
keinen regierungsfähigen Nachfolger hinterlassen. Sein ältester Sohn
Boleslaw war unmündig und noch ein verspieltes Kind. So zerfiel das
schlesische Reich im Nu. Die Eroberungen in Polen waren nicht zu
halten. In Schlesien selbst strebte, wer konnte, nach Unabhängigkeit,
der man jedoch bald überdrüssig war.

Wohin die alte Fürstin ihren Blick wandte: weinende Menschen, und
es blieb nicht aus, daß sie vorwurfsvolle Blicke trafen. Ihr Lebenswerk
schien vernichtet. Alles, woran sie mit ihrem Mann Heinrich so freudig gewirkt hatte, hatte sich in Nichts aufgelöst. Sie hatte geglaubt, an
einem gottgefälligen Werk teilzuhaben. Sie war versucht zu fragen: Hat
Gott diesem Werk die schützende Hand versagt?

Aber war ihnen nicht das Schlimmste erspart geblieben – ein fremdes
Joch. Das Land hatte unsäglich gelitten, doch es war frei, der siegreiche
Feind war bald abgezogen. Und hatte es nicht Heldentum und Wunder
genug gegeben? Hatten nicht viele überlebt. Bald stand für die Leute
fest, sie seien durch ein Wunder gerettet worden. Und dieses Wunder
hatte die von allen verehrte Fürstin bewirkt, die im Rufe der Heiligkeit
stand.

Hedwig lächelte traurig, als sie davon hörte. Nur sie kannte ihren
Schmerz und ihre Ohnmacht in Anbetracht des Todes. Doch sie betete
und wußte: Dieses Leben war nicht mehr ihr Leben. Ihre Seele war le-
bensmüde geworden und strebte zum Himmel. Hedwig haderte nicht
mehr mit Gott. Sie hatte zurückgefunden zu ihrem vertrauten Gebet
und glaubte an Gottes Güte über allem menschlichen Leid.

Das Trebnitzer Kloster war vom Krieg verschont geblieben, die Nonnen waren aus Krossen zurückgekehrt und nahmen es dankbar zur Kenntnis. Das kleine Castrum aber, Herzogin Hedwigs Domizil, war zerstört. Sie ließ sich ein kleines Häuschen im Klosterhof errichten. Ihre letzte Klause, wie sie sagte. Dort lebte sie wie die Nonnen, doch gleichzeitig bewahrte sie ihr eigenes Leben.

Die alte Fürstin ließ sich oft nach Liegnitz fahren, wo Herzogin Anna verzweifelt versuchte, die Schäden in Grenzen zu halten. Wie doch die Leute unbotmäßig wurden in Anbetracht ihrer Schwäche, wunderten sich beide. Herzogin Anna sammelte Getreue. Außer Konrad von Röchlitz waren die meisten der Herrscherfamilie ergebenen Herren gefallen. Zwei Jahre sollte Herzogin Anna für ihren Sohn Bolko regieren, bis zu dessen Volljährigkeit. Sie benötigte den Rat ihrer Mutter, und die versagte ihr ihn nicht. Aber auch ihr Rat war ein ratloser Rat. Die Zerstörungen waren nicht von heut auf morgen zu beseitigen. Die fürstliche Schatulle war leer, das Land brauchte einen starken Mann.

Wenzel von Böhmen kam und bot sich als Vormund für Bolko an, er bot Anna seine Hilfe an. Doch Anna konnte ihm nicht verzeihen. Hatte doch ihr Bruder ihren Mann schmählich im Unglück alleingelassen. Er war mitschuld an Heinrichs Tod. Alles in ihr wandte sich ab von ihm.

Beide Frauen sahen, der Fürst von Böhmen hatte nun alle Karten im Spiel, er war der Gewinner des Krieges. Sein Land war unversehrt geblieben, seine Schatullen gefüllt. Er durfte sicher sein, Schlesien werde ihm bald zufallen. Er kaufte sich mit listigen Versprechungen und Geld das Vertrauen der kopflosen Herren.

Aber Wenzel hatte zur Wiederbelebung des Landes nur einen Rat: Neue Siedler müssen her! So hielt er es auch in seinem Reich. Er versprach Anna, er werde die Ansiedlung neuer Bauern und Handwerker mit allen seinen Kräften und Mitteln unterstützen. Das Land wiederzubeleben sei das wichtigste Ziel, sagte er. Und das durfte man ihm glauben – Wenzel brauchte kein zerstörtes Land, denn was hätte er davon. Gegen eine Neubesiedlung Schlesiens hatten auch die Fürstinnen nichts einzuwenden. Im Gegenteil. Denn es war auch Hedwigs Überzeugung – nur neue Siedler können das Land wiederbeleben. Aber wird jemand bereit sein, in ein zerstörtes Land voller Gefahr zu ziehen?

Und auch das war wie ein Wunder: Sie kamen, die Siedler aus allen Landen des Reiches! Aus Bayern und Thüringen, aus Sachsen und sogar vom Rhein. In ihren festen Wagen, auf die sie Pflugscharen geladen hatten und alles andere notwendige Hab und Gut. Sie hatten den Mut, in Schlesien ihr Leben einzurichten, obwohl niemand wußte, ob dort eine sichere Zukunft zu finden war.

Die Fürstinnen freuten sich, denn auch Bolko war von den Siedlern begeistert. Bolko war seit dem grausamen Tod seines Vaters verstört. Er hatte gesehen, wie die Heiden seinen blutenden Kopf auf einer Lanze vor den Liegnitzer Mauern geschwungen und dazu ohne Achtung gegröhlt hatten. Das Bild konnte er nicht vergessen. Dazu war Bolko immer ein verwöhnter und verspielter Knabe gewesen, und jetzt wurde von dem Zwölfjährigen Ernsthaftigkeit wie von einem reifen Mann verlangt. Bolko spielte den Fürsten, und dann wieder war er ein Kind. Er weinte, wenn er etwas haben wollte, er schrie. Die Frauen waren ratlos ihm gegenüber.

Aber die Siedler begeisterten ihn. Er war in Breslau dabeigewesen, als ein Treck angekommen war. Er schwärmte von ihnen: tüchtige Leute. Die stiegen aus ihren Wagen, erzählte er seiner Mutter und Großmutter, schüttelten die Köpfe über die Verwüstungen, ihre Weiber weinten. Dann schauten sie sich um, setzten sich zusammen, berieten, zeigten mal dahin, mal dorthin und wußten, was zu tun war. Baukundige Mönche waren zur Stelle. Und bald wurde Holz angefahren, Steine gebrannt, Mörtel gemischt. Bei denen gibt es, wenn sie arbeiten, keine Herren und Knechte. Alle packen an. Und wie! Die Siedler aus dem Reich, die will er in seinem Land haben, wenn er der Fürst sein wird. Mit denen wird alles gut werden, der Meinung war Bolko. Und Hedwig spürte, das durfte sie ihm glauben. Und sie war froh darüber, denn auch sie war überzeugt, mit diesen tüchtigen Menschen würden die Wunden heilen, die der unselige Krieg geschlagen hatte.

Das schenkte ihr Hoffnung. Es wird wieder aufwärtsgehen. Anders als zuvor. Der Gedanke an das sich ewig erneuernde Leben tröstete sie. Sie würde nicht mehr dabeisein, sie wußte, ihre Zeit war vorbei. Ihr Leben ging zu Ende.

Sie sagte zu Anna: Du siehst, es wird schon werden, Gott hat uns nicht verlassen. Du wirst weiterleben, meine Tochter. Wenn auch im Schatten des Todes. Du bist für das Land da und für deine Kinder. Kümmere dich um andere, dann vergißt du deinen Schmerz. Ich aber bin müde geworden und werde bald sterben.

Anna schüttelte den Kopf, und ihre dunklen Augen füllten sich wieder mit Tränen. Sie weinte so oft. Mutter, sagte sie vorwurfsvoll, nun wollt auch Ihr mich verlassen. Bin ich nicht alleingelassen genug und ratlos in allem. Wie soll ich allein mit den vielen Sorgen fertigwerden?

Verzeih mir, meine Tochter, entgegnete Hedwig. Ich bin müde. Ein Sturm, wie wir ihn erlebt haben, fegt vor allem die Alten hinweg. Das Leben entfernt sich von mir. Ich spüre die zunehmende Schwäche des Körpers und die wachsende Sehnsucht der Seele nach ewiger Ruhe. Bete Anna. Gott wird dir helfen. Bete.

Und fortab fuhr sie nicht mehr nach Liegnitz. Doch Anna kam oft zu ihr nach Trebnitz.

Dort entzog sich die alte Fürstin den Menschen nicht. Das kleine Häuschen im Klosterhof, die Bank davor wurden für viele ein Ort der

Hoffnung und der Zuversicht. Trauernde, Kranke und im Krieg Verkrüppelte kamen zu ihr und baten um Heilung, um Rat und Trost. Und sie verweigerte sich niemandem. Sie wollte helfen mit ganzer Kraft, die ihr noch geblieben war. Und es gelang ihr oft. Sie stand nun bei allen im Rufe der Heiligkeit.

In der Zeit war auch Engelbert, der schriftkundige Mönch, nach Schlesien zurückgekehrt, um bei der Wiedererrichtung der zerstörten Bibliotheken mitzuwirken. Auch er lenkte seine Schritte zu der von allen verehrten alten Herzogin, seiner unvergessenen Freundin im Geiste.

Im Klosterhof traten sie sich gegenüber. Und Hedwig wunderte sich: War das Engelbert, der Schöne und Kluge, der zurückgekehrt war? Er, mit dem sie vor Jahren in Röchlitz lange Gespräche geführt hatte, er, dem sie still nachgeweint hatte? Ein grauhaariger, gebückter Mönch mit müden geröteten Augen trat ihr entgegen, so daß sie fast erschrak. Aber auch in seinem Blick sah sie ein leises Erschrecken, als sie ihm ihre Hand zur Begrüßung reichte. Und ihr wurde bewußt, daß ein ganzes Leben verflossen war, daß sie eine magere Greisin war, ohne Zähne, mit runzligem Gesicht, die in einem alten grauen Kleid vor ihm stand. Vor ihm, der sie in prächtigen Gewändern gekannt hatte, als sie noch jung und schön gewesen war. Damals in Röchlitz. Und sie lächelte. Damals! Nun entnahm sie seinem Blick: Nichts an ihr erinnerte an die Herrin aus der damaligen Zeit.

Doch von der Berührung seiner weichen, trockenen Hand wurde ihr warm ums Herz. Und auch er behielt ihre Hand gern in der seinen. Sie blickten sich in die Augen und nahmen einander wahr, so wie sie jetzt waren, nach all dem Leben. Jetzt durften sie sich zulächeln, ohne eine Versuchung zu fürchten.

Seid willkommen in Gottes Namen, Bruder Engelbert, sagte Herzogin Hedwig herzlich. Schön, daß Ihr da seid.

Und er antwortete: Gott segne Euch, Herrin, und schenke diesem geschundenen Land neues Leben. Ihr habt Euch kaum verändert, Eure Augen leuchten wie früher.

Ich danke Euch, Bruder Engelbert, auch Ihr seht rüstig aus für Euer Alter, erwiderte sie. Die beiden setzten sich auf die hölzerne Bank vor ihrem Häuschen im Klosterhof, die die Fürstin so hatte hinstellen lassen, daß sie die Nachmittagssonne bestrahlte. Auch an diesem Tag wärmte die Sonne mild. Goldene Blätter schwebten langsam von den Bäumen. Engelgleich klangen die Stimmen der Nonnen aus der Kirche herüber.

Erzählt, Bruder Engelbert, wie ist es Euch ergangen, fragte Herzogin Hedwig.

Und Engelbert antwortete: Es war ein ruhiges Leben, Herrin. Ein Tag verging wie der andere. Wie es so ist im Kloster. Fünf Stunden im Skriptorium beim Schreiben, den Rest des Tages beim Gebet. Ich habe unzählige Bücher kopiert und mit Freuden die Initialen gemalt. Dazu habe ich zwei Bücher geschrieben. Nichts besonderes: Kompilationen der alten griechischen Meister des Denkens. Er schwieg und fuhr nach einer Weile fort. Ich finde es schön in Schlesien, trotz aller Zerstörung. Es ist eine Heimkehr für mich. In Schlesien ist so viel zu tun nach dem verheerenden Krieg, fuhr der Mönch fort. In den Klöstern von Leubus und Heinrichau werden junge Skriptoren angeleitet, hier und da lege ich selber Hand an, obwohl sie schon zittrig ist. Nur Renata in Trebnitz braucht meine Hilfe nicht. Die schreibt schöner, als ich es je konnte, lächelte Engelbert.

Die Glocke begann zu läuten, und Engelbert freute sich über ihren Klang. Der Glockenklang heilt die Seele und meinen Kopfschmerz, sagte er, nachdem sie verstummt war. Om, Om, Om, dieser Klang tut den Nerven wohl. Aufmerksam zuhören genügt. Dem Klang nachhören, ihn in sich schwingen lassen, das ist ein wunderbares Gebet. Wie die Sonne im Herbst.

In den von den Heiden verwüsteten Klöstern gibt es so gut wie keine Bücher mehr, fuhr Engelbert fort. Die übriggebliebenen sind beschädigt, oft ekelhaft beschmiert, zerrissen, und ihre Instandsetzung erfordert meistens mehr Mühe als das Abschreiben neuer. Die Mönche haben ihm Schlimmes erzählt. Es muß schrecklich gewesen sein. Dieser Krieg ... er seufzte und sah Hedwig fragend von der Seite an. Sie aber schwieg.

Nach einer Weile sagte er: In aller Achtung vor Eurem Schmerz, Herrin, möchte ich dennoch an der Wunde rühren und Euch sagen: Ich glaube fest, die ganze Christenheit ist gerettet worden durch das blutige Opfer der Schlesier auf der Walstatt. Die Heiden sind aufgehalten worden, ehe sie sich über die gesamte Christenheit stürzten konnten. Nicht auszudenken, wie es sonst gekommen wäre! Die gesamte Christenheit ist den Schlesiern Dank schuldig. Sie sind die Retter des Glaubens, die Retter des Abendlandes. Dafür habt Ihr, verzeiht Herrin, daß ich das so anspreche, denn ich weiß, wie Euch das schmerzt, ähnlich wie die Gottesmutter das größte Opfer gebracht: Euer Sohn hat in der Schlacht bei Liegnitz sein Leben gelassen. Es war ein wahrhaft ritterliches, ja, ein christusähnliches Opfer. Das wollte ich Euch sagen: Gott der Herr wird es ihm vergelten. Und diesem Land. Amen.

Sie spürte, wie ernst er es meinte, und ließ ihn weiterreden.

Ein schlesisches Thermopyle war diese Schlacht, fügte der Mönch nachdenklich hinzu. Eine blutige Schlacht. Eine der blutigsten, die die Geschichte kennt. Fürst Heinrich starb wie Leonidas, der griechische Held. Diese Heiden, Tataren! Und keiner weiß, was die hier wollten. Darüber wundert man sich sogar am Rhein.

Hedwig sagte: Schlesien ist eine Wunde. Sie wollte nicht rühren an dem Schmerz, der tief in ihr saß, denn sie wußte, es war ihr tödlicher Schmerz.

Engelbert wartete einen Augenblick ab. Dann sprach er mit leiser Stimme weiter. Herrin, ich habe mir erlaubt, Euch ein kleines Geschenk mitzubringen, das Euer würdig scheint. Ein Buch mit den Gedanken einer großen Frau für eine große Frau. Er legte der Herzogin ein kleines Büchlein, in dunkelrotes Leder gebunden, auf die Knie. Golden die Aufschrift. Ich habe es an Euch denkend zusammengestellt und geschrieben.

Herzogin Hedwig nahm das kostbare Büchlein gern in Empfang und sagte erfreut: Ein wunderschönes Buch! Sie las die Überschrift: Aus der Gottesschau der heiligen Hildegard von Bingen. Habt Dank, Bruder Engelbert, Gott vergelt Euch dieses schöne Geschenk, sagte sie, ich werde das Buch aufmerksam lesen. Sie schlug es auf und las auf der ersten Seite: Zum Wesen der Liebe gehört auch, daß man sie sich ohne Flügel gar nicht denken kann. Sie mußte die Schrift weit von den Augen halten, um sie lesen zu können. Ich werde mir doch wohl Gläser vor die Augen hängen müssen, wie sie Renata trägt, um lesen zu können, fügte sie leicht spöttisch hinzu. Auch die Augen lassen nach. Wie das Gehör. So entfernt sich einem alten Menschen allmählich die Welt.

Ja, ja, pflichtete Engelbert bei, auch mir ist nicht mehr viel Zeit übriggeblieben. Daher müssen wir sie achtsam nutzen. Es wäre vieles zu tun, aber eins ist mir das wichtigste. Das wichtigste Buch meines Lebens, das muß ich jetzt schreiben. So Gott mir die Kraft dazu schenkt. Er seufzte wieder bedeutsam. Doch Herzogin Hedwig fragte nicht weiter.

Engelbert verabschiedete sich. Doch kam er bald wieder. Der alte Mönch ließ sich jetzt in einem kleinen Wagen fahren, den ein Konverse lenkte. Eine milchweiße Stute zog das Gefährt. Die ist langsam wie eine Kuh, lächelte der Mönch. Die beiden Alten saßen nebeneinander und redeten leise oder schwiegen. Es gab keine aufregenden Gespräche mehr zwischen ihnen. Beide wußten genug über die Beschaffenheit der Welt, die sie nun von weitem betrachteten. Sie wußten auch beide, wie unwichtig alles Wissen ist, in Anbetracht dessen, daß ihr Leben allmählich zu seinem Ursprung zurückkehrte: zu Gott.

Beide wußten genug über die Menschen, die kaum belehrbar waren, weit entfernt von Christi Lehre. Und auch, daß sie noch lange so bleiben werden, wie sie sind. Es war schön für sie beide, in der späten Sonne nebeneinander zu sitzen und zu schweigen. Sie wärmten ihre alten Glieder in der milden Sonne.

Irgendwann streckte Hedwig ihre bloßen Füße von sich. Und lachte auf, als sie Engelberts erschrockenen Blick bemerkte: Fürwahr kein feiner Anblick, die schmutzigen Füße der Herzogin. Sie sagte erklärend: Barfuß bin ich unserer Mutter Erde näher. Ich gewöhne mich an sie.

Er schüttelte den Kopf. Und dann fragte er zaghaft: Ich habe gehört, daß Ihr auch im Winter ... Er wagte nicht zu enden.

Sie nickte. Ja, früher ging ich auch im Winter barfuß. Man gewöhnt sich daran. Mir hat es nicht geschadet. In späteren Jahren war ich gesünder als je zuvor. Jetzt nicht mehr. Jetzt werde ich schwach, der Esel Leib, den ich seit langem achtsam wie einen Bruder halte, will nicht mehr so recht. Ich weiß, ich werde bald sterben.

Engelbert nickte: Ja, ja, unsere Zeit ist reif.

Eines Tages begann Engelbert über sein Vorhaben zu reden. Er habe beschlossen, so Gott ihm erlaube und ihm noch genügend Kraft schenken wolle, ihr Leben, das Leben der Herzogin von Schlesien, aufzuschreiben, der Frau, die er sein Leben lang bewundert und verehrt hatte, und die nun alle als Heilige preisen.

Euer Leben, wie es war, will ich beschreiben, Herrin. Zur Erbauung der Menschen. Denn ich wußte seit langem, was jetzt alle wissen und laut verkünden: Ihr seid eine Erwählte! Eine heilige Frau. Alle, mit wem ich auch spreche, sind voll des Lobes über Euch. Die Herren preisen Eure Klugheit und Euren Sinn für Gerechtigkeit, die Mönche loben Eure ungewöhnliche Frömmigkeit. Doch vor allem das Volk rühmt Eure Güte. Mutter der Armen nennen Euch die Leute. Er nickte bewundernd: Mutter der Armen! Das ist mir fürwahr ein christlicher Ehrentitel. Und die Leute wissen über Wunder zu berichten. Er habe bereits einiges erfragt, sagte Engelbert, und so manches aufgeschrieben.

Von zahlreichen wunderbaren Heilungen habe er gehört, daß sie sogar Tote dem Leben wieder zugeführt habe. Er bekreuzigte sich. Und daß sie Gedanken der Menschen erraten und zukünftige Ereignisse voraussehen konnte. Von dem wunderbaren Glanz habe er gehört, der sie manchmal umgebe. Das sei zweifellos ein Zeichen der Heiligkeit. Er habe über Ähnliches bei verschiedenen Autoren gelesen. Auch Hildegard von Bingen soll man von einer Lichtaura umgeben gesehen haben. Und daß sie manchmal beim Gebet über dem Boden schwebe. Das sei ein besonderes Wunder. Auch darüber gebe es Berichte aus dem Leben verschiedener Heiliger. Und auch bei den alten heidnischen Autoren könne man darüber nachlesen. Man nennt es Levitation.

Auch er sei der Meinung, die Mongolen seien abgezogen durch ihr Gebet und durch ihr Opfer. Die Leute sagen, die Gottesmutter habe auf Bitte der schlesischen Herzogin den himmlischen Mantel über das Land gebreitet und die Heiden zum Rückzug bewegt. Denn wie könnte man das Geschehene anders verstehen? Die Mongolen hatten klar gesiegt und waren dennoch abgezogen. So etwas hat es noch nie gegeben. Auch die Ältesten haben nie davon gehört. In keiner Chronik ist dergleichen zu lesen. Also klar ein Wunder!

Und daher habe er, Engelbert, den Mut, sie, die Fürstin selbst, mit Fragen zu bedrängen, und sie zu fragen, ob sie bereit wäre, ihm zu helfen bei seinem Werk, das sie und ihre Verdienste für alle Zeiten aufbewahren soll, fragte der alte Mönch mit sanfter Stimme. Seid Ihr bereit, Herrin, auszusagen über Euch, damit ich es wahrheitsgemäß niederschreibe, fragte er eindringlich. Um Gott zu ehren und den Menschen ein belehrendes Beispiel vor Augen zu stellen.

Herzogin Hedwig schwieg.

Da fuhr Engelbert fort: Herrin, ich erlaube mir zu bemerken, daß ich Euch auch im Auftrag meines Abtes und des Bischofs von Breslau um Eure Aussagen bedränge. Die hohen geistlichen Herren sind der Meinung, daß Ihr, Herzogin, wohl bald nach Eurem Tode zur Heiligen erklärt werdet. Und dazu braucht man Unterlagen, Zeugnisse, Beweise für ein heiliges Leben, um sie dem Papst vorzulegen. Auch Herzogin Anna unterstützt aus ganzer Kraft unser Gespräch, denn ihr ist alles lieb, was zur Erhebung ihrer verehrten Mutter beitragen kann. Ähnlicher Meinung ist Eure Tochter Gertrud, die sich durch Eure Heiligsprechung größeren Splendor fürs Trebnitzer Kloster verspricht, obwohl sie ihre Enttäuschung nicht verbirgt, daß Ihr dem Konvent nicht beigetreten seid.

So will ich denn Eure Fragen aufrichtig beantworten, Bruder Engelbert, sagte Herzogin Hedwig noch immer zögernd. Obwohl ich keinen Ruhm brauche für mich, denn ich werde bald vor Gott stehen, der alle Dinge anders sieht als wir. Doch ich sage Euch, es gibt nicht wenige, deren Verdienste nicht geringer sind als meine, die aber unbekannt bleiben, während mein Tun weithin sichtbar war. Ich denke vor allen an die frommen Frauen vom Trebnitzer Kloster und besonders an Petrissa, meine Mutter im Geiste, die mich – solang sie lebte – in allem geführt hat.

Bedenkt aber auch das, Bruder Engelbert: Ich war nicht besser als andere. Wir alle sind aus dem gleichen erbärmlichen Stoff. Doch ich habe mich mehr gemüht. Ich mußte mich mehr mühen. Ich weiß nicht warum. Etwas war in mir. Vielleicht war es die Angst vor dem Bösen. Oder die Sehnsucht nach dem Guten. Vielleicht hat mich vor allem meine strenge Kindheit im Kloster von Kitzingen geprägt. Doch schreibt Bruder, schreibt über mich für die Menschen. Malt ihnen ein Bild von mir, wie sie es brauchen. Denn ohne Vorbilder verliert sich der Mensch.

Ihr aber solltet wissen, Bruder Engelbert: Ich war kein starkes Weib. Es wurde mir auferlegt, so zu sein, wie ich war. Ich habe gelebt und gelitten. Und das Leben ersparte mir keinen Schmerz. Es dauerte lange, sehr lange, bis ich begriffen habe: Der geistige Mensch wächst aus dem Schmerz. Wir erlangen durch den Schmerz das geistige Leben, das wir das ewige Leben nennen. Durch den Schmerz erkennen wir die Nichtigkeit unseres vergänglichen Lebens und spüren die Nähe des Ewigen.

Spät, sehr spät habe ich begriffen: Gott hat mich geführt. Ich war ein gutwilliges Weib, ich habe geduldig getragen, was mir auferlegt wurde von Gott. Doch das war längst nicht genug. Allmählich sah ich ein, daß es nicht genügte, fromm zu sein, die Gebote zu befolgen, aufrecht in der Ordnung zu stehen. Gott wollte mehr von mir: Ich mußte mich klein und kleiner machen, elendiger als die Elendigen, um das ganze Leid und den ganzen Schmerz, der den Menschen zuteil ist, an mir selbst zu erfahren.

Zunächst kümmerte ich mich aufrichtig um dieses Land, in dem mir zu leben beschieden war. Ich stand meinem Mann Heinrich aus bestem Willen hilfreich zur Seite. Ich diente den hilfebedürftigen Menschen mit allen Mitteln, die mir als Herzogin zur Verfügung standen. Ich glaubte, Gott hat mich erwählt, den Armen zu helfen in ihrem Elend und Leid. Gott wollte ihnen helfen durch mich. Denn Gott kann für die Menschen nur durch die Menschen wirken. Ich hoffte, ich sei seine gehorsame Dienerin und er werde es mir lohnen.

Doch dann sandte Gott mir viel eigenes Leid – ich verlor meine Kinder. Und endlich wurde alles zunichte, was ich glaubte, bewirkt zu haben. Es fiel mir nicht leicht, das alles zu ertragen. Ihr aber, Bruder Engelbert, solltet wissen, was niemand weiß. Ihr ahnt nicht, wie hochmütig ich war und wie oft ich versucht war, die Menschen zu verachten. Sie schienen mir wie Tiere. Dumm, frech und nur aufs eigene Wohl bedacht. Warum machen sie sich gegenseitig das Leben zur Hölle, fragte ich mich unzählige Male. Warum morden sie sich in Kriegen? Diese Armen und Kranken stanken, und ich ekelte mich vor ihnen. Das überwunden zu haben, auch die Erbärmlichsten, die Elendigen und Schmutzigen gleichzusetzen mit mir, das halte ich für mein Verdienst. Und die Sorge um andere half mir, mein eigenes Leid zu ertragen.

Entsagung und Demut, daraus war der eine Flügel, der andere aus dem Ringen um Gottes Nähe in Stille und Einsamkeit. Ich betete. Das half. Auf diesen Flügeln lernte ich zu fliegen. Ich fühlte mich getragen in Gottes Händen, der nichts wollte von mir, nur daß ich Ihn erkenne und dankbar bin fürs Leben.

Ihr sagt, Bruder, ich habe Wunder bewirkt. Nicht alles, was sich die Leute erzählen, waren Wunder. Man erzählt sich, daß ich zukünftige Ereignisse vorauszusehen wußte. Nun, daß ich manchmal die Gedanken meiner Getreuen und der Leute erriet oder früher als andere wußte, was kommen wird, das hatte ich meiner von Gott geschenkten Klugheit zu verdanken.

Aber ich sah auch Bilder, ich hatte Träume. Und manchmal widerfuhr mir etwas, was nicht in Worte zu fassen ist.

Ihr sagt: wunderbare Heilungen! Ich habe lange Jahre als Heilerin gewirkt und gelernt, wie man die richtigen Kräuter für diese oder jene Krankheit nutzt. Was man tun kann gegen dieses oder jenes Übel. Das habe ich gründlich gelernt. Die Heilkraft der Kräuter und anderes, wie sich ein Mensch gesundhalten kann. Ja, das habe ich gelernt, aus klugen Büchern und von Petrissa. Und auch von einem Weibe aus dem Walde, das die Leute eine Hexe nannten. Es war ein weises, gütiges Weib, wenngleich eine Heidin. Doch die Leute erzählen so manches, ohne zu verstehen. Gewiß war es kein Wunder, wenn ich meiner Tochter Ratzlawa, die eine Fischgräte verschluckt hatte, auf den Nacken schlug, so daß sie zu husten begann und die Gräte ausspuckte. Und auch die Gehängten, die ich vom Strick schneiden ließ, waren junge Männer, die noch lebten, wenngleich sie sich in tiefer Ohnmacht befanden. Einmal genügte ein Eimer kalten Wassers, um den vermeintlich Toten wiederzubeleben.

Anderes wiederum, anderes war mir selbst ein unbegreifliches Geschenk. Manchmal erschrak ich selbst, wenn mich jemand um Heilung anflehte, ich betete, die Hände auf den Kopf des Bittenden legte und dann plötzlich spürte, wie mich eine Kraft durchdrang, eine Wärme durchflutete und durch meine Hände den Hilfesuchenden erreichte, und der, von seinem Gebrechen geheilt, zu danken begann.

Das bestürzte mich immer wieder, und ich bat die Leute, darüber zu schweigen. Vergeblich. Ich sagte ihnen: Das habe nicht ich bewirkt. Gott hat dich geheilt durch deinen Glauben. Gott gebührt die Ehre, nicht mir. Aber sie priesen mich, nicht Gott. Vielleicht sind darum manche Heilungen nur vorübergehend wirksam gewesen.

In späteren Jahren, nach langem Beten und Fasten, widerfuhr mir oft Wundersames. Ich konnte in mir Wärme bewirken, von der der Schnee schmolz. Zum ehrfürchtigen Erstaunen meiner Hofdamen, die warm angezogen froren, wogegen ich barfuß und im dünnen Kleide stundenlang dastand, und es mich von innen wärmte. Oder als ob mich Engel wärmend umgaben.

Manchmal spürte ich Wärme und Licht zugleich. Das Licht entstand im Kopfe, und ich sah, entrückt jeglichem Zeit- und Raumgefühl, Bilder. Ich sah entlegene und zukünftige Ereignisse durchstrahlt von diesem Licht. Sie tauchten auf und versanken wieder. Manche liefen erschrocken vor mir weg, wenn sie mich so entrückt erblickten. Boguslaw von Schawoine ließ eines Tages einen Topf heißen Wassers auf seine Fuße fallen vor Schreck. Sie lächelte. Und so mußte ich – hinaus aus meiner Entrücktheit – seine schmutzigen verbrannten Fuße versorgen.

Manchmal schwebte ich in Gott, Bruder Engelbert. Ich flog aus mir heraus und schwamm in Gott! Meistens geriet ich so außer mir im Walde. Der Wald ist ein vom Schöpfer geschenktes Gotteshaus, in dem ich oft andächtig den Boden unter den Füßen verlor und in anderen Regionen schwebte. Besonders abends beim Anblick des von Sternen glänzenden Himmels.

Sagt Bruder, wie kann ein Mensch beim Anblick des gestirnten Himmels nicht in Verzückung geraten. Diese unfaßbare Pracht! Wie klein sind wir Menschen im Anbetracht der Sterne, und wie groß zugleich. Welch eine Gnade, daß wir sie sehen. Oft war ich so versunken in die Betrachtung der himmlischen Unendlichkeit, daß ich glaubte, ein Stern unter den Sternen zu sein. Ich schwebte unter den Sternen: ein Gestirn wie sie. Ich spielte auf ihnen wie auf einer Harfe. Und die Sterne gaben wunderbare Klänge von sich.

Sie schwieg. Wie schön wäre es, immer in diesem Zustand zu sein. Diese unendliche Weite zu spüren. Diese Erlebnisse in Worten auszudrücken, ist kaum möglich, fuhr sie nach einer Weile fort. Was immer man sagt, klingt plump. Das Göttliche entzieht sich den Worten. Die menschliche Sprache schläft noch halb in Gott. Wie auch das menschliche Empfinden.

Nach einer Weile des Schweigens sagte der Mönch: Herrin, das sind Erfahrungen Erwählter, vor denen es normalen Sterblichen geziemt, in frommem Erstaunen zu versinken. Sagt, was soll ich den Menschen weitergeben von Euch? Was ist Eure Botschaft für sie? Wie sollen sie leben? Und wie sterben?

Hedwig entgegnete: Sie wurden belehrt, sind aber unbelehrbar geblieben. Es fällt ihnen schwer, ein würdiges Leben zu führen, weil sie nicht auf Eigennutz und Dünkel verzichten wollen. Ihr kleines Leben verstellt ihnen den Blick auf die ewigen Dinge.

Jeder muß selbst Gott suchen. Gott hat uns die Mühe des Lebens auferlegt, aber er versprach nicht das Gelingen. Oft müssen wir uns gedulden, bescheiden und warten. Und auch das müssen wir erkennen, die Wirklichkeit, wie sie ist, entzieht sich unserem Erkennen. Alles ist im Widerspruch. Wie sagtet Ihr doch vor Jahren: Sic et non! Damals in Röchlitz. Ja und Nein. Darin hattet Ihr recht. Ich habe oft daran gedacht.

Engelbert wehrte ab: Das ist der Satz des Meisters Abelard aus Paris, nicht meiner. Aber so sehe ich es auch bis heute: Ja und Nein zugleich. Das ist der Schlüssel zum Verständnis der Welt. Doch wisset, Abelards Lehre wurde von der Kirche verworfen.

Die Herzogin fuhr fort: Darüber weiß ich nichts. Die Erfahrung lehrt: Nur wer den Schatten annimmt wie das Licht, läßt Gott walten. Denn so ist die Welt. Dunkel und hell zugleich. Gutes und Böses eng verschlungen. Wir denken und streben, und alles wendet sich. Wir freuen uns über unser Glück, und es zerfällt in Nichts. Wir verzweifeln, und siehe, Gott greift hilfreich ein. Neues Leben wächst, wo wir eben nur Schutt und Asche sahen. Aber auch das ist wichtig zu erkennen: Jedes Blatt hat seine vorgegebene Form, so auch das Leben eines jeden Menschen.

Das Leben scheint den Menschen grausam, weil es Leid zufügt, durch die Erbärmlichkeit der vergänglichen Natur. Doch es gibt noch das andere: die Sehnsucht nach einem besseren Menschen, nach Gott. Der

Mensch ist ein Tier und ein Engel zugleich. Das ist sein Widerspruch. Das tierische Erbe, die Grausamkeit zu überwinden, ist Aufgabe des geistigen Menschen.

Das wichtigste Gebot ist das Gebot der Liebe. Denn so steht es in der Heiligen Schrift: Liebe den anderen wie dich selbst! Der Mensch soll Gott lieben und seinen Nächsten. Jesus Christus hat den Menschen alles gesagt, was sie brauchen, um bessere Menschen zu werden. Aber ich selbst weiß, wie schwer es ist, ihm zu folgen. So sagt es ihnen einfach, damit sie es verstehen: Der Mensch soll das Böse meiden, das Gute tun und die Seele zu Gott wachsen lassen.

Das habt Ihr vortrefflich ausgedrückt! sagte der Mönch erfreut. Deo gratias, Domina! Er bekreuzigte sich: Amen. Und er verneigte sich zum Abschied, denn er sah, daß sich die alte Fürstin erschöpft von dem langen Gespräch müde zurücklehnte.

Einige Wochen später brachte Bruder Engelbert der Herzogin die ersten Seiten des Buches, das er zu schreiben begonnen hatte. Im Skriptorium legte er sie vorsichtig auf ein Pult. Stolz zeigte er der Herzogin die schön gemalte Titelseite.

Sie las: Vita Hedwigis quondam ducissae Silesie.

Sie sagte zu ihm: Dei gratia! Gottes Segen für Euer Werk, mein Bruder.

Kurz danach ließ Herzogin Hedwig ihren Beichtvater rufen. Sie fühle sich immer schwächer und wollte sich vorbereiten lassen für ihr Ende.

Als die Nonnen davon hörten, kamen sie aufgeregt angetrippelt und versuchten, ihre mütterliche Freundin zu beschwichtigen, sie abzubringen von den dunklen Gedanken.

Meine Zeit ist gekommen, meine Lieben, antwortete ihnen die Herzogin. Ich werde bald sterben. Ich weiß es. Und daher möchte ich mich rechtzeitig auf den Weg vorbereiten, ehe mein Geist außerstande sein sollte, wichtige Vorgänge so wahrzunehmen, wie es sich gebührt.

Auch Gertrud kam und fing ein Gespräch mit ihrer Mutter an, zurückhaltend wie immer. Sie fragte: Ehrwürdige Mutter, wo möchtet Ihr begraben werden?

Das ist mir gleich, meine Tochter, antwortete die Fürstin. Am liebsten auf dem Friedhof unter den armen Leuten.

Ihr wißt, Mutter, daß sich das nicht schickt.

So, so, sagte diese, wenn du es so gut weißt, dann möchte ich neben den Nonnen liegen.

Gertrud schüttelte den Kopf. Nein, Mutter, sagte sie, das ist nicht möglich. Ihr wolltet nicht dem Konvent angehören. Wir werden Euch neben Eurem Gemahl vor dem großen Altar der Kirche bestatten.

Das wünsche ich mir nicht, antwortete Hedwig, wie soll ich den ewigen Frieden neben dem suchen, dessen Lager ich die längste Zeit meines

Lebens ferngeblieben bin? Und vor dem großen Altar! Das geht nicht. Denn die Menschen, die zu meinem Grab kommen, würden euch in der Andacht stören. Laßt mich vor dem Sankt-Johannes-Altar ruhen, neben meinen Kindern.

Das versprach ihr Gertrud, die Äbtissin von Trebnitz.

Herzogin Hedwig lag auf ihrem Lager in ihrem Häuschen neben dem Kloster, in dem vertrauten kleinen Raum mit weißgetünchten Wänden. Es war Herbst und draußen kühl. Ein kleiner Ofen strömte in der Kammer wohlige Wärme aus. Sie hatte das Bett so stellen lassen, daß sie zum Fenster hinausblicken konnte, und wünschte sich Ruhe und Stille.

Katarina, ihre Ziehtochter, Witwe des Boguslaw von Schawoine, war ständig bei ihr in den letzten Tagen. Sie sei schwach und glücklich, sagte Herzogin Hedwig zu ihr, wie eine Kuh, die den ganzen Winter im Stall gestanden hat und nun im Frühling auf die Wiese geführt werden soll.

Sie lag schweigsam in der hellen Stille und bewegte den Rosenkranz zwischen den Fingern. Sie ließ die Bilder ihres Lebens an sich vorbeiziehen, manches hob sie wie einen sorgsam aufbewahrten Schatz aus der Truhe des Gedächtnisses. Anderes zerfiel beim Hinsehen wie vermoderte Seide. Sie betete zur Gottesmutter. Und rief ihre Engel herbei.

Die Nonnen kamen, blieben auf der Schwelle stehen und wisperten. Sie brachten Herbstblumen, goldfarbige Astern und herbstliche Zweige und stellten sie in Krügen auf den Boden neben dem Fenster, damit sie die ruhende Fürstin betrachte. Vor der Türe wunderten sich die frommen Frauen. Die Sterbende jammerte nicht. Hatte sie denn keine Schmerzen? Zudem wußte sie alles, was hinter ihrem Rücken geschah. So hatte sie zum Beispiel Ratzlawa gerügt, als diese mit ihrem Igel im Ärmel, der sie, wie sie glaubte, von Rheuma heilen sollte, auf der Schwelle stand. Ratzlawa, sagte die Fürstin, die zum Fenster hinausblickte, warum läßt du diesen Unfug nicht. Geh und entledige dich dieses unsinnigen Tierchens, das du bei dir trägst.

Wie war das zu verstehen? Die Fürstin wußte alles. So wird es wohl auch weiter sein. So wird es bleiben. Die heilige Frau wird immer bei ihnen sein. Daran glaubten sie fest.

Doch nur Katarina war bei ihr, als Hedwigs letzte Stunde gekommen war. Die Nonnen weilten zum Gebet der Vespern in der Kirche.

Katarina erzählte ihnen, als sie kamen und den kleinen Raum füllten, so daß sich die Tür nicht schließen ließ, wie die scheidende Herrin mit anderen heiligen Frauen geflüstert und sie um gnädiges Geleit gebeten hatte. Sie habe deutlich gehört, wie die Sterbende die Heiligen grüßte und beim Namen nannte: die heilige Elisabeth, ihre frühverstorbene Nichte, deren Schleier sie um den Kopf gewunden hatte, die heilige Kunegunde, die sie zeitlebens als ihre Lehrmeisterin verehrt hatte, die heilige Ursula und die heilige Katarina. Und noch andere Heilige, die sie sich nicht gemerkt habe.

Mit einem erleichterten Seufzer habe die Herrin aufgehört zu atmen. Sie hatte einen stillen Tod.

Und die Nonnen betrachteten in stummer Andacht die Verstorbene. Die frommen Frauen sahen ihr Anlitz leuchten. Um ihre Gestalt war Glanz. Sie meinten, himmlischen Duft im Raum zu spüren.

In der Hand hielt Herzogin Hedwig das elfenbeinerne Figürchen der Gottesmutter, das sie immer bei sich getragen hatte.

Es war der 15. Oktober 1243. Bald begannen die Glocken im ganzen Land zu läuten. Herzogin Hedwig von Schlesien war tot.

Überlieferte Daten im Leben der Hedwig von Schlesien

1174–1178 wird Hedwig von Andechs geboren. Ein genaueres Datum ist nicht überliefert.

1186–1190: ebensowenig das Datum der Heirat mit Heinrich von Schlesien, einem Piasten.

1200 ist das Geburtsjahr des sechsten Kindes der Herzogin von Schlesien, ihrer Tochter Gertrud.

1201 übernimmt Heinrich nach seinem Vater Boleslaw die Regentschaft in Schlesien. Der Hauptsitz des Fürstenpaares ist Liegnitz. Herzogin Hedwig nimmt am politischen Leben teil. Von 1201 stammen auch die ersten Urkunden für die Errichtung des Klosters Trebnitz, als dessen Initiatorin die Fürstin gilt.

1208 gebiert Hedwig von Schlesien noch einen Sohn, der aber bald nach der Taufe in Glogau stirbt.

1209 legt das Herzogpaar vor dem Breslauer Bischof ein Gelöbnis der ehelichen Enthaltsamkeit ab. Die Herzogin nimmt das Leben einer Religiosa auf.

1219 erfolgt die Einweihung des Klosters und der Kirche von Trebnitz.

1229 nimmt Konrad von Masowien seinen Cousin Heinrich von Schlesien gefangen. Herzogin Hedwig begibt sich nach Plock und bittet ihn frei.

1241 zerstört der Mongoleneinfall große Teile Schlesiens und macht seine politische Bedeutung zunichte. Heinrich, Hedwigs Sohn, verliert das Leben.

1243, am 15. Oktober, stirbt Hedwig von Schlesien im Rufe der Heiligkeit.

1267 spricht Papst Klemens IV. Herzogin Hedwig von Schlesien heilig. In der Heiligsprechungsbulle bezeichnet er sie als Mulier fortis: Sie war ein starkes Weib!